예수
2

JESUS
by
Klaus Berger
Copyright © 2004 Pattloch Verlag GmbH & Co. KG, München
All rights reserved

Korean Translation Copyright © 2013 ST PAULS KOREA
Korean edition is published by arrangement with Pattloch Verlag GmbH & Co. KG,
through Corea Literary Agency, Seoul

이 책의 한국어 판 저작권은 Corea 에이전시를 통한
Pattloch Verlag GmbH & Co. KG.와의 독점계약으로
도서출판 성바오로에 있습니다.
신저작권법에 의해 한국 내에서 보호를 받는 저작물이므로 무단 전재와
복제를 금합니다.

이 도서의 국립중앙도서관 출판시도서목록(CIP)은 서지정보유통지원시스템 홈페이지(http://seoji.nl.go.kr)와
국가자료공동목록시스템(http://www.nl.go.kr/kolisnet)에서 이용하실 수 있습니다.
(CIP제어번호 : CIP2013022165)

예수
2

클라우스 베르거 글
전헌호 옮김

역자 서문

　신약성경학자인 클라우스 베르거Klaus Berger는 초기교회 연구, 양식사적 방법론, 역사비평적 방법론, 성경주석 연구, 종교역사 연구, 해석학, 종말론 연구, 신학역사 연구, 성경 번역과 같은 융·복합적인 연구로 신학의 발전에 기여한 공로가 크다. 그는 2006년 하이델베르크Heidelberg대학교 교수직에서 은퇴하기까지 일생을 교육현장에서 보냈으며 50권이 넘는 저서들과 수많은 논문, 그리고 언론에 발표한 많은 칼럼과 인터뷰들로 독일어권뿐만 아니라 지구촌에서 대학자로 존경을 받고 있다.

　이러한 대학자가 60세가 넘어서 그동안 쌓아 온 자신의 학문적 역량을 총동원하여 저술한 책이 「예수Jesus」이다. 처음에 성바오로출판사로부터 이 방대한 분량의 베스트셀러를 번역해 달라는 요청을 받고는 무척 고심했다. 가장 큰 문제는 "모두가 신뢰할 만큼 성실한 번역을 완수할 수 있느냐?"이었다. 그래서 먼저 베르거가 읽었을 법한 독일어권의 예수님 관련 책들을 모았고, 이어서 우리말로 번역되거나 저술된 예수님에 관한 책들을 모아서 읽어 보기 시작했다. 어떤 책은 처음부터 자세하게, 어떤 책은 대강 읽으면서 그리스도론을 전개한 분위기를 파악해 나갔다. 이 책 뒷부분에 소개한 이들의 목록이 보여 주는 바와 같이 저자들도 다양하고 책의 전개과정도 다양했다. 개중에는 역자가 삼십여 년 전 신학공부를 할 때 사용한 교재였던 발터 카스퍼Walter Kasper 추기경의 「예수 그리스도 Jesus der Christus」도 있고, 베네딕토 16세 교황님이 쓴 「나자렛 예수 Jesus von Nazareth」도 있다. 이들을 읽으면서 든 생각은 모두가 예수에 대해서 가능한 한 객관적이고 정확하게 서술하려고 노력하고 있음에도 정도의 차이가 있을 뿐 모두가 다르다는 것이었다. 다룬 분야, 보는 관점, 서술 방식, 강조점에서 똑같은 것은 하나도 없었다. 그럼에도 불구하고 모두에게 공통되는 것이 있었다. 그것은 바로 저자들 모두가 예수님을 사랑하여 그러한 작업을 시작했고, 작업을 끝내면서는 예수님을 더 사랑하게 되었다는 것이다.

베르거를 포함한 여러 학자들과 마찬가지로 예수님에 대한 관심으로 오랜 시간을 보낸 역자 역시 예수님에 대한 책들을 읽고 번역하는 과정에서 이들과 마찬가지로 예수님을 더욱더 사랑하게 되었다. 이것이 이 방대한 양의 책을 번역하는 일에 뛰어들 용기를 낸 역자에게 주신 예수님의 선물임을 인지하고 있다.

베르거는 이 책을 저술하기 이전에 이미 「예수는 참으로 누구였을까?」(Wer war Jesus wirklich? GTB 1448, ISBN 3-579-01448-X), 「기적을 믿어도 될까?」(Darf man an Wunder glauben? GTB 1450, ISBN 3-579-01450-1), 「신약성경의 보도는 진실일까?」(Sind die Berichte des Neuen Testaments wahr? Ein Weg zum Verstehen der Bibel, Ed. Chr. Kaiser, ISBN 3-579-05193-8) 등

과 같은 진실을 철저하게 찾아가는 책들을 50여 권이나 출간했다. 그리고 60세가 넘어선 나이에 마음을 단단히 먹고 이러한 작업들을 총괄하여 「예수」를 저술한 것이다.

이 책의 도입에서 베르거는 그동안 성경학계에서 성경주석에 동원해 온 역사비평적 방법의 한계를 넘어서고 엄밀한 학문적인 잣대도 넘어서서 "포스트모더니즘적인 방식으로 정말 이해하기 어렵고 비학문적이며 단순한 질문, 어제의 모더니즘에 속한 사람들에게 괴로울 질문들을 던지고자 한다."고 선언하고서 예수님에 관한 그의 길고 긴 이야기를 풀어 나갔다.

그가 자신의 신앙적, 학문적, 인간적 역량들을 총동원하여 들려주는 예수님에 관한 이야기가 독자들에게 그분에 대한 관심을 불러일으키고 마침내 예수님을 좀 더 이해하고 사랑하여 자신의 삶 안으로 모셔 들이는 데에 도움이 된다면 이 작업이 큰 의미를 지닐 것이다.

베르거는 엄밀한 객관성을 추구하는 학자로서, 성직자가 아닌 평신도로서, 굳이 예수님과 교회를 반드시 옹호해야만 하는 절박한 상태에 있지 않다. 이러한 점에서도 그가 펼쳐 놓은 예수님에 관한 이야기가 좀 더 객관성을 내포하고 있을 것이라는 신뢰가 간다. 독자 여러분은 이제 역자의 이야기보다는 직접 저자의 흥미진진한 이야기 속으로 빠져 들어가

보기를 권한다.

　부족한 역자를 신뢰하여 이렇게 좋은 책을 번역하도록 맡겨 준 성바오로출판사와 출판을 위해 애쓰신 관계자 모두에게 감사드린다.

무학산 자락 대구가톨릭대학교 사제관에서
전헌호 신부

목차

••• 2부 •••

::11장:: 행동하는 예수

11.1 예수는 평화주의자인가 *16* / 11.2 예수와 폭력 *38* / 11.3 평화의 성경적 구상 *40* / 11.4 평화·차단의 기술 *42* / 11.5 평화의 전제조건 *46* / 11.6 내 안의 낯선 것 *49* / 11.7 예수의 휴머니즘 *54* / 11.8 낯섦의 해석학 *59* / 11.9 낯선 예수와 인권 *64* / 11.10 비이성적인 성경 *78* / 11.11 기적은 상징인가, 사실인가 *81* / 11.12 예수에 대한 착각 *95* / 11.13 치유의 종교, 그리스도교 *101*

::12장:: 예수와 유다인들

12.1 예수는 반유다주의자인가 *106* / 12.2 바리사이와 다른 위선자들 *115* / 12.3 유다인들과 예수 *121* / 12.4 예수와 성전 *123* / 12.5 선민 이스라엘 *126* / 12.6 열둘의 비밀 *128* / 12.7 예수와 모세 *129* / 12.8 예수와 유다교 *135* / 12.9 예수와 쿰란공동체 *141* / 12.10 메시아 예수와 유다인 *143* / 12.11 종말의 종착점 *147* / 12.12 믿음 없는 유다인, 믿음 없는 신앙인 *153*

::13장:: 예수와 돈

13.1 돈인가, 사랑인가 158 / 13.2 영적 교환 164 / 13.3 가난한 이들의 선물 167 / 13.4 가난운동의 선봉자, 예수 172 / 13.5 부자는 하늘나라에 갈 수 없는가 178

::14장:: 예수와 진리

14.1 관대한 예수와 관대하지 못한 교회 192 / 14.2 이성적 진리와 예수의 진리 195 / 14.3 예수와 붓다 200 / 14.4 예수와 공자 211 / 14.5 예수와 무함마드 214 / 14.6 예수만 믿으면 구원되는가 224 / 14.7 예수 신앙과 새로운 계시 231

::15장:: 예수와 교회

15.1 서막_해방신학의 순환논증 242 / 15.2 예수와 교회 설립 249 / 15.3 포도나무-예수와 교회 252 / 15.4 파견한 사람 뒤에 선 예수 258 / 15.5 제명 259 / 15.6 교회 안의 불명확한 사항 262 / 15.7 예수와 교회들 269 / 15.8 예수와 교회 역사의 과오 278

::16장:: 예수의 큰 표징들

16.1 빵과 포도주의 표징 292 / 16.2 성찬식은 식인행위인가 293 / 16.3 성체성사의 거룩함 298 / 16.4 두 종파, 하나의 성찬 304 / 16.5 성찬식의 천상적-세속적 차원 310 / 16.6 성체흠숭의 의미 319 / 16.7 세례의 표징과 세례의 작용 322

::17장:: **예수와 함께 죽을 수 있을까?**

17.1 물 위를 걸어간 사람 *328* / 17.2 하느님 앞에 서기 위하여 *334* / 17.3 부록_베드로에게 보내는 편지 *340* / 17.4 탄생과 죽음 *352* / 17.5 죽음의 기술 *365* / 17.6 의사 예수 *376* / 17.7 예수의 죽음 *381* / 17.8 하느님과 우리 사이의 예수 *386*

::18장:: **삶의 승리**

18.1 끝, 새로운 시작이 되다 *392* / 18.2 새 창조의 시작 *416* / 18.3 부활의 기쁨과 부활의 근거들 *424* / 18.4 우리의 의심을 풀어 주는 예수 *427*

::19장:: **예수는 오늘날 무엇을 할 수 있을까?**

19.1 예수는 그리스도교 교파들을 일치시킬 수 있을까 *444* / 19.2 예수는 낙태아에 대해 어떤 말씀을 하실까 *448* / 19.3 예수는 우리의 정치적 상황을 어떻게 보실까 *452*

::20장:: **대단원**

20.1 세속적인 삶과 영원한 삶 *460* / 20.2 묵시록적 미래 예언의 의미 *463* / 20.3 두려움 한가운데 구원의 주님이 나타나다 *469* / 20.4 지나간 시간과 새로운 시간 *471* / 20.5 권력의 재분배 *476* / 20.6 현재로서의 미래 *484* / 20.7 세상의 개조 *487* / 20.8 하느님은 우리를 만나러 오신다 *491*

:마치는 말: **그러나 가장 큰 것은 사랑이다. 예수 사랑** *497*

••• 1부 •••

: 도입 :

:: 1장 :: 전기 짜 맞추기_내 삶의 예수상像

:: 2장 :: 서막_예수 이야기를 어디서부터 시작할 것인가?

2.1 성경으로부터 시작하기 / 2.2 다른 사람들로부터 시작하기 / 2.3 시간으로부터 시작하기 / 2.4 종말에서부터 시작하기

:: 3장 :: 예수의 허구虛構에 관하여

3.1 신화로서의 복음 / 3.2 역사가들의 진리와 신앙인들의 진리 / 3.3 데카당구조인가, 일방통행으로서의 역사인가 / 3.4 모두가 진실인가, 어느 정도까지만 진실인가

:: 4장 :: 온전한 인간? 반신半神반인半人? 또는 다른 어떤 존재?

4.1 요셉, 주석학적 친자 확인 / 4.2 누구도 완벽하지 않다-그렇다면 예수는 / 4.3 '예수는 하느님의 아들'이란 무슨 뜻인가 / 4.4 구원의 친밀함 / 4.5 위로부터의 빛 / 4.6 예수의 변모-복음의 감추어진 축 / 4.7 아들의 파견 / 4.8 하느님 선물로서의 예수 / 4.9 물 위를 걷다-신비로 가득 찬 예수의 몸 / 4.10 예수가 죄를 사할 수 있을까 / 4.11 하늘로 가는 고된 길_예수에 대한 불쾌감 / 4.12 라자로의 도발 / 4.13 불쾌한 용서

::5장:: 예수는 하느님에 대해 어떻게 생각했을까?

5.1 하느님에 관한 동화 / 5.2 당혹스럽게 하는 예수 / 5.3 예수, 거룩한 하느님, 사로잡는 하느님 / 5.4 예수와 정의롭지 않은 하느님 / 5.5 충족되지 않는 마음의 동경 / 5.6 예수와 종교 간의 관용 / 5.7 예수와 삼위일체 하느님 / 5.8 예수로부터 기도를 배울 수 있을까?

::6장:: 예수와 인간적인 행복

6.1 희생자 입장에서 / 6.2 예수, 남자, 여자, 부부, 아이들 / 6.3 예수, 포도주와 삶의 기쁨 / 6.4 단식과 축제 / 6.5 혼인과 축제 예복 / 6.6 쇠진-또는 예수의 테라피 / 6.7 예수의 친구들-하느님의 정원에 대한 묵상 / 6.8 통상을 거부하는 그리스도교 / 6.9 예수의 지혜 / 6.10 예수와 이타주의자 / 6.11 자아실현을 위한 우회로 / 6.12 예수의 자아실현 / 6.13 독신제와 십자가의 치욕

::7장:: 예수와 여인들

7.1 예수와 어머니 마리아 / 7.2 여인들-악마의 유혹? / 7.3 여인, 사랑, 성 / 7.4 예수 가계의 부정한 여인들 / 7.5 여인과 돈 / 7.6 간음한 여인 / 7.7 임신부들의 연대 / 7.8 마리아 막달레나의 눈물

::8장:: 마귀에 대한 예수의 태도

8.1 악 또는 악마 / 8.2 해방을 위한 헌신 / 8.3 더러운 영을 물리치는 힘 / 8.4 예수와 사탄 / 8.5 첫 유혹과 마지막 유혹 / 8.6 악마 체험 / 8.7 정치에 스며든 악마 / 8.8 예수, 천사, 보호하시는 하느님

::9장:: 예수와 인간적 고통

9.1 예수의 하느님은 냉소적인 분인가 / 9.2 전지전능하신 분의 부재 / 9.3 최종적인 질문-성경의 대답 / 9.4 세상의 고통과 예수의 방관 / 9.5 고통을 받아야만 했던 예수 / 9.6 아버지와 예수의 죽음 / 9.7 고통-신앙고백에 대한 시험

::10장:: 예수의 정치적 구상

10.1 산상 설교의 의미 / 10.2 산상 설교에 따라 국가를 통치해야 하는가 / 10.3 예수와 함께 국가를 건설해야 하나 / 10.4 예수의 사회적 프로그램 / 10.5 예수와 권력 추종 / 10.6 예수가 원하는 근본 / 10.7 불의에 맞섬과 그 한계 / 10.8 예수의 어긋난 표상들 / 10.9 윤리와 종교의 차이 / 10.10 모든 것을 한판에 걸기 / 10.11 부르심과 따름 / 10.12 자원 관리 / 10.13 규정에만 충실하면 되는가 / 10.14 숙면을 취한 그리스도인들 / 10.15 예수의 지나친 요구

11장

행동하는 예수

:

11.1 예수는 평화주의자인가
11.2 예수와 폭력
11.3 평화의 성경적 구상
11.4 평화·차단의 기술
11.5 평화의 전제조건
11.6 내 안의 낯선 것
11.7 예수의 휴머니즘
11.8 낯섦의 해석학
11.9 낯선 예수와 인권
11.10 비이성적인 성경
11.11 기적은 상징인가, 사실인가
11.12 예수에 대한 착각
11.13 치유의 종교, 그리스도교

11.1 예수는 평화주의자인가

간디와 알베르트 슈바이처를 예로 들며 평화주의를 논하는 이들은 산상 설교에서 온유한 사람은 복되다고 선언한 예수도 당연히 그런 사람이라고 여긴다. 사실 예수가 최고의 평화주의자로 여겨지는 이유는 19세기 독일에서 유행한 나자렛파 화가들이 그분을 도덕적이고 경건한 이미지로 그렸기 때문이다. 이 글에서는 '예수는 힘이나 권력은 절대 사용하지 않는 분'이라는 견해를 따르지는 않을 것이다. 그런 잘못된 이미지는 오늘날에도 비슷하게 이어지고 있다고 생각한다. 잘못된 견해는 성경에 기초해서 수정되어야 한다. 이 장에서는 신약성경의 일부 텍스트를 자주 다룰 것이다. 물론 이는 반대 의견이 쏟아지는 것을 피할 유일한 방법이기도 하다.

예수는 어째서 자신이 천명한 원칙이 산상 설교를 거슬러 행동했을까? 예루살렘에서 보인 그분의 행동에는 폭력적인 면이 다분하다. 열매 맺지 못하는 무화과나무를 탓하면서 그 나무를 저주했고 성전에서는 상인들의 탁자를 뒤엎었다. 심지어 제자들에게는 언제나 칼 두 자루를 지니고 다니라고도 했다.

예수의 복음 선포를 보면 폭력적인 요소들이 있다. '지옥불'이라는 위협적인 용어를 쓰고, "죄의 유혹을 단호히 물리쳐라."고 이르신 대목(마르 9,42-48)이나 쓸모없는 종(마태 25,30)에 대한 매정한 처사를 말씀하신 데서 잘 드러난다. 또 무자비한 종이 자신이 받은 용서의 은사를 동료에게는 베풀지 않은 이유로 영원한 벌을 받는다고 말씀하신 대목이나 탑이 무너져 사람들이 깔려 죽은 사건을 심판을 경고하는 소재로 삼은 대목(루카 13,1-5)도 그렇다.

이러한 경고 메시지를 들은 사람들은 자신의 태도를 바꾸어 '회개할' 결심을 했다. 자신이 성전을 파괴할 것이라고 한 예수의 말씀(마르 14,58; 사도 6,14; 토마 71장-이 말씀의 진정성을 두고 이미 초기 교회 시대부터 논란이 있었다)도 표현이 너무 과하지 않을까? 토마스복음서에 나오는 또 다른 비유(98장)에서는 실수하지 않고 단칼에 죽이기 위해 자신의 집 벽에 찌르기 연습까지 한 암살자에 대해 말씀하셨다. 역설적이지만 무법자가 결정적 행동에 앞서 치밀하게 연습한 것은 사람이 하느님 나라에 들어가기 전에 해야 할 자기 점검에 대한 비유이다. 예수는 마귀도 강경하게 꾸짖으며 몰아내셨다. 고통을 바라지 않는 베드로에게도 예수는 호통을 치면서 '사탄'이라고까지 불렀다(마르 8,33).

겉으로 보이는 예수의 말씀과 행동은 자신이 전하는 평화의 메시지와 모순된다. 다시 말해 어떠한 경우에도 폭력을 그만두고 평화를 이루는, 조건 없는 사랑과 용서를 본인 스스로 지키지 않았으며 하느님께도 별로 기대하지 않는 듯하다. 칼을 지니고 다니라고 한 것으로 봐서 제자들에게도 평화로운 언행을 주문하지 않았다. 문제는 이러한 언행은 예수에 관한 다른 전승들과 모순된다는 것이다. 이 문제를 푸는 데에는 흔하고 손쉽지만 다소 천박한 방식과 좀 까다롭지만 치밀하고 믿음직스러운 방식이 있다. 먼저 흔하고 쉬운 방식이다.

산상 설교에 어긋나는 예수에 관한 전승들은 무조건 가짜로 판정해 버리는 것이다.

문헌 비평을 찬찬히 읽으면서 이 조건에 맞는 내용을 찾는다. 심판과 지옥에 관한 진술은 편집 과정에서 추가된 내용이므로 제쳐 두고, 그런 진술이 없는 텍스트를 읽다 보면 아주 명백히 드러난다. 예수가 상인들을 막으며 성전에 등장하는 사건을 꾸며 낸 이야기로 단정하고 나면 "나는 사람의 손으로 지은 이 성전을 허물고, 손으로 짓지 않은 다른 성전을 사흘 안에 세우겠다."(마르 14,58)고 한, 도무지 이해하기 어렵고 사뭇 도전적인 말씀도 뒤이어 머릿속에 떠오른다. 예수의 무화과나무 저주는 이미 오래전에 초기 공동체에서도 꾸며 낸 이야기로 간주되었다. 어느 길가에 수명이 다한 말라비틀어진 무화과나무가 한 그루 있었고 예수가 그곳을 지나갔는데, 그 일이 전달되는 과정에서 예수가 저주해 그렇게 된 걸로 부풀려졌다는 것이다. 이렇게 골라내는 방식은 천박하기 그지없다. 다른 여지를 두지 않고 결론으로 몰아가는 것은 현대 해석학의 당혹스런 일면이기도 하나, 전혀 검증되지 않은 전제 조건에서 출발하는 이 방식은 다음과 같은 비판을 피할 수 없다.

1. 세상 사람들이 예수에 관한 기록이 현대 윤리관에도 부합되기를 바란다 해도 다음과 같은 반론이 있을 수밖에 없다. 이런 방식으로는 역사의 불가사의인 예수에게 가까이 다가가 볼 가능성이 거의 없다. 고대 구약 시대를 거쳐 중세 혹은 더 나아가 19-20세기에 이르기까지 모순 없는 기록을 남긴 신학자는 한 사람도 없었다. 그러므로 모순이라는 잣대로 '예수에 관한 전승이라는 울창한 숲'을 솎거나 베어 내는 것은 어리석은 시도일 뿐이다.

2. 예수가 비폭력을 윤리의 근본 원칙으로 삼았다거나 철저한 평화주의자였다는 주장은 검증된 사실이 아니기 때문에 단정을 지을 수 없다. 올바른 판단에 도움이 될 원칙이 과연 예수에게 있었는지부터 살펴야 한다. 나아가(그렇다는 답을 찾았더라도) 이런 원칙들이 꼭 있어야 했는지도 따져야 한다. 예수를 움직이게 한 근본 원리가 근대에 등장한 평화주의라는 주장 자체가 이미 수상쩍다. 시작부터 설득력이 없다. 무엇 때문에 예수가 이런 사상을 자신의 핵심 원리로 삼았단 말인가? 예수에 관한 전승들에서는 오로지 '비폭력' 사상만 드러났는가? 단지 평화주의 고수가 핵심이라면 하느님 나라에 관한 모든 진술은 왜 했을까? 하느님 이야기와 믿음은 군더더기에 불과한 장식일까? 이런 발상은 신앙을 순진한 교우들을 부추기는 정신의 장신구로 여기면서, 겉으로 드러나는 모습에 신경을 쓰며 교우들을 동원해 외부 봉사 활동에 치중하는 일부 교회와 유사하지 않은가?

결론 : 예수에 관한 전승에서 예수의 '폭력적인 언행'을 제외하는 것은 합리적이고 체계적인 방식이 아니다. 다른 예수-전승들과 내용이 일치하는지 탐색하는 작업은 오늘날의 조건에서가 아니라 신약성경 시대의 팔레스티나의 조건에서 해야 옳다. 하지만 그렇게 하다 보면 복음서의 진술이 우리에게는 생소해지는, 이 방식의 단점이 드러난다. 현재의 윤리관으로는 복음서의 진술을 인정할 수도 거부할 수도 없기 때문이다. 그렇다 해도 복음서의 진술을 철저히 분석하면 결국에는 얻는 게 있을 것이고, 그동안의 편견도 근거를 제시하며 수정할 수 있을 것이다. 또한 오이겐 드레버만Eugen Drewermann의 의견에 동의하지 않아도 될 것이다. 당대 텍스트들의 논리는 오늘날 우리의 논리가 아니다. 따라서 우리의 문헌 비평 기준으로 텍스트들을 평가해서는 안 된다. 그렇지만 현재 우리가

선포하는 것은 지금의 우리 입장으로 이해한 것이기 때문에 목적을 이룰 수 있다고 말할 수 있다. 그러므로 주석과 적용은 근본적으로 다르며, 둘의 간격 또한 크게 벌어질 수밖에 없다. 뿐만 아니라 바로 그런 까닭에 주석에서 나온 비판적 자극들을 적용할 수도 있다고 본다. 주석가의 과제는 성경 가운데 어느 한 시대에 단편적으로 이해된 부분을 바르게 돌려놓는 일과 오로지 증명만 하려는 편향된 해석을 피하는 일이다. 예수의 폭력적인 말씀임이 분명한 마르코 복음서 14장 58절로 시작해 보자.

나는 사람 손으로 지은 이 성전을 허물고, 손으로 짓지 않는 다른 성전을 사흘 안에 세우겠다.

이와 비슷한 내용이 토마스복음서에는 부정적으로 표현되어 있다.

예수님께서 말씀하셨다. "내가 이 집을 부수겠다. 이제 아무도 이 집을 재건하지 못할 것이다."(71장)

사도행전에도 '나-형식'Ich-Form으로 표현된 예수의 말씀이 전제된다.

사실 저희는 그 나자렛 사람 예수가 이곳을 허물고 또 모세가 우리에게 물려준 관습들을 뜯어고칠 것이라고, 이 자가 말하는 것을 들었습니다.(6,14)

마르코가 전한 말씀은 후세에 위증僞證으로 지적되었으나, 긍정적인 부분(재건)도 들어 있다. 긍정적인 예언을 살펴보자. 메시아가 새로운 성전을 짓는 일은 유다인들이 믿는 세상 마지막 날에 대한 희망이기 때문에 생소하지 않다. 예수가 이 일을 사흘 만에 이룬다면 영들의 도움이 있어야만 가능하다(그렇기 때문에 손으로 짓지 않는 것이다). 이것은 유다교 문헌에 속하는 외경인 솔로몬-전승과 일치한다.

솔로몬은 영들에게 권한을 행사하여 성전을 지으라고 강요한다.

요한 묵시록 21장에서도 솔로몬은 천상의 예루살렘이 이 세상으로 내려오듯이 하늘에서 성전을 내려 주시기를 하느님께 간청한다. 이스라엘의 운명은 언제나 전적으로 성전과 함께 위험에 처한다고 믿고 있으며 성전을 통해 시작된 모든 심판이 거의 끝나고(1베드 4,17) 있기 때문에 성전 파괴와 재건은 재앙과 구원의 시간을 예고한다.

그런데 예수께서 이미 존재하는 성전을 직접 파괴할 것이라는 말씀은 무슨 뜻일까? 이 수수께끼 같은 말씀은 '성전과 예루살렘을 두고 하신 저주의 말씀들'을 배경으로 설명될 뿐이다. 이런 말씀이 아주 드문 일은 아니다. 그때그때 상황에 따라 예언자들도 저주의 말을 했는데, 저주든 축복이든 그 영향력이 막강했다. 이런 점에서 저주의 말을 내뱉는 예언자는 '인과적으로' 도시의 몰락에 참여한다. 예레 26장에는 이 도성에 대해 예언한 저주가 한 다발이나 들어 있다(예레미야, 미카, 우리야). 예언자들은 하나같이 도성을 두고 한 자신들의 예언에 목숨을 걸었다. 이들은 카리스마적 권능으로 예언하여 하느님의 심판이 실제로 도성에 내리게 했다. 그러나 사람들은 이렇게 경고하는 사람을 하느님의 예언자로 인정하지 않고, 저주가 예언자 자신에게 돌아가도록 그를 죽이는 것으로 재앙을 피하려 했다. 이런 사고방식은 예수 시대에도 널리 퍼져 있었다. 따라서 마르 14,58의 말씀도 이런 사고방식을 바탕으로 이해할 수 있다. 특히 이 말씀은 예수에게 닥칠, 죽음을 향해 달려가는 상황을 명확히 드러낸다.

이 말씀의 전반부를 살펴보면, 예수는 사람의 손으로 지은 성전을 허물겠다고 부정적으로 말한다. 불순종하는 유다인들을 위협하는 한편, 당신의 예언적 권능에 주목하게 한다. 반면, 후반부에서는 더할 나위 없이 영광스런 천상의 성전을 세우겠다고 긍정적으로 말한다. 마르코복음사가는 예수가 이런 말을 하지 않았다고 부인한다. 풍전등화 같은 이스라엘의 정치적 운명에 예수가 휘말릴 것을 두려워했던 것이다. 그래서 마르코는 영광스러운 성전에 대한 사람들의 기대를 저버리면서까지 예수가 그런 말을 하지 않았다고 부인했다.

예수가 보인 가장 공격적이고 놀라운 행동은 성전에서 상인들을 몰아낸 사건이다. 여기서 관건은 성전이다. 파괴가 관건인 첫 번째 전승과 달리, 폭력을 동원한 성전 개혁에 초점을 맞춘다. 비록 복음서마다 내용을 다르게 전하지만 그 요지는 예수가 처음 실행하는 폭력적 개혁이다. 두 상황을 보면 예수의 폭력적 행동을 유발하는 대상이 바로 이스라엘 사람들이 가장 거룩하게 여기는 성전이다. 경건한 마음으로 공경해야 할 성전에서(성전은 모두 늘 있는 그대로 보존되고 유지된다) 폭력적인 언행을 했다는 것은 예수 스스로 전능한 힘을 의도적으로 드러냈다고 볼 수 있다. 완전히 달라진 예수는 성전을 '내 아버지의 집'이라고 칭하며 뒤엎고, 파괴하고 사흘 안에 다시 짓겠다고 약속한다. 새 시대를 선포할 뿐만 아니라 성전의 주인으로 행동한다.

성전 파괴나 재건, 정화 사건에서 예수의 행동은 예언적이고 카리스마적이라고 의미를 확대할 수도 있다. 그런데 성전 정화 사건에서 보인 예수의 예언적 행동은 전통적인 예언 형식이라고 보기는 어렵다. 예수의 행동은 극단적이며 매우 거칠다. 게다가 요한 2,13-22에는 두 가지 전승이 엮여 있는데, 이렇게 된 데는 분명 이유가 있을 것이다.

예수가 상인들을 몰아낸 사건을 복음서마다 다르게 전한 이유에 대해 진지하게 살펴보자. 요한 2,14-17에 의하면 예수의 행동은 참으로 과격했고 그 영향력도 컸다.

성전에 소와 양과 비둘기를 파는 자들과 환전꾼들이 앉아 있는 것을 보시고, 끈으로 채찍을 만드시어 양과 소와 함께 그들을 모두 성전에서 쫓아내셨다. 또 환전상들의 돈을 쏟아 버리시고 탁자들을 엎어 버리셨다. 비둘기를 파는 자들에게는, "이것들을 여기에서 치워라. 내 아버지의 집을 장사하는 집으로 만들지 마라." 하고 이르셨다. 그러자 제자들은 "당신 집에 대한 열정이 저를 집어삼킬 것입니다."라고 성경에 기록된 말씀이 생각났다.

요한의 논리는 이렇다.

아버지의 집에서 일어나는 일은 아들과 무관할 수 없다. 아버지의 집에 대한 열정은 곧 그분이 아들임을 증명한다.

아버지께서 계시는 집이 아버지의 집과는 전혀 상관없는 시장터가 되어서는 안 된다는 이유에서 아들은 아버지의 집을 찾는다. 루카도 전하듯이, 아들은 아버지의 집에 있어야 한다(루카 2,49). 요한만이 예수께서 끈으로 채찍을 만들었다고 보도한다. 하느님의 집에 대한 열정이 예수를 애타고 지치게 하는 것은 그분의 고통과 죽음을 암시한 것으로 여길 수 있다. 유다인들은 상징 행동에서 드러난 예언적 성격을 깨닫자마자, 이런 행동을 보인 예수의 실체를 증명할 권한에 대해 질문을 던진다. 핵심 물음은 이렇다.

어째서 예수는 아버지 집에 대한 자신의 권한을 상인들을 저지하는 행동으로 드러내셨을까?

의심할 여지없이 주님이 오시는 날 예루살렘의 거룩함에 대해 말하는 즈카 14,21ㄴ이 그 배경을 이룬다.

그날에는 만군의 주님의 집 안에 더 이상 장사꾼들이 없을 것이다.

예수는 결정적 장소인 성전에서 주님의 날을 시작하는 행동을 보였다. 그러므로 성전을 재건하는 일은 그 자체가 목적이 아니라 다음 목적을 위한 수단이다.

성전 재건은 종말의 시간과 아들의 위엄을 증명한다.

마르코복음사가는 관점이 좀 다르다. 마르 11,15-19의 배경에는 전혀 다른 성경 구절이 숨어 있다. 바로 이사 56,7이다.

나의 집은 모든 민족들을 위한 기도의 집이라 불리리라.

요한 복음서에 비슷하게 암시하듯이 여기서도 유다 지도자들은 예수를 죽일 기회를 엿본다.

수석 사제들과 율법학자들은 이 말씀을 듣고 그분을 없앨 방법을 찾았다.(마르 11,18)

요한과 달리 마르코는 예수가 이방인들의 앞뜰에서 그렇게 과격한 행동을 보인 장면을 떠올린다. 이곳은 환전상들이 판치는 장소로, 그들은 로마 동전을 성전에서 사용하는 돈으로 바꾸어 주었다.[1] 그리고 제물로 바칠 짐승도 이곳에서 살 수 있었다. 이렇듯 본래 목적과는 전혀 다르게 상황이 진행되는 이방인들의 앞뜰을 뒤엎으면서 예수는 다음과 같은 사실을 분명히 했다.

이제부터 이방인들의 앞뜰은 이사야가 기대한 대로 거룩해야 한다. 앞뜰은 이방인들이 하느님을 흠숭하는 장소이어야 하기 때문이다.

예수의 행동은 이방인들을 이스라엘의 하느님께로 향하게 하는 직접적인 계기이자 선포였다. 마르코복음사가는 그리스도교가 이방인들에게 이런 방식으로 전파되었다고 판단한 것이다. 그리고 성전 정화 사건에서 구원의 대상이 확대되는 변화를 알아차릴 수 있으므로 다음과 같이 말할 수 있다.

예수는 당신의 행동으로 이방 민족들을 받아들일 시기가 (어떤 형태로든) 도래했음을 선포한 것이다.

---

[1] 우리말 번역 성경에서는 이것이 명백하게 드러나지 않아 원문대로 번역했다. -역자 주

이렇듯 요한과는 다르게 마르코에게는 선교 상황이 주축을 이룬다. 그리스도론적 주제나 이스라엘과 관련된 주제를 강조하지 않았다.

마태오(21,12-17)와 루카(19,45-48)가 전하는 말씀에는 마르코가 이방인들에 관해 전하는 내용이 빠져 있다. 예수는 성경이 전하는 '나의 집은 기도의 집이 되어야 한다'는 하느님 말씀을 인용하여 '기도의 집'을 '강도들의 소굴'로 폄하한다. 그리고 강경하게 말하면서 유다 대사제들과 율법학자들이 하느님의 요청을 거스르고 있음을 분명히 강조한다. 때문에 이런 예수를 죽이려는 그들의 태도를 이해하는 것은 어렵지 않다.

한 가지 특이한 점은 마태오가 다음과 같이 보도한 것이다. 마태오는 예수가 성전에서 장사하는 상인들을 몰아내는 (이 점은 마르코와 동일하다) 부정적인 행동을 보도하는 것에 더해 성전에서 눈먼 이들과 절름거리는 이들이 다가오자 이들을 고쳐 주고 '거룩하게' 하여 구원 공동체에 참여시켰다고 전한다. 신명 23장이 전하는 내용에 따르면 이스라엘 회중과 함께하지 못하는 사람들 중에는 눈먼 이들과 절름거리는 이들도 포함되는데, 예수가 이들을 성전에서 고쳐 주었다면 성전은 예수로 인해 '성화'라는 본래 특성을 되찾은 셈이나.

예수는 성전에 속하지 않는 사람들은 몰아내지만, 이스라엘 백성에 속할 수 있는 사람들은 받아들이고 성전에 머물게 한다.

예수의 구원 행위는 성전에서 일어났고 제자들도 회당에서 자주 치유 기적을 일으켰다. 이렇듯 성전은 모든 회당의 어머니이며 기도의 집이다. 성전은 예수의 모든 구원 행위의 산실이자 목표이다.

이와는 대조적으로 기도의 집에서 장사하고 돈벌이하는 사람들은 이

집의 목적을 뒤집는다. 예수가 가난한 과부의 헌금에 큰 의미를 부여하며 분명히 밝혔듯이(마르 12,41-44), 이 집은 사람들이 헌금하고 기부하는 곳이지 갈취하거나 장사하는 곳이 아니다. 이렇듯 예수의 행동은 공관복음사가들에게 다양한 비평 거리를 제공한다. 예수에 대한 그 같은 비평을 통해 십계명의 첫 번째 계명이 신앙의 중심이라는 사실이 확인된다. 하느님을 공경하는 사람은 돈벌이를 최우선으로 두지 않는다. 우리는 다음과 같이 확신한다.

성전에서 보인 예수의 폭력적인 행동을 공관복음사가들은 '예언적 상징 행동'으로 이해하고 보도했다.

마태오는 예수의 행동을 통해 하느님의 참된 백성이 누구인지 규정한다(예전에 받아들여지지 않은 사람들은 구원하고 탐욕스러운 사람들은 제외시키는 것). 이에 비해 마르코는 예수의 행동을 통해 이방인의 회개가 임박했다고 전하면서 이스라엘에 대해 강하게 비판한다. 그리고 예수의 폭력적인 행동은 강도들에게 맞서는 정당방위라고 한다(루카 22,36과 비슷하다. 아래를 참조하라).

예수가 무화과나무에게 내린 저주 역시 폭력으로 가득하다. 앞의 두 경우에서처럼 여기서도 예수는 주인으로 등장한다. 예수는 무화과나무를 마음대로 다루려고 함으로써 자신에게 창조주의 권한이 있음을 드러낸다. 마치 왕이 궁중 납품업자를 부리듯이 무화과나무를 다룬다. 납품업자는 물품을 제때 납품하지 않으면 처벌을 받는다. 예수가 무화과나무에게 보인 행동은 추운 2월에 정원에 나가 벚나무가 허기를 달랠 열매를 내놓지 않는다며 불평하는 모습에 비유할 수 있다. 2월은 열매가 나는 시기가 아닌데도 다시는 열매를 맺지 못하도록 나무를 벌하는 모습이라니. 무화과 철이 아니어서 열매가 없는데 제때 물건을 대지 않는 궁중 납품업자를 나무라듯 나무에 저주를 내렸다. 예수가 그 나무의 주인이기 때문이다.

이와 유사한 예수의 행동은 또 있다. 마르 11,2에서 예수는 두 제자에게 도둑질을 하라고 명령함으로써 자신의 소유가 아닌 물건의 주인으로 등장한다. 제자들은 묶여 있는 어린 나귀를 풀어 가져와 예수가 예루살렘에 입성할 때 타도록 했다. 통상적인 기준으로 보면 이것은 분명히 도둑질이다. 따라서 다음과 같은 질문이 생긴다.

모든 사람이 준수하는 십계명을 예수는 왜 무시했을까?

대답은 하나뿐이다.

예수는 창조주 하느님의 아들이자 대리자로서 소유권을 행사한 것이다.

무화과나무 이야기(마르 11,12-14.20-20)가 이스라엘에 대한 저주를 상징한다고 단언하기는 어렵다(대다수 주석가들의 견해라 해도). 이 이야기의 의도는 성전에서 상인들을 몰아낸 사건처럼 하나의 핵심 단어에서 간파된다.

권한을 지닌 말씀

다음 구절들을 비교해 보라. 11장 14절("영원히 어느 누구도 너에게서…"라는 저주), 11장 17절(기도의 집), 11장 21절(저주 받은), 11장 23절(의심하지 않고 자기가 말하는 대로 이루어진다고 믿으면), 11장 24절(너희가 기도하며 청하는 것이 무엇이든), 11장 25절(너희가 서서 기도할 때)을 보면 예수의 의도가 명확히 드러난다.

이제 그 의미를 살펴보자. 죄 없는 무화과나무를 저주한 예수의 폭력은 일종의 상징행위이다. 예수는 극단적이고도 불손한 방식으로 자신이 창조주임을 드러낸다. 자신의 창조 권한으로 무화과나무를 바싹 말려 버릴 수 있음을 보여 줌으로써 그 나무의 소유권을 명확히 드러냈다. 따라서 예수는 '사랑하는 아버지'의 일차적 대리자이기만 한 게 아니라 창조주로부터 창조할 권리도 물려받았다.

창조주는 자신의 피조물에 대해 절대적이고 무제한적인 권한을 지닌다.

두 마리의 나귀 이야기도 이와 비슷하다. 이어진 텍스트(마르 11,20-26)는 다음과 같은 사실도 보여 준다.

예수의 제자들도 예수의 권한을 나누어 받을 수 있다.

"의심하지 않고 믿는"(11,23) 사람, "기도하며 청하는 것은 이미 받은 줄로 믿는"(11,24) 사람, 기도하기 전에 이웃을 "용서하는"(11,25) 사람이 하는 말은 예수의 말처럼 놀라운 결과를 가져올 수 있기 때문에 예수가 끼치는 영향력을 특정한 조건에서 제자들도 발휘할 수 있다. 즉 '믿음'은 하느님과 일치하는 근본이다. 믿음은 믿는 이들에게 예수의 하느님의 아들 자격을 대신한다. 성전 정화 사건(11,15-19)의 행간에는 이제부터는 이방인들도 제자들처럼 기도로 은총을 얻을 수 있다는 의미가 담겨 있다. 이방인들의 앞뜰에 감도는 거룩함이 이를 상징적으로 보여 준다. 성전을 허무는 것처럼 이방인들의 앞뜰을 '정화하는 것'도 새로운 시대의 도래를 상징한다. 따라서 마르 11,27 이하에서 예수의 권한을 문제 삼아 논쟁을 벌이는 것도 우연이 아니다. 무화과나무의 저주 이야기 또한 예수의 권한에 대해 질문을 품게 한다. 정말 하느님의 창조 권한을 드러낸 것일까?

하지만 이 이야기는 좀 억지스럽지 않은가? 성경주석가로서, 설명이 불가능한 상스런 부분을 제기하기 위해 이 이야기는 거짓임을 밝히는 작업을 하면 안 될까? 이야기 비평의 역사가 보여 주듯이 이런 작업은 늘 있어 왔다. 그렇다 해도 그것은 성경주석가들이 할 일은 아니라고 생각한다. 오히려 성경주석가는 다루기 힘든 텍스트에 등장하는 어려운 부분을 해석해서 왜곡되지 않도록 막아야 한다. 예수가 무화과나무를 저주한 이야기에서 다음과 같은 의미를 읽어 낼 수 있다.

하느님의 권능은 놀랍고 경외심을 갖게 한다.

하느님의 위엄과 권능을 감지하는 사람만이 치유 기적에 담긴 그분의 관심과 애정을 올바로 알아볼 수 있다. 그리고 하느님이 주님이심을 인지한 사람만이 그분의 이런 관심과 애정을 가장 위대한 기적으로 받아들인다. 예수는 자신만 도전적인 언행을 하는 데 그치지 않고 제자들에게도 폭력 사용을 허락한다. 수난사에서는 이렇게 보도한다(마르 14,47).

그때 곁에 서 있던 이들 가운데 한 사람이 칼을 빼어, 대사제의 종을 내리쳐 그의 귀를 잘라 버렸다.

마르코는 이 사실을 그대로 전하지만 마태오에 따르면 예수는 칼을 빼어 든 사람에게 경고한다(마태 26,51).

칼을 칼집에 도로 꽂아라.

루카는 여기서 한걸음 더 나아간다(루카 22,49-51).

예수님 둘레에 있던 이들이 사태를 알아차리고, "주님, 저희가 칼로 쳐 버릴까요?" 하고 말하였다. 그들 가운데 한 사람이 대사제의 종을 쳐서 그의 오른쪽 귀를 잘라 버렸다. 그러자 예수님께서 "그만해 두어라." 하시고, 그 사람의 귀에 손을 대어 고쳐 주셨다.

요한에 의하면 시몬 베드로가 말코스의 오른쪽 귀를 잘라 버렸다(요한 18,10). 그러자 예수께서 베드로에게 이르셨다(18,11).

그 칼을 칼집에 꽂아라. 아버지께서 나에게 주신 이 잔을 내가 마셔야 하지 않겠느냐?

마태오와 요한 복음서에서 예수가 폭력 사용을 금하는 반면, 루카 복음서에서는 폭력을("그만해 두어라") 쓰다가 잘린 귀를 고쳐 줌으로써 난처한 상황에서 벗어난다(이는 낚시로 고기를 잡아 올려 그 입에 든 스타테르 한 닢으로 난처한 상황에서 벗어난 사건과 비슷하다. 마태 17,27 참조). 루카가 전하는 내용은 무척 흥미로우므로 좀 더 고찰해 보자. 여기서 예수는 제자들에게 칼의 사용을 잠시 허락했다. 루카 22,36에서 예수는 제자들에게 이렇게 말씀하셨다.

돈주머니가 있는 사람은 그것을 챙기고 여행 보따리도 그렇게 하여라. 그리고 칼이 없는 이는 겉옷을 팔아서 칼을 사라.

제자들이 칼 두 자루를 보여 드리자 예수께서 이렇게 말씀하셨다.

그것이면 넉넉하다.

여기서 "돈주머니가 있는 사람은…"이라는 구절은 전통적인 지혜문학의 양식을 따라 세 단계로 구성된 것으로 마지막 부분이 강조되는데, 이 마지막 부분의 관건은 칼을 사는 것이다. 중요한 재산인 겉옷을 팔아서라도 사는 것이다. 이 말은 제자들을 파견할 때 내린 지침들과는 뚜렷한 대조를 이룬다(마르 6,8 이하; 루카 9,3; 마태 10,10; 루카 10,4). 루카 10,3에서 예수는 제자들에게 비무장 상태로 떠나라고 말한다.

나는 이제 양들을 이리 떼 가운데로 보내는 것처럼 너희를 보낸다.

그럼 성경에서 비슷한 의미를 찾아보자. 근심거리가 점점 느는 현세의 시간이 걱정이라곤 없는 시간을 가로막는다면? 그렇게 하면 마르 2,18-20과 내용이 비슷해진다. 신랑과 함께하는 즐거운 시간이 제자들이 단식해야 하는 시간으로 인해 중단된다. 극적인 수난사가 이어지는 중에도 루카 22,36은 제자들이 칼을 지니게 된 배경을 설명한다. 그래서 제자들은 질문할 수 있었다(22,49).

주님, 저희가 칼로 쳐 버릴까요?

여기서 눈에 띄는 점은 예수가 처음부터 폭력 사용을 금하지는 않았다는 사실이다. 누군가 다쳐서 사태가 심각해지자 예수는 치료해 주었을 뿐이다. 무리 중에 초기 그리스도교의 정치적 열정이 강했던 열혈당원이 있었을까? 이런 추측은 옳지 않다. 그 시대에 긴 칼은 도보 여행자가 지참할 기본 장비에 속했기 때문에(그때는 여행용 긴 칼이 오늘날 손전등과 같은 역할을 했다) 여기서는 긴 칼 두 자루로 로마 군대와 전투를 벌여 그들을 몰아내고 하느님 나라를 건설하겠다는 의도로 보기 어렵다. 따라서 정치적 동기는 모두 제외된다. 제자 가운데 "열혈당원이라고 불리는 시몬"(루카 6,15; 사도 1,13)이 있었더라도 이는 그를 다른 사람들과 구별하려는 뜻으로 붙여진 별명에 불과하다. 더구나 이 별명은 그가 한때 열혈당원이었을지도 모를 과거와 연관이 있는지 아니면 그의 성향이나 정신 상태가 그랬다는 말인지, 사용 의도가 명료하지 않다. 청소년들이 친구 중 한 명을 '교수님'이라고 부른다면 이는 그가 실제 교수라서가 아니라 안경을 썼다거나 운동을 못한다는 이유에서 별명을 그렇게 지었다고 짐작할 수 있다. 루카 22,36에 나오는 예수의 말은 다분히 상징적이다. 시대가 바뀌었음을 암시하려는 의도일 수도 있다. '칼을 준비하라'는 은유는 총체적 사태에 대비하라는 뜻을 담고 있다.

성경주석가에게는 '유쾌하지 않은 사건'이지만, 루카 22,36의 말씀은 예수가 제자들이 노상강도에게 희생되는 상황으로 내몰리지 않기를 바라는 마음에서 파견 규정을 종전과 다르게 변경했다고 볼 수도 있다. 예수가 실제로 그렇게 말했는지, 아니면 단지 편집된 것인지는 의문의 여지를 남겨 두는 편이 좋겠다. 코앞에 닥친 자신의 운명을 직감한 예수가 제자들을 보내면서 얼마나 깊이 헤아리는지 루카 22,37이 잘 보여 준다. 이 말씀은 또 당시의 상황이 어수선하고 판단 기준도 뒤죽박죽이었음을 강하게 암시한다. 비무장 상태인 예수가 무법자로(마르 15,28 및 코이네[2] 텍스트에 의하면 '강도'로) 취급되는 상황이라면 비폭력이 혁명의 특징인 셈이고, 예수의 제자들은 강도로 취급받지 않기 위해서 지극히 정상적으로 행동한 것이다. 그렇다면 이 말씀에는 다음과 같은 반어적 의미가 담겨 있다.

아무런 무장도 하지 않고 방어하지 않는 사람들이 무법자와 강도로 취급되는 상황이라면, 비폭력이 테러 행위의 특징이다.

이런 상황을 피하고 안심하려면 방어용 무기를 소지해야 한다. 상황을 따르지 않은 예수는

강도로 취급되었다.

비무장 상태이고 방어하지 않으면 야비한 무법자 취급을 받는 상황이라면 평화주의 이미지를 포기하고 눈에 띄지 않게 행동하는 수밖에 없다. 그렇다면 이 말씀은 세상에 오신 그리스도가 목적을 향해 한 발짝 더 나아갔음을 의미한다.

---

[2] 신약성경 시대에 가장 널리 사용하던 언어로, 여러 방언들의 혼합어이다. 그중에서도 고대 그리스 남동부 국가인 아티카Attica 방언이 가장 강세를 이룬다. 신약성경은 코이네 그리스어로 써졌다. –역자 주

사람들은 예수를 무법자로 취급하기에 이르렀다.

이런 일이 철저한 평화주의자에게 일어난다면 십자가에 못 박히는 수밖에 없을 것이다. 따라서 우리가 다루는 주제는 다음과 같이 확실하게 정리된다.

루카 22,36이 전하는 이해하기 어려운 말씀은 산상 설교에서 벗어난 게 아니라, 예수는 강도와는 정반대로 의로운 분이심을 증명한 것이다.

이렇듯 루카 22,36은 예수가 그리스도인 신호를 알리게 된 시대 상황을 설명하고, 이 신호들이 제대로 이해되지 않을 뿐 아니라 신호를 보낸 이들에게 불리하게 작용하고 있음을 보여 준다. 그래서 예수는 스스로 평화 애호가로 나서지 않으면 무법자로 오해받지도 않는 상황에 맞게 제자들을 준비시켜 새로운 순교자들이 나오지 않게 하려고 한다. 심판에 대한 예수의 표현도 종종 잔인할 만큼 가혹하다. 몇 가지 예를 들어 보자.

> 연자매를 목에 걸고 바다에 던져지는 편이 오히려 낫다.(마르 9,42)
> 꺼지지 않는 불이 있는 지옥.(마르 9,43)
> 지옥에서는 그들을 파먹는 구더기도 죽지 않고 불도 꺼지지 않는다.(마르 9,48)
> 저주받은 자들아, 나에게서 떠나 악마와 그 부하들을 위하여 준비된 영원한 불 속으로 들어가라.(마태 25,41)
> 그들은 영원한 벌을 받는 곳으로 가고(마태 25,46)

너를 고소한 자가 너를 재판관에게 넘기고 재판관은 너를 형리에게 넘겨, 네가 감옥에 갇힐 것이다.(마태 5,25)

네 오른 눈이 너를 죄짓게 하거든 그것을 빼어 던져 버려라. 온몸이 지옥에 던져지는 것보다 지체 하나를 잃는 것이 낫다.(마태 5,29)

마태 18,34에 의하면 무자비한 종은 고문 형리에게 넘겨져 빚을 다 갚을 때까지 고통을 받는다. 그래도 빚은 다 갚지 못한다. 주인에게서 받은 탈렌트를 제대로 활용하지 않은 쓸모없는 종은 "바깥 어둠 속으로 내던져 버려져서 거기에서 울며 이를 갈 것이다."(마태 25,30)

"주님의 날이 마치 밤도둑처럼 온다."(1테살 5,2; 묵시 3,3; 16,15)는 비유적 표현은 신약성경에서 특별한 군群을 형성한다. 도둑은 절대로 반길 수 있는 존재가 아니다. 그는 어두울 때 오고, 언제 올지 모르며, 제대로 파악할 수도 없다. 하느님을 음흉하고 야비한 도둑에 비유하는 것은 선뜻 이해가 되지 않는다. 하느님이 이렇게 은밀히 오신다면 사람들은 믿을 수 없다고 여길 수도 있다. 그리고 여기서 말하는 고통은 사람의 마음을 힘들게 하는 고통이다. 이런 질문이 있을 수 있다.

어째서 하느님이 이토록 잔인할까?

주석가가 이 부분들을 차분히 설명한다면 다음과 같은 비난이 쏟아질 것이다. "복음을 협박으로 바꾸는군! 당장 근거를 찾아서 그런 텍스트들은 사실이 아니라고 선언해!" 사실 주석가는 그렇게 할 수 있다. 또한 특정한 관념을 이용하는 역사비평 해석은 텍스트 연구에서 특별히 관심을 두는 분야이기도 하다. 예수가 당시의 상황 때문에 혹시 실수로라도 그런 말을 했는지는 알 길이 없다. 그리고 진실을 모르기 때문에 오늘날 거북하고 불쾌하게 여겨진다 하여 특정 시기에 국한된 것이라고 단정해서도 안 된다. 심판에 대한 말씀이 하느님의 독재나 잔혹성, 혹은 예수의 복수를 표현했을 리 없다. 사람들이 잘못을 저지르거나 지금까지 그랬듯이 자신의 영혼을 돌보는 일을 소홀히 하면 어떻게 되는지 경고할 뿐이다.

사람들은 우선 지옥을 믿으려 하지 않는다. 주변에 있는 불행한 사람, 사고를 당한 사람을 봐도 지옥 불의 고통에 대한 묘사는 좀 지나친 것 같다. 예수는 마치 의사처럼 사람들의 상태에 주목한다. 성경이 최후 심판 때 받을 벌에 대해 언급하는 까닭은 사람들이 벌을 받지 않도록 방지하기 위해서다. 예수는 결코 잔인한 분이 아니다. 잘못을 범하면 수천 개의 얼굴을 지닌 죽음이 찾아올 수 있음을 알려 주려는 의도일 뿐이다. 긍정적으로 표현하면 이렇다.

> 자기 자신을 구하려면 사욕 없는 열정으로 자기 자신을 벗어나는 법을 배워야 한다. 그러면 자기 자신을 발견할 수 있다.(마르 8,35 참조)

성경에서 벌을 영원한 것으로 묘사하는 이유는 벌의 절대적 가치를 잃지 않게 하기 위해서이다. 행위에 따르는 결과를 대수롭지 않게 여기는 사람은 현재를 무가치하게 만든다. 꼭 필요한 회개나 결단을 뒤로 미루다가 결국 과오를 저지르고 만다. 따라서 성경의 주안점은 앞으로 받을 경악할 벌을 묘사하는 데 있지 않고, 꼭 필요한 회개를 미루지 말고 지금 당장 하도록 재촉하는 데 있는 것이다.

11.2 예수와 폭력

1. 예수에 관한 이야기나 그분의 말씀에서 폭력에 관한 진술을 삭제할 수는 없다. 폭력이라는 단어에는 말이나 심리적 압박으로도 다른 사람에게 영향을 끼친다는 뜻이 들어 있다.
2. 성경에 담긴 뜻을 평화주의적인 의미로 해석하지 않도록 주의해야 하며, 성경은 원칙적으로는 비폭력을 선포한다고 넘겨짚지도 말아야 한다. 성경 자체는 폭력 포기를 이데올로기로 삼지 않는다. 예수도 폭력 사용은 어떤 경우라도 피해야 한다고 말하지 않았다.
3. 예수가 마귀들을 쫓아낸 것은 악령의 세력에 폭력을 사용한 것이다. 베드로가 예수를 시험하려 할 때도 심하게 말하며(사탄) 물리쳤다.
4. 예수는 실제로 사람들(장사꾼과 환전상들), 사물(무화과나무, 나귀를 풀어 오라는 요청)을 대상으로 폭력을 사용했고 폭력적인 예언(성전 파괴)도 했다. 또한 제자들에게도 폭력을 사용하도록 허락하셨다.
5. 예수가 사람들과 사물에게 폭력을 행한 것은 자신이 세상 만물의 주인이기 때문이다. 예수는 당신이 창조주의 대리자이고 성전의 '주인'이라는 의식을 가지고 있었다. 이런 소유권 주장은 특정한 말씀과 행동에만 등장한다(공관복음서 보도에 의하면). 예수가 마지막으로 활동한 시기에 일어났다.
6. 원수를 사랑하고 폭력은 사용하지 말라는 권고는 산상 설교를 비롯해 다른 대목에서도 여러 차례 있었다. 그런데도 예수가 폭력 사용을 원칙적으로 나쁘게 여기지 않은 까닭은 하느님의 뜻을 온전히 이해한 인간으로서 모순을 중재할 수 있었기 때문이다. 모순을 중재한다는 의미는 현실 세계에서 부정적인 결과가 일어나는 것을 막기 위해 직접 현실의 일상에 관여한다는 뜻이다.

7. 심판 때 받을 잔혹한 벌이나 주님의 날이 예상치도 못한 때에 온다는 듣기 거북한 말은 완전히 다른 차원에서 이루어졌다. 근본 요지는 주어진 은총을 받아들이지 않고 대수롭지 않게 여기는 사람은 스스로 잔혹한 결과를 만든다는 것이다. 생명의 정원 바깥에는 죽음의 사막이 존재한다. 성경에 이렇게 극과 극의 비유가 등장하는 이유는 사람들이 이미 위태로운 지경에 이르렀기 때문이다.

좀 더 자세히 들여다보면 이런 주제는 오늘날의 우리도 간절히 알고 싶어 하는 내용이다. 그리스도교의 핵심이 곧 인간의 윤리일까? 비폭력이 특별히 언급된 것도 언제나 가치 있는 일이기 때문일까? 비폭력이 최종 가치이자 최고 가치일까? 신앙이 추구하는 보편적인 선善인 관용이 현실로 드러난 것이 바로 비폭력일까? 그렇다면 비폭력은 프랑크푸르트학파가 추구하는 폭력 없는 사회의 필수 요소일까?

또한 신앙은 순수한 윤리 이상이어서 윤리를 포용하고 판단 기준의 역할도 할까? 그렇다면 상징행위들은 그 자체로 의미가 있고, 순전히 윤리적 측면에서만 보더라도 '일반적일' 수 있다. 그러나 상징행위는 정상적인 것을 방해하는 요인이 되어, 현세적이고 평범한 것은 부서지기 쉬운 질그릇에 불과하다고 여기는 사람에게 주의를 환기시키기도 한다. 질그릇을 빚으신 분을 잊는다면 질그릇처럼 깨질 수밖에 없다. 그분이 주님이지, 우리가 주님은 아니다. 하느님은 무서운 독재자 같은 왕이 아니라 우리의 건강한 삶을 도우려고 계시는 주님이시다.

우리가 성경을 새로 쓸 수는 없다. 성경은 있는 그대로 성경이지, 21세기 초에 수정하여 완성하는 것이 아니다. 성경에 등장하는 사물과 사람들을 향한, 내재되거나 겉으로 드러난 폭력은 복음을 강렬히 선포하기 위한 또 다른 형태이다. 그래서 점잖지 못한 내용에도 다음과 같은 소식이 담겨 있다.

신앙은 혼자서 조용히 생각과 지식을 변화시키기 위해 있는 것이 아니라, 서로 싸우고 다치고 죽이기까지 하는 사람들과 그들이 사는 이 세상을 위해 있다.

따라서 신앙의 궁극적인 목표는 육신의 부활이다. 그러나 세상에서 우리의 육신은 폭력으로 위협하기도 하고 위협당하기도 한다. 묵시적인 말씀이 육신의 두려움을 불러일으켜 죄를 짓지 않도록 돕듯이, 예수가 폭력적인 말이나 행동으로 사람들에게 개입하는 것도 복음 선포의 일부이다. 예방 주사를 맞아 더 나쁜 상황이 일어나지 않도록 방지하듯이, 군중이 나쁜 일에 빠지지 않도록 면역력을 강화시키기 위하여 심판의 고통에 대해 말하는 것이다. 하느님의 자비는 제때에 우리에게 경고하는 것으로 그치지 않고 '내 멍에는 편하고 짐은 가볍다.'고 말하는 예수를 세상에 보내 어떻게 해야 하는지 보여 주신다.

11.3 평화의 성경적 구상

성경에서 말하는 '샬롬'(schalom, 평화)은 아무것도 부족하지 않고 누구도 무시당하지 않는 상태를 의미한다. 언제나 모두에게 지속되는 평화는 하느님만이 줄 수 있기 때문에 '평화의 길'은 하느님의 은총 속에서 그분의 계명을 지키는 것이다. 따라서 성경이 말하는 평화는 현대 독일어에서 평화를 휴식, 또는 전쟁 및 폭력의 부재, 관용으로 여기는 것과는 의미가 다르다.

성경은 역사 안에서 일어난 평화 운동이 아니다. 평화는 깨지기 쉽고 지키는 데 위험이 따르며 빨리 지나가므로 허망하기까지 하다. 평화를 주러 온 것이 아니라 칼을 주러 왔다는 예수의 말은 이런 맥락에서만 이해할 수 있다. 신약성경의 하느님과 재물, 진실과 거짓, 천사와 악마를 대비시키는 이원론적 진술들을 낡고 이치에 맞지 않다고 여기며 거부해서는 안 된다.

'샬롬'을 이루기 위해서는 위험을 무릅쓰고 지켜야 하는 수준 높은 조건들이 있기 때문에 선善의 최고 경지라고 할 수는 없다. 최상의 선은 정의이다. 그리고 정의는 평화의 조건이다. 따라서 하느님의 계명과 그분의 정의를 따르면 얻어지는 것이 평화이다. 신약성경은 다음과 같이 제시한다.

사람들 사이에 맺는 평화는 하느님으로부터 오는 것이며 예수의 죽음을 통해 완성된다.

역설적이지만 평화를 이루려는 사람들의 모임은 작고 힘이 없으며 세상의 잣대로는 아무 성과도 내지 못한다. 그러나 용서의 기적은 이 보잘것없는 사람들 안에서 시작된다. 용서는 하느님의 영역이다. 어떻게 싸움이 화해로 이어질 수 있을까? 무엇보다 먼저 바르고 투명한 관계가 정립되어야 한다. 이 말은 다음과 같은 뜻이다.

인간이 처한 상황과 하느님의 현존, 그리고 그분이 주시는 구원을 올바로 깨달아야 한다. 그러면 화해할 수 있다. 그렇지 않으면 깨지기 쉬운 거짓 평화만 존재할 뿐이다.

11.4 평화 · 차단의 기술

'평화'라는 단어가 전해 주는 정감 어린 의미는 루카 2,14에 있는 천사의 노래에서 비롯되었다.

…땅에서는 그분 마음에 드는 사람들에게 평화!

성탄절을 맞아 베들레헴에서 평화를 맹세했건만 곧 정반대의 뉴스들이 들려온다.

가자 지역에 자살 테러가 발생했다.
새로운 테러리스트 조직망이 발견되었다.
코카서스 지역에는 민중 시위가 일어났다.

이럴 때 마음 깊은 곳에서 평화라는 말이 떠오른다. 참으로 감상적이고 요원한 인간적인 꿈이다. 비록 스쳐 지나가는 철없는 감정이지만, 불행한 뉴스에 마음이 아픈 것은 우리가 끝없이 샬롬을 갈망하는 증거이다. 마음 깊은 곳에서 상상해 보는 구원, 즉 인간적인 꿈이 있기에 날마다 들려오는 갖가지 부정적인 뉴스 속에서도 성탄절 '거룩한 밤'의 화해를 맛보게 해 주는 평화에 대한 기대를 품을 수 있는 것이다.

칸트 시대에 이르기까지 평화와 관련하여 유럽에서 가장 위대한 철학자로 독일 출신의 추기경 니콜라우스 쿠자누스를 꼽는다. 15세기 유럽, 그는 분열되어 싸움을 일삼던 서유럽과 동유럽, 로마와 비잔틴의 일치를 위해 노력했다. 그가 평화를 이룰 수 있다고 확신한 까닭은 모든 사람이 평화를 갈망했기 때문이다. 이런 동경은 하느님께서 모든 사람에게 남긴 흔적이다. 따라서 모든 이가 함께 품는 이런 동경은 사물의 중심을 향한 갈망, 몸과 영혼, 하늘과 땅, 인간과 세상의 일치에 대한 갈망, 장차 다가올 평화에 대한 갈망이다. 하나도 같은 게 없는 피조물이나 민족과 문화와 종교의 다양함은 첫눈에는 일치를 향한 동경과는 정반대인 것처럼 보인다. 그러나 이 다양함이 바로 모든 피조물이 지닌 무늬인 것이다. 일치와 평화를 바라는 사람이 자신이 피조물임을 받아들일 때, 예수는 하느님이자 인간임을, 다양함과 일치의 모범이자 원형임을 인정하게 될 것이다.

세상에 평화가 있는 것도 하느님이 사람이 되고, 예수 그리스도가 참된 하느님이자 참된 인간인 것과 똑같은 신비이다. 평화는 다음과 같은 의미이기 때문이다.

> 온갖 다양함에도 일치를 이루고, 천차만별의 소리가 화음을 이루며, 제각각 크게 빗나갔으면서도 서로 화합하는 것.

이렇게 인간의 다름은 일치를 이루시는 하느님의 축복과 이어지며 부서지지 않도록 보호받는다. 그리고 다름은 풍요를 낳는다. 재앙이 생기는 것이 아니다.

신약성경에서 말하는 평화는 쉽게 이루어지지 않는다. 우회로를 거쳐야만 도달할 수 있지만 꿈에서나 이룰 수 있는 것은 아니다. 여기서 말하는 평화는 낭만적인 평화도 아니고 지난날 호시절에 맛본 평화도 아니다. 예수가 의미하는 평화는 사람들을 위로하거나 달래는 것이 아니다. 예수의 평화는 그를 따르는 사람들이 강한 의지를 품고 수고를 감당할 능력을 갖게 하며 적극적으로 활동하도록 이끈다. 예수는 자신의 요청을 명백히 제시하지만 그 길은 언제나 쉽지 않아 보인다. 표면적으로는 정상적인 길과는 정반대로 인도하는 것처럼 보이고 처음에는 쓰고 독한 약과 같다. 이런 길을 반복해서 가게 하는 것이 예수의 방식이다.

내가 세상에 평화를 주러 왔다고 생각하느냐? 아니다. 내가 너희에게 말한다. 오히려 분열을 일으키러 왔다. 이제부터는 한 집안의 다섯 식구가 서로 갈라져, 세 사람이 두 사람에게 맞서고 두 사람이 세 사람에게 맞설 것이다. 아버지가 아들에게 아들이 아버지에게 어머니가 딸에게 딸이 어머니에게 시어머니가 며느리에게 며느리가 시어머니에게 맞서 갈라지게 될 것이다.(루카 12,51-53)

어느 한쪽 편만 들면 친밀한 관계가 파괴되어 갈등과 불쾌한 일이 생기기 마련이다. 예수는 침체되고 아무 변화도 생기지 않는 주요 원인을 당시의 가족 전통에 있다고 본 것 같다. 이러한 상황에서는 미움조차 필요하다고 말한다.

나에게 와서 내 제자가 되려고 하는 사람은 자기 자신과 아버지, 어머니, 아내, 자녀, 형제자매 간에 연결된 끈을 끊어야 한다. 다시 말해 그들을 미워해야 한다. 나를 따르려는 사람은 자기 자신도, 자신의 세속적 삶도 미워해야 한다.

이 말의 논리는 무엇일까? 불화의 씨가 뿌려지는 곳에 어떻게 평화가 싹틀 수 있을까? 친구나 혈육, 의리를 지키는 사업 파트너 같은 긍정적인 관계라도 이런저런 구실을 대며 진리의 계명들을 제대로 지키지 않는다면 부정적인 방향으로 흘러갈 수 있다는 사실을 예수는 지적한다. 유다인 종교철학자 발터 벤야민Walter Benjamin은 예수의 견해에 거의 일치한다고 볼 수 있다. 그는 모든 것이 늘 똑같이 진행된다면 문제가 해결되지 않으며 그 안에서 지옥과 같은 상황이 발생한다고 주장한다. 그래서 그는 '영원히 같은 상황을 차단하는 것'을 메시아가 들어오실 수 있는 문으로 보았다. 늘 똑같은 상황이라면 각 개인이 짊어지고 있는 책임과 의무가 굉장한 부담이 된다. 예수는 벤야민이 말하는 '차단하는 자'이다. 예수는 '지금'에 큰 의미를 부여하고, 지금 당장 실천에 옮기는 능력을 강조하는데, 이것이 바로 '깨어 있음'이다. 예수는 날마다 스며드는 졸림과 무기력을 깨어 있음으로 물리치도록 요청한다. 그리고 그렇게 할 수 있게 도움을 청하는 수단을 기도로 보았다. 필요한 순간에 하느님의 뜻에 따라 행동하려면 자유로워야 한다. 예수가 불화와 미움의 근원이라고 일컬은 가족과의 이별은 헤어짐이 목적이 아니라, 자유와 매이지 않음, 깨어 있음을 위한 전제조건이다. 이러한 것들을 갖췄을 때, 수천 가지 걱정거리와 과거의 짐들이 대인 관계를 제약하지 않을 때 평화라는 이름을 받아 마땅한 새로운 그 무엇이 움틀 수 있다. 최근에 어떤 사람이 이렇게 말했다.

우리는 불타는 문을 통해 삼천 년대에 들어섰다.

사실 새로운 것은 없다. 지금까지 그래왔듯이 앞으로도 그렇게 진행될 것이다. 이는 메시아가 세상 안으로 들어오시는 문, 곧 '차단'과는 극명한 대조를 이룬다.

예수는 '평화'가 아닌 거짓 평화를 타파했고 참평화의 특성을 역설했다. 다시 말해 평화는 필요한 순간에 단호히 반응하는 능력을 전제로 한다고 여겼다. 착한 사마리아 사람이 바로 그러한 능력을 갖춘 인물이다. 사제와 레위인은 불행을 당한 사람을 지나쳐 버린다. 자신이 이행할 의무가 있었거나 전례 봉헌에 부정을 탈 위험이 있었기 때문일 것이다. 그런 상황에서 요청되는 인간애에 열린 자세로 다가간 사람은 아무것도 잃을 게 없는 사마리아인뿐이었다. 그는 단순히 돕기만 한 것이 아니다. 예수의 표현에 의하면, 그는 유다인과 사마리아인 사이의 거리와 적개심을 뛰어넘어 유다인에게 이웃과 형제가 되어 주면서 평화를 이뤄 낸 것이다.

11.5 평화의 전제조건

예수는 참으로 흥미로운 말도 했다. 복음서에는 없지만 예수 어록인 아그라파Agrapha에 여러 차례 언급된 말씀이다.

예수님께서는 이렇게 말씀하셨다. "너희는 좋은 환전상이 되어라. 모든 것을 면밀히 시험해 본 다음에 가치 없는 것은 버리고 좋은 것은 간직하여라."

고대에 환전상이 되려면 건전하고 정확한 판단 능력이 있어야 했다. 환전상들은 눈앞에 놓인 금화의 강도를 시험하기 위해 이빨로 깨물어 보곤 했다. 간단히 말하면 이렇다.

환전상은 자기 앞에 놓인 동전 가운데 가치 있는 것과 없는 것을 정확히 골라내고, 가치 없는 것이면 돌려줄 의무가 있었다.

그의 임무는 감별하는 일이다. 여기서 중요한 것은 그가 여러 종류의 돈을 충분히 갖고 있느냐 혹은 환전을 제대로 설명하느냐가 아니다. 눈앞에 놓인 돈의 진가를 알아보고 셈할 능력을 갖추었느냐가 관건인 것이다. 따라서 "너희는 좋은 환전상이 되어라."라는 예수의 말은 다음과 같은 의미를 지닌다.

사람들이 너희에게 내어놓는 것을 자세히 살펴보아라. 그리고 진짜와 가짜, 가치 있는 것과 없는 것을 엄밀히 구별하여라.

환전할 수 있는 것은 변하지 않는 금속뿐이다. 나머지는 가치 없는 것들이다. 식별과 분리를 통해 우리는 평화를 이루는 중대한 일을 실현한다. 평화를 훼방하는 것이면 골라내 버려야 하기 때문이다. 위선자는 평화를 이루지 못한다. 평화를 간절히 원하는 사람만이 그것을 구현할 수 있다. 환전상에 대한 예수의 말은 우리에게 엄정한 식별과 분리를 요청한다. 누구도 탐욕을 부려서는 안 된다. 예수는 양의 탈을 쓴 이리를 조심하라고 경고한다. 예수가 선포한 말씀 가운데 '평화'가 역사적으로 오랜 영향을 미치고 오늘날까지도 큰 관심을 받는 까닭은 모든 사람이 평화를 원하기 때문이다. 이런 의미에서 평화는 보편타당성을 지닌다. 즉 다양한 조건들이 전제된다는 말이다.

평화 메시지에 담긴 진실을 올바로 이해하는 사람은 인내를 바탕으로 하는 예수의 복음에 실망하지 않는다. 지난 반세기 동안 '인내'만큼 잘못 이해되어 사용된 단어도 없을 것이다. 인내는 의미가 우스꽝스럽게 이해되어, 진실성이 결여된 위로의 뜻으로 누군가를 비웃을 때나 가망 없고 절망적인 사람을 대할 때 우회적인 말로 사용되었다. 사람들은 되도록 짧은 과정을 거치려 하고 폭력을 사용하는 쪽으로 마음이 기운다. 이라크 전쟁에서만 그런 현상이 나타나는 것이 아니다. 사람들은 문제가 빨리 풀리는 경우는 극히 드물며, 과정을 대충 거쳐 성공하기란 예외적인 일임을 간과한다. 인내는 수동적인 것이 아니라 신중하고 조심스럽고 부드러운 행동이라는 것, 빨리 해결할 수 없는 상황에서 굳건히 견디는 것임을 깨닫지 못하는 것이다. 인내와 성장은 서로 밀접한 관계가 있다. 그 반대는 때가 되기도 전에 성급히 판단하고 희망을 잃는 것으로, 이런 현상은 늘 있어 왔다. 인내하려면 굳셈과 확고함이 전제된다. 자주적인 사람만이 다른 사람들이 일정 기간 자유롭게 행동하도록 놔둘 수 있다. 예수님도 공생활을 시작하기까지 30년을 기다렸다. 중국에서는 감옥에 수십 년씩 갇혀 있는 그리스도인들을 가리켜 '미지의 안호'라고 부른다. 이들이 신앙을 버리면 얼마나 간단할까. 오늘이라도 당장 풀려날 것이다. 세상은 참을성 많고 장기적인 비전을 지닌 사람들에 의해 유지된다. 짧은 과정들이 하나하나 이어져 오래 생각하는 과정이 되고 무한한 나선이 되는 것이다. 평화를 갉아먹는 폭력의 논리를 인내하며 차단하는 사람들은 앞으로도 끊임없이 나올 것이다.

11.6 내 안의 낯선 것

세상에서 사람들이 평화를 이루고 종교 간에도 평화를 구축하기 위해 구체적으로 어떻게 하면 좋겠냐고 묻는다면 이렇게 대답할 수 있을 것이다.

내 안의 낯선 것을 발견하는 일부터 시작하자! 그것을 내 것으로 만들어 지켜 나가자!

낯선 것은 이해할 수 없는 채로 우리와 대치하는 경우가 많다. 그것은 특별한 방법으로 우리의 일부가 되고 있다는 사실을 우리 자신이 모르기 때문이다. 내 안에서 낯선 것을 찾아내는 일은 무슬림이라면 코란 경전에 나오는 예수와 마리아에 관한 장을 의미 있게 여기는 것일 테고, 그리스도인이라면 자신이 믿는 하느님이 이슬람교에서 가르치는 하느님과 온전히 같은 분이심을 인식하는 것일 것이다. 유럽인들이 현재 누리는 문화 중에 많은 것들은 중세기에 융성한 아랍 문화를 통해 전래되었다. 그리고 아랍인들 집 안에 있는 많은 물건들 역시 유럽에서 유입된 것이다. 내 안의 낯선 것을 발견하기란 가톨릭 신자라면 루터가 가톨릭 수도자로 아우구스티노 수도회 소속이었다는 사실을 인정하는 것을 의미할 것이고, 개신교 신자라면 루터가 생존 시에 마리아 축일이면 성모 마리아에 관해 강론했다는 사실을 인정하는 것일 것이다. 아우구스티노 수도회는 오늘날까지도 루터를 자랑스럽게 여긴다. 시토회 소속 회원 중에는 루터의 아내가 된 카타리나 폰 보라Katarina von Bora가 한때 자기네 회원이었다며 자랑하는 이도 있다. 무슬림들이 말하는 '성전'聖戰을 끔찍한 사건으로 낙인찍는 그리스도인들은 수많은 사람들이 묵시록 20장에 따라 압박받는 예루살렘을 구하기 위해 나선 십자군 전쟁 역시 성전聖戰이라는 생각으로 감행했었다는 사실을 알아야 할 것이다.

낯선 것을 낯선 것으로만 보고 감탄하거나 우상화하는 것은 의미가 없다. 그런데 독일 사람들은 낯선 것에 대해 늘 큰 어려움을 지닌다. 어쩌면 다음과 같은 생각이 도움이 될지도 모르겠다. 이스라엘의 하느님도 당신 백성에게 늘 이방인으로 나타나셨다. 하느님께서 이방인을 사랑하신다는 말은 반복되지만, 이스라엘을 두고 사랑한다고 말하는 경우는 매우 드물다. 예언자들에 의하면 이방민족들은 항상 처벌이나 하느님의 구원 의지의 도구로 등장한다. 이스라엘 백성도 이방인으로서 하느님의 구원 행위를 체험했다. 이스라엘이 이집트에서 이방인으로 살던 때가 바로 구원의 시기였기 때문이다. 하느님께서 그 이방인들에게 구원의 손길을 펼치셨으므로 성전에 온 사람들은 하느님 면전에서 자신을 '이방인'으로 즐겨 표현했다. 시편 저자는 이렇게 기도한다.

하느님, 제 기도에 귀 기울이소서. 저의 간청을 외면하지 마소서.
제가 흘리는 눈물에 대해 침묵하지 마소서!
저는 당신께 손님에 지나지 않고
제 모든 조상과 마찬가지로 이방인에 불과하나이다.

이 기도에는 의심할 여지없이 하느님께 드리는 거룩한 경외가 표현되어 있다. 예레미야는 하느님을 낯선 분이라고 명명했다.

이스라엘의 희망이신 당신, 곤궁한 때 이스라엘을 구원하시는 분,

어찌하여 당신은 이 땅에서 마치 낯선 존재 같으며,
밤에 쉬러 돌아오는 방랑자 같으시나이까?
…그렇지만 여전히 우리 가운데 계시는 하느님…
우리를 버리지 마소서!

하느님께서 어쩌다가 당신 백성에게 낯선 존재가 되셨는지 바오로 사도가 로마서에 드라마틱하게 서술했다. 이방인에게도 적용되는 하느님의 새로운 정의를 이스라엘 백성은 더 이상 알아듣지 못했다. 그들에게 하느님은 불편한 존재가 되었다. 깜짝 놀란 그들에게 하느님은 낯선 존재가 되고 만 것이다. 결과는 이렇다.

예전에 이방인이던 낯선 사람들이 오래전부터 하느님께 속한 사람들을 앞서 갔다. 오히려 이들이 하느님을 따를 수 있었다.

그 이유는 무엇일까? 하느님께서 낯선 영역을 하나 더 마련하시기라도 했단 말인가? 그렇지는 않다. 하느님께서는 사람들이 기대하는 것보다 당신이 훨씬 더 위대한 분임을 다시 한 번 증명하신다. 따라서 우리는 이렇게 말할 수 있다.

성경을 통틀어 보면 낯선 종교와 낯선 신들은 철저히 배척하지만, 이방인에게는 다정하게 다가간다.

이스라엘이 자신을 약하다고 표현하는 것은 자신이 이방인 역할을 한다고 여기기 때문이다. 그러므로 경계선을 긋는 일과 다가가는 일을 융합할 필요가 있다. 낯선 것과 낯선 존재로 살아가는 것이 이스라엘과 하느님의 관계 한가운데 늘 드러난다. 하느님 앞에서, 그분과의 만남에서 자신 안에 있는 신뢰받지 못한 면, 어두운 면, 수수께끼 같은 면이 낯선 것이 된다. 이스라엘 백성에게는 이런 체험의 반복이 하느님의 절대성을 인정하는 계기가 되었다. 즉 자신이 믿는 종교에 낯선 (종교적) 요소가 들어 있음을 인정하는 일은 하느님 주권의 일부분을 인정한다는 의미이다.

이스라엘 백성은 낯선 것을 종교적 차원으로 승화하는 데 특별한 능력을 지녔다. 그래서 하느님을 토속신앙으로만 인정하는 단계에서 벗어나 진정한 하느님으로 만날 수 있었다.

이제 평화에 이르는 두 가지 길이 제외된다. 하나는 일반적인 길로, 모든 종교는 대동소이하고 결국은 같은 신神을 믿는 것이라는 견해이다. 이 주장은 사랑 없이, 남이 믿으니까 따라서 믿는 식으로는 어떤 종교든지 진지하게 믿을 수 없는 현실로 철저히 반박된다. 사랑의 유일한 의미는 사람의 마음을 사로잡는 것이다. 종교는 모두 똑같다고 주장하는 것은 여성은 모두 똑같다고 주장하는 것만큼이나 어리석다. 사람은 무엇이든 해도 되고 모든 종교는 반드시 허용되어야 하는 것은 아니다. 예를 들어 보자. 1934년 나의 외증조부는 자신을 금빛 찬란한 나치 십자가 아래 묻어 달라는 유언을 남겼다. 그분에게는 인종, 민족, 독일의 그리스도교가 모두 종교였다. 이런 식의 종교에 너그러움이 있을 리 없다. 뿐만 아니라 모든 종교가 동등한 권리를 지니는 것도 아니다!

평화에 이르는 길에서 제외될 두 번째 길은 유다교, 그리스도교, 이슬람교 같은 유일신을 믿는 종교에서 온갖 잔인함과 폭력이 나왔다는 견해이다. 그들은 유다인과 팔레스티나인, 무슬림과 테러리스트들 그리고 그리스도인과 십자군이 증거라고 주장한다. 하지만 이 세 종교에서 폭력 허용은 정당방위에만 국한된다. 그 이유 말고는 남용하는 것이고 이 세 종교의 정신에 위배되는 것이다. 세 종교의 논리에 의하면 한 분이신 주님이자 하느님을 인정하는 것은 그분이 종교의 구분 없이 그분을 믿는 모든 사람의 주님이기 때문이다.

누구도 다른 사람의 주인이 되어서는 안 된다. 남에게 폭력을 행사해서도 안 된다.

따라서 이 세 가지 종교를 제대로 이해한다면 하느님만이 폭력의 주인이 될 수 있다. 폭력을 목적을 위한 수단으로 삼는 행위는 이 종교들의 정신에 위배되는 것이다.

한 분이고 유일한 하느님에 대한 믿음이 평화를 가져오는 경우는, 우리가 이 세 종교에 깃든 사랑의 신비와 '신부−신비'Braut-Mystik를 알아볼 때뿐이다. 세 종교 모두 구약성경의 아가雅歌를 하느님과 인간의 사랑을 표현한 것으로 해석한다. 이 종교들은 서로 그리워하는 사랑에 대해 말한다. 여기서 비로소 이웃 사랑이 나온다. 바로 믿음의 열매이다. 우리 마음은 하느님 안에서 편히 쉬기까지 안정을 찾지 못한다. 이런 현상은 원초적인 동경으로, 여기서 나오는 힘으로 다른 사람들에게 사랑을 나누어 줄 수 있다. 믿음은 창백한 실재實在가 아니다. 믿음의 진실은 오직 사랑이다. 하느님과 인간의 사랑의 관계가 학문이나 논쟁의 대상이 되고, 단순한 가르침으로 머문 적이 많았다. 그러나 진수는 이것이다.

사랑하는 하느님.

미온적이던 사람들이 일치한다고 해서 종교 간 화해와 평화의 길이 열리지는 않는다. 종교의 구분 없이 모두 함께 믿는 하느님, 온갖 다른 것을 두루 비추시는 그분의 사랑을 새롭게 이해하는 가운데 그 길은 열린다.

11.7 예수의 휴머니즘

종교가 없는 사람들로 구성된 사회에서도 예수를 자신들의 적이 아닌 친구로 여긴다는 인상이 들 정도로 그분이 빛나는 전성기를 누린 때도 있었다. 이는 예수가 사람들에게 유익한 존재가 되도록 일부 신학자들이 기울인 노력 덕분이다. 예수는 지난 200년 동안 급부상하여 높이 떠받듦을 받았다. 이 기간 동안 예수는 대단히 선한 분으로 들어 높여졌다. 예수의 신비적 요소는 모두 벗겨 내고 그분을 단지 선한 인간, 관대한 인간애의 모범으로, '호의를 보이는 대중에게 봉사하는 분'으로 그리는 풍조가 계몽주의 시대나 이후 신계몽적 대중주의 시대까지 표준처럼 되어 버렸다. '순수함의 모범'이 된 예수에게 반기를 드는 사람은 없었다.

위 부류에 속하는 사람들은 텍스트도 없이 이런저런 구상을 했다. 그들은 텍스트를 제대로 읽지 않고 자신들이 알고 싶은 점만 제시했다. 마냥 좋기만 한 사람, 휴머니스트, 우상이 될 만큼 관대한 인물, 인간애의 모범 등은 하느님 없이도 될 수 있는 모습이다. 이렇듯 예수를 새로운 위치에 놓은 신학자들은 언제나 성령을 배제한 채 작업했다. 때문에 삼위일체에 접근하는 길은 처음부터 차단되었으며, 예수의 존재와 의미를 하느님과의 관계에서 전개하는 길도 막혀 버렸다. 이런 것은 이데올로기적인 '돌출부', 즉 부정적 의미가 내포된 신학에 불과하다. 모든 텍스트의 진술에 따르면 예수의 자의식과 행동은 자신 안에서 그리고 자신을 통해서 활동하는 성령에 의한 것이며, 예수의 '깨끗함'도 그 안에 뿌리내리고 있다. 그리고 관대한 인간애를 위한 활동이 아니라 사탄의 세력권에 맞서 하느님의 통치 영역을 적극적으로 넓혀 가기 위한 것이었다. 물론 성령이 개입하는 곳이면 윤리적 영향도 긍정적으로 미친다. 그러나 이것이 전부는 아니다. 본질이 달라져야 한다.

마음이 선한 사람은 사탄 편에서 하느님 편으로 옮겨 간다.

나는 윤리적 영역에만 제한되는 예수상에 머물지 않도록 주의를 환기시키고 싶다. 예수상이 윤리 영역에만 국한되면 결국 예수의 권위 있는 행동과 기적행위들은 더 이상 머물 자리가 없어진다. 우리가 시작한 이 작업에 따르면, 예수의 능동적이고 공격적인 깨끗함은 '윤리적 업적'이 아니라 그분 안에 계신 삼위일체 하느님의 열매인 것이다. 바오로도 이와 유사한 견해를 가졌었다. 인간이 몸과 영혼 사이에서 겪는 고전적 갈등은 옛 인간과 성령에 의해 새롭게 태어난 인간의 갈등으로 대체된다. 바오로 역시 '인간 안에 있는 선한 것'이 아니라 인간 안에서 하느님의 성령이 활동하시기를 추구했다. 이성과 윤리는 성경의 이름으로 제한되어야 한다. 성경의 일차적 주제는 이성과 윤리가 아니기 때문이다. 성경이 먼저 다루는 주제는 세상 종말에 관한 묵시(계시), 하느님의 보이지 않는 영역과 통교하는 신비, (만유萬有에 앞서) 하느님, 그리고 파악할 수조차 없는 하느님의 신비이다. 나는 성경을 '교란 사격'에 비유하려 한다. 여기서 교란 사격이란 성경을 우리의 인간애를 옹호할 말을 캐내는 채석장인 양 이용하려는 시도를 막는다는 뜻이다. 성경은 분명히 인간애의 보물 창고에 속한다. 그런데 우리는 이 보물을 다르게 보고 다른 맥락에서 찾기 때문에 당장 이중적인 불화에 연루되고 만다. 한편으로는 이렇게 말할 수 있다.

인간적인 요소는 오늘날 보편적인 교회-그리스도교Kirchenchristentum에서는 특별히 의미를 두지 않으며, 이교도적이거나 주술적인 것으로 간주된다.

이와는 별개로 성경에는 주술적 요소, 성性, 이교도적 요소(예컨대 구마 예식에 들어 있는 주술적 요소)가 여전히 존재한다. 마르코에 의하면 예수의 으뜸 활동은 마귀에게 "여기서 나가라!"고 소리치는 것, 마귀들을 돼지 떼 속에 몰아넣는 것, 제자들에게 마귀를 쫓는 권한을 주는 것이다. 우리가 이미 알고 있듯이, 아가서는 처음부터 끝까지 성에 대해 종교적 미사여구 없이 적나라하게 묘사한다. 이교도적 요소 또한 성경에 대단히 많이 등장한다. 요한 묵시록에 언급된 보석의 의미도 그 한 예이다. 당시의 유다교 및 그리스도교 세계관으로 보석은 천국에서 유래한 축복된 물건이다. 종말에 이르면 하느님께서는 커다란 보물 상자를 열어 사람들에게 새롭고 치유력이 있는 축복된 보석을 나누어 주신다. 그것은 천상 예루살렘의 보석이다. 이름에 담긴 주술적 의미를 현대인은 '룸펠스틸츠헨'[3]에 비추어 잘 알고 있다. 반면 성경에 있어서 이름의 주술적 의미는 하느님과 그분 현존의 표상, 축복의 표상, 그리스도인들 모임의 표상에 중요하게

---

[3] Rumpelstilzchen : 독일의 그림 형제 동화에 나오는 괴상하게 생긴 난쟁이로 성격이 불같음. -역자 주

작용한다. 이러한 성경적 표상들이 독일 북부 지역에서는 무조건 미신으로 여겨지고 있다.

성경은 낯선 것을 내포한 책이다. 그러나 우리는 성경의 가장 고유한 것 안에 있는 이 낯선 것을 제대로 이해하지 못한다. 대신에 다른 원천에서 유래한 주술적인 것, 성, 이교도적인 것과 결부된 인간성에 대해서만 다룬다. 우리는 성경의 인간적 요소들을 간과한다. 그리하여 성경은 우리의 모습을 더 이상 알아볼 수 없는 낡은 거울처럼 되어 버렸다. 성경의 가장 고유한 것이 우리에게 서먹서먹하고 잘 모르는 것이 되고 말았다. 필요한 주술적 요소, 성에 대한 기쁨과 긍정을 비롯하여 예컨대 이름과 호명의 연관성이 비교秘敎 영역에는 대단히 많다. 사람들이 이런 면들을 그리워하면서 끌어다 놓은 것이다. 우리가 이런 면을 깨닫지 못할 따름이다. 다른 한편에는 이러한 측면도 있다.

그것이 무엇이든 인권도, 휴머니즘도, 일반적인 인간애도 성경에 바탕을 두려고 하지 않는다.

나는 김나지움에서 휴머니즘을 처음 접했다. 당시 우리가 배운 휴머니즘은 주로 괴테와 독일의 고전학자 빌아모비츠-묄렌도르프Wilamowitz-Moellendorff와 플라톤의 작품에서 나온 혼합물이었다. 나는 이 모든 것이 성경과는 거리가 멀다고 확신하지만, 그렇다고 말하지는 않는다. 나는 '불을 내뿜는 칼을 쥔 주석가'로서 성경으로 들어가는 입구를 단단히 지키고 있을 뿐이다(성경을 천국으로 묘사하며 주석가들만 천국의 열쇠를 소유한다고 착각하는 주석가들도 종종 있다). 그러나 다음과 같은 사실은 확신해도 좋으리라.

성경은 루터가 이해한 유다인들의 법전도 아니고 유엔 헌장도 아니다.

이에 적합한 예로 하느님의 모상성에 대해 살펴보자. 이 말은 성경에서 본디 무슨 의미인가? 우리는 하느님의 모상성을 늘 인간애의 근거로 여겼다. 신약성경을 훑어봐도 하느님을 닮은 존재는 오직 예수뿐임을 알 수 있다. 야고 3장 9절(이 혀로 하느님과 비슷하게 창조된 사람들을 저주하기도 합니다)은 제외하고 말이다. 신약성경은 예수만(모든 사람이 아니라) 하느님의 모상이라고 진술한다. 다시 말해 일반 사람들은 하느님의 모상일 수 없다는 것이다. 콜로 1,15에 따르면 하느님의 모상은 예수 그리스도뿐이다. 꼭 하느님의 모상이 되고 싶은 사람은 그분 몸의 지체에 속할 때, 다시 말해 교회에 속할 때 가능한 일이다. 그런데 인간이 바라는 보편적인 하느님의 모상성은 오늘날의 교회에도 없다. 구약성경에서 말하는 하느님의 모상성이란 무슨 의미일까? 이 말은 동물과 달리 인간은 하느님과 가깝다는 뜻이다. 신들의 형상을 닮았기 때문이다. 신들은 빈번히 인간으로 묘사되었다. 창세 1,26 이하에 다음과 같이 나온다.

하느님께서는 이렇게 당신의 모습으로 사람을 창조하셨다.

인간이 신들과 같은 모습을 하고 있으므로 다음과 같은 사실을 인식할 수 있다.

인간은 신들과 특별히 가까이 서 있다. 인간은 하느님의 짝이다. 하느님은 인간에게 말씀하실 수 있다. 그렇기 때문에 인간은 특별한 임무를 받았다. 다른 피조물들을 다스리고 그들에게 이름을 주는 일이었다.

인권에 대해 언급한 부분은 성경 그 어디에도 없다. 다스리는 임무는 결코 임의대로 사용할 수 있는 권한이 아니라, 신중하고 숙달된 자세로 피조물을 돌봐야 하는 일이기 때문이다. 창세 5,1-3에 이렇게 나온다.

하느님께서 사람을 창조하시던 날, 하느님과 비슷하게 그를 만드셨다. …아담은 자기와 비슷하게 제 모습으로 아들을 낳아 그 이름을 셋이라 하였다.

"사과는 줄기에서 멀리 떨어지지 않는다."는 법칙에 따라, 만들어진 존재는 자신을 낳은 존재, 아버지, 창조주를 매우 닮았고 그의 모상이다. '모상'은 기능적 역할을 수행하는 것이지, 확고한 개념은 아니다. 가장 많이 닮은 사람이 바로 모상인 것이다. 신약성경에서는 다른 누군가가 아니라 바로 예수가 가장 많이 닮은 분이다. 결과적으로 다른 누군가가 아니라 바로 그분이 모상인 것이다. 이 예에 비추어 우리가 성경의 진술을 얼마나 자주 잘못 이해하고 있는지 알 수 있다. 사람들은 잘못 이해한 것으로부터 거창한 이론을 만들어 내고 여기에 '자유의지'나 '이성'과 같은 전혀 성경적이지 않은 요소들을 붙여 댄다. 그리하여 이런 요소들은 성경과 분리되어 독자적인 힘을 얻으며, 결국 성경의 기쁜 소식과는 전혀 무관한 것이 되고 만다.

11.8 낯섦의 해석학

이렇게 하여 우리는 '낯섦의 해석학'이라는 이론을 접하게 되었다. 이 이해 방법을 끌어들이는 이유는 성경의 고유한 목소리를 성경에 돌려주고 싶기 때문이다. 이는 사람들이 성경을 '채석장'으로 생각하여 제멋대로 활용하는 것을 허용하고 싶지 않은 것이지, 낯섦의 해석학을 도입하여 성경을 읽으려는 사람들을 막으려는 것이 아니다. 관건은 낯섦을 이해하는 작업이다. 내 생각은 이렇다.

성경의 표상들은 전적으로 거부되어서도 안 되고 잘 포장하여 박물관에 보내져서도 안 된다. 오히려 성경 그 자체로 오늘날 어떻게 기여할 수 있는지 물음을 제기해야 할 것이다. 이것이 성경의 최종 의도이리라.

성경이 전하는 기쁜 소식이 본래의 목소리로 울려 퍼지기를 바란다. 성경의 고유성은 무엇일까? 우리를 풍요롭게 하는 성경의 힘은 무엇일까? 성경이 우리에게 제시하는 새로운 관점은 무엇이며, 그리스도교 활성화의 열쇠를 성경에서 찾을 수 있을까? 성경의 텍스트들이 여러 지역에서 발생한 이론을 강화할 목적으로 사용되어서는 안 된다. 그런데 지금 그렇게 이용되고 있다. 다양한 지역에서 내놓은 교의신학 이론을 보면, 신학자들이 자신의 주장을 뒷받침할 목적으로 성경구절들을 동원하여 그 가치를 떨어뜨리는 경우가 적지 않다. 이들이 얼마나 많은 성경구절을 함부로 요약하여 인용하고 그것에 의지하는지 성경주석가인 나로서는 거부 반응이 일어나 견디기 힘들 지경이다. '이해된 낯선 것' verstandene Fremdheit이 무엇인지 보여 주기 위해 노르트Nord와 내가 새로 번역한 성경에서 몇 가지 예를 소개하겠다. 요한 5장에서 예수는 마비된 사람에게 다음과 같이 말한다.

일어나 네 침상[4]을 들고 걸어가라.

공동 번역을 포함하여 모든 성경 번역에 이 문장이 들어 있다. 이 말씀을 본래 어떻게 이해해야 옳을까? 서른여덟 해나 앓은 사람이 자기 침상을 들고 걸어가야 한다. "네 침상을 들고"라는 말은 무슨 뜻인가? 그는 가구 나르는 일꾼인데 저지라도 당했단 말인가? 오늘날 우리가 이해하는 침상이란 나무 침대, 쇠로 만든 횃대, 매트리스와 요, 이불과 베개 따위의 침구를 통칭한 것이다. 그가 침상을 들고 걸어가는 것은 이 모든 것을 보로 싸서 등에 지고 걸어간다는 의미일까? 걸어간다는 것은 경쾌하고도 민첩한 동작이다. 이 대목을 다룬 연구들에 의하면, 당시 사람들이 사용한 침상은 복잡하지 않고 짚을 채워 넣어 만든 요에 지나지 않는다. 그래서 우리는 이 부분을 "일어나 짚으로 만든 요를 들고 걸어가라." (Steh auf, nimm deinen Strohsack und lauf)라고 조금 달리 번역했다. 이런 것이 '이해된 낯선 것'에 해당한다. 짚으로 만든 요는 낯선 요소이다. 이해한다는 것은 다음과 같은 뜻이다.

텍스트에 실제로 접근하는 것이다. 대충 짐작하여 알아듣는 것으로 끝내서는 안 된다.

루카 1,35은 무슨 의미인가? 이 대목에서 천사는 마리아에게 다음과 같이 말한다.

지극히 높으신 분의 힘이 너를 덮을 것이다(Die Kraft des Höchsten wird dich überschatten).[5]

---

4) 새 성경에는 '들 것'으로 번역되어 있는데, 내용의 흐름을 생각하여 원문대로 번역했다. -역자 주
5) 본문에서 우리말 성경구절은 특별한 설명이 없는 한 모두 새 성경을 따른다. -역자 주

위버샤텐?[6] 이 독일어는 부정적인 의미를 담고 있다. 예를 들어 사람들은 이렇게 말한다.

…비극적인 사고를 당해 그늘지게 되었다(…war überschattet durch einen tragischen Unfall).

그래서 우리는 이렇게 번역했다.

하느님의 힘이 너를 에워쌀 것이다(Die Gotteskraft wird dich umhüllen).

'에워싸다'umhüllen라는 말은 이스라엘 민족이 이집트에서 탈출할 때 구름으로 에워싸인 것과 같다. 그러나 여기서는 비극적인 의미로 '그늘진 것'Überschatten이 아니라, 은총이 충만한 하느님의 현존을 드러내는 표현으로 '에워싸인 것'을 뜻한다. 루카 1,48도 살펴보자. 현재의 성경에서는 하느님의 행적을 다음과 같이 표현했다.

그분께서 당신 종의 비천함을 굽어보셨기 때문입니다(Er hat eingesehen die Niedrigkeit seiner Magd).

종은 누구이며, 종의 비천함이란 무엇인가? 하느님께서 굽어보신 결과는 무엇인가? 우리 어법에 따르면, 이와 같은 행동에는 결과가 따르지 않는다. 그래서 우리는 다음과 같이 번역했다.

---

6) überschatten : '그늘지게 하다, 분위기를 어둡게 하다, 침울하게 하다'라는 뜻의 동사. -역자 주

그분께서 저를, 자격 없는 이 여인을 자비롭게 받아들이셨습니다(Gnädig nimmt er mich an, mich unwürdige Frau).

이렇게 번역하는 편이 이해하기가 훨씬 쉽고 낯선 것도 좀 더 잘 깨달을 수 있으리라고 본다. 마리아는 자신을 하느님 앞에 설 자격이 없는 여인으로 여긴다. 여기가 낯섦의 시작이다. 마리아는 남성의 속박에서 벗어난 자부심 넘치는 박사과정의 여학생이 아니다. '자격 없는 여인'으로 머물지만, 결코 하녀는 아니다. 따라서 '이해된 낯선 것'이란 다음과 같은 의미를 지닌다. 즉 사전에만 의지한 루터의 성경 번역을 오늘날에도 여전히 잘 이해된다고 여기는 완고한 성경주의Biblizismus로는 올바로 해석할 수 없다.

해석에는 중요한 기본 요소들이 있다. 이것을 나는 '의자다리' 이론으로 귀결한다. 우리가 앉는 의자는 다리가 네 개이다. 여기서 하나라도 문제가 있으면 사용하기가 불편하고, 다리가 하나뿐인 의자는 전혀 사용할 수 없다. 이른바 성경 인용문이라는, 다리가 하나만 있는 의자로 충분할 것처럼 여기는 그리스도인들이 많다. 네 개의 다리란, 그리스도교적 진리를 묻는 모든 질문에 올바르게 대답하기 위해 주목해야 할 요소가 네 가지 있다는 뜻이다.

◆ 첫 번째 다리는 이미 주어진 요소로, 곧 성경을 말한다. 우리는 성경에 충실히 귀 기울여야 한다. 선입견 없이, 규정에 매이지 않고 자유로운 마음으로 텍스트를 성실하게 대해야 한다. 이 자세는 끝까지 지켜야 한다.

◆ 두 번째 다리는 교회 전통에서 내려온 이해와 해석의 긴 고리를 비롯하여 특별히 교회가 공적으로 천명한 내용을 말한다. 텍스트를 해석할 때 아

무엇도 없는 상태에서 시작하지 않는다. 우리가 오늘날 이렇게 잘 볼 수 있는 것은 '거인의 어깨 위에 앉아 있기' 때문이다.
◆ 세 번째 다리는 전문가의 전문지식과 노련한 이해력이다.
◆ 네 번째 다리는 타당성, 또는 여기서 나올 만한 것, 다시 말해 사람들에게 미칠 수 있는 영향력이다.

이제 성경이 우리에게 어떤 종류의 낯선 것을 요구하는지 구체적인 예들을 보려 한다. 먼저 인권의 관점에서는 신약성경이 어떤 말을 할 수 있을지 살펴보자.

11.9 낯선 예수와 인권

인권은 개인의 개성을 자유롭게 펼쳐 나가는 것과 어떤 연관성이 있을까? 첫눈에 이미 다음과 같은 실망만 안겨 준다.

신약성경은 인권에 대해서는 안중에도 없다.

사람에 대해 다루더라도 사람이 지닌 자원을 다방면으로 펼쳐 가는 관점으로는 진행되지 않는다. 신약성경에서 사람들은 오로지 하느님 나라에 봉사하는 일만 해야 한다. 그러나 개인의 개성을 펼치려면 조건을 갖춰야 한다. 이는 예컨대 독일장학재단에서 장학금을 받기 위해 갖춰야 할 조건을 보면 잘 알 수 있다. 신청자는 지력 있고 스포츠에 능하며 음악적 재능을 겸비하고 사회성도 갖추어야 한다. 요약하면 성장 가능성이 있으며 장래가 촉망되는 인물이어야 한다.

네 모든 것을 끄집어내라. 네 능력을 최대한 발휘하라!

이것이 오늘날의 계명이다. 독일 유치원생 일과표만 보더라도 오늘날 우리 현실의 한 단면이 드러난다. 아이들은 오후 3시에 바이올린 레슨을 받고, 4시에는 발레를 배우며, 5시면 아이들 모임에 참석해야 한다. 아이들에게 이토록 많은 것을 권장하는 것을 부모와 교사들은 사명으로 여기고 있다. 이와 대조적으로 신약성경에서는 다음과 같은 점이 주목할 만하다.

신약성경은 고집 세게도 한 가지만 강조한다. 바로 하느님 나라, 하느님의 통치이다. 구체적으로 말하면 하느님의 뜻 알기, 정의를 실천하기, 하느님의 계명 지키기이다.

개인의 개성을 자기중심적으로, 일반적으로 펼치려는 사람, 특히 이 모든 것이 무엇에 유익한지 모르는 사람은 위에 열거한 의무와 대립한다. 학창 시절 친구이자 함부르크 성 미카엘 교회의 담임목사인 크리스티안 뤼스Christian Rüß는 최근에 이렇게 말했다.

지금 우리나라에 필요한 인물은 성인이지, 국어나 수학을 잘하는 사람이 아닙니다.

성경은 하느님이 창조주이고 마치 그릇을 빚듯이 인간을 당신 생각에 따라 만들었다는 관점에서 출발한다. 우리는 종교를 스스로 선택할 수 있는 사안인 양 생각한다. 그래서 자녀가 열네 살이 되면 스스로 종교를 선택하게 하는 것을 인도적 처사라고 여긴다. 반면 성경은 하느님이 자의적으로 인간을 정해진 틀 속에 집어넣었다고 진술한다. 이것이 '창조주의 권리'이다. 이를 놓고 인간은 하느님과 논쟁을 벌일 수 없다. 하느님이 당신 뜻대로 하는 일이기 때문이다. 이는 드라마틱한 대목인 로마 9,6-33에 선명하게 드러난다. 여기서 하느님은 인간이 쌓은 공덕과는 상관없이 어떤 사람은 사랑하고 어떤 사람은 미워한다. 이런 대목이 나온다.

사실 성경도 파라오에게 이렇게 말합니다. "바로 이렇게 하려고 내가 너를 일으켜 세웠다. 곧 너에게서 내 힘을 보이고, 온 세상에 내 이름을 떨치게 하려는 것이다."

그리고 하느님에 관한 말씀이 이어진다.

이렇게 하느님께서는 당신이 원하시는 대로 어떤 사람에게는 자비를 베푸시고, 당신이 원하시는 대로 어떤 사람은 완고하게 만드십니다.

또 이런 말도 나온다.

작품이 제작자에게 "나를 왜 이렇게 만들었소?"하고 말할 수 있습니까? 옹기장이가 진흙을 가지고 한 덩이는 귀한 데 쓰는 그릇으로, 한 덩이는 천한 데 쓰는 그릇으로 만들 권한이 없습니까?

바오로 사도는 전체적인 맥락에서 묻는다.

하느님께서 정의롭지 않단 말인가?

이렇게 대답할 수밖에 없었다.

그렇다. 실제로 그렇게 하셨다.

이렇듯 우리는 낯선 부분도 발견하지만, 이 텍스트를 다른 의도로 이해할 만한 가능성은 보이지 않는다. 바오로의 이 낯선 텍스트를 다음과 같은 기도문으로 재구성해 보았다.

주님, 거듭 말씀드려야겠습니다. 주님께서 사람들을 대하는 방식이 저에게는 의롭지 않게 보입니다. 공평한 처사나 형평성은 눈을 씻고 보아도 찾을 수 없습니다. 혹시 제가 공평성과 조화에 대해 저희가 생각하는 방식대로 주님께서도 그렇게 생각하셔야 한다고 상상하는지도 모르겠습니다. 그러나 이런 진단으로는 문제가 해결되지 않습니다. 여기서 제기하는 물음은 최소한 다음과 같은 뜻이기 때문입니다. "구약성경을 포함하여 바오로 사도가 어떻게 당신을 이와 같이 생각할 수 있단 말입니까?" 주님께서 어떤 사람을 아무 이유 없이 사랑하시는 것만이 불의한 것이 아닙니다. 그런 것이라면 우리가 이해할 수도 있습니다. 이보다 훨씬 더 나쁜 것은 주님께서 어떤 사람을 아무 이유도 없이 미워하시는 일입니다. 우리에게는 모든 사람을 똑같이 대하고 똑같이 존중하라고 요구하시면서, 당신 자신은 어떤 사람은 선택하시고 어떤 사람은 완고하게 대하시는 것은 참으로 정의롭지 못합니다. 제 눈에 이러한 것은 불의할 뿐만 아니라 하느님의 품위를 떨어뜨리는 행동으로 보입니다. 주님께서는 사람들을 그저 악기나 당신 계획을 위한 도구로 이용하십니다. 인간의 구원에 대해서는 염려하지 않으시고 사람을 들었다 놓았다 하십니다. 주님께서 완고하게 대한 사람들은 무자비하게 몰락의 길로 떨어진 게 분명합니다. 당신께서 진노의 그릇으로 삼으신 이들이 어떻게 될지는 아무도 모릅니다. 우리는 당신께서 그들을 진노의 그릇으로 만드셨다는 소식만 들었지, 그들의 미래에 대해서는 듣지 못했습니다. 그리고 어느 누구도 거기에 관심을 갖지 않습니다. 그들은 당신의 목적에 기여했고, 그것으로 그들의 역할은 끝났습니다. 그러나 그리스도교는 우리에게 이와 완전히 반대되는 것을 가르칩니다. 목적을 위해 사람을 절대로 이용하지 말라는 가르침입니다. 그런데 주님께서 바로 그렇게 하십니다! 바오로 사도의 견해에 따르면 이스라엘 민족 가운데 믿음이 없는 족속은 모든 사람을 위한 구원의 길에서 철저히 가로막히고 있습니다. 주님, 당신께서 사람들을 마치 놀이용 공처럼 다루시고 당신의 목적만을 위해 사용하시는 일이 어떻게 있을 수 있습니까? 이런 처사는 인간 생활에 그다지 많은 가치를 두지 않는 동방의 나라들에서나 볼 수 있지 않습니까? 그렇다면 제가 어떻게 주님을 믿고 의지할 수 있겠습니까? 이것만이 아닙니다. 주님께서는 당신을 믿고 따른 사람들을 나무라고 심판하십니다. 우리에게도 이와 똑같이 책임을 물으시겠지요. 당신은 완고한 독재자이신가요? 사람들을 이용하시고는 쓸모없다고 버리시며 각 개인에게 고유한 역할은 주지 않으실 셈인가요?

바오로 사도의 예와 예수가 제자들을 부른 예에서 다음과 같은 점을 인지할 수 있다.

그리스도인이 되는 것은 예고 없이 기습적으로, 그리고 권위 있는 부르심에 의해 이루어진다. 본인이 자유롭게 결정하여 되는 것이 아니다.

예수는 제자들에게 "일어나서 나를 따르라."고 말씀하셨다. 부모에게 작별 인사조차 허락되지 않았다. 루카가 작성한 사도행전에서 바오로는 땅에 엎어졌다. 신약성경에서 회개는 이런 방식으로 진행된다. 다시 말해 최상의 권위에 의해 진행된다. 인간의 자유는 무시된다. 다른 적절한 예로는 축복과 전구가 있다. 이 두 가지는 동조하여 실행되는 것이 아니라 여전히 권위적으로 실행된다. 우리는 성당에서 다른 사람들을 위해 기도한다. 그러나 그들에게 그런 기도를 해도 좋은지 물어보지 않는다. 지극히 당연한 일이라고 여기기 때문이다. 아이가 태어나면 무조건 세례를 받게 하고, 사람들에게 선의를 베풀어도 좋은지 묻지 않고 자기 마음대로 선의를 베푼다.

복수와 소통하는 법에 대해서도 고찰해 보자. 일반 시민 사회에서는 복수가 금지되었다. 시칠리아나 알바니아에는 아직도 존재할지 모르지만, 성경에서는 금지된 일이다. 그런데 성경에서 철저히 폭력을 포기하라고 적힌 구절을 찾기는 쉽지 않다. 기껏해야 하느님만이 폭력을 사용하실 수 있는 유일한 분이라고 언급했을 뿐이다. 신약성경의 복음서가 폭력 사용을 포기하라고 전하는 복음서라고 생각한다면 이는 환상이다. 복음서에서 복수는 하느님께만 위임된다. 주님은 "복수는 내가 할 일, 내가 보복하리라."고 말씀하신다. 이런 맥락에서 구약성경뿐 아니라 바오로 사도가 작성한 로마 12,19에서도 선을 악으로 갚지 말고 악을 악으로 갚지 말라고 언급한다. 따라서 복수해서도 안 될 일이다.

사랑하는 여러분, 스스로 복수할 생각을 하지 말고 하느님의 진노에 맡기십시오. 성경에서도 "복수는 내가 할 일, 내가 보복하리라." 하고 주님께서 말씀하십니다.

이것이 이유인 것이다. 산상 설교에서 복수는 포기할 수 있으며 또 포기해야 한다고 언급한 까닭은 바로 여기에 근거한다. 그리스도교에서 사람들에게 일반적으로, 어떤 경우에도 복수를 포기하라고 요청하는 것이 아니다. 그리스도인은 온갖 걱정거리를 하느님께 맡겨 드린다는 의미에서 복수를 하느님께 넘겨 드려야 한다는 것이다.

너희의 걱정을 주님께 맡겨라.

이 대목에서 사람들이 그리스도교를 일반적인 심리 현상에 지나지 않다고 여기며 어떤 일을 했는지 명백히 드러난다. 사람들은 모든 폭력 사용을 금기시하게 되었다. 이 과정에서 그리스도교 안에 복수심이 설 자리가 없어지고 심하게 왜곡되는 심리적 부작용이 발생했음을 감지할 수 있다. 복수심은 여전히 존재하고 완전히 억압될 수는 없기 때문이다. 하느님은 폭력을 행사할 수 있고 심판할 수 있다는 생각이 우리에게는 무섭고 끔찍하기 때문에 다음과 같이 말한 신학자는 큰 갈채를 받았다.

이런 대목들은 진짜가 아니거나 나중에 추가했거나 예수님이 실제로 하신 말씀이 아니다.

이러한 견해는 심판에 대한 모든 표상에 해당된다. 그렇지만 로마 12장에도, 심판을 경고하는 예수의 무수한 말씀에도 심판에 대한 생각만으로 복수심을 가라앉히라는 요청은 없었다. 이런 점을 다룬 것이 아니다. 이러한 문제는 하느님께 맡겨 드려야 한다. 원수를 사랑한다는 게 얼마나 어려운 일인지는 하느님께 말씀드려도 된다(비열한 위선적인 태도에 고

착되지 않으면서).

원수를 사랑하는 것을 그리스도교적 인간애의 특징으로 여기는 정도로 적당히 넘어갈 수는 없을까? 산상수훈에 나오는 원수를 사랑하라는 계명은 타당하다. 그것도 원수에게 선을 행하라는 의미에서 타당한 것이다. "사랑하다"라는 뜻을 지닌 그리스어 '아가판'agapan은 매우 구체적인 행동을 의미한다. 아래층에 개 한 마리와 함께 사는 극우파 연금생활자의 문 앞에 꽃다발을 놓아두는 것, 바로 이것이 원수를 사랑하는 행위이다. 그를 진심에서 우러나 안아 주어야만 하는 것은 아니다. 신약성경은 그렇게까지 하라고 요청하지 않는다. 원수를 사랑하는 것은 우리가 안고 있는 걱정거리, 되갚지 못하고 보상받지 못한 모든 불의를 하느님 손에 내맡겨 드리는 것으로 여기는 것과 모순되지 않는다. 역사 속에서 억울한 희생을 당한 수많은 이들에게 이는 매우 큰 문제였다. 보상받지 못한 불의와 억울한 죽임 등의 불행은 어떻게 되는 것인가? 늘 승리자들만 기를 펴고 산다면 그들에 의해 희생된 수많은 사람들은 어떻게 되는 것인가? 이러한 질문은 우익 단체에 속한 이들뿐만 아니라 엄청난 고통을 당한 모든 사람에게 똑같이 던져진다. 구약성경의 시편은 부분적으로는 원수에 대해 나쁘게 말하지만, 성경적 의미에서는 심리적 효과가 있다고 본다. 몇 해 전부터 가톨릭 신학자 중에도 성무일도로 기도하는 것이 과연 옳은 일인지 고찰하는 이들이 있다. 성무일도는 시편을 중심으로 이루어졌는데, 적어도 그 삼분의 일은 원수에 대해 심하게 표현하기 때문이다. 이런 고찰은 잘못되었다고 생각한다. 인간 내면에는 원수에 대한 감정이 잠재되어 있기 때문이다. 그리고 시편으로 기도하면 이러한 부정적인 감정도 말로 표현하고 외부로 뱉어 내며 하느님께 맡겨 드릴 수 있기 때문이다. 우리가 다른 사람들을 향한 분노를 정의의 절대적 수호자인 분께 넘겨 드리는 것, 복수는 절대로 해서는 안 되는 일이고 금기시하는 억지를 부리지 않는 것을 나는 근본적인 진보라고 생각한다. 모든 것을 기꺼이 떠맡으시는 하느님과 복수에 관해 대화할 수 있다면 얼마나 큰 해방감을 맛볼까!

인권은 모든 사람에게 똑같이 적용된다는 점을 기반으로 한다. 법은 모든 사람에게 적용되거나 그렇지 않거나 한다. 이와 대조적으로 성경은 하느님께서 (보편적인 인류가 아니라) 이스라엘 백성을 일방적으로 택하신 점을 강조한다. 신약성경도 마찬가지인데, 그리스도인들에게도 무척 거북한 현상이다. 그리스도인들도 하느님께서 자신들보다 이스라엘 백성을 먼저 사랑하셨다는 사실을 받아들여야 하기 때문이다. 구원의 약속이 이방인들에게 확대되면서 우리도 그 사랑을 받게 된 것이다. 종교는 본래 다음과 같은 뜻이다.

당신은 나의 것, 나는 당신의 것.

그런데 성경에 따르면 한 집에 같이 살아도 먼저 사랑 받는 존재가 있다. 보편적인 인간애에 따르면 하느님께서는 물뿌리개로 물을 뿌리듯이 공평하게 행동하셔야 한다. 누구에게나 똑같은 기회를 주고 같은 길을 제공하며 똑같이 사랑하고 공평하게 함께하며 똑같이 위로해 주어야 한다. 이에 비해 성경적 종교는 역사 안에서 진행되어 온 종교이다. 그렇기 때문에 성경적 종교는 일반적인 인류 역사의 길이 아니라 특정한 역사의 길을 걸어왔다. 하느님께서 어떤 경로로 당신이 선택하신 백성 밖에서도 치유하고 구원하실지 이에 대한 언급은 전혀 나오지 않는다.

인류가 노예제도라는 사슬에서 해방된 것은 일반 시민 사회에서 인권을 확보해 가는 역사에서 일어난 중요한 일이다. 식민지에서만 일어난 사건은 아니다. 자기 탓으로 인한 무지에서 벗어나는 것은 계몽주의 시대의 핵심이자 자주적인 인간이 이상으로 삼은 일이다. 누군가 우리를 소유한다는 것은 상상할 수 없는 일이다. 인간은 자유로운 존재이다. 누구의 소유도 아니다. 이러한 면이 예수와 성경과는 어떤 관계를 이루었을까? 물론 성경의 인간관도 '예속'을 적용한다. 우리는 하느님의 것, 그분의 소유인 것이다. 바오로는 이러한 표상을 새롭게 구축하기까지 했다. 그가 이상적으로 생각한 인간관에 따르면, 사람은 몸과 영혼이 거룩해야 하고 하느님께 온전히 속해야 한다. 그의 이러한 인간관은 혼인생활의 포기를 통해 상징적으로 강화되었다. 바오로는 이렇게 말했다.

> 애석하게도 모두가 혼인생활을 포기할 수 있는 것은 아닙니다. 매음에 빠져드는 일이 없어야 하기 때문에 혼인생활이 허용됩니다.

구약성경에서도, 신약성경에서도 하느님과 인간의 관계를 주인과 종의 관계로 보았다. 바오로는 자신을 '예수 그리스도의 종'이라고 했다. 옛날 기도문들을 보면 예수도 다음과 같은 분이었다.

> …당신께 순종한 예수 그리스도를 통하여 비나이다.

성경의 하느님 표상은 전반적으로 다음과 같다.

> 하느님은 주님이시다, 예수는 주님이시다.

이 말은 우리가 하느님의 친구가 아니라 그분의 종이라는 의미다. 다시 말해 이런 뜻이다.

인간에게 권리가 있는 것이 아니라 창조주 하느님께서 계명을 주시는 것이다. 이 계명이 전반적으로 모든 자연에 적용되며, 특별히 시나이 산에서 다시 한 번 쇄신되어 토라를 듣거나 읽는 사람들에게 적용된다.

구약성경은 일반적인 것에서 시작하여 특별한 것으로 나아가는 순서로 구성되었다. 다시 말해 창조에서 법칙은 만물을 위해 정해졌으며, 이를 바탕으로 그 위에 피라미드 형태와 같은 정점이 있다. 시나이 산에서 받은 십계명과 예루살렘 성전을 예로 들 수 있는데, 예루살렘 성전에서는 모든 사람을 위한 예배와 제식이 대리 형태로 거행되었다. 여기서 핵심은 인간의 자율, 곧 자신이 어디로 갈지, 무엇을 할지 스스로 정하는 것이 아니라, 창조 질서에 순응하는 것이다. 이 창조 질서는 성전에 중심을 둔 세계 질서에서 정점을 이룬다. 이러한 관점은 신약성경에서도 마찬가지다. 예수가 제자들에게 철저한 집중을 요청한 것, 그리스도의 몸이 세상에 존재하는 하느님의 성전임을 생각하면 잘 알 수 있다.

민주주의는 근대에 이룬 가장 의미 있는 업적 가운데 하나로, 모든 사람을 위해 정의를 실천할 가능성이 가장 높은 통치 형태이다. 중요한 것은 권위를 통제하고 권력 분립 시에 권위가 제 기능을 다하는 것이다. 그러나 예수는 민주주의 원칙에 따라 돌아가는 팀에 둘러싸인 분이 아니다. 예수는 권위를 지니고 결정하며, 오직 하느님 아버지의 뜻만을 염두에 둔다. 예수는 원하는 사람을 부를 때 일정한 자격을 갖추었는지 헤아리지 않고 시간을 제한하지 않은 채 부른다. 사도가 된 사람들은 평생 사도로 살아간다. 신약성경에서 사도들은 민주주의 방식이 아니라 사제 직분을 통해서 임명된다. 권력 분립에 대한 언급은 전혀 없다. 신약성경에서 보도하는 권한들은 위에서 아래로 주어지며, 교회 안에서 이러한 방식으로 이어진다. 서품식에서도 누구나 안수할 수 있는 것이 아니다. 성품 받은 사제만이 성품 대상자에게 안수할 수 있다. 인권과 직결되는 것은 아니지만, 다음 내용도 현대의 근본 결단에 속한다.

선은 그 자체를 위해 구현되어야 한다.

여기서도 예수의 생각과 방식은 낯설고 우리의 윤리적 토대와 다르다. 성경의 윤리는 행복을 추구한다. 좀 더 풀어 말하면 이런 뜻이다.

성경에서는 행복과 보상을 중요하게 여긴다.

그런데 우리는 이 두 가지에 대해 별반 들을 마음이 없다. 개신교에서는 칸트를 큰 스승으로 여기며 가톨릭 신자들도 칼 라너의 영향으로 그렇게 받아들인다. 칸트에 의하면, 최소한의 기쁨이라도 주는 것이면 모두 윤리적으로 의심스러운 것이고 거부해야 한다. 선 자체를 위한 것이 아니라 즐거움을 주기 때문이다. 즐거움을 주는 윤리는 윤리가 아니다. 이런 주장을 확인하기 위해 신약성경을 살펴보면 산상 설교에서 다음과 같은 내용이 발견된다.

세상에서 존경받는 사람들은 이미 보상을 다 받았다.

이런 내용도 있다.

너희가 하늘에서 받을 상이 크다.

이렇듯 보상에 관한 진술들이 명백한데도 우리는 정면 대응하지 않고 피해 가려고만 한다. 우리 역시 보상을 받지 않으려고 하기 때문이다. 맙소사! 우리는 이미 임금을 받고 있건만, 보수가 지불되고 있다는 사실에 대해서는 교회에서 들으려 하지 않는다. 그러나 이런 현상은 우리 모두 실제로는 보수에 매여 있고 보수를 받는다는 것을 제대로 반영하고 있다.

우리는 예수와 믿음과 교회에 현실 세계와는 전혀 다른 어떤 것을 기대한다. 칸트에 의하면 선은 그 자체를 위해 실현되어야 하고, 다른 모든 것은 지극히 개별적인 것이므로 배척해야 하는 것이다. 이러한 관점에서 우리는 적어도 절반쯤은 칸트주의자라고 할 수 있다. 누군가 다음과 같이 말하면 이상한 사람으로 여기기 때문이다.

나는 하늘나라에서 보상을 받기 위해 이 일을 한다.

또한 어떤 사람이 다음과 같이 말하면 이해할 수 없다는 듯이 그를 쳐다볼 것이다.

내가 양로원에서 봉사하는 이유는 "행복하여라, 슬퍼하는 사람들! 그들은 위로를 받을 것이다."라고 하신 예수님 말씀이 옳다고 믿기 때문이다.

그런데 성경이 고대 사상과 일치한 점이 한 가지 있다. 인간의 활동은 당사자 자신과 그의 관심 없이는 이루어질 수 없다는 것이다. 성경의 지혜는 내일이 아니라 모레를 생각하는 관점에서 출발한다. 어떤 일이 내일까지만 이어지지 않고 좀 더 오래 지속되며, 나만을 위해서가 아니라 좀 더 공동체적으로 영향을 미치기를 바라기 때문이다. 성경에 의하면 우리의 활동은 희망과 연관성이 있다. 겉치레나 일삼는 자기만족과 연관된 것이 아니다.

결론적으로 성경에는 능동적인 자유 개념이 없다. 이는 꽤 특이한 점이다. 우리는 자유가 인간의 권리라고 여긴다. 자유는 무엇보다 자아실현을 위한 것이고, 내가 나 자신이 되어 가며 나를 펼치기 위한 것이다. 자유는 강압당하지 않는 것을 의미한다. 그러나 성경에는 단지 '무엇으로부터의 자유'만 있다. 다시 말해 죄의 결과인 죽음에 대한 두려움이나 곤경과 같은, 짐이 되는 것으로부터의 자유만 있지, 능동적 의미로 평가된 자유는 어디에도 없다. 이는 인간이 죄 지을 가능성을 유념하지 않고 이를 무거운 짐으로 여기는 점에서 볼 수 있다. 인간은 죄에서 자유로워야 한다. 중요한 것은 인간의 자유를 되찾는 일이 아니라, 죄와 죽음에서 자유로워지는 것이다.

이 점에서 성경이 실제 세계에 한 걸음 더 가까이 있다고 생각한다. 예를 들어 성경은 우리가 교통사고를 당해 응급 상황에 있다고 본다. 생사가 오가는 상황에서 의사는 가장 시급한 일부터 해야 한다. 생명이 위태로울 만큼 심하게 다친 사람은 웬만큼 다친 사람과 달리 사정이 매우 급하다. 그에게 다음과 같이 묻는다면 적절한 물음이 아닐 것이다.

이 치료를 받으시겠습니까?

심하게 다쳐 중태에 빠진 사람은 치료 여부에 대한 서류에 서명할 상황이 아니다. 중요한 것은 사느냐 죽느냐이다. 위험을 막으려면 의사의 처방에 따라야 한다. 성경은 하느님 앞에 선 인간의 상황이 이렇다고 말한다. 예수는 인간을 그렇게 보았다. 주체적인 인간이 '예' 또는 '아니오'라고 말하는 기본적인 자유는 나중에 지평선 위로 떠오를지 모르지만, 현재로서는 논쟁의 대상이 아니며 중요하게 취급되지도 않는다.

11.10 비이성적인 성경

서구의 전통 사상을 비롯해 특히 독일 관념주의를 접하며 우리는 모든 것을 이성 위에, 가장 좋게는 이성적 체계 위에 기초를 놓는 법을 배웠다. 오직 이성적인 것, 이성에 바탕을 둔 것만이 존재할 권리가 있다고 배웠다. 서구 아카데미 전통에서 계몽주의자로 통하는 레싱은 다음과 같이 말했다.

시간에 매이지 않는 것일수록 더 진실하고 더 신뢰할 수 있다.

그러나 레싱이 '보편적 이성', '이성적 진리'라고 말한 것을 성경은 중요하게 다루지 않는다. 이런 것들이 성경에서는 논리적으로 연역되거나 비유로 동원되어 연출되지도 않는다. 성경은 이성에 의해 늘 어디서나 필요하게 제시되는 것에는 관심을 기울이지 않는다. 모순 법칙이나 이성의 다른 도구들과 갈등에 빠지는 것도 원하지 않는다. 성경은 철학이나 논리적 체계로서 읽히는 것도 바라지 않는다. 이러한 관점이 끼치는 영향은 크다. 성경 자체가 보편적인 이성적 진리로 읽히기를 원하지 않는다면 성경을 보편적 법칙의 의미로 받아들여서도 안 되기 때문이다.

오해가 없기를 바란다. 인간애를 위한 보편적인 이성적 진리를 반대하는 것이 아니다. 이 진리 외에 다른 진리가 있다고 주장할 마음도 없다. 요지는 다음과 같다.

성경은 보편적 이성의 의미에서 이해해야 하는 것이 아니다. 성경은 인간과 그가 처한 상황, 그때그때 새로운 대답을 요청하는 상황을 구체적이고 특별한 안목으로 살펴본다는 의미에서 이해해야 하는, 하나의 구상이고 계획이다.

최근에 독일 남부 지역에서 한 철학자와 열띤 토론을 벌인 일이 있다. 그가 강경한 어조로 질문했다.

좋습니다. 그러면 그리스도교에서 말하는 진리는 무엇입니까?

나는 이렇게 대답했다.

진리란 도대체 무엇일까요? 성경은 시간을 초월해 수백만 년 동안 통할 보편적 진리나 사물에 대한 지식을 얻는 산지産地가 아닙니다. 성경의 진리는 참으로 고귀합니다. 연애하는 사람들도 사랑을 귀하게 여깁니다. 사랑에 빠진 남자는 "이 여자가 아니면 안 됩니다. 다른 여자는 필요하지 않아요."라고 말합니다. 성경에서도 중요한 것은 하느님이지, 다른 어떤 신이 아닙니다. 예수 그리스도가 중요하지, 다른 누군가가 중요한 게 아닙니다. 성경의 주제는 사랑과 안식입니다. 성경은 보편적 진리들을 모아 놓은 책이 아닙니다. 보편적 진리는 플라톤과 아리스토텔레스에게서 찾는 편이 훨씬 낫지요.

이러한 생각은 믿음과 이성이 화합하는 데도 기여한다. 나는 현대의 일부 조직신학자들처럼 그렇게 낙관론자는 아니다. 신학자나 주석가는 보편화할 수 있는 이성적 진리에 관심을 기울이지 않는다. 성경에서 인간의 가치에 대한 일반적 선언을 찾아보는 일에도 관심이 없다. 다만 다음과 같은 질문을 유발하는 이야기를 발견하는 데 관심을 갖는다.

하느님은 지금 누구를 사랑하시고, 내가 지금 무엇을 하기를 원하실까?

이 질문에서 신심이 지나치다고 여길 수도 있겠지만, 성경의 역사적 의미에서 그렇게 말한 것이다. 철학 전반적인 의미에서 말한 게 아니다. 앞서 내가 한 말에 동의하는 사람이라면 인권에 대한 선언을 모든 사람이(예를 들어 중국 사람들이) 쉽게 알아듣지 못하는 이유를 이해할 수 있을 것이다. 우리는 모든 문화가 똑같은 입구를 지녀야 한다고 단순히 전제한다. 하지만 예수의 윤리는 '세계 윤리'Weltethos[7]와 다르다. 예수는 어떤 특별한 조건을 전제하지 않는다. 물론 모범적인 행동을 강요하지도 않는다. 단지 이렇게 요청할 뿐이다.

깨어 있어라!

---

7) '에토스'Ethos는 진리에 대한 올바름을 비롯하여 보편적 규범을 총칭하는 단어임. -역자 주

예수가 제시하는 길은 보편적인 이성적 규칙들이 아니라 우리가 처한 상황에서 깨어 있는 것이다. 이는 예수가 하느님과 이룬 관계와도 일치한다. 하느님께서 원하시는 것을 알아낼 수 있을 정도로 하느님 마음에 가까이 있어야 하는 것이다.

11.11 기적은 상징인가, 사실인가

오늘날 군림하는 시대정신 가운데 독단론보다 더 나쁜 것은 없다. 독단론은 소수의 계몽된 교의를 중심으로 모여 신앙 공동체를 형성하기도 하는데, 여기에 속한 사람들의 중심 사고는 다음과 같다.

기적은 없다!

이들에 의하면 기적은 주술 시대의 잔재거나 히스테리성 대중병리학적 현상에 지나지 않는다. 따라서 수준 낮은 사람들은 루르드 현상이나 흥미 본위의 황색 신문에 쉽게 넘어간다고 보는 것이다. 특히 신학자들이 기적을 불필요한 것으로 보며 성경에서 삭제되어야 한다고 여긴다. 복음서가 전하는 기적사화들은 상징적으로나 이해되는 사건으로 고찰해야 한다고 여기는 사람들이 점점 늘고 있다. '상징적으로나 이해되는 사건들'이란 다음과 같은 뜻이다.

실제로 일어난 것은 아무것도 없지만, 이 이야기들이 전하려는 요지는 예수가 대단히 중요한 분이었다는 것이다.

이렇게 추측하게 된 계기는 신약성경 가운데 일부 보도들이 이미 구약성경에 나오기 때문이다. 요한 6,1-15에서 보도하는 오천 명을 먹인 이야기는 2열왕 4,42-44의 보도 내용과 관련된다. 2열왕 4장에서 보도하는 하느님의 사람 엘리사를 요한 6장에서는 예수가 대신한다. 바알 살리사에서 온 이름 없는 사람은 예수의 열두 제자와 상응한다. 맏물로 만든 보리 빵 스무 개가 요한 6장에서는 빵 다섯 개로 나오고, 햇곡식 이삭은 물고기 두 마리가 대신한다. 두 보도는 기적을 행하는 분의 명령(군중이 먹도록 나누어 주어라) 또는 그분의 행위(나누어 주셨다)가 중심을 이루고 있다. 두 가지 경우에 배부르게 먹은 사람 수가 많았기 때문에 이의가 제기되었다. 2열왕에 따르면 백 명이 먹은 반면, 요한복음서에 따르면 오천 명이 먹었다. 그 많은 사람들이 배불리 먹었는데도 남기까지 했다고 두 이야기가 똑같이 보도한다. 빵의 개수와 배불리 먹은 사람 수의 비율이 구약성경에는 20대 100인 반면, 신약성경에는 5대 5000으로 나온다. 도와준 사람의 수는 비율이 1대 12이다. 결론은 예수가 지닌 기적의 힘이 엘리사보다 월등하다는 사실이다. 예수는 엘리사보다 훨씬 더 위대한 분인 것이다. 사람들이 예수를 메시아라고 표현한 것은 2열왕 4장을 참조하면 쉽게 이해할 수 있다. 사람들이 다시 오리라고 기대한 예언자는 엘리사가 아니라 그의 스승 엘리야이다. 뛰어난 인물과 일치하는 사람이 세상 종말에 오리라고 기대하듯이, 여기서도 다시 올 사람은 이 세상에서 직접 활동한 사람의 모습을 띨 것으로 표현된다. 이는 모세와 여호수아(여호수아에 해당하는 그리스어는 예수이다. 신명 18,15에서 이 예언자에 대해 예고한다), 다윗과 솔로몬(예수는 다윗의 아들로서 솔로몬처럼 영들을 다스리는 힘을 지니고 있다)을 비롯해 여기에 등장하는 엘리야와 엘리사와 아담과 셋에게서도 볼 수 있는데, 셋은 새로운 제2의 아담(지혜와 정의)이기도 하다. 종말에 재림하리라고 기대되는 존재는 지상에서 살았던 분의 모습을 띤다. 예언적 권한은 조금도 줄지 않은 채 스승에게서 제자에게 전달되기 때문이다. 이와 달리 오늘날 텍스트를 해석할 때는 다음과 같은 윤리적 경향이 강세를 이룬다.

제자들은 자신의 양식을 기꺼이 나누어 주었다(나누는 법을 배우다).

'성경의 윤리적 의미'는 성경이 지닌 네 가지 의미(글자 그대로 살펴보는 문헌적 의미, 교의학 관점으로 살펴보는 비유적 의미, 도덕의 관점으로 살펴보는 윤리적 의미, 그 안에 든 희망의 관점으로 살펴보는 해석학적 의미) 가운데 하나에 불과하다. 그런데 텍스트를 텍스트가 지닌 역사성을 거슬러 해석하거나 보도된 내용을 꾸며 낸 이야기, 어떤 경우에도 역사적 사실로 받아들일 수 없는 이야기로 본다면, 이는 성경이 지닌 네 가지 의미를 제대로 살펴보는 일에서 크게 벗어나는 것이다. 특히 문헌적 의미가 사라지는 것을 막아야 한다. 그렇게 해야 하는 이유는 이 이야기가 천사들이 빵을 구웠다는, 마치 동화에나 나올 법한 천상적 빵 제조 이야기가 아니기 때문이다. 성경이 보도하는 오천 명을 먹인 사건은 먼저 실제로 일어난 일로 받아들여야 한다. 이 보도는 하느님과의 놀라운 만남, 굉장한 만남으로 이해되기 때문이다. 이 보도를 윤리적 의미로만 이해하거나(그러면 열두 광주리나 되는 남은 빵은 어떻게 보아야 하는가?) 꾸며 낸 이야기에 지나지 않는다고 여긴다면(예수는 하느님의 자비를 역설할 뿐이라고), 이는 이야기를 곡해하고 축소하는 것이다. 중요한 것은 하느님과의 만남이다. 주석가들이 이야기를 다른 식으로 설명하거나 이성적으로 알아듣게 할 수는 없다. 이야기를 축소시킬 것이 아니라 그 보도들 앞에서 우리 자신을 작게 만들어야 한다. 이것이 바로 겸손이다. 겸손은 우리가 성당에 들어가기 전에 이성을 옷걸이에 걸어 두고 들어가야 한다는 의미가 아니다. 이성을 내려놓지 말고 성당으로 안고 들어가 그 안에서 이성의 한계를 깨달아야 한다는 뜻이다. 인간 사이에 존재하는 '위대한 사랑'조차 제대로 이해하기 어려운데, 하물며 하느님을 만나는 것을 어떻게 제대로 파악할 수 있겠는가! 하느님과의 만남에 관한 이야기들을 이성적으로 설명할 수 있다거나 평범한 것으로 축소시키는 사람은 그 이야기들과 하느님과의 관계를 몰아내는 것이다. 그러면 남는 것은 아무런 가치도 없고 아무도 관심을 두지 않는 껍데기뿐이다. 인간의 사고로 온전히 파악할 수 없는 위대한 하느님은 오천 명을 먹인 이야기 안에서 우리와 만나신다. 그러면 놀라움과 감탄만이 남는다. 세상은 기적에 관한 보도를 우습게 여기는 사람들을 위해 창조된 것이 아니다.

이 보도에는 물론 상징적 의미도 담겨 있다. 사람들에게 먹을 것을 주는 일은 사람들을 가르치는 일에 비유할 수 있다. 말씀은 빵처럼 영양분이 풍부한 것이다. 먹고 남은 빵을 모은 광주리가 열두 개라는 것은 스승 예수의 말씀을 전해야 하는 열두 사도를 지칭한 것임에 틀림없다. 마르 8,19-21에서 예수는 제자들에게 이러한 상징에 주의를 기울이라고 강조하신다. 요한 6장에서(오직 여기에서만!) 제자들이 먹고 남은 것을 거두어들인 것은 이 보도와 일치한다. 나누어 주는 일은 예수 혼자 했다. 따라서 배불리 먹인 사건은 다음과 같은 그리스도론적 상징이 된다.

예수는 만나처럼 하늘에서 내려온 분이다. 예수를 인정하고 받아들이는 것은 생명을 받아들이는 것이고 죽음을 극복하는 일이다. 이 두 가지는 참으로 실제적인 일이다.

눈에 보이는 음식은 (성체성사에서처럼) 전체의 일부이고 빙산의 꼭대기와도 같다. 눈에 보이는 부분을 가치 없다고 여기고 아무것도 아니라고 선언하는 사람은 플라톤의 제자일 수는 있어도 예수의 제자일 수는 없다. 요한복음서에 의하면 예수의 권한과 파견은 항상 그분과 제자들이 가는 방향과 목표와 연결되어 있다. 우리가 지금 눈으로 볼 수 있는 것은 언제나 원천과 목표 사이에 있는 일부분에 지나지 않는다. 그러나 이는 결코 무가치한 부분이 아니다. 모든 변화가 여기서 시작되기 때문이다.

2열왕 4장과 일치한다는 이유만으로도 예수가 오천 명을 먹인 이야기는 비역사적인 것도, 꾸며 낸 이야기도 아니다. 반복된다고 해서 사실일 수 없다는 논리는 앞뒤가 맞는 말인가? 계시는 늘 새롭기만 한 게 아니다. 계시는 위로 상승하면서 되풀이되는 것이기도 하다. 이러한 기적들은 하느님의 불가해한 힘과의 대결이자 만남이다. 물론 성경주석가들은 이러한 불가해성을 경감시켜 인간의 지성에 지나친 부담을 주지 않으려 감동적인 시도들을 한 적도 있다. 이들은 믿음과 자연법칙의 조화를 이루려는 잘못된 열정으로 이 이야기들을 윤리적으로 해석하려 했다. 그리하여 제자들이 이타주의에서 자신의 비상식량을 사람들에게 나누어 주었다고 설명하는 이도 있었다. 나아가 이야기의 관건은 나누는 것에 있다며 다양한 이론을 펼치기도 했다. 또한 이야기에 사용된 명령법에 따라 공정하게 분배하는 사회적 정의의 방향으로 이해해야 한다는 주장도 있었다. 분배와 사회적 정의에 위배되는 것은 아무 말도 해서는 안 되었다. 하지만 이렇듯 과도한 행동방식들을 이 이야기에 끌어들이려는 시도들이 내게는 부조리하게 여겨진다. 성경에 등장하는 근동 사람들이 이런 말을 했을 수는 있겠지만, 참으로 그 의미를 깨닫고 말했다고는 보기 어렵다. 거의 모든 기적사화를 두고 이렇게 윤리적으로 해석하는 기류가 오늘날 독일어권 종교 교육용 교과서를 지배하고 있다. 이런 교과서를 보면 수많은 교훈은 나오지만 참된 기적은 찾아볼 수 없다. 오늘날 지배적인 이성주의와 그 편견에 따라 정해진 규정들은 기적을 인정하도록 허용하지 않는다.

기적사화의 상징적 차원에 대해서는 누구도 부인하지 않는다. 많은 사람들을 먹인 기적 이야기는 하느님 말씀을 받아들이도록 한 것이고, 눈먼 이의 치유는 예수의 실재實在를 깨닫기 위해 마음의 눈을 뜨는 것과 관련되며, 병자 치유는 새롭고 영원한 삶의 시작을 알린다. 그러나 이러한 이차적·상징적 영역은 늘 일차적·실제적 상징을 전제한다. 특정한 관점에서 볼 때 예수의 모든 행동은 상징행위이고, 포괄적이며 더 큰 사건을 예고한다. 이들은 알맹이 없고 공허한 표징이 아니다. 성경적-유다적 사고에는 몸통 없고 텅 빈 교훈적이며 추상적인 표징은 나오지 않는다. 여기서 몸과 영혼은 분리되는 일이 없다. 육체적인 음식과 하느님의 말씀을 먹는 영적 음식은 분리되지 않는다. 영적 실재만이 존재한다고 믿으며 실제 세계는 텅 비었다는 사고가 등장한 지 500년이 지났다. 이 견해는 칼뱅Jean Calvin이 성찬례를 자기 식대로 이해한 데서 비롯된다. 개념은 오직 이름뿐이고 실제 세계에서는 이름이 어떤 것과도 일치하지 않는다는 유명론으로 철학의 방향이 나아간 뒤로 그런 견해가 등장한 것이다.

종교 교육용 교과서를 보면 기적사화를 영적으로 승화하는 면에서 두 가지 경향이 드러난다. 하나는 전통에 따라 육체적 요소를 경시하는 양상이고(신플라톤적 경향으로, '그렇게 중요하지 않은' 것으로 여기는 면), 또 하나는 불가해한 일에 대해 겁먹는 태도이다(그런 일은 일어날 수 없다며 거부하는 자세). 이 두 노선은 성찬례와 죽은 이들의 부활에서도 발견되는데, 신학자들은 여기서도 새로운 해석을 붙이려고 시도했다. 다시 말해 진술

내용을 순전히 상징적으로 이해하게 했다. 그 결과 하느님을 이 세상과 멀리 떼어 놓아 관계 회복이 어려울 지경이 되었다. 일종의 신新이신론이 등장해, 하느님을 세상에서 어떤 활동도 하지 않으며 흠숭과 기도의 대상도 되지 않는 분으로 만들어 놓았다. 이신론은 하느님을 하늘나라에만 계시도록 멀리 보내는 방법으로 사람들을 구제하려고 시도한 학설이다. 이러한 하느님이라면 분명 세상에 개입하지도 않고, 더 이상 세상과 인간을 변화시킬 능력도 없을 것이다. 한마디로 그분은 여기에 계시지 않는 것이다. 두 번째 경향 역시 비슷하다. 사회·윤리적 해석은 사람들의 배고픔을 진지하게 여기지만, 하느님이 물질적·육체적 영역에 개입하시는 것을 거부하고 종교라는 실재를 사회적 활동에 집중시킨다. 이렇게 되면 성찬례는 공동체적 현상에 지나지 않는다.

이렇듯 유창하지만 잘못된 해석의 배경에는 하느님과 세상의 온기 없는 관계를 비롯해 교회에 대한 특이한 이해도 깔려 있다. 기적을 윤리적 또는 사회·윤리적 요소로 취급하는 사람은 교회도 같은 잣대로만 판단한다. 기적과 관련해서는 상징적인 면만 받아들이고 육체적 차원을 거부하는 사람은 교회에 대해서도 교회가 무엇 때문에 좋은지, 교회가 무슨 일을 하는지에만 관심을 기울인다. 이런 사람은 교회가 신비로 가득 찬 실재라는 것, 본인이 변화되려면 교회 안으로 직접 들어가야 한다는 것에는 전혀 관심이 없다. 영적으로 '고상하게' 승화된 사람은 진실을 덮고 교회가 미사여구만 늘어놓는다며 불평한다. 이 두 경향은 성경적이지 않으며 근본적으로 비판되어야 한다.

물론 꼬르륵거리는 배를 움켜쥔 사람들에게 복음을 선포할 수는 없는 일이다. 마찬가지로 기적이 일어나기만 기다리며 아무것도 하지 않는다면 결과를 얻지 못한다. 신약성경이 보도하는 내용들은 이런 것들은 가르치지 않는다. 성경이 일상에서 영혼을 돌보는 일Seelsorge에 도움이 될 좋은 말씀과 지침으로만 구성되었다고 기대하며 읽는 사람은 실망하고 말 것이다. 기적 이야기들은 100퍼센트 바꾸거나 실현할 수 없다. 기적사화는 표석漂石으로서 다가올 구원을 예고한다. 기적사화는 상징행위로서 예수가 선포한 복음의 일부를 이루어 하느님의 계획 전체를 바라보게 한다. 오직 한 부분으로 그렇게 한다. 성전에서 상인들을 몰아낸 일, 최후의 만찬, 부활 이전의 제자 파견, 병자 치유와 수많은 사람들을 먹인 기적은 모두 상징행위이다. 예수가 모든 사람을 치유할 수는 없었다. 그러나 구체적인 장소에서 구체적인 사람들에게 하느님의 고유한 행적을 스스로 실천했다. 예수는 하느님의 아들로서 그분의 계획을 인간 역사 속에 끌어들여 실현해야 했기 때문이다. 이와 같이 기적은 하느님의 오심을 전하는 예수의 메시지에도 잘 들어맞는다. 기적을 함축미 있는 동화로 여기거나 세상의 모든 지혜와 금언이 담긴, 그림 같은 도구에 불과하다고 왜곡하는 사람은 하느님의 고유한 존엄성을 깎아내리는 것이다. 기적은 실제적 약속이다. 하느님의 말씀으로 세상이 창조되었기에 기적은 실제적인 것이다. 또한 기석은 하느님의 통지가 인젠가는 모든 사람에게 명료해지고 눈으로 확인될 수 있다는 것을 알려 주므로 약속이다. 통치와 그 과정이 중요하지 않다는 말이 아니다. 바로 거기서 완성되는 것이다. 이런 이유로 다음과 같이 확신한다.

신약성경의 기적들에 대해 지속적으로 이의를 제기하고 논쟁을 일삼는다면, 이는 하느님께서 이 세상에서 어떤 활동도 할 수 없다는 주장이 변형된 형태에 지나지 않는다. 이러한 독단론에는 아무런 근거도 없다. 이렇게 주장하는 사람은 그것을 입증할 책임이 있다.

눈에 보이는 실제만이 인과관계를 해명한다는 주장은 도대체 무엇에 근거하여 확인할 수 있단 말인가? 아우구스티노 성인도 다음과 같이 간파했었다.

> 기적은 자연과 모순되지 않는다. 기적은 우리가 자연에 대해 인식하는 것에만 모순된다.

구체적인 텍스트를 통해서 이 문제를 다시 한 번 살펴보자. 요한 9장에서 보도하는, 태어나면서부터 눈먼 사람을 치유한 이야기에서는 '눈먼 상태'라는 실제 현실과 상징적 의미 사이에 특이한 긴장이 감돈다. 유다인들은 소경을 치유한 기적은 받아들이면서도 영적으로 눈뜨는 것, 곧 예수를 빛으로 인정하는 것은 받아들이지 않는다. 그들은 이러한 종교적 깨달음을 거부한다. 그리하여 오늘날 텍스트 수용을 어렵게 하는 것과는 정반대 현상이 발생했다. 오늘날에는 사람들이 상징적 의미는 받아들이면서도 실제 현실은 받아들이지 않기 때문이다.

요한 9장은 이사야서의 두 가지 텍스트 사이에서 긴장 관계에 놓여 있다. 예수는 하느님께서 보내신 이가 눈먼 이들을 보게 하리라는 예언을 실현한다(이사 35,5). 반면, 잘 보인다고 여기는 사람들은 볼 수 없도록 벌하며 계속 깨치지 못하고 헤매게 한다(이사 6,9 이하). 기적과 완고함을 한 곳에 놓고 보면 상반된 요소로서 실제 세계의 서로 다른 영역에 있다. 요한 9장을 신학적으로 해석할 때 태어날 때부터 눈먼 사람의 치유는 예수의 창조주 권능을 증명한 것이다. 그 소경은 타고난 장애로부터 해방된 게 아니라 새롭게 창조되었기 때문이다. 요한 9장은 이렇게 말한다.

예수님은 눈먼 사람을 보게 하셨다. 반면에 볼 수 있는 사람은, 그것도 매우 잘 보는 사람은 눈멀게 하셨다.

예수는 육체적 결핍은 없앴지만, 적대자들의 교만과 결핍을 모르는 태도는 벌했다. 육체적 치유가 좀 더 쉬웠던 것은 사실이다. 육체적으로 결핍되면 영적으로 열리는 경우도 있기 때문이다. 예수는 부자와 건강한 사람들을 적대시한 것이 아니라, 스스로 모든 것을 잘 안다고 자만하며 어떤 것도 받아들이려고 하지 않는 사람들을 물리쳤다. 이렇게 눈이 먼 사람은 주님조차 도울 수 없다. 주님은 그런 사람을 냉정하게 대하며 어둠 속을 걷게 한다. 예수를 제대로 인지하지 못하는 사람은 그가 등장할 때 이미 심판대에 서서 벌을 받게 된다. 그러므로 요한 9장에서 이야기의 대상은 소경으로 태어난 사람이 아니라 자신이 종교적으로 대단히 유식하다고 여기는 사람들이다. 예수는 이렇게 말한다.

육체적으로 눈이 먼 것은 죄와 아무 상관이 없다.

육체적 결함은 예외적인 경우에만 죄의 결과인데, 이 대목에서는 그렇지 않다. 그러나 영적으로 눈이 먼 것, 다시 말해 예수를 바라보지 않고 따르려 하지 않는 것은 대단히 큰 죄이다. 자신의 미래가 지니는 의미를 거부한 사람들은 과거 또한 헤아릴 필요가 없다. 요한 9장은 다음과 같이 종합할 수 있다.

두 눈을 뜨고 잘 보면서도 예수를 믿지 않기보다는 차라리 눈먼 채로 죄가 없는 편이 훨씬 낫다.

요한 9,39에서 예수는 자신의 사명을 종합해 단호히 말한다.

나는 이 세상을 심판하러 왔다. 보지 못하는 이들은 보고, 보는 이들은 눈먼 자가 되게 하려는 것이다.

복음서들은 이사 6,9에 이어서 예수의 강경한 말씀들을 전한다(마르 4,12; 8,18). 오늘날 사람들은 이 말씀들이 비인간적이라고 여기고, 역사의 예수가 그런 말씀을 했을 리 없다고 성급히 판단한다. 사람들은 예수를 심리치료를 하는 사람으로만 여기려 하고, 자만에 빠져 영적으로 눈먼 이들을 질책하는 이로 보지 않는다. 이 완고한 마음은 이데올로기적이며 깨지기 어렵다. 이런 사람들에게는 늘 극단적인 경고를 하게 되므로 유념해서 바리사이들 편에 속하지 않도록 조심해야 한다. 자기 자신의 영적 포만감이 스스로를 눈먼 상태로 몰아가지 않도록 깨어 있기를 바란다. 어떻게 하면 눈먼 이들에게 도움이 될 수 있을지, 이에 대한 적절한 해석은 이 대목에서 나오지 않는다. 아니, 이 이야기를 읽는 사람은 최후의 시간이 다가와 자신이 무엇을 해야 할지 스스로 깨닫게 될 것이다. 바로 다음과 같다.

예수께서 치유하시도록 자신을 내맡겨 드려야 한다.

클레르보의 베르나르도는 이것을 다음과 같이 표현한다(14번째 강론, 2).

사람들 중에 스스로의 공로로 정의의 빛이 자기 안에 머문다고 여기는 이들이 있다. 이런 사람들은 뻐기며 대단히 건방지게 군다. 이 특별한 병은 그들이 자신을 고쳐 줄 의사를 찾아 나서지 못하도록 방해한다. 자신에 대해 이런 환상에 젖는 것보다 더 나쁜 것은 없다.

베르나르도는 인간이 의롭게 되는 것을 어렵게 하는 것이 무엇인지 똑똑히 보여 준다. 복음서 여러 대목에서 바리사이들을 가리켜 '눈먼 이를 인도하는 눈먼 이'라고 부른다. 특히 지나친 점은, 이들이 종교적 엘리트(평신도)가 되려고 한다는 것이다. 그렇게 눈이 멀면 안전할 사람이 아무도 없다.

여기에 기적 보도들과 상징의 관계에 대해 근본적으로 더 언급할 내용이 있다. 복음서에 나오는 기적들이 상징적 의미를 지닌 경우도 많다. 예를 들어 마르 8장의 눈먼 이를 고친 이야기(22-26절)는 예수가 제자들에게 "너희는 눈이 있어도 보지 못하고 귀가 있어도 듣지 못하느냐?(18절) 너희는 아직도 깨닫지 못하느냐?(21절)"라고 나무라는 장면과 마르 8,29의 베드로의 고백 사이에 배치되어 있다. 상징적 차원에서 이 이야기는 다음과 같은 의미를 지닌다.

예수는 제자들의 눈먼 상태를 고쳐 주셨다. 그래서 베드로가 신앙고백을 적절하게 할 수 있었던 것이다.

따라서 마르 8,22-26에서 전하는 치유 기적은 신앙고백을 준비한 것이다. 이에 상응해 예수는 마태 16,17에서 다음과 같이 말한다.

너는 행복하다! 살과 피가 아니라 하늘에 계신 내 아버지께서 그것을 너에게 알려 주셨기 때문이다.

제자들의 눈이 열리면서 깨닫게 된 것이다. 이와 비슷하게 오천 명을 먹인 기적사화는 요한 6장의 생명의 빵에 대한 말씀(내가 생명의 빵이다…) 앞에 나온다. 요한 11장의 라자로를 다시 살린 이야기도 예수가 다음과 같은 기적 이상의 말을 하는 계기가 된다.

나는 부활이요 생명이다.

일부 주석가들은 이러한 관찰들을 잘못 해석하여 기적 보도들을 단순히 상징적인 것으로만 여겼다. 그들은 신약성경을 순전히 합리주의적 상징으로 받아들였다. 이런 현상을 앞에서 '칼뱅적'이라고 명명했는데, 종파적 의미가 아니다. 가톨릭교회 안에도 이러한 견해가 드물지 않기 때문이다. 칼뱅에게 상징은 교훈적 가치만 지닌 공허한 표지에 지나지 않았다. 바로 여기서 고대의 표상 전통과 단절되었다. 루터의 종교개혁에서 단절된 것이 아니다. 반면 성경의 의미에서 보면 전혀 다른 것이 참되다.

예수가 행한 기적들은 상징적인 것만이 아니라 빙산의 꼭대기와도 같다. 이것은 가시적인 표현으로서 더 큰 전체를 가리킨다.

육체적 치유나 빵을 먹인 기적을 살펴보면, 훨씬 더 포괄적인 것 또는 가시 영역에 들어갈 만한 것으로부터 어떤 것이 확연히 드러난다. 기적의 육체성은 꼭 필요한 일종의 전제조건이다. 그리고 모든 표지는 실제 세계에 참여한다. 따라서 이 실제 세계에는 표지가 반영된다. 그러나 실제 세계는 나누어질 수 없다. 하느님과의 만남을 통해 육체적으로 치유된 사람은 사실 포괄적으로 치유된 것이다. 더 중요한 것은 눈에 보이지는 않지만, 눈에 보이는 것과 철저히 유기적으로 연결되어 있다. 이는 마치 빙산의 꼭대기가 눈에 보이지 않는 나머지 거대한 부분과 연결되어 있는 것과 같다. 기적은 문학적 허구가 아니라 실제 상징이다. 다시 말해 실제적이고 더 큰 전체를 알려 주는 것이다. 이와 같이 성사도 알맹이 없는 공허한 표지가 아니다. 몸을 씻고 배불리 먹는 행위는 인간이 전체적으로 건강을 회복했다는 표지이다. 요한 9장에서 예수가 치유로 보여 준 상징적 차원을 중세 주석가들도 자주 거론하고 인용했다. 예를 들어 다음과 같은 감사송에서 볼 수 있다.

그분은 눈먼 이의 눈을 열어 주시고, 당신의 힘으로 모든 민족의 마음을 열어 주셨나이다.

기도문에서도 볼 수 있다.

당신의 권능으로 앞 못 보는 이들의 눈을 고쳐 주신 전능하신 주님께서 여러분의 눈이 중요하지 않은 것들을 바라보지 않도록 지켜 주소서.

독일 북부 도시 브라운슈바이크Braunschweig에서 유래한 13세기의 텍스트는 다음과 같이 훌륭하게 표현되어 있다.

이 세상에 오시어 모든 사람을 비추시는 하느님께서(요한 1,9) 너희가 조상으로부터 물려받은 눈먼 눈을 당신 오른손으로 깨끗이 씻어 주시고 내면의 눈을 열어 주시어 죄의 어두움을 몰아내시면, 너희는 정의의 태양이 밝게 빛나는 모습을 더욱 또렷하게 볼 것이다. 소경으로 태어난 사람 안에 당신의 표상이 다시 떠오르게 하시는 분께서(눈은 특히 하느님의 표상으로 간주된다!) 너희 안에 하느님 모상을 거스르는 잘못된 것을 몰아내시고 회복하게 하시며, 너희가 당신의 은총으로 새롭게 형성되기 바라신다. 너희는 어둠에서 벗어나 영원한 영광의 빛으로 나아가도록 초대받은 사람들이다. 그러니 너희는 자신이 불의를 저질러 입은 상처에서 회복되어야 한다.

우리는 이렇게 확신한다.

신약성경에 의하면 하느님께서 사람들에게 가까이 오시는 것은 시간적으로(하느님 나라는 곧 온다), 개인적으로(모든 사람은 하느님을 아버지라고 불러도 된다), 공간적으로(예수가 나타나는 곳에 구원이 있다), 생물학적으로(치유 이야기들) 진행된다. 이 여러 차원 가운데 어느 것에 대해서도 뒤로 빼며 입을 다물어서는 안 된다. 오늘날에도 여전히 그리스도교는 구원의 종교이다. 그러나 그 길은 병에서 해방되는 것이 아니라 하느님과 이웃과의 화해이다.

11.12 예수에 대한 착각

예수는 고향 나자렛에서는 아무 기적도 일으킬 수 없었다. 예수를 잘 안다는 것, 그분의 가족을 잘 안다는 것이 걸림돌이 되어 사람들이 그분을 믿을 수 없게 했다. 예수는 이러한 현상을 다음과 같은 금언으로 요약한다.

예언자는 어디에서나 존경받지만 고향과 친척과 집안에서만은 존경받지 못한다.

먼저 이렇게 질문해 보자.

이 말씀에서 진실은 무엇이며, 무엇 때문에 진실일까?

하느님의 말씀을 전하려 하고 또 전해야 하는 이는 낯선 것에 직면할 수밖에 없다. 사람들은 그에 관해 많이 알려고 하지도 말고 또 알지도 말아야 한다. 고해성사를 주러 온 손님 신부가 미치는 파급효과를 떠올려 보라! 그 효과가 엄청나다는 것을 잘 알고 있다. 전후 주변 '스토리'는 핵심인 복음을 전하는 데 방해만 된다. 아는 게 너무 많은 사람은 하느님께서 보내신 분을 본모습보다 더 작게 만드는 경향이 있다. 그렇기 때문에 우리는 예수를 어떻게든지 형제로, 동료로 여기고 싶어 하는 현대적 신심에 위험이 있다는 사실을 발견하게 된다. 그렇게 되면 예수는 우리 가운데 한 사람에 지나지 않는다. 동시에 예수에게서 낯선 것, 이해할 수 없는 것, 하느님으로부터 받은 사명, 거룩함도 사라지고 만다.

우리는 예수를 좀 더 인간적으로 그려 내기 위해 온갖 수단과 방법을 동원하지 않았던가? 성경사회학과 비교종교학도 이에 크게 기여하지 않았던가? 알베르트 슈바이처가 쓴 의학 박사 학위 논문은 예수가 혹시 정신이상자가 아닌지 다룬 것인데, 예수의 심리 상태가 정상적이었다는 사실을 밝혀냈다. 이러한 질문에 이미 예수를 지나치게 인간화하는 위험이 들어 있다. 따라서 이렇게 질문할 만한 경계선을 명확히 그어야 한다. 이렇듯 역사적 예수에 대한 연구가 그분을 깎아내리는 위험에 빠진 적이 많았다. 이런 연구들은 "이랬을 것이다. 또는 이와 비슷한 형태로 존재했을 가능성이 있다."와 같은 가설을 내세우며 지나치게 추측하고 모호한 것을 사실인 양 확신했다. "예수는 다름 아닌 바로 다음과 같은 …분"이라는 주제를 다룬 책들(예수에 관해 최근 20년 동안 출판된 책 가운데 90퍼센트가 그렇다)은 하나같이 마르 6장에 언급된 것과 똑같은 결과를 내놓았다.

예수는 농촌 출신의 혁명가이고 절반은 열혈당원에 속했으며 박애주의자이고 평화를 수호하는 유다인이었다.

일부 신학자들은 비교 작업에서 출발하여 예수는 이러저러한 존재일 수 있지만 그렇다고 비교할 수 없는 분은 아니며, 유추類推는 모두 거절할 분임을 은밀히 전제하고 그분을 파악하려고 시도했다. 그 결과, 그들에게 불편한 요소들이 모두 제거되었다. 예수가 사람들 가운데 계시는 하느님과 실제로 교류한다면 그들은 마음이 무척 불편했을 것이다. 그들이 예수의 신성을 믿는 것을 불필요하다고 여긴 까닭은 자신들이 모든 인간적인 제약을 완벽하게 안다고 생각했기 때문이다. 그러나 이는 마치 하늘에 떠 있는 달을 모든 학문적 수단을 동원하지만 가장 중요한 삼차원적 방법은 배제하고 조사하는 것과 같다. 모든 것을 인간적인 조건들에 비추어 풀어 가는 사람은 자기 자신은 물론이고 다른 사람들에게서도 본래의 흥분과 긴장을 불러일으키는 것, 예수 이야기를 구성하는 참되고 실제적인 원인과 계기를 빼앗는 것이다. 그러나 우리에게 중요한 것은 포괄적이고 온전히 파악할 수 없으며 신비에 가득 찬 하느님이다.

우리는 영혼을 돌보는 일에서도 이와 똑같은 현상과 투쟁해야 한다. 영혼을 돌보는 일은 언제나 예수님에 대한 우리의 믿음을 반영하는 것이다. 우리는 영혼을 돌보는 일을 사목심리학, 사회학, 의학, 행정학의 종합으로 생각하고 실행하는 데 익숙하다. 예전에 영혼을 돌보는 일에 속했던 영역이 지금은 모두 전문가들에게 위임되고 학문적으로 뒷받침되고 있다. 이밖에 설명되지 않는 신비스러운 부분만이 '영성'이라는 수수께끼 같은 용어로 쇠락했다. 이 단어 뒤에는 대부분 개인적 신심의 제대로 정리되지 않은 요소들이 숨어 있다. 영성은 맛있는 케이크에 발린 생크림에 지나지 않는다는 말인가? 오늘날 현대인들이 느끼는 영적 허기는 무엇으로 달랠 수 있는가? 영적 체험이 충만하여 나누어 줄 것이 많은 사목자들은 도대체 어디에 있는가? 성직자들은 그런 일을 할 생각이 전혀 없어 보인다. "오늘날 젊은 보좌신부들은 신심이 너무 깊다."며 한탄하는 소리가 여러 공동체에서 들려온다. 신심이 너무 깊은 신학생은 차라리 신학교를 떠나는 편이 나을 것이다. 그런 신학생은 성직자는 먼저 사람을 잘 이해하고 다루는 인물이어야 한다는 사실을 깨닫지 못하기 때문이다. 우리가 속한 공동체에는 낯선 존재, 하느님에게서 와서 사람들을 당혹하게 하는 존재가 부족하다. 이러한 이유로 공동체가 지루해지고, 사람들이 자신이 속한 단체에서 무언가를 찾으며 생기 있게 움직이는 모습을 보기가 점점 어려워지고 있다.

 결핍된 낯선 것이란 바로 '이 세상으로부터 유래하지 않은 것'을 의미한다. 이는 시계를 쳐다보지 않는 여유 있고 배려하는 마음, 심리학 지서와는 무관한 영적 카리스마, 세상의 궁핍과는 멀리 떨어진 것처럼 보일 만큼 기도와 성가를 유일한 희망으로 여기는 것, 천사의 인내라고 불릴 만한 인내로 환자와 노약자를 돌보는 일, 자화자찬하지 않으며 자신을 의롭다고 여기지 않는 겸손한 마음, 자신을 잊은 것처럼 거룩한 전례에 정성을 다하는 것이다. 이와 같은 낯섦은 서로 분리되지 않으며 한 범주 안에 있다. 우리가 예수에게서 이런 낯선 면을 발견한다면 그분을 형제로 대하지 않을 뿐만 아니라 위험한 인물이 아니라고까지 여길 것이다. 그렇지 않다. 예수는 낯설고 위험한 분이다. 그분을 받아들이는 사람은 그리스도교가 발산하는 빛과 대단한 매력을 받아들이는 것이다. 그리스도교는 이성 이상의 실재이고, 교회는 이 사회의 극미한 일부이다. 나자렛 사람들이 예수를 속속들이 알았기 때문에 예수는 고향에서 어떤 기적도 일으킬 수 없었다. 다음과 같은 질문은 근본주의자들에게 큰 문제가 된다.

예수는 늘 어디서나 전능하신 분이 아닌가?

사람들은 이렇게 대답한다.

믿지 못해서 기적을 체험하지 못한 것이다. 편견을 지닌 사람들은 기적을 기대할 수 없다.

나는 이렇게 생각한다.

여기에는 믿지 못하는 마음이 연관되지만, 사람들이 믿지 않는다고 이에 대한 벌로 예수가 기적을 일으키지 않은 것은 아니다. 사람들이 완강히 거부하는 곳에서는 기적이 일어나지 않는다.

요즈음도 기적이 일어나는가? 그렇지 않다면 기적에 대해 열린 마음이 부족한 것도 한 이유이다. 기적은 대단한 에너지를 동원하기만 하면 움직여지는 기계 같은 것이 아니다. 기적에는 인간적인 면도 결부된다. 대부분의 기적은 인간이 자신을 온전히 하느님 손에 내어 드리는 것을 전제한다. 그렇기 때문에 마르 6장은 예수의 (자동적으로 떠오르는) 권한을 거슬러 말하는 것이 아니라, 인간이 기적을 막을 수도 있다는 사실을 말한다. 때로는 인간이 기적을 막기도 한다. 기적의 힘은 법칙에 따라 작동하지 않기 때문이다. 여기서 '때로는'이라고 한 것은 기적의 근간이 되는 믿음에는 대리인이 개입할 여지도 있기 때문이다(예를 들어 마르 2,5; 요한 11,25-27). 믿음은 근본적으로 누구도 대신할 수 없는 개인적인 것이 아니다. 그래서 성체를 받아 모실 준비를 하는 기도문에 다음과 같은 문구가 나온다.

주 예수 그리스도님,
일찍이 사도들에게 말씀하시기를
"너희에게 평화를 두고 가며 내 평화를 주노라." 하셨으니
저희 죄를 헤아리지 마시고 교회의 믿음을 보시어
주님의 뜻대로 교회를 평화롭게 하시고 하나 되게 하소서.

믿지 않는 이들의 회개보다 앞서 가는 믿음도 있는 것이다. 나자렛 사람들의 믿지 않는 마음을 전하는 텍스트는 예수가 체험한 한계들에 대해, 믿음을 힘들게 하고 불가능하게 하는 것에 대해 말한다(요한 12,38에서도 이와 유사하게 "주님 저희가 전한 말을 누가 믿었습니까?"라고 말한다). 이 텍스트가 이러한 방식으로 전하는 뜻은 후대에 복음을 전파하는 이들에게 '예수님도 이렇게 어려운 일을 겪었으니 너희도 용기를 잃지 말라.'며 위로하는 것이 아니라, 복음을 듣는 사람들의 믿음을 가로막는 위험 요인들에 주의를 기울이도록 하려는 것이다. 오늘날에 맞게 표현하면, 이런 위험 요인들은 우선 우리가 예수의 역사적 사건을 정확히 알아보려 한 나머지, 그분을 지나치게 인간적인 존재로 설명하는 데서 발생한다. 두 번째는 종

교를 현대인에게 지나치게 맞추는 과정에서 맞출 수 없거나 받아들일 수 없는, 다음과 같은 어떤 것이 있다는 사실을 간과한 데서 발생한다.

하느님의 위대하심과 사랑은 우리의 모든 상상을 뛰어넘는 엄청난 것이다.

11.13 치유의 종교, 그리스도교

연구가들은 기적사화를 제대로 설명하지 못한 적이 많았으며 무엇보다 신학적으로 그 가치를 떨어뜨려 놓았다. 그리하여 예수와 복음사가들은 오로지 영혼의 구원과 죄인의 회개에만 관심이 있는 양 다루었다. 그리고 성경에 기적에 관한 보도가 월등히 많다는 이유로 유다교가 치유의 종교라는 사실을 간과했다. 이 말은 예수의 말씀뿐만 아니라(토마스복음 같이) 부활 이전 예수의 활동에 관해 전하는 모든 복음서에도 적용된다. 예수는 치유 기적들로 인해 세라피스Serapis나 아스클레피오스Asclépios와 같은 당대의 치유의 신들과 경쟁 관계에 있었다. 그러나 예수는 단지 기적을 행하는 데서 그치지 않고, 나아가 종말 때 이루어질 하느님의 행적에 관한 이사야 예언자의 말을(이사 29,18 이하; 35,5 이하) 실현했다. 예수는 하느님의 고유한 활동을 직접 실행했다. 그래서 하느님께서 예수 안에 실제로 현존하시는 것이다. 이 활동들은 세 가지 영역에서 실현되었다. 치유 기적, 구마행위, 그리고 이와 연결된 죄 사함이다(마르 2,1-12; 루카 7,48-50; 요한 5,14의 다시는 죄짓지 말라는 말씀).

치유 종교로서 그리스도교는 당시 남부 그리스 에피다우루스Epidaurus에 있던 대규모 요양소의 대안으로 등장했다. 쿰란 텍스트에도 나오듯이, 유다교와는 다른 변화를 생각해 보라. 예수에게 유다교는 눈으로 볼 수 있는, 인간적인 치유에 집중하는 도구로 비쳤다. 예수는 치유자로서 사람들의 몸과 마음을 건강하게 해 주면서(최소한 시작하는 방법으로라도) 그들이 하느님의 오심을 준비하도록 했다. 예수는 메시아였다. 히브리인들의 성경에도 하느님은 의사로 등장하신다. 그러나 예수에게서만큼 하느님의 구원이 드러난 적은 그때까지 한 번도 없었다.

그리스도교는 치유 종교로서의 성격을 많이 상실했나? 한때는 수많은 축복과 구마행위를 비롯하여 기적이 일어난 장소를 찾는 행렬이 끊이지 않았다. 성지순례도 주요 행사였다. 또한 비록 대단한 것을 다룬 것은 아니더라도 대중 신심에서 초기 그리스도교 전통을 이어받아 성인들에게 청원기도를 바치기도 했다. 순례 성지에 봉헌된 그림이나 물건들도 고유한 메시지를 전한다. 그런 물건들은 극도의 곤경과 위대한 신앙에 대해 이야기한다. 곤경이나 신앙이 무엇인지 모르는 사람만이 그 증거들을 비웃을 수 있다. 여기서 배울 점은 원原복음서의 관심사가 시대에 맞게 기술되었다는 사실이다. 이렇듯 그리스도교는 육체적인 면, 건강과 관계된 측면도 있다. 네 복음서를 들여다보면 곳곳에서 그런 면면이 발견된다.

사람들이 오늘날 그리스도교 유산에서 벗어나 하느님과 은총과 성인이 없는 새 종교에서 건강을 찾는 것은 새로운 시도이다. 오늘날 크게 번창하고 있는 건강-종교(만프레드 뤼츠Manfred Lütz는 자신의 저서 「삶의 즐거움」에서 이를 간결하고 논리정연하게 소개했다)는 인류의 역사에서 완전히 새로운 것이다. 고대 이방인 세계에서도 사람들은 건강이 최종적으로는 은총이고 선물이라고 여겼다. 건강을 바라는 마음이 종교의 근본적인 부분을 형성하긴 했지만, 건강을 위해 신을 믿으라고 강요하지는 않았다. 오늘날처럼 의사 역할이나 기대하는 현상과 비교하면 건강을 주관하는 신들에 대한 고대인들의 믿음이 훨씬 더 인간적이다. 거의 종교적 수준인 헬스클럽의 진지한 분위기나 희고 예쁜 몸매를 가꾸기 위해 의식처럼 행하는 동작들이 오히려 비인간적이다. 일상의 고달픔을 종교적으로 극복하려 하는 대중 신심은 종교와 일상의 삶을 분리하지 않았다. 대중 신심은 구체적인 세상으로 나아가는 관문이었다(빌헬름 인캄프Wilhelm Inkamp). 그 밖의 다른 모든 것은 순서가 뒤바뀌고 병자를 고립시키며 약을 지나치게 신봉했다. 또한 건강을 지키는 가장 중요한 요소인 건전한 신념에서 건강을 떼어 놓았다.

그리스도교는 신도들에게 축복과 치유에 대한 희망을 의미했다. 최소한 고통의 완화에 대한 희망을 의미했기에 네 복음서는 신약성경을 대표해 앞부분에 배치될 수 있었다. 또한 예수 '그리스도'가 '기름부음 받은 이'임을 말하는 것은 특히 병자 도유에서 그 의미가 전달되거나 적용되었다. 그러나 치유 종교로서의 그리스도교에서 육체적 건강이 최상의 선이 아니라는 점은 분명하다. 죽은 이의 소생이라는 극적 사건은 부활의 희망을 눈으로 보게 하고 예감하게 해 준다. 다음 기도문은 마르 5장에 대한 중세적 해석을 보여 준다.

> 이 세상에 오신 주님, 회당장의 청으로 그의 딸을 살아나게 하시고, 하혈하는 여인이 당신 옷에 손을 댄 것만으로도 신적 힘으로 낫게 하셨으니, 천상의 축복으로 이 병자의 몸과 영혼도 보호하소서.(주교의 축복기도문 1139번, 10세기 말)

오래된 감사송을 보면 하혈하는 여인과 죄 지은 여인을 비교한다.

죄 지은 여인이 눈물로 발을 씻어 드렸을 때는 예수님이 인간으로 드러나셨지만, 하혈하는 여인을 치유하셨을 때는 하느님으로 드러나셨나이다.

이 기도문에서 두 가지 액체가 얼마나 예표론적豫表論的으로 일치하는지 마음에 크게 와 닿는다. 구세주는 눈물이 흐르도록 놓아두고 몸에서 흘러나오는 피를 멈추게 했다. 피는 죄의 근원에 해당하고, 눈물은 회개에 해당한다. 파샤시우스 랏베르투스(Paschasius Radbertus, †856)는 두 여인을 대조한다. 한 여인은 열두 해 동안 죽음의 영역으로 들어간 반면, 다른 여인은 부활하여 생명의 영역으로 들어갔다. 한 여인은 이방인들로 구성된 교회를 상징하고, 다른 여인은 유다인 회당을 상징한다. 두 여인 모두 구세주의 도움을 필요로 했다. 한 여인은 믿음으로 옷에 손을 대어 치유되었고, 다른 여인은 구세주의 손길에 의해 생명의 세계로 일깨워졌다. 여기서는 이렇게 '서로 다른 두 여인'이라는 널리 알려진 도식으로 해석된다.

복음서들에서 죽은 이가 소생한 사건은 모두 여인들 또는 여인들의 손과 팔 안에서 일어났다. 이 세상에 선사된 생명은 여인들을 통해 나오고 그들에게 먼저 주어지기 때문이다. 그러므로 여인들도 끊임없이 고개 숙이는 일이 일어나고 축복된 육체적 생명과의 관계를 상실한다면 자신들이 무시당한다고 여길 것이다. 그러나 건전한 신심이 깃든 풍토에서는 이러한 일이 결코 일어나지 않는다.

12장

예수와 유다인들

:

12.1 예수는 반유다주의자인가
12.2 바리사이와 다른 위선자들
12.3 유다인들과 예수
12.4 예수와 성전
12.5 선민 이스라엘
12.6 열둘의 비밀
12.7 예수와 모세
12.8 예수와 유다교
12.9 예수와 쿰란공동체
12.10 메시아 예수와 유다인
12.11 종말의 종착점
12.12 믿음 없는 유다인, 믿음 없는 신앙인

12.1 예수는 반유다주의자인가

예수가 유다인이었다는 사실을 의심하는 사람은 아무도 없을 것이다. 그러나 예수가 자신의 민족적 배경에서 철저히 벗어나지 않았는지는 거듭 물음을 제기하게 된다. 예수는 반유다적 인물로 분류되지는 않았을까? 이 소박한 물음 뒤에는 큰 문제들, 신약성경 텍스트들이 미치는 영향 연구에 있어서 남은 문제들이 숨어 있다. 우리가 직접 예수에 대해 다음과 같이 질문해 보자.

예수님은 근본적으로 당신 백성을 거부했고, 사람들이 생각하듯 하느님과 잘못된 관계에 있었기 때문에 그들을 심판했을까?

예수가 고향 나자렛의 회당에 처음 공적으로 등장한 장면을 살펴보자. 예수는 이사야 예언자가 선포한 말씀이 당신 안에서 "이루어졌다."고 하셨다. 하느님께서 이방인들에게도 관심을 기울이셨다고 한 예수의 말을 듣고 격분한 유다인들은 예수를 두들겨 패려고 했다. 여기서 루카 4장은 전체적으로 다음과 같은 질문을 던지게 한다.

어찌하여 예수님에게 이러한 일이 일어났을까?

그 대답은 이렇다.

하느님의 아들을 포함하여 예언자들이 고통을 받아야 했던 까닭은 늘 비슷했는데, 곧 사람들이 알지 못했기 때문이다. 즉 하느님이 어디서 활동하시는지를 알아차리는 감각과 열린 마음이 부족했고, 하느님께서 원하시면 다른 사람들에게도 손길을 펴실 수 있음을 이해하지 못한 이기적인 구원관도 무지의 원인이 된다.

예수는 유다인 회당을 비롯하여 이스라엘 전역에서 활동을 시작했다. 사도들도 스승을 따라 그렇게 했다. 먼저 이렇게 시작한 다음에 유다인들이 받아들이기를 거부하면 이방인들에게로 향했다. 바오로 사도도 이방인들에게 향했기 때문에 죽음을 당한 것이다. 예수는 성전 정화로 이방인들이 성전에서 기도할 수 있도록 준비했는데, 결국 그것은 예수를 죽음으로 몰고 간 원인이 되었다.

루카에 의하면 구원의 역사는 두 가지 법칙에 따라 진행된다. 첫째, 이스라엘이 예수 안에서 활동하시는 하느님을 무시했기 때문에 복음은 이방민족에게 향한다. 둘째, 이스라엘은 자기 백성을 배신하고 유다교로부터 떨어져 나갔다는 이유로 하느님께서 보내신 사람들을 벌했다. 첫 번째 원칙을 세례자 요한이 다음과 같이 표현했다.

너희가 원하지 않으면 다른 사람들이 그 자리를 차지하리라. (루카 3,8)[8]

이러한 원칙은 바오로식으로 표현된 대목에서도 나타난다. 로마 9-11장을 예로 들 수 있는데, 당시 대부분의 유다인들이 보인 불순종은 복음이 이방인들에게 향하는 데 긍정적인 전제조건으로 작용했다. 이런 점에서도 바오로가 복음 전승의 토대와 얼마나 가까이 있는지 잘 알 수 있다. 복음이 이방인들에게 향한 이유를 묻는 물음이 초기 그리스도교에서는 중대한 의미를 지녔다. 대충 살펴보더라도 그리스도교는 무엇보다도 다음과 같은 두 가지 새로움을 가져왔기 때문이다.

ㄱ) 예수는 하느님의 아들이다. 그분의 영이 하느님의 성령이기 때문이다(삼위일체).
ㄴ) 이방인들도 하느님의 백성이 될 수 있도록 문이 열렸다.

바로 이 두 가지 사항이 루카 4장에 명시되어 있는데, 이 둘이 얼마나 잘 맞춰져 있는지 간파할 수 있다. 이스라엘 백성이 첫 번째 진리를 깨닫지 못했기 때문에 하느님께서는 두 번째 행보로 이방인들에게 향하신다. 루카 4상은 유다교와 그리스도교의 관계를 근본적으로 보여 준다.
이것이 오늘날에도 의미가 있을까? 하느님의 성령이 예수에게 머문다고 해서 예수가 하느님의 아들인가? 이 질문에 대해서는 현대 주석가들 사이에도 의견이 분분하다. 그러나 유다인들은 대부분 예수를 인정하지 않았다. 역사의 예수가 하느님의 아들이 아니라면 이스라엘이 거부하는 일은 없었을 것이고 하느님의 행적에 대해 눈이 멀지도 않았을 것이기 때문이다. 그러면 모든 일이 일어난 그대로 옳은 것이 된다. 복음을 이방

---

8) 새 성경과 일치하지 않지만 원문대로 번역했다. -역자 주

인들에게 선포할 어떤 합법적인 근거도 없게 된다. 이에 대한 전제조건은 바로 다음과 같다.

대다수의 이스라엘 사람들이 원하지 않았기 때문에 하느님께서는 새로운 자녀들을 찾아 나설 수밖에 없었다.

이러한 메시지는 무정하고 불편한 것인데, 이렇게 진행되기 훨씬 이전부터 유다인들이 예수를 거부했음을 오해의 여지없이 분명히 말한다. 메시지는 대부분의 유다인들이 보인 잘못된 태도에 따르는 필연적 결과로, 이방인들에게로 향한 것이 유다인들 눈에는 심한 모독이라는 사실을 드러낸다. 루카뿐만 아니라 바오로도 그렇게 보는 것은 이 진술의 심각성을 강화한다. 이미 세례자 요한이 "너희가 원하지 않으면 하느님께서는 다른 사람들을 택하신다."는 주요 원칙을 대변했다. 이 모든 것을 불의하고 비역사적이며 반유다적인 논박으로 여기는 사람은 친유다인적인 잘못된 생각으로부터 세례자 요한·루카의 예수상·사도행전·바오로에 이르는 전 노선을 지워야 할 것이다. 루카와 바오로는 그리스도교를 믿지 않은 대부분의 유다인들이 자신들이 눈멀고 불순종했다는 비난 때문에 받은 부담에 대해서는 문제 삼지 않았다. 그들이 그동안 다음 사실을 거듭 잊어버렸다는 것을 두 사도는 분명히 알고 있었기 때문이다.

하느님은 종말 때에 이스라엘에 다시 관심을 기울이신다.

예수는 장차 성전에 다시 올 것이라고 말했고(마태 23,39; 루카 13,35),

바오로는 그리스도께서 시온에 다시 오실 것이라고 말했다(로마 11,26). 이 두 가지 정보에 따르면, 그리스도께서 새롭게 다시 오심은 긍정적인 결과를 가져와 그분의 백성은 그분을 받아들일 것이다. 성경을 해석할 때는 이러한 점도 결코 잊어서는 안 된다!

이스라엘이 거부할 경우, 하느님께서 이방민족에게 향하신다는 사상은 예수가 말씀하신 포도밭 주인의 비유에서 명료해진다. 예언자들은 이스라엘을 '하느님의 포도밭'이라 칭했는데, 특히 이사 5장에 잘 표현되어 있다. 그러나 이 표상을 예수는 확 뒤집었다.

이스라엘이 아니라 포도밭이 이스라엘에게 임대된 것이다. 따라서 도로 거둬들일 수 있다.

이스라엘은 자신이 무엇을 잃었는지 알아차릴 것이다. 곧 이스라엘이 하느님의 대화 상대자였던 지위, 그와 연결된 모든 약속을 상실했다. 하느님께서는 이스라엘이 하느님 나라를 이끌어 가기를 바라셨으나, 이스라엘은 가장 중요한 일인 계명을 지키지 않았다. 그리므로 하느님께서는 다른 민족들에게로 관심을 돌리신 것이다.

포도밭에는 늘 많은 요소가 널려 있다. 사람들이 경작하는 땅 가운데 포도밭만큼 집중적이고 섬세한 돌봄이 필요로 하는 곳도 없다. 포도밭을 잘 가꾸려면 해마다 이른 봄부터 늦가을까지 정성을 기울여야 한다. '포도밭 노래'가 나오는 이사 5장에 몇 가지 언급이 있다.

땅을 일구고 돌을 골라내어 좋은 포도나무를 심었네.
그 가운데에 탑을 세우고 포도 확도 만들었네.

여기서는 그 외의 많은 수고, 예를 들어 잡초를 뽑고 잎을 골라 주며 줄기를 깨끗이 정리하는 일, 해충을 잡고 탐욕스러운 여우와 새들을 쫓는 일, 제때에 힘들여 수확하고 복잡한 과정을 거쳐 포도즙을 짜는 일 등은 언급되지 않았다. 포도밭처럼 많은 관심과 돌봄을 요청하는 곳은 어디에도 없다. 따라서 포도주는 사람의 수고가 많이 따르는 생산품이다. 그러나 이 모든 것에 앞서는 조건은 바로 이것이다.

그 땅에 평화가 지속되어야 한다.

그러므로 유다교에서 포도밭, 특히 포도나무는 평화의 상징이다. 이사 5장에 의하면 포도밭은 이스라엘의 표상이다. 하느님께서 이스라엘에 그토록 극진한 사랑과 관심을 쏟으셨기 때문이다. 포도밭이 황폐해졌다는 것은 이스라엘이 적들에게 점령당했다는 것을 알리는 표상이다. 포도밭은 나중에 교회의 표상이 되었다. 많은 포도주점들이 천국의 정원, 옛 하느님, 하늘나라, 만나 정원, 하느님의 경작지, 립프라우엔밀히[9], 주교 십자가와 같은 신학 용어를 간판으로 내건 것도 우연은 아니다. 중북부 유럽에서 그리스도교가 전파된 것은 포도밭이 퍼져 나간 현상과 일치한다.

하느님께서 당신 백성과 갈등에 빠질 때면, 황폐화나 임대차 계약 파기 같은 포도밭에 들이닥친 위기로 표현된다. 온갖 정성을 기울여 가꾼 포도밭을 내주거나 황폐해지는 모습을 지켜보는 일이 주인이나 소작인에게 얼마나 가슴 아픈 일일지 오늘날에도 텍스트에서 잘 감지할 수 있

---

[9] Liebfrauenmilch : 독일 보름스산産 고급 포도주를 일컫지만, 단어의 본뜻은 '성모님의 젖'이다. -역자 주

다. 소작인을 매번 바꾸는 일도 포도밭에는 큰 위기가 아닐 수 없다. 예수의 복음 선포에서 포도밭은 여전히 하느님의 총애와 편애를 드러내는 표상이었다. 포도밭 소작인들은 바리사이와 같은 율법을 가르친 사람들이었다. 그러나 마태 21,33-46에서 이야기하는 포도밭은 단순히 모든 유다인의 상징이 아닌 것은 분명하다. 포도밭이 유다인의 상징이라면 21,43에서 말하듯이 어떻게 "그 소출을 내는 (다른) 민족에게" 넘겨질 수 있겠는가? 오히려 포도밭은 하느님께서 사람들을 통치하시는 것을 말한다. 선생은 가르치고 학생들은 배우면서 함께 열매 맺는 방식으로 하느님의 통치가 실현되면서 하느님께서 공경을 받으신다. 하느님의 포도밭은 하느님께서 이러한 방식으로 통치하시는 곳에 있다. 가르침과 순종으로서의 하느님 통치는 포도밭이고, 이 세상에 있는 하느님의 평화 공간이다. 그런데 이제 하느님은 다른 곳에서 통치하신다. 이스라엘은 아무 열매도 맺지 못했다. 이스라엘은 순종하지 않았다. 지속적으로 불순종했다. 하느님께서는 새로운 공간을 찾아 나서시어 그곳에서 당신의 가르침과 행적이 열매를 맺게 하신다. 하느님께서 당신의 통치를 수행할 존재를 바꿀 수도 있다는 것이 고대에 통용되던 생각이다. 가르침과 축복의 약속은 다른 곳에서 비로소 실현된다. 하느님께서는 다른 선생과 학생들을 통치하신다. 다시 말해 기쁜 소식이 열매 맺는 곳에서 통치하신다. 이때 하느님께서 말을 거는 대상은 주로 선생 같은 권위가 있는 사람들이다. 그들의 자세는 다른 사람들에게 본보기가 되기 때문이다.

정리해 보자. 여기서 포도밭은 하느님의 통치가 이루어지는 장소이다. 곧 가르치는 권한과 축복의 약속이 복합적으로 얽혀 있는 땅이다. 이스라엘이 포도밭이 아니라, 하느님의 통치가 한때 이스라엘과 그 지도층에게 주어졌던 것이다. 그러나 이제 그분의 통치는 이스라엘에서 거두어졌다. 하느님의 통치는 하느님의 모든 배려에 해당한다는 것을 예수의 가르침으로 알아들은 사람은 이사 5장에서 은유가 바뀐 까닭을 이해할 수 있다. 따라서 주님의 기도는 하느님의 배려를 요청하고 하느님 나라가 오기를 청한다. 이스라엘은 하느님 나라에서 원칙적으로 떨어져 나갔는데, 이스라엘이 거부한 것이 일차적 원인은 아니다. 하느님 나라는 이스라엘에 주어질 수도 있고 거두어질 수도 있다. 그래서 어떤 시기에도 하느님 나라가 이스라엘과 동일시된 적이 없었다. 교회도 하느님 나라인 적이 없었다. 하느님 나라가 교회에 대여되는 이상적인 경우라도 교회가 하느님 나라 자체는 아닌 것이다.

새로운 백성은 이스라엘이 아니라 다른 사람들이다. 이 사람들도 이스라엘과 마찬가지로 하느님 백성으로 기록된다. 이는 논리적이라 하겠는데, 왕국에는 왕이 다스리는 백성이 있기 때문이다. 마태오복음서 전체에 따르면 새로운 백성은 오직 교회만이 될 수 있다. 예수께서 교회를 세울 생각은 하지 않았다고 여기는 사람은 평생 이 새로운 백성을 찾는 작업을 해야 한다. 여기서 다음과 같이 말할 수 있다.

> 이스라엘이 거부한 뒤에 유다인과 이방인으로 구성된 교회에 하느님 나라가 주어졌다.

물론 하느님 나라는 이 교회가 열매를 맺는 동안에만 지속될 것이다. 예전에 이스라엘에 주어졌듯이, 이제 하느님 나라의 권한과 약속이 이 백성에게 주어진다. 그러나 이스라엘과 마찬가지로 여기서도 다음과 같은 것이 적용된다.

이 은사는 모범적인 가르침과 그리스도인들의 순종과 연결되어 있다.

혼인 잔치의 비유에서는 두 가지 변화를 알 수 있다.

처음 초대받은 사람들은 합당한 자격을 갖추지 못했다. 그래서 하느님께서는 새로운 사람들을 부르셨다. 그러나 열매를 맺지 못한 사람, 아직 혼인 예복을 입지 않은 사람은 하느님 나라에서 추방되고 말았다.

따라서 교회는 선한 사람과 악한 사람을 다시 한 번 갈라야 하는 '혼합된 백성'인 것이다. 이러한 까닭에 이 비유는 일방적으로 반유다적으로 해석되어서는 안 된다. 로마 11장처럼 이미 이스라엘에도 하느님 나라에 머물기 위한 전제조건이 내포되어 있다. 열매 맺는 사람만이 지속적으로 하느님 나라에 속한다. 따라서 이 텍스트의 핵심은 유다교와 그리스도교가 하느님 나라에 가까이 있다는 위로의 말을 하는 것이 아니라, 인간 집단(이스라엘 백성, 교회 등)과 하느님 나라는 근본적으로 다르다는 사실이다. 하느님 나라에 속하기 위한 다음과 같은 전제조건은 귀담아 듣지 않을 수 없다.

하느님의 통치를 인정하고 그분의 뜻을 실천하는 사람만이 하느님 나라에 속할 수 있다.

그러므로 포도밭 소작인의 비유에서 관건은 단순히 계명과 순종, '하느님의 뜻을 실천하는 사람이 하늘나라에 든다.'라는 도식에 따른 보상이 아니다. 비록 참되고 진실하지만 여기서는 하느님의 통치를 받는 인간 집단이 늘 있다는 사실과 연관되어 있다. 이는 현대의 개인주의적 사고와는 전혀 다른 것이다. 지금까지 한 개인이 왕의 통치를 받은 적은 한 번도 없었다. 늘 한 백성, 한 공동체가 왕의 통치를 받았는데, 이스라엘 백성이나 교회와 같은 모습을 지녔다. 하느님의 뜻과 하느님 나라의 수취인이 된 사람은 자신을 위해 그렇게 한 것이 결코 아니다. 예수가 조직적인 교회를 구상했다고 언급한 텍스트가 있다면, 바로 이 텍스트의 비유 가운데 있는 것이다. 하느님께서 제공하시는 것을 받을 수 있는 대상은 오직 이스라엘, 교회 또는 종말에 완성될 교회뿐이다. 예수는 자신의 구원만 바라는 개인주의에 대해서는 생각도 하지 않았다. 그 시대에 관건은 가르치고 배우는 일, 모범을 보이고 전수하는 일, 하느님의 계명을 준수하는 일이었다. 요한 15장의 포도나무 비유에서 바로 이 모든 것이 그리스도론적으로 한층 심화되었다.

12.2 바리사이와 다른 위선자들

적대자의 반응을 보면 각자 속한 공동체가 범한 잘못을 잘 알아차릴 수 있다. 마태 23,1-12에서 예수는 율법학자들과 바리사이들의 위선에 대해 비판하며 그 비판을 당신 제자들에게 그대로 적용한다. 이는 제자들에 대한 비판이며, 어쩌면 성직자들에 대한 첫 비판일 것이다. 예수는 제자들을 면밀히 관찰했다. 따라서 성직자에 대한 비판은 사실이 아니라며 고개를 돌리는 것은 올바른 행동이 아니다. 오히려 그리스도교는 처음부터 개혁을 필요로 한 것으로 보아야 한다. 특히 하느님은 엄격한 잣대이자 대상이시기 때문이다. '선생'이나 '아버지', '스승'이라는 칭호는 누구나 기꺼이 부를 수 있다. 일부는 교회에서 사용되었으나(선생, 아빠스, 교황 성하), 늘 위험이 따랐다. 하느님의 모상 또는 예수 그리스도의 모상이라는 의미에서 하느님은 본래의 아버지이고 예수는 본래의 스승임을 겸손하게 일컬을 때 그 칭호들은 그리스도교적으로 이해된다. 2세기 초 안티오키아의 이냐시오 성인의 저서에 이미 교회의 직무들이 언급되었다. 자기 자신을 선생 또는 아버지라고 자처하는 사람들과는 대조적으로 그리스도인들은 오직 아버지이신 하느님과 예수 그리스도와의 관계 안에서만 살아간다. 유일한 스승이고 아버지인 분께 이런 태도를 상실한 사람들은 마태 23장에 언급된 대로 예수의 판결을 받게 된다. 그리스도교적 선생과 아버지들은 오직 유일한 스승이자 아버지인 분으로부터 받은 것만 사람들에게 나누어 준다.

예수가 바리사이들을 꾸짖는 내용을 보면, 첫 부분에서(마태 23,1-4) 그들의 말과 행동이 일치하지 않음을 지적하신다. 이런 면을 가리켜 기만Heuchelei이라 하지 않고 위선Scheinheiligkeit이라고 부른다. 기만은 속으로는 이행할 마음이 전혀 없으면서 겉으로만 행한다(유다의 입맞춤처럼). 이런 표면적인 행동은 나쁜 실로 이끄는 표시이나. 그것은 속이는 것이고 겉으로만 따르는 것에 불과하다. 이에 비해 '위선'은 윤리적인 평가이다. 어떤 것이 거룩한 것으로 제시되었으나 실제로는 악한 것을 말한다. 여기서 관건은 동일성이나 성격, 기만 같은 행위가 아니라 그 질質이다. 그것도 하느님 앞에서 평가하는 질을 가리킨다. 그러므로 바리사이들은 사람들을 기만한 것이 아니다. 바리사이들은 자기들의 주장을 분명히 실천하려고 했다. 그러나 그들은 위선자이다. 실제로는 악하면서 스스로 선한 존재라고 내세우며 인정받으려고 했기 때문이다. 물론 예수는 모든 바리사이들이 역사적으로 위선자들이었다고 단정하지는 않으셨다. 예를 들면 예수는 바리사이들에게 초대받았고 그들을 얻으려고 애썼으며 몇 가지 기본 노선에서는(깨끗함!) 그들과 근접한 점도 있었다. 다만 예수는 그들과 다른 해결책, 즉 하느님의 잣대를 찾으셨다. 여기서 바오로 사도를 떠올릴 수 있다. 그는 주저 없이 자기 자신에 대해 바리사이에 속한 사람으로서 인간적인 척도로 볼 때 흠잡을 데 없지만 하느님 앞에서는 아무것도 아니라고 고백한다(필리 3,6). 그렇다면 우리는 말과 행동의 불일치를 어떻게 극복할 수 있을까? 마태오는 바로 다음과 같이 말하기 위해 복음서를 작성했다.

오직 예수님과 그분의 길을 바라보고 그분만을 따라라.

이 대목에서 일반 영성이 안고 있는 난관이 드러나는데, 바로 우리가 예수를 철저히 따르려고 하지만 번번이 실패한다는 점이다. 중요한 것은 예수와의 실제적(영적-감성적) 관계인데, 사실 빈말만 무성한 경우가 많다. 그리고 자신은 힘이 별로 없다고 선언한다. 예수와의 개인적 관계는 우리 가운데 금기 사항이 되고 말았다. "예수님은 나를 사랑하신다." "예수님은 내 친구이다." "나는 예수님을 사랑한다." 등의 표현들에 당혹스러워한다. 다음과 같은 인상을 받는다.

예수는 실제 대상이 아니다.

이러한 당혹스러움은 독신생활문제로까지 나아갈 수 있다. 예를 들어 베르나르도 성인의 친구인 생 티에리의 윌리엄은 마음이 열린 인물로 이렇게 고백했다.

나는 기꺼이 사랑하고 싶다.

　나아가 우리는 고통당하고 십자가에 못 박힌 예수와의 개인적 관계를 말로 표현하기가 점점 더 쉬워진다는 사실을 관찰한다. 영웅이자 기적을 행하는 분과 관계를 맺기보다는 교량을 발견하는 일이 더 수월하다. 들어 높여진 주님이자 왕이신 분께 기도드리는 것도 비교적 쉬운 일이다. 들어 높여진 주님이자 고통받는 분이라는 두 가지 경우에서 예수는 우리의 평범함과는 거리가 멀다. 신약성경에서 '형제 예수님'이 칭호가 아닌 데는 이유가 있다(히브 2,11.17에서도 칭호로 쓰이지 않았다). 따라서 오늘날 사람들이 좋은 뜻으로 "우리 형제이고 주님이신 예수 그리스도를 통하여"라는 형식으로 기도를 마칠 때도 공감이 일지 않는다. 신약성경에서 이런 형식으로 기도했다면, 신인神人의 신비가 내포된 한 가지 칭호만 일컬은 것이지, 결코 두 가지 칭호를 일컬은 것이 아니다. 이렇게 말하는 것이 실례가 되겠지만, 형제라는 호칭은 상투적이고(누구나 형제자매이다) 아첨을 떨면서 붙이는 말 같다. 예수와 형제적 관계에 도달하기는 참으로 어려운 일이다. 중세의 지혜를 보면, 사람들은 예수와 생생한 관계를 맺기 위해 그분이 걸어가신 길의 드라마틱하고 극단적인 단계(구유에 누워 있는 아기, 수난, 들어 높여짐)에 (자신들을) 연결했다.
　예수는 바리사이들의 신심을 비판했는데, 그들의 신심이 좀 더 철저하지 못하다고 여겼기 때문이다. 바리사이들은 당시 민족 성인으로 추앙받았다. 구약성경의 예언자들이 그랬듯이, 예수는 내면과 외면의 철저하고 완전한 일치를 요구했다. 예수는 바리사이들의 신심에서 일종의 종교적-제식적 신심으로 고정될 위험을 본 것이다. 예언자들과 마찬가지로 예수도 그 자체를 없애려고 한 것은 아니다. 예수는 바리사이들이 계명을 철저히 지킨다고 행세하는 태도를 비판했고, 그것은 미디어 시대에 접어든 오늘날에도 적용될 수 있다. 신심은 스스로 연출할 수 있는 요소가 아니다. 그리스도인은 하느님의 숨어 계심에 동참해야 한다. 숨어 계신 하느님은 미래를 소유하시며 장차 오실 분이기 때문이다. 예수는 하느님의 숨어 계심과 영광스러운 미래와의 연계를 의미한다. 지금 명성을 누리는 사람은 미래를 잃게 된다. 지금 자기 자신을 인위적으로 눈에 띄지 않게 하려는 태도 역시 이러한 잘못이 변형된 형태일 것이다. 한편, 예수는 산상 설교에서 이렇게 말했다.

> 그들이 너희의 착한 행실을 보고 하늘에 계신 너희 아버지를 찬양하게 하여라.(마태 5,16)

그러면 예수가 눈으로 확인되는 것을 반기고 언론에 모습을 드러내기라도 한다는 뜻일까? 이 말이 이제까지의 예수의 언행과 일치하는 것일까? 이렇게 보는 것이 좋겠다.

개인이 자신을 내세워 훈장을 받으려고 나서서는 안 된다. 좋은 일은 모든 사람이 함께 이룬 작업으로 보아야 하며, 이런 시선으로 하느님을 찾아야 한다.

개인이 명예를 얻으려고 애쓸 것이 아니라 함께 이룬 작업이 눈에 띄도록 일조해야 한다. 그러면 사람들이 하느님을 발견할 수 있다. 마태 5,13-16에서 제자들은 함께한다는 점에서 산 위의 도시요 세상의 빛으로 불린다. 함께할 때만이 하느님의 영광을 위해 무언가를 할 수 있다.

개개인이 하느님의 영광을 위해 나서는 것은 매우 위험한 일이다. 이 주제는 다음과 같이 정리된다.

모든 그리스도인은 제자이자 형제자매이다. 이들 가운데 아무도 두드러지지 않는다. 오직 한 분만이 스승이고 주님이시다(그러므로 그분은 형제가 아니시다).

끝으로 바리사이들에 대한 예수의 비판은 '일신교와 폭력'이라는, 오늘날 활발히 거론되는 주제에도 기여한다. 유다교와 이슬람교와 그리스도교는 자신들이 공유하는 하느님의 배타적 특성에 기대어 이러한 요청을 관철하려고 압박하는가? 아니다. 결코 그렇지 않다. 여기서 폭력은 하느님을 거스르는 행위를 말한다. 모든 사람이 형제자매이고 오직 한 분만이 주님인 곳에서는 주님만이 위력을 지니기 때문이다. 형제자매 가운데 누구도 다른 사람에게 폭력을 사용해 하느님께 인도할 수는 없다. 따라서 폭력을 포기하는 것은 근본적으로는 첫 번째 계명에서 유래한 직접적인 결과이다. 오직 한 분만이 하느님이시고 주님이시다. 다른 모든 사람은 형제자매이다. 이기적인 목적으로 과도하게 폭력을 사용하는 행위는 모두 첫 번째 계명을 직접적으로 위반하는 것이다. 우리는 이 대목을 비롯해 다른 곳에서도 예수가 첫 번째 계명에 특별히 몰두하는 모습을 관찰할 수 있다. 이런 의도는 특히 하느님의 통치를 전하는 복음 선포에서 확인할 수 있다. '개인적인 명예심'이나 '폭력'과 같이 상반되면서도 유사한 면에 대한 태도 역시 이러한 근본적인 단초에서 인지할 수 있다.

12.3 유다인들과 예수

당시 유다인들 대다수가 예수를 거부한 역사적 근거는 무엇일까? 다음 네 가지로 답할 수 있다.

◆ 첫째, 기존의 종교 지도자들은 새로 등장한 개혁자는 모두 불신의 눈으로 바라보았다. 반면에 개혁자는 기존의 모든 생각과 행동은 틀렸다면서 자기주장만 한다. 이러한 상황에서 종교 지도자들은 그에게 질문할 것이다. "나의 필생 과업을 쓸모없는 것으로 만들 작정이오?"

◆ 둘째, 예수는 자기 자신을 명백히 증명할 수 없었다. 태양, 달, 별, 구름, 날씨의 변화 같은 하늘의 표지 하나도 명백하게 보여 줄 수 없었다. 사람들에게 겨우 긴가민가한 기적이나 일으켰을 뿐이다. 마술사나 엉터리 의사도 그 정도의 기적은 일으킬 수 있다고 사람들이 생각했기 때문에 예수의 기적들은 미심쩍어 보이기만 했다.

◆ 셋째, 예수는 '깨끗함'을 방어가 아니라 공격으로 여기며 말씀과 행동으로 대변했다(바리사이들은 격리를 원칙으로 내세웠다). 예수는 마귀 들린 사람을 치유하고 죽은 이를 살아나게 했으며 더러운 영들(마귀)을 몰아냈다. 이렇듯 예수는 '공격적인 깨끗함'을 보여 주었다. 예수가 눈으로 확인되는 말씀과 행동으로 결과를 많이 낼수록 적대자들은 더 믿을 수 없게 되었다. 그들은 예수가 베엘제불 같은 마귀 두목과 손을 잡았다며 비난했다. 비유를 통해 예수는 모든 유다인이 이런 깨끗함의 측면을 보도록 촉구했다. 당시 세리들은 수많은 더러운 손이 만지는 이방인의 돈을 취급한다는 이유로 전형적인 불결한 사람으로 여겨졌고, 창녀들은 이들보다 더한 존재로 취급되었다. 그런데 깨끗함을 유지하려고 혈안이 될 정도로 강박감을 지닌 바리사이들보

다 이러한 전형적인 부정한 사람들이 하느님께 더 가까이 있다는 예수의 말은 바리사이들의 세계관을 뿌리째 흔들어 놓았다.

◆ 넷째, 메시아나 사람의 아들(다니 7장에서 유다인이 하느님 나라의 도래를 알리는 것으로서 이해된) 등 예수가 내세운 신원은 결코 정치적인 것이 아니었음에도 당시 불신에 가득 찬 로마인들의 눈에는 정치적인 것으로 보였다. 무엇이든 왕권에 대한 주장은 잘못 이해될 수 있었고, 그 경우에 백성 전체에게 재난이 되는 것이었다. 예수가 왕의 모습으로 예루살렘에 입성한 뒤로는 특히 더 위험한 상태가 되었다.

이제 이 모든 것은 지나간 역사가 되었지만, 다음 사항은 오늘날에도 여전히 중요하다.

예수는 자신의 복음이 실현되지 않고 실패했어도 세례자 요한이 걸어간 길을 가리킨다.

예수는 혼자 서 있지 않았다. 그는 자신이 지속적으로 거부당한 상태를 마주본다. 이 상황에서 용기를 잃을 수 있다는 생각은 누구나 할 것이다. 예수와 세례자 요한도 이미 겪은 일이다. "어느 한 공동체에 속한 사람들은 따로 선별될 수 없다."는 바오로 사도의 확신은 오늘날에도 적용된다. 예수에게 유일한 잣대는 하느님의 통치가 가까이 왔다는 점이다. 다시 말해 이 기준에서는 하느님의 실재가 진지하게 받아들여질 것이다.

예수와 이스라엘 백성과의 관계는 예수와 성전의 관계에서 명료해진다. 예수가 제식적-전례적 행위를 경시했기 때문에 성전을 근본적으로 무시했을까? 아니면 정반대였을까? 오늘날 전례에 참석하지 않는 사람들을 보면 예수님도 그랬을 것이라며 자신의 태도를 정당화하려고 기를 쓰는 모습을 자주 목격하게 된다.

12.4 예수와 성전

예수는 천상의 아버지가 머무시는 집에 있어야 했다. 그는 성전을 사랑했다. 이는 시편 122편을 떠올리게 한다.

"주님의 집으로 가세!" 사람들이 나에게 이를 제 나는 기뻤네.
예루살렘아, 네 성문에 이미 우리 발이 서 있구나.
…주님의 이름을 찬송함이 이스라엘을 위한 법이라네.

요한복음사가는 2장 17절에 시편 69,10을 인용하며 예수가 성전에서 상인들을 몰아낸 일을 옳다고 평가한다.

당신 집에 대한 열정이 저를 집어삼킬 것입니다.

따라서 예수가 제식을 맹렬히 비판하여 성전을 없애려 했고 성전제식을 모두 폐지하기를 원했다고는 말할 수 없다. 오히려 이러한 말은 제식과 전례에 대한 거부감을 예수의 삶 안으로 끌어들이려는 사람들의 이데올로기에 사로잡힌 주장에 지나지 않는다. 이들은 예수가 한 번도 성전을 방문한 적이 없고(앞의 텍스트 외에 마르 12장 성전에서의 예수의 가르침 참조) '성전 정화'(환전상과 가축 상인들을 몰아냄)는 성전제식에도 그대로 적용된다고 주장한다! 헌금이나 기부를 해야 할 거룩한 장소에서 돈을 긁어모으는 행위(가난한 과부의 헌금 대목 대조)를 금지한 것을 그렇게 왜곡한다. 이들 중 일부는 예수가 성전제식을 거부한 모습은 최후만찬 예식에서 극에 달했다는 주장까지 한다. 다시 말해 자신을 하느님께 속죄하는 새로운 희생양으로 세우기 위해 빵과 포도주에 대한 말로 성전제식을 폐지하려 했다는 것이다. 그러나 성전제식은 속죄 제물과 속죄의 날(욤 키퍼) 이상의 의미가 있다. 그런 주석은 전례와 '제식 규정'에 대해 아무것도 이해하지 못한 것이다. 유다교 전례에서도, 그리스도교 전례에서도 목표가 같은 한 가지 길이 다른 길을 자동적으로 막는 일은 없기 때문이다. 두 갈래 길은 서로 나란히 있다. 그리고 두 가지 길을 잘 활용하면 영적으로 유익하다. 유다교에서는 죄의 사함은 기도나 성전에 제물을 바치는 일뿐 아니라, 자선 행위로도 받을 수 있다고 가르치며 그대로 실행했다. 그러므로 대속을 위한 예수의 죽음이 그 자체로 성전의 역할을 없애리라는 뜻으로 여긴다면 전혀 터무니없는 생각이다. 히브리서도 예수가 이러한 이유로 대사제직과 하늘나라의 성전을 논증해야 했다고는 말하지 않는다. 그러므로 초기 그리스도교 공동체는 당연히 성전에 모였고, 주님의 형제 야고보는 평생 그곳에서 보냈다.

예수가 흘린 피(수많은 성전 제물 대신에)가 죄 사함을 위한 것이었다고 믿는다면, 성전제식을 그 피의 상징이나 재현으로 볼 수 있고 본질적인 것의 모사模寫로 인정할 수 있다(히브리서가 말한 대로). 요약하면, 예수가 예루살렘 성전을 소중히 여겼다는 점은 부인할 수 없다. 대부분의 유다인들과 더불어 예수도 성전을 소중하게 여겼기에 심판한다는 말을 성전에 대한 하느님의 심판이라는 의미로 표현했다. 성전을 이스라엘의 심장으로 보는 사람만이 성전이 파괴되는 것 때문에 고통을 느끼며 슬퍼

할 수 있다. 예수는 결코 성전과 제식을 반대한 것이 아니다. 당시 사람들 대부분이 그랬듯이, 예수도 성전에서 일어나는 일을 이스라엘 전체에서 일어나는 일의 징조나 실제 상징으로 본 것이다. 요한 2,19-21을 보면 예수는 성전을 자기 몸의 상징으로까지 여긴다.

이 성전을 허물어라. 그러면 내가 사흘 안에 다시 세우겠다.

십자가에 못 박힘 또한 예수 자신의 운명이 성전의 운명과 같음을 의미한다. 성전 휘장 한가운데가 두 갈래로 찢어졌기 때문이다. 성전 파괴와 재건에 대한 말씀(마르 14,58)의 핵심은 심판의 단계(성전 파괴)가 이어지고 다시 구원된다는 점이다(새로운 성전 건설). 예수는 새롭고 멋진 성전에 대한 희망을 강하게 제시하며, 성전을 기도와 가르침에 역점을 둔 거대한 회당이라고 특히 강조했다. 이러한 의미에서 성전 정화는 성전이 기도의 장소이어야 한다는 예수의 의지의 표명이다. 예수는 성전 파괴라는 참사에 대해 말하지만 성전 정화를 위해 애쓴다. 끔찍한 참사는 최고의 표상이기도 하기 때문이다.

예수가 가시적 제식의 형상인 성인, 성전, 기도, 제물을 거부한 것은 아니다. 예수는 예식을 없애는 계몽주의자가 아니다. 복음에는 예수가 제식을 폐지하고 윤리만 내세우는 대목이 없다. 물론 예루살렘이 예수에게 두 얼굴을 보였던 것은 부인할 수 없다. 예루살렘에서 예언자들이 죽임을 당했기 때문이다. 이와 달리 성전은 하느님의 집이자 하느님의 백성을 위한 집이다. 자신의 백성을 사랑하는 예수는 성전도 당연히 사랑했다.

12.5 선민 이스라엘

마태오는 선교를 두 가지 방식으로 구분한다. 하나는 이스라엘 사람들에게 선교하는 것이고, 다른 하나는 이방인에게 선교하는 것이다. 이스라엘 사람들에게 선교하는 일에서 관건은 구약의 예언자들이 그랬듯이 회개를 촉구하는 설교와 구마와 치유이다. 이 선교 방식은 부활 사건 이후에도 그 대상이 이스라엘 사람들로 제한되었다. 이방인에 대한 선교는 마태오복음서(28,19-20)의 세례를 주라는 명령에서 알 수 있다. 이는 부활 사건 이후 비로소 시작된 것으로, 기적과 구마가 아니라, 예수의 말씀과 제자들의 가르침이 중심을 이루었다. 유다인 선교에는 기적이, 이방인 선교에는 회개가 추가된 두 가지 방식은 바오로 사도의 1코린 1,22에도 그대로 반영되어 있다.

유다인들은 표징을 요구하고, 그리스인들은 지혜를 찾습니다.

바오로가 이렇게 말한 것은 초기 그리스도교 선교의 두 가지 유형을 반영한 것이다. 즉 한 분이신 하느님에 관해 아직 아무것도 모르기 때문에 이방인들에게는 가르침과 배움이 더 중요한 반면, 유다인들에게는 합법적인 기적이 더 중요하다. 구마는 하느님 나라의 건설을 준비하는 메시아적 투쟁의 일부분으로 간주되었다. 마태오복음서의 두 가지 선교 방식이 명확히 구분되어 대상에 따라 각기 다른 시기에 적용된 것은, 당시 유다인 선교와 이방인 선교를 구분하여 시행하는 일이 꼭 필요했던 이유를 알려 준다. 이는 신학적으로 다음과 같은 의미를 지닌다.

예수는 우선적으로 이스라엘의 메시아이다. 따라서 예수는 이방인으로 구성된 그리스도인들의 '소유'가 아니다.

로마 11장에 언급된 접붙여진 올리브 나무 가지처럼 모든 이방인 출신의 그리스도인은 나중에야 하느님 백성으로 받아들여졌다. 하느님께서 당신 백성에게 기적을 통해 증명하신 육체적 사랑을 이방인 선교에서는 비교적 드물게 보이셨다는 점을 이방인 출신 그리스도인들인 우리는 존중해야 한다. 예수가 하느님의 백성 이스라엘의 혈통이라는 사실과 기적을 통해 구원하시는 하느님께서 이들과 가까이 계신다는 것을 직접 체험한 사실은 어느 정도 상응하는 일이다. 그러나 여기서 가장 중요한 점은 하느님께서 당신 백성에게 충실하셨다는 것과 그리하여 예수를 이스라엘의 메시아로 보내셨다는 것이다. 여기서 주목할 내용은 다음과 같다.

우리의 맏형인 유다인들을 잊지 말자.

물론 마태오는 (같은 맥락에서 바오로의 견해와 비슷하게) 유다인 출신 그리스도인들을 먼저 생각한다. 이들은 수백 년 동안 우리 의식에서 완전히 사라졌으나, 그리스도인들에게 근본적으로 중요한 의미를 지닌 사람들이다. 신학적으로 볼 때 이들을 우리 의식에서 몰아내지 않았더라면 유다인들과의 관계가 전혀 다르게 형성되었을 것이다. 우리가 유다인 출신 그리스도인들을 살펴본다면 그리스도교를 단지 '계명에서 벗어난' 이방인-그리스도교로는 여기지 않을 것이다. 예수 안에서 유다인 출신 그리스도인들은 우리의 맏형, 나이 많은 형제이다.

12.6 열둘의 비밀

쿰란 제11호 동굴에서 발견된 성전에 관한 두루마리를 보면 다음과 같은 사실을 알 수 있다.

열둘은 종말에 원상회복될 지파의 수를 의미한다(당시 아홉과 반半 지파가 흩어졌다).

이 두루마리는 제식적 관점에서 볼 때 이른바 이상적이라고 여긴 완전성과 열두 지파로 구성된 이스라엘에 관해 전한다. 제식에서는 열둘이라는 이상적인 숫자가 실제 상태와 관계없이 항상 중요하게 여겨졌다. 신약성경에서 예수는 사도단을 열두 명으로 구성하고 이스라엘의 열둘이라는 전통을 계승해 활동했으며, 그의 활동과 더불어 시작된 종말의 완성을 암시했다. 유다의 배반 사건 이후, 1코린 15,5에서도 부활한 예수가 열두 사도에게 나타났다고 언급한다. 우리는 다음과 같이 확신한다.

예수는 계명, 성전, 눈으로 확인되는 신심 같은 이스라엘의 거룩한 제도를 거부하지 않았다.

예수는 이스라엘과 연관된 새로운 제도인 열두 사도단도 설립했다. 그리고 목자 없는 양떼와 같은 이스라엘에 제자들을 파견하면서 관심을 기울였다. 단지 미지근하고 무관심한 사람들을 비판했을 뿐이다. 예수는 이스라엘에 대한 비판이 제자들에게도 해당될 수 있음을 이미 보여 주었다(마태 23,1-12). 하지만 다음과 같이 말할 수는 없다.

예수의 지위와 권한을 오늘날에도 그리스도교 제도에 해당하는 모든 것에 적용할 수 있다.

제도 탓으로 돌리는 비판도 오늘날 볼 수 있는 한 가지 애석한 현상이다. 이 문제는 주로 일의 합법적인 경과를 예측할 수 없다는 데서 기인한다. 전문지식과 다양한 측면에서 바라보는 능력을 갖춘다면 불평하고 고소하는 경향은 빨리 사라질 것이다. 통상적인 무지가 초래하는 결과는 사람이 한 번 제도를 수행하게 되면 통제하기가 더욱 어려워져 과거의 수렁에 빠지고 만다. 마태 23장은 오늘날 제도에 대한 비판에만 해당되는 것이 아니다. 비판을 위한 비판, 권력 투쟁에 참여한 모든 이의 자아비판에도 해당된다. 말하자면 열성적인 평신도나 교회의 여러 기관에 종사하는 그리스도인들이 교회를 이끌어 가는 전문위원회와 심의기관 및 협의회를 점점 더 힘없는 위치로 내모는 추세에 대한 비판도 해당된다.

12.7 예수와 모세

예수는 토라(계명)와 같은 유다인의 삶의 토대를 없애려고 했을까? 그렇지 않다.

예수는 사람이 깨끗하거나 불결한 것, 그리고 거룩하신 하느님 가까이 있는 것의 기준을 외적 요소(예를 들어 시신을 만지면 불결해지는 것)에 둔 것이 아니라 마음의 깨끗함에 두었다.

따라서 사람들은 이렇게 말한다.

예수는 자신을 유다인의 율법과 모든 외적 예식 위에 두었다. 유다교를 그대로 이어받았지만, 모세의 권위는 철저히 부수었다.

좀 더 자세히 살펴보자. 성경적으로 볼 때 불결함과 죄는 어떤 관계일까? 대체적으로 '불결함'은 제식, 예식과 관계된다. 불결한 것은 거룩한 장소에서 멀리해야 하는 모든 것을 말한다. 불결함은 접촉을 통해 감염된다. 거룩한 장소에서는 아무것도, 아무도 감염되지 말아야 한다. 이에 비해 죄는 윤리적 위반이다. 죄는 정의나 사랑에 어긋나는 행위이므로 양심에 저촉된다. 이에 대한 책임은 죄를 지은 당사자에게 있다. 자신이 어디로 가는지, 어디에 서 있는지 책임을 져야 한다. 기원전 2세기 이래 하느님께서 원하지 않는 것은 모두 불결한 것으로 규정지으려는 추세로 나아갔다. 공간적으로 눈에 보이는 것도 여기에 해당된다. 유다교 윤리 전체가 사제직 안으로 서서히 침투해 들어갔다. 거짓말과 백성과의 부족한 연대감도 불결함에 속했다. 예수가 비교적 가까이 대한 바리사이들도 깨끗함과 불결함의 구분을 매우 중요시했다.

이 점에서 예수는 바리사이들과 별반 차이가 없다. 예수에게도 깨끗함과 불결함은 거룩함과 속됨에 비할 만한 것이었다. 예수에게 관건은 성령께 의탁하며 더러운 악령들을 몰아내는 일이었다. 그리고 어떤 경우에도 사람은 안에서 나오는 것, 곧 악한 말과 행동으로 불결해지지 말아야 한다고 가르쳤다. 이는 사람을 참으로 더럽힐 수 있는 것이다. 그러기에 예수는 산상 설교에서 적용 범위를 확대해 살인과 간음을 금하고 어떤 경우에도 맹세하지 말도록 일렀다. 불결해질 위험은 모두 멀리해야 하기 때문이다. 예를 들어 하느님께 맹세해 그분의 거룩함을 깨끗하지 않은 사건으로 끌어들여 오염시킬 수 있다. 맹세한 사람은 그 결과를 책임져야 한다. 성스러움을 불결하게 오염시키는 행위는 즉시 보복이 돌아와 당사자는 흠씬 매를 맞았다.

예수는 근본적인 면에서 바리사이들과는 확연히 다르다. 다시 말해 불결함의 원인이 어디서 발단하는지 던진 물음에서 구별된다. 예수는 오직 이 문제에서만 바리사이들의 생각을 완전히 뒤집는다. 그러나 깨끗함과 불결함의 근본적인 차이는 엄연히 남아 있다. 차이는 바로 이러한 점에 있다.

예수는 깨끗함을 소극적이고 방어적인 것으로 생각하지 않고, 적극적이고 공격적인 것으로 여겼다. 예수에게 관건은 깨끗함을 지키고 부정을 타지 않는 것이 아니라 깨끗함을 적극적으로 획득하는 것이었다.

사람이 더러워지는 이유는 밖에서 안으로 들어와서가 아니라 안에서 밖으로 나오기 때문이다. 소극적으로 깨끗함을 유지하려면 감염될 만한 불결한 것과 접촉하지 않으려고 끊임없이 피해야 한다. 즉 경계선을 긋고 구별할 때만으로 깨끗함을 지킬 수 있다. 이러한 이유로 '바리사이'라는 단어는 "제한하다, 구획하다, 경계를 정하다"라는 의미를 지닌다. 예컨대 죽은 사람으로 인해 불결해지지 않으려면 시신과의 접촉을 피하고, 지속적으로 신경을 써야 한다. 그래서 바리사이들에게는 '피하기'와 '거리 두기'가 가장 중요한 실질적인 규정이다. 반면에 능동적이고 적극적으로 깨끗함을 지닌 사람은 접촉하여 불결해질까 봐 걱정할 필요가 전혀 없다. 오히려 그는 전염성이 강한 깨끗함을 지니고 있어서 그 깨끗함으로 불결한 것을 청결하게 바꿔 놓는다. 그의 깨끗함은 공격적이고 승리를 거둔 것이어서 불결함을 거뜬히 물리친다.

그러므로 예수는 나병 환자를 깨끗하게 고칠 수 있었고, 하혈하는 여인이 자신의 옷을 만져 낫게 할 수 있었으며, 죽은 이에게 손을 대어 깨어나게 할 수 있었다. 이렇게 예수는 세례 때 받은 성령으로 더러운 영들(악마들)을 몰아내고 승리할 수 있었다. 당대의 믿음에 따르면 대부분의 질병은 악마의 활동에 기인한 것이었다. 그래서 예수는 병자들을 치유할 수 있었다. 악마는 (더러운) 죽은 영이기 때문이다. 마르 7장에서 보도하는 손 씻는 규정 또한 바로 이러한 토대 위에서 제자들에게도 해당되었다. 제자들은 외적 요인에 기인된 불결함은 전혀 두려워할 필요가 없었다. 오직 마음이 악하여 생긴 불결함만 경계하면 되었다. 예수는 깨끗함이라는 원천을 내면으로, 마음으로 옮겨 놓았지만, 그것을 단순히 윤리화하지는 않았다. 예수는 주술적인 영향에 대한 두려움을 바르고 단정하게 살아가라는 경고로 대체한 계몽가가 아니다. 회개할 결심만으로 다 맞지는 않기 때문이다. 선한 마음을 지녔다고 마귀를 쫓아내고 나병이나 하혈을 완치시킬 수는 없다. 복음에 따르면 선은 윤리기 이니라 오직 성령의 은사로 주어진다. 악은 단순히 비윤리적인 것이 아니다. 악한 마음은 악마와 같은 반대 세력으로 점령된 것이다.

예수가 말하는 '깨끗함'은 청결-이데올로기에 사로잡혀 땅 위의 지저분한 것과는 절대로 접촉해서는 안 되는 그런 것이 아니다("그의 양심은 깨끗하여 더럽혀진 적이 없다."[10]). 이 깨끗함은 마치 예수가 악하고 열등한 것을 물리치는 대단한 위업을 완수한 영웅으로서 인류 앞에 서 있는 것처

---

10) 스타니스와프 렘Stanislaw Lem : 폴란드 출신의 철학자이자 에세이스트이며 공상과학 소설가. –역자 주

럼 굉장한 윤리적 성과를 의미하지 않는다. 오히려 예수는 자신 안에서, 자신을 통해 성령의 활동하심에 기인하여 깨끗함을 이해하고 실천한다. 이렇게 예수는 성령의 힘으로 '하느님의 깨끗함'을 적극적이고 전투적으로 확장해 나간다. 하느님의 깨끗함은 악마의 세력 영역을 낚아채 하느님 통치 영역으로 끌고 들어간다. 다음 기회에는 윤리적으로 축약된 예수상을 다룰 예정이다. 예수의 공격적인 깨끗함은 '윤리적 업적'이 아니라 예수 안에 있는 삼위일체 하느님의 열매이다. 바오로의 견해도 이와 유사했다. 인간이 몸과 영혼 사이에서 겪는 고전적 갈등이 옛 인간과 성령에 의해 새롭게 태어난 인간의 갈등으로 대체된다. 바오로 역시 '인간 안에 있는 선한 것'이 아니라 인간 안에서 하느님의 성령이 활동하시는 것을 추구한 것이다.

 예수는 '깨끗함'과 '불결함'에 대한 생각을 통해 토라의 의도를 심화시켰다. 토라를 폐지하려던 것이 아니다. 하느님의 참뜻을 해석하기 위해 취한 '그러나 나는 너희에게 이렇게 말한다.'라고 시작하는 형식은 당시 유다교에서 낯설지 않았다. 오늘날에도 그렇지만 유다교 공동체는 이미 오래전부터 경쟁을 일삼는 스승들이 넘쳐나 의견이 분분했다. 예수 시대의 힐렐Hillel과 샴마이Schammai를 생각해 보라. '그러나 나는 너희에게 이렇게 말한다.'라는 형식은 당시에 그다지 특별한 것이 아니었다. 그런데 이것을 예수가 자신의 권위를 모세보다 훨씬 더 들어 높인 것으로 평가하는 사람들도 있다. 예수는 모세를 특별히 적대자로 지목하거나 이겨야 할 상대라고 언급한 적이 없다. "너희는 옛 사람들이 이렇게 말한 것을 들었다." 등의 문장은 모세와 연관된 것이다. 예수는 모세에게 등을 돌리지 않았다. 이를 증명할 만한 가장 적절한 예로 거룩한 변모 사건에서 예수가 모세와 엘리야와 함께 다정하게 대화한 장면을 들 수 있다. 예수는 토라에 대한 잘못된 이해를 비판했다. 그것도 중간에서 어중간하게 서 있는 사람들을 비판했다. 이때 예수의 관건은 모세의 권위가 아니라 오로지 객관적 상태와 사실이었다. 그 누가 토라를 언급하고 해석하더라도 결정적인 것은 하느님의 뜻을 철저히 따르는 일이었다. 살인하지 말고 이웃을 비난하지 않으며 간음하지 말고 그런 상태를 유발하는 계기도 피해야 한다. 친구를 사랑하고 원수를 미워하지 말며 모든 사람을 사랑해야 한다.

예수는 모세를 밀어내려고 하지 않았다. 그가 가장 중요하게 여긴 문제는 '사람이 하늘나라에 들어가려면'이었다. 예수는 이렇게 대답한다.

철저한 깨끗함과 하느님을 닮는 것을 통해서만 하늘나라에 들어갈 수 있다. 하느님께서는 선한 사람에게도 악한 사람에게도, 곧 친구에게도 원수에게도 똑같이 비를 내려 주신다.

19세기에 이르러서야 신학자들은 예수와 모세 사이의 '전문적인' 경쟁 관계를 찾아내려고 했다. 나아가 예수와 세례자 요한도 이러한 경쟁 관계였는지 밝히려고 했다. 예수가 자신을 모세보다 더 들어 높이려 한 근거를 찾아내려고 시도한 것이다. 산상 설교의 취지는 다음과 같다.

모세의 토라는 유효하다. 하지만 미흡해서 이것만 따라서는 하늘나라에 들어갈 수 없다.

예수는 뜨거운 마음, 완전한 사랑을 원한다. 예수는 행동지침을 완벽하게 지키는 것이 아니라 전적으로 하느님께 향하는 데 관심을 가졌다.

진정 하느님께로 향하는 길은 그분을 닮는 일뿐이다. 그밖에 다른 모든 것은 깡그리 잊어버려도 된다.

12.8 예수와 유다교

유다교와 그리스도교는 서로 전혀 다른 종교라고 여기는 보수적인 그리스도인들이 많다. 이들은 유다인의 하느님은 삼위일체가 아니라는 점에 근거하여 그렇게 판단한다. 신약성경의 삼위일체 하느님은 유다교의 하느님과 다른 분이라는 것이다. 그러나 이들은 예수 그리스도의 아버지이신 하느님은 다름 아닌 바로 아브라함과 이사악과 야곱의 하느님이라는 사실을 간과하고 있다. 바로 이 하느님이 삼위일체로 인식되는 것은 신약성경의 핵심인 계시와 관련이 있지만 이것이 구약성경의 하느님을 멀리하게 한다는 의미는 결코 아니다. 그렇게 본다면 시대착오적인 생각이다. 이스라엘의 하느님과 분리될 수 없다는 것은 네 번째 복음서의 한 대목에서 알려 준다. 요한 2,19에서 예수는 유다인들에게 이렇게 요청한다.

"이 성전을 허물어라. 그러면 내가 사흘 안에 다시 세우겠다." 유다인들이 말하였다. "이 성전을 마흔여섯 해나 걸려 지었는데, 당신이 사흘 안에 다시 세우겠다는 말이오?" 그러나 그분께서 성전이라고 하신 것은 당신 몸을 두고 하신 말씀이었다.

여기서 예수는 성전을 두고 수수께끼 같은 예언을 한다. 복음사가가 이어서 밝히듯이, 성전은 자신의 몸이 당할 운명에 대한 표상이다. 여기서 수수께끼 같은 점은 이 성전을 파괴하라고 유다인들에게 요청하는 것과, 그 경우에 자신이 곧바로 성전을 다시 세우겠다는 표현이다. 다음 내용도 수수께끼 같다.

예수가 말하시려는 요지가 유다인들이 당신을 죽여도 당신은 부활하리라는 것이라면, 무엇 때문에 그토록 알아듣기 어렵게 표현했을까?

우선 이 말씀의 배경을 알아야 한다. 예루살렘이 파괴되기(기원후 70년) 전 수십 년 동안 성전에 대한 예언들이 무성했다. 당시에 성전은 그 자체로 일종의 신탁과 같은 것이었다. 사람들은 성전에서 일어난 사건을 보고 이스라엘의 미래를 읽을 수 있었다. 성전이 파괴되기 오래전에 예수라고 불리는 한 미치광이가 성전을 이리저리 오가며 성전이 곧 파괴될 것이라며 외쳐 댔다고 전해졌다. 베드 1서에 하느님의 심판은 항상 성전에서 시작된다는 문장이 있다. 성전에서 일어나는 온갖 특이한 사건들은 신탁, 대부분 다가올 불행을 알리는 것으로 간주되었다. 성전이 파괴되기 전 밤마다 성전에서 떠들썩한 소리가 들렸다. 이 현상을 사람들은 하느님께서 성전을 떠나시는 징조로 여겼다. 예수도 성전을 두고 다양한 예언을 했는데, 어느 것이 진짜인지 사람들 사이에서 의견이 분분했다(마르 13,1 이하; 14,58; 사도 6,14 등). 어쩌면 예수가 성전을 두고 한 말 가운데 어느 것도 진짜가 아닐지 모른다. 예수는 성전 파괴의 표상을 이미 여러 차례 보였다. 요한 2,19에서 성전 파괴와 재건은 예수의 죽음과 부활에 대한 강력한 표상이다. 이는 성전 파괴를 언급한 다른 대목들과는 완전히 다르다. 다른 대목에서는 이스라엘에 내리는 벌이 관건인 반면, 여기서는 예수의 죽음에 초점을 맞추었다. 이렇듯 이 표상에 대한 두 가지 해석이 서로 달라 합치될 수 없다. 두 가지 경우에 성전 파괴의 표상에 따라다녔던, 기원후 70년 경 유다교에 군림한 다음과 같은 배경을 살펴볼 필요가 있다.

그것은 이스라엘의 심장이자 바로 가장 거룩한 존재에 대한 공격이다.

요한 신학의 의미에서 보면 이스라엘의 중심인 가장 거룩한 존재는 예수 말고는 그 누구도 될 수 없다. 예수가 자신을 아버지께 예배드리는 장소로 표현한 요한 4,23에서도[11] 그렇게 대체되었다. 요한 2장은 예루살렘 성전이 아직 로마인들에 의해 파괴되지 않았다는 것을 강한 어조로 전제한다. 이 표상의 논리는 다음과 같은 말로 즉시 이의를 제기하지 않아야만 통한다.

로마인들이 그 성전을 이미 수십 년 전에 파괴했다!

예수의 말은 이스라엘의 심장을 잃을지도 모른다는 두려움을 일으키는 사건이 아직 실제로 일어나지는 않았다는 배경에서만 이해될 수 있다. 예수는 이렇게 말했다.

너희가 나를 해치면, 너희 모두 두려워하는 것, 너희를 불안에 빠트리고 용기를 잃게 하며 마비시키는 것을 너희 스스로 행하는 것이다. 나는 성전이고, 너희 가운데 있는 하느님의 집이기 때문이다!

---

11) 새 성경과 어감이 조금 다르지만 원문대로 번역했다. -역자 주

부정적 시각으로 보면, 요한 2장은 예수의 말을 듣는 유다인들을 깜짝 놀라게 만들었다. 예수가 성전은 바로 당신 자신이라고 말했기 때문이다.

나를 죽이려는 사람은 이스라엘의 보물인 성전을 파괴하는 것이다. 너희 스스로 하느님 면전에서 죄를 범하는 것이다.

여기서 예수가 성전을 무시한다는 말은 한마디도 없다. 성전은 매우 중요하고 거룩하므로 예수 자신에 비할 만하다. 예수는 참된 성전이다. 말하는 사람이나 듣는 사람이나 성전을 존중한다는 것이 전제된다. 이때 "어디에 있느냐?"라는 신학적 물음은 네 번째 복음서의 핵심이다. 제자들은 처음부터 이렇게 묻는다.

라삐, 어디에 묵고 계십니까?

예수는 다음과 같이 대답한다.

와서 보아라.

예수는 하느님께서 계신 곳에 머물고, 예수가 있는 곳에 하느님께서 계시기 때문이다. 이렇게 네 번째 복음서는 하느님의 '실제 현존'이라고 일컫는 곳으로 멋지게 안내한다.

예수가 청중에게 전하는 내용은 수수께끼가 아닐 수 없다. 청중의 행위(허물어라…)와 화자의 행동(내가… 다시 세우겠다)이 극단적으로 대비된다.

마르 14,58(…나는 사람 손으로 지은 이 성전을 허물고, 손으로 짓지 않는 다른 성전을 사흘 안에 세우겠다)을 보면, 성전을 빠른 시일 안에 멋지게 재건하는 일이 먼저 떠오른다. 이러한 일은 솔로몬 또는 종말에 올 다윗의 참된 아들인 새로운 솔로몬에게서 기대할 수 있다. 유다인들 사이에 전해 오는 이야기에 의하면, 솔로몬은 힘센 악마들의 힘을 빌려 거대한 바위를 부수어 차곡차곡 쌓아 올리게 했다(이런 이야기는 라틴계 교회에 여전히 남아 있다). 마르 14,58(나는… 이 성전을 허물고, …세우겠다)의 관점에서 볼 때 이러한 것은 충분히 생각할 수 있는 일이다. 그러나 요한 2장에서는 전혀 그렇지 않다. 요한복음서에서 소개하는 예수는 부활하여 자신의 생명을 되찾은 사람이다. 그러므로 여기에는 세 가지 의미가 담겨 있다. 예수는 직접 성전을 재건하여 자신의 말을 듣는 사람들이 원하는 것, 즉 자신을 제거하는 것을 무효화한다. 사흘 만에 다시 세운다는 예언은 이것을 두고 한 말이다. 끝으로 사흘이라는 시간은 이스라엘에서 재앙이 지속되는 고전적인 기간이다. 마르 14,58도 이러한 배경에서 생각해야 할 것이다.

성전이 파괴되었다가 재건된다는 말은 심판의 시간이 지나고 새로운 구원의 시간이 오는 것을 의미한다. 성전에서 일어나는 일은 전체를 알려 주는 징조이기 때문이다.

요한복음서 2장의 내용도 이와 마찬가지다. 예수의 죽음에는 부활이 따른다. 부활은 예수를 죽인 사람들에게 반기를 들고 그들이 저지른 불의를 확인시키지만, 그들에게 회개할 새로운 기회를 부여한다. 왜냐하면 사람들이 제거하려고 했던 예수가 되살아나 스스로 증명하는 것은 끝이 아니라 새로운 시작이기 때문이다. 이와 유사하게 사도행전도 십자가의 죽음과 다시 살리시는 하느님을 대비한 점에서 새로운 기회를 본다. 요한복음서에 의하면 이보다 더한 것이 일어난다.

부활하신 분으로서 예수는 새로운 성전이고, 온 세상을 위한 하느님의 참된 현존 장소이다.

요한복음서는 예수가 하느님 곁에서 우리를 위해 중재하는 분임을 암시한다. 예수가 성전과 자신의 운명을 자신의 몸과 삶을 예언하는 소재로 사용한 것은 당연히 다음과 같은 사실을 전제한다.

예수는 하나이고 유일한 분이신 하느님께 기도드리는 새로운 장소(이 사실을 유다인들은 깨닫지 못했다)가 되었다.

하느님께서 당신이 현존하시는 참되고 지속적인 공간을 넓히셨다는 사실을 유다인들의 희생의 결과라고 받아들여서는 안 될 것이다. 전혀 새로운 무엇이 예수 안에서, 그리고 예수를 통해서 옛것을 청산하는 식으로 이루어진 것은 아니다. 많은 유다인들이 예수를 하느님의 아들로 받아들이지 않고 성자로 인정하지 않으려 한다면, 그들이 하느님을 제대로 알지 못한다고 비난해도 무방할 것이다(요한 14,7). 그들은 그때까지 하느님에 관해 알았던 것에만 당연한 듯 머물 뿐, 더 앞으로 나아가려 하지 않기 때문이다. 그렇게 고착하는 한, 하느님의 새로운 길과 생각들을 놓치게 된다. 그분은 살아 계신 하느님이시기 때문이다. 그러나 우리에게도 이와 똑같은 일이 일어날 수 있다. 세 공관복음서가 강조하는 점도 바로 '깨어 있어라'이다. 우리가 하느님처럼 생동감 있게 살아 있지 않을 때, 그분께서 마시라고 주시는 물, 그 살아 있는 물을 마시지 않을 때 하느님은 우리에게 낯선 존재가 될 것이다.

12.9 예수와 쿰란공동체

지난 세기 90년대 초에 독일에서는 쿰란공동체를 놓고 큰 논쟁이 벌어졌다. 당시 미국 언론인 두 명이 깜짝 놀랄 만한 의혹을 제기해, 약 30퍼센트에 이르는 독일인들의 반향이 있었다.

예수는 쿰란공동체 에세네파 일원이었던 것이 틀림없다. 바티칸은 이러한 사실이 알려지면 기존의 그리스도교 세계관에 큰 혼란이 일어날 것을 우려하여 사료를 공개하지 못하도록 극비리에 봉인했다. 에세네파 일원들은 평화주의자로서 채식생활을 했다. 그렇지만 그 가운데는 필요에 따라 광포한 테러리스트들도 있었고, 채식주의자이면서도 테러리스트로 나선 이들도 있었다. 에세네파에 관해서는 아주 오래된 이른바 에세네복음을 통해서 알 수 있다.

이러한 의혹들은 무엇보다 교회에 전해 내려온 예수에 관한 모든 전승의 신뢰성을 크게 떨어뜨렸다. 에세네복음서(19세기에 조잡하게 번역해 만든 가짜에 지나지 않는 것)에 근거를 둔 비교秘敎적 종파가 형성되기도 했고, 예수가 열혈당원이자 테러리스트였으며 그로 인해 사람들이 십자가에 못 박았다는 말도 나돌았다. 게다가 '에세네파'라는 용어는 쿰란 텍스트에서 증명할 내용을 찾아볼 수도 없는 개념이다. 이 용어는 다른 문헌들에서 비롯된 것으로, 기원후 1세기경 종교적 전통의식이 강했던 유다인들이 광의의 의미에서 사용한 것인데, 당시 여러 개혁 운동이 전개되었던 만큼 다양한 형태로 적용되었다. 이 단어를 일반적인 의미에서 적용한다면 예수도 '에세네파'의 일원이었다고 볼 수 있다.

이때 에세네파가 쿰란이라는 조그만 장소와 특별한 관련이 있다는 주장을 뒷받침할 만한 근거가 없다는 것은 전반적으로 타당한 말이다. 증거 자료가 부족한 게 아니라 아예 없다. 사해 인근 동굴들에서 발견된 두루마리들이 쿰란 유적들과는 어떤 관계인지 제기된 의문은 아직 완전히 풀리지 않았다. 수도원이었으리라는 가설도 시대착오적 발상에 지나지 않는다. 쿰란공동체는 두루마리를 정기적으로 제조하여 보급한 출판사와 같은 역할을 했다는 가설 역시 근거와 현실성이 없다. 특이한 점은 쿰란에 대해 가설을 세우는 사람마다 하나같이 자신의 출신 지역과 상응하여 그렇게 했다는 것이다. 쿰란 유적지 발굴 작업을 처음으로 실시한 도미니코수도회 회원들은 그곳이 수도원이었을 것으로 생각했고, 미국인들은 요새였을 것으로, 프랑스인들은 비교秘敎 성전으로 추정했으며, 독일인들은 출판사 건물이었으리라는 가설을 내세웠다. 발견된 두루마리들은 예루살렘 성전의 도서관에 소장되었던 것으로, 사람들이 조만간 닥칠 재앙을 피하여 안전한 장소에 보관하기 위해 옮겨 놓았을 가능성이 있지만, 이 역시 가설에 불과하다.

예수는 테러리스트가 아니었다. 묵시 사상을 지닌 자들이 그랬듯이, 예수는 철저히 순교자와 고통을 견디며 인내하는 사람들 편에 섰다. 예수는 비교秘敎예식을 즐기며 사는 채식주의자가 아니었다. 그랬다면 '먹보요 술꾼'이라고 불리지 않았을 것이다. 예수는 어느 그룹에도 넣을 수 없다. 쿰란에 그리스도교 초기 공동체가 존재했을 만한 근거는 전혀 없다. 최근 15년 사이에 벌어진 토론을 이 정도로 요약할 수 있겠다. 여러 동굴에서 발견된 텍스트들을 해석하는 작업은 아직 시작 단계에 있다.

12.10 메시아 예수와 유다인

예수가 메시아인지 제기한 질문에 대해 어떻게 생각하느냐에 따라 여러 부류로 나뉘고 유다교와 그리스도교도 구분된다. 예수가 이스라엘이 고대하던 구세주였다면 유다교가 갈라지는 일이 없었을 것이다. 그게 아니라면 그리스도교가 갈라지는 일도 없었을 것이다. 그런데 다음 문장은 본디 무슨 의미일까?

예수는 유다인의 메시아인가?

예수는 정치적으로 채색된 유다적 메시아상에 실망했고 부활 사건으로 메시아상을 영적으로 승화시켰다고 우리는 학교에서 배웠다. 이런 사고의 틀은 19세기에 들어와서야 형성되었다. 그 이유를 몇 가지 들어보겠다. 첫째, 유다적 메시아상은 어느 특정한 형태로 일치된 것이 아니다. 따라서 기원후 1세기까지 오직 정치적인 방향으로 나아간 메시아 텍스트, 이른바 솔로몬 시편 17장밖에 없었다는 것은 놀랄 만한 일이다. 둘째, 그리스도교가 탄생하기 전에 이미 유다교에서(특히 쿰란 텍스트들에) 메시아에 관한 예언적으로 채색된 견해가 나돌았음이 증명된다. 셋째, 신약성경 어디에서도 메시아상이 영적인 방향으로 전환되는 과정을 확인할 수 없다. "유다적 메시아상은 정치적이고, 그리스도교적 메시아상은 영적이다."는 가설은 순전히 이데올로기적이다. 성령 역시 유다교에서 이미 중요한 실재였다. 그리스도교 메시아상에 이르러서야 중요해진 것이 아니다(이사 11장 이후 및 쿰란 텍스트들에 언급된 '영의 기름부음 받은 이' 참조). 성령은 손으로 만질 수 있는 것과 달리 영적인 것을 의미한다. 유다교에서 말하는 메시아상은 오히려 기능적인 것이고 이에 따라 때로는 여러 형태를 띤다. 다음과 같이 말할 수 있다.

메시아는 하느님께서 종말에 이 세상에 파견하신 대리인이다. 메시아는 하느님께서 오시기 전에 이 세상을 질서정연하게 만든다.

유다 전통에 따르면 메시아상은 세 가지 모델로 구분된다.

ㄱ) 하느님만이 이 세상에 오셔서 심판하시고 새롭게 창조하신다. 따라서 메시아는 본디 존재하지 않는다.
ㄴ) 메시아가 오지만, 하느님께서 심판하러 오신다는 생각과는 결부되지 않는다. 이에 따라 사람들은 종밀에 올 평화의 왕국에만 관심이 있다.
ㄷ) 종말에 메시아가 오고 이어서 영원히 지속되는 새로운 세상(새로운 창조)이 시작된다. 주님의 날에 하느님께서 활동하시어 그렇게 된다. 이 세 번째 유형에서 두 가지 활동이 연속된다. 길을 닦는 자인 메시아가 활동하고, 이어서 '주님의 날'에 하느님께서 활동하신다.

세 번째 유형은 그리스도교에도 해당한다. 예수는 주님의 날을 대비해 하느님 백성(이방민족도 포함)을 준비시킨다. 신약성경에 자주 나오듯이, 유다교 문헌에서도 메시아가 두 가지 방식으로 온다고 예견한다. 첫 번째 오심은 이스라엘이 그어 놓은 경계선과 관계되며 메시아는 이 마지막 때에 돌아가신다. 그리고 두 번째 오심을 '본래의' 것으로 여기는데, 메시아가 백성을 심판하는 동시에 사람의 아들로서 미래의 구원 공동체를 건설하기 때문이다. 신약성경 시대에 유다교가 분리되면서 드디어 메시아의 역할이 등장하고 의인들이 그분과 함께 구원 공동체를 형성한다. 메시아와 함께한다는 것은 메시아가 구원을 중재한다는 뜻이다. 여기서는 메시아론의 두 가지 국면에 대해 말한다.

지난 20년 동안 발행된 예수에 관한 문헌들을 훑어보더라도 이미 다음과 같은 사실을 알아낼 수 있다.

다시 오시는 예수는 오늘날 전문 주석가들을 벗어난 토론장에서는 아무 역할도 하지 않는다.

한 가지 흥미로운 점은 대부분 "예수는 누구였을까?"에 대해서만 관심을 보인다는 것이다. 성경의 관점과 계시의 의미에서 볼 때 이에 못지않게 그분이 다시 오시면 무엇을 할 것인가 또한 중요하다. 그때까지 일어난 모든 것과 성사 안에서 일어나는 것은 메시아인 예수의 두 번째 오심과 주님의 날을 위한 준비의 일부이기 때문이다.

우리를 위해 존재하는 예수가 메시아라는 것, 이 의미는 어디에서 성립할까? 이를 알기 위해서는 메시아의 기능에 대해 다시 한 번 살펴보아야 한다.

메시아는 하느님의 백성이 하느님의 오심을 준비하게 한다. 이는 근본적으로 해방을 통해서 이루어진다.

해방의 단계는 적들로부터 해방되는 것에서 시작해, 악마와 마귀의 권세에서의 해방, 죄와 부정함에서의 해방, 종국에는 두려움과 불화 및 비명으로부터의 해방에까지 이른다. 유다교나 이슬람교와 달리 그리스도교의 견해에 따르면 이렇게 해방시키는 분인 예수는 사람이 되신 하느님이다. 하느님만이 세상의 모든 것에도 불구하고 참으로 지속적으로 해방시키실 수 있기 때문이다. 어떤 인간도 이렇게 할 수 없다. 오시는 하느님의 엄격한 기준에 적합한 분은 오직 하느님뿐이시다. 그러므로 오직 그리스도교에서만 메시아가 '하느님의 아들'이다. 메시아는 단지 영적으로 뛰어난 분일 뿐 아니라 하느님의 성령으로 탄생하고 부활하셨다. 오직 하느님만이 우리가 당신 앞에 서도록 우리를 구원하실 수 있다. 하느님은 인간 예수 안에서 활동하실 뿐만 아니라 실제로도 현존하신다.

여기서 예수 그리스도 안에서 가시적으로 드러나는 것은 신학자들이 '의화'(인간이 하느님 앞에 설 수 있는 상태에 도달하는 것)[12]라고 표현하는 것의 토대로도 이해될 수 있다. 다음과 같이 말할 수 있다.

오직 하느님만이 우리를 구원하실 수 있다.

인간이 여기에 동참했다면 예수의 인격을 닮아, 다시 말해 하느님의 성령에 둘러싸이고 업혀서 그런 것이다. 물론 질식한 것이 아니라 참된 활동을 하도록 고무되고 강화되고 해방되어 그런 것이다. 이는 무엇보다 다음과 같은 뜻이다.

---

12) 의화 : 'Rechtfertigung'는 "정당함을 인정하다, 정당화하다, 시인하다, 변호하다" 등을 의미하는 'rechtfertigen'의 명사형으로, 사전에는 "정당함(무죄임)을 인정함, 정당화, 변호, 해명, 변명, 진술" 등과 같은 의미를 지녔다고 소개된다. '의화'라는 단어가 뜻을 더 정확히 전달하는 것으로 생각되어 택했다. -역자 주

하느님의 신성은 경감되지 않는다.

예수 그리스도를 통한 구원에서 특별한 조건들이 있는 것은 아니다. 하느님께서는 당신의 존엄성과 주권을 포기하지 않으시고 거룩하지 않은 것은 허락하지 않으신다. 하느님은 당신의 모습 그대로 엄격하고 위엄을 갖추셨다. 그런 하느님께서 예수 그리스도 안에서 우리 편이 되어 주신다. 그분은 다름 아닌 바로 신비로 가득 찬 하느님이시다.

12.11 종말의 종착점

아이가 태어나면 유다인들은 다음과 같이 말하며 아이의 행복을 빈다.

네가 메시아의 날을 보기 바란다.

그래서 메시아가 오는 시대에 살아갈 사람들을 복되다고 노래한다. 그리고 죽은 이들에게는 이렇게 위로한다.

아, 생전에 메시아 시대를 맞이했더라면 얼마나 좋았을까!

루카복음사가는 메시아와의 대면을 평생 기다려 온 연로한 시메온과 예언자 한나를 소개한다. 루카 2,22-40에서 보도하듯이, 두 사람은 마침내 메시아를 만났으며 그것으로 평생 꿈꾸던 소원을 이루었다. 그들은 평화롭게 죽음을 맞이할 수 있었다. 루카는 종종 남자와 여자를 나란히 언급하는데, 잃어버린 동전을 찾은 여인이라든가 잃어버린 양을 찾은 목자 같은 예를 들 수 있다. 여기서도 '의로운' 시메온과 '예언자' 한나가 나란히 언급되고 있다. 두 사람 모두 증인이다.

성경에서 발췌한 임종 때 바치는 기도처럼 시메온의 찬미가는 성무일도 가운데 끝기도 일부로 도입되었다. 이 찬미가가 편안한 저녁 분위기를 자아내고 낮에 짊어졌던 무거운 짐을 내려놓게 하며 목표를 향해 가는 긴 여정에 대한 기쁨도 안겨 주기 때문이다. 시메온의 삶과 기다림은 무의미한 것이 아니었다. 이 대목에 맞추어 작곡된 그레고리안 성가 멜로디는 더할 나위 없는 소박함과 아름다움으로 밤의 편안함과 찬미를 표현한다. 밤마다 이 찬미가는 알린다. 모든 날이 우리가 하느님의 구원을 볼 수 있도록 허락된 날이고, 그리스도 탄생 이래 모든 해가 구원의 해라고. 시메온의 찬미가를 보자.

주님, 이제야 말씀하신 대로 당신 종을 평화로이 떠나게 해 주셨습니다.
제 눈이 당신의 구원을 본 것입니다.
이는 당신께서 모든 민속들 앞에서 마련하신 것으로
다른 민족들에게는 계시의 빛이며 당신 백성 이스라엘에게는 영광입니다.

시메온은 온 삶을 봉사로 여겼다. 이제 목표를 이루고 봉사의 업무에서 벗어났다. 복음서에 등장하는 종의 비유에서 보듯이, 평생 지속된 봉사는 항상 준비된 자세에서 이루어진다. 비유에서 예수는 깨어 있으라고 요청한다. 여러 비유에서 자주 언급하듯이, 이제 주님께서 오셨으며 깨어 있기도 끝이 났다. 파수꾼이 새벽을 기다리듯 기다림과 망보기도 끝이 났다. 그리스어의 '평화'는 "구원이 왔다!"로 번역된다. 기다림의 시간이 실현의 시간에게 자리를 내주고 물러났다. 아침 여명이 대낮의 밝은 빛으로 바뀌었다. 이 일은 지금, 시메온 생애 저녁에 일어났다. 이렇게 시간에 관한 진술은 빛과 바라봄의 표상과 잘 어울린다. 그래서 시메온이 빛과 눈, 계시와 영광에 대해 말한 것이다.

    이 찬미가는 신약성경에서 이스라엘에 대해 표현한 가장 아름다운 텍스트이다. 이사야 예언자가 언급한 말과 방향이 같으며 이스라엘과 이방 민족들의 일치를 바라는 내용을 담고 있다. 이방인을 비추기 위해 다시 말해 이들에게 하느님께 나아가는 길을 안내하기 위해 불을 밝힌 것이다. 그런데 이스라엘에 대한 다음과 같은 진술은 이 빛의 진술을 능가한다.

    이스라엘은 메시아를 통해서 영광의 관을 쓰게 된다.

    이방인을 비추는 빛도, 이스라엘을 위한 영광도 모두 빛과 관련된 진술이다. 그림자와 밤은 정의의 태양이신 예수로 인해 물러간다. 비록 시간적 간격이 크더라도 이사야가 신약성경 시대에 유다교에서 가장 사랑받은 예언자인 데는 충분한 이유가 있었다. 이는 특히 쿰란 텍스트들, 그 가운데서도 이사야서 두루마리에서 잘 드러난다. 이사야가 가장 많이 사랑받은 까닭은 그의 예언적 진술에 평화가 선포되었기 때문이다. 우리는 오늘날까지도 이스라엘과 이방민족들의 평화를 간절히 기다린다. 이사야는 기다려 온 구세주(메시아 또는 하느님의 종)의 도래를 백성을 위한 계약의 완성으로, 이방인을 비추는 빛의 도래로 언급했다. 여기서는 다른 어느 대목에서도 볼 수 없을 정도로 이스라엘과 이방민족들을 긴밀히 연결하여 언급한다. 이 둘에 똑같은 무게를 두며 대단히 중요하다고 강조한다. 그러면서 그리스도인들에게 다음과 같이 말한다.

이 둘을 하나로 일치시키는 존재는 바로 메시아이신 예수님이다.

그런데 바로 이분이 이스라엘과 다른 민족들의 화해를 가로막는 중심 인물은 아닐까? 루카는 이에 대해 알고 있었다. 그래서 시메온은 이렇게 말한다.

보십시오, 이 아기는 이스라엘에서 많은 사람을 쓰러지게도 하고 일어나게도 하며, 또 반대를 받는 표징이 되도록 정해졌습니다. 그리하여 당신의 영혼이 칼에 꿰찔리는 가운데, 많은 사람의 마음속 생각이 드러날 것입니다.

예수는 사람들에게 불편한 존재가 되었다. 예수 때문에 많은 사람들이 무너졌다. 이어서 텍스트는 마리아가 받을 고통에 대해 말한다. 두 가지 모두 예수의 수난 예고이기도 하다. 늘 그렇듯이 어머니에게 일어나는 일은 아들에게 일어나는 일과 분리될 수 없다. 이것은 마리아의 노래, 마니피캇에도 적용된다. 마리아는 하느님 백성 전체를 위해 고통받는 어머니로 서 있다. 마리아의 고통을 바라보는 것, 피에타상이 화해의 길로 인도할까? 시메온과 루카복음사가는 여기서 올바른 길에 서 있다. 현대인에게 맞게 재구성하면 이렇다.

루카는 다른 어떤 복음사가들보다 더 명확하게 예수를 고통받는 존재로, 순교자로 묘사한다.

그리스도인이 아닌 유다인들도 언젠가는 예수가 로마인들에 의해 십자가에 못 박혔다는 사실을 알 것이다. 그분이 못 박힌 이유는 빌라도가 유다인들을 미워했기 때문이다.

십자가는 고대의 반유다이즘을 고발하는 증거물이다.

그 이유는 로마인들만이 사형 집행을 할 수 있었기 때문이다. 빌라도는 유다인들에게 유다인의 왕도 그들처럼 무력하고 기댈 곳이 없다는 사실을 보여 주고 싶었다. 유다인 예수가 고통을 받았듯이 자신들도 수십 배로 고통받아야 했다는 사실을 언젠가는 모든 유다인이 알 것이다. 이 사실을 깨달으며 그들은 다음과 같이 말할지도 모른다.

그분은 우리 가운데 한 사람이었고, 저 마지막 심연에서는 우리에게 속하는 분입니다. 그분은 이방민족들에게만 속한 존재가 아닙니다. 그렇게 고통 당하고 수난하시며 아브라함의 하느님께 소리치며 울부짖은 분은 유다인과 이방인 사이의 온갖 차이를 없애셨습니다.

이렇게 예수의 수난은 길이 되어, 이 길에서 유다인들이 자신들과 예수와 모든 순교자와 긴밀히 연결되었다는 사실을 깨달을 수도 있다. 그들은 이렇게 말할 수도 있을 것이다.

그렇습니다. 여러분이 그 사건을 그렇게 이해한다면 아무것도 우리 사이를 갈라놓지 못할 것입니다. 예수님이 갈라놓는 존재일 리는 더더욱 없겠지요. 오히려 그분은 고통의 심연에서 우리를 이어 주실 것입니다.

언젠가 이렇게 행보할 수 있다면 시메온의 예언은 실현될 것이다.

그분은 다른 민족들에게는 계시의 빛이며 당신 백성 이스라엘에게는 영광입니다. 하느님은 오직 당신만이 하실 수 있는 방법으로 그분을 고통의 심연에서 구해 주실 것이기 때문입니다.

마리아도 이스라엘에게 영광의 관을 씌우기 위해 대리자로 함께한다. 우리는 고통의 여정을 마치고 이렇게 노래할 것이다.

하늘에서 영광의 화관을 받으신 마리아님, 기뻐하소서.

이것은 오늘날의 그리스도인들이 일치하는 데도 큰 도움이 될 것이다. 그런데 현재 13만에 이르는 분파가 어떻게 다시 하나의 교회가 될 수 있을까? 우리가 인간의 이해 범위를 뛰어넘는 고통의 심연을 바라보고 하느님께서 예수에게 주셨던 영광과 우리 모두에게 주고자 하시는 믿기 어려울 정도의 영광을 바라볼 때, 인간의 상상을 뛰어넘는 이 고통의 크기를 깊이 헤아릴 때, 일상에서 부딪치는 사소한 일들을 해결하기 위한 참된 시각을 지닐 것이다. 마리아를 바라보면 우리가 이러한 문제를 풀기 위해 할 역할이 무엇인지 알 수 있다. 우리가 어떤 고통으로부터 태어났고 어떤 영광으로 불림을 받았는지를 다시 배운다면, 새로운 영성과 오래된 영성의 궁극적인 깊이를 파악한다면 교회는 일치할 수 있다. 이 말은 인류 가족에게도, 그리스도인 가족에게도, 그리고 이 땅 위의 모든 가족에게도 해당한다.

12.12 믿음 없는 유다인, 믿음 없는 신앙인

예수가 그렇게 공공연하게 기적을 일으키고 사람들에게 도움을 주었다면, 그분의 가르침이 권위 있고 사람들이 그분을 통해 하느님을 알 수 있었다면, 어찌하여 일부 사람들만 그분을 믿었을까? 그분을 믿지 못하게 가로막은 요인들은 무엇이었을까? 이 질문은 오늘날에도 자주 제기된다. 현대인들도 복음을 믿고 따르는 데 어려움이 있기 때문이다. 예수가 살아 계실 때 이미 그분을 믿고 따르는 일이 어려웠다면, 예수가 죽고 2000년이란 세월이 지난 오늘날 어떻게 그분을 잘 따를 수 있겠는가? 이러한 이유로 예수를 믿는 데 따랐던 당시의 어려움과 오늘날의 어려움을 제시하고 서로 비교하면서 고찰하려고 한다. 예수와 동시대를 살았던 유다인들이 안고 있었던 문제들에서 시작해 보자.

1. 예수를 따른다는 것은 어려운 일이었다. 그분이 과연 메시아인지 확인하기가 쉽지 않았기 때문이다. 그분이 일으킨 기적과 구마행위가 사실인지에 대해서는 왈가왈부하지 않았다. 문제는 예수의 배후에 하느님이 계시는지, 마귀가 있는지 확실히 알 수 없다는 것이었다. 이것이 이른바 베엘제불-비난이다. 예수가 마귀의 도움으로 그 놀라운 일들을 하였다면, 무조건 배척해야 한다. 예수는 태양, 달, 별에 어떤 표지를 보여 자신이 옳다는 것을 입증하지 않았다. 만일 그렇게 했다면 명백한 증거가 되었을 것이다. 어느 누구도 하늘을 조종할 수는 없기 때문이다. 예수는 사람의 아들로서 하늘에서 다시 내려올 때 비로소 당신의 적법성을 알릴 수 있을 것이다. 부활조차 대다수 사람들의 의혹을 완전히 가라앉히지 못했다. 따라서 예수의 두 번째 오심은 처음부터 기대된 것이었다.

2. 예수를 따른다는 것은 위험한 일이었다. 그분은 당시 이스라엘의 종교 지도자들과(사두가이파, 바리사이파, 율법학자) 마찰을 빚었기 때문이다. '권위'가 모든 것을 의미했던 시대에 권위를 넘어서는 일을 감행하는 것은 이롭지 않은 행위였다. 예수는 가는 곳마다 스캔들을 일으켰다. 그러니 누가 감히 신뢰하려 했겠는가?

3. 시간이 흐를수록 예수의 정치적 위치에 대한 의혹이 점점 더 짙어졌다. 공개적으로 왕으로서 예루살렘에 입성하여 하느님 나라에 관해 말한 사람은 막강한 군사력을 갖춘 로마와의 갈등이 두려울 수밖에 없었다. 예수 스스로 예루살렘에서 예언자는 순교를 피할 수 없다고 말했기 때문에 그를 따르는 것은 죽음을 각오할 일이었다.

4. 예수는 효성을 저버렸다. 그래서 당시 사회적으로 존경받던 사람들에게서 인정받지 못했다. 가족을 떠나 예수를 따르도록 불림을 받은 사람은 사회를 벗어난 영역에 들어서는 것이었다.

오늘날에는 이러한 어려움들이 더 이상 존재하지 않는다. 1번에 대해 살펴보면, 오늘날 기적이라는 것이 도대체 존재할 수 있는가 하는 의혹이 든다. 2번을 보면, 오늘날에는 기존의 권위를 거슬러 새로운 시작을 더 권장하고 인정하는 추세이다. 3번에 대해서는 이렇게 말할 수 있다. 독재 정권과 불법적인 정권들만이 복음의 정치적 폭발력을 감지할 수 있다. 서방의 많은 나라들은 그리스도인들에게 어려움을 안겨 주기보다 오히려 편안하게 살도록 보호하고 있다. 4번을 보면, 오늘날 가정은 무엇보다 중요하다. 그래서 가정을 떠나기보다는 오히려 보호해야 한다. 다른 한편, 완전히 새로운 문제들이 발생했다.

1. 자연과학이 세상을 지배하는 오늘날 하느님, 기적, 종말론을 결부시키는 것이 허용될까? 이러한 이유에서 나는 '네 개의 문-모델'을 개발했는데, 여기에는 신비적 사실에 대해서도 언급하였다. 이 이론이 제대로 설명되었다면 포스트모더니즘이 도움이 될 수도 있을 것이다.

2. 사회적으로 볼 때 그리스도교는 믿을 만한 엘리트들의 힘에 의해서만 회생될 수 있다. 그런데 이 일을 위해 시간을 내는 사람들을 찾기가 갈수록 힘들어지고 있다. 게다가 윤리적 잘못이라는 무거운 짐이 교회 역사의 결과로 따라다닌다. 그리스도교의 범죄 역사 또한 많은 지면을 차지하고 있다.

3. 그리스도교는 오늘날 대부분의 나라에서 순교를 각오해야 하는 상황에 있지 않다. 오히려 그리스도교는 연료도, 불붙일 마찰면도 부족한 상태에 있다. 이성을 중시하는 신학자들은 마찰을 일으키지 않고 세상과 삶을 긍정하면서 복음을 현실에 맞추기 위해 온갖 노력을 기울였다. 그러나 이렇게 하면 복음이 통속적으로 전파될 위험이 따르고, 무엇이든 다 허용된다는 우주적 관용주의에 빠질 위험도 있다. 아무 기준점이 없는 것을 기준으로 삼는 것은 무의미하고 불합리하며 유행에 편승하는 것과 같다. 기준점을 정한 사람은 자신이 관용의 자세를 지니고 있는지도 자문해야 한다. 그러나 성경의 하느님은 관용이 아닌, 특별하고 차등적인 면을 지니고 계신다(이것을 믿는 이들의 폭력 사용과 혼동해서는 안 된다).

4. '가족' 상실은 그리스도교가 많은 일을 하게 한다. 지금은 그리스도교적 삶의 형태가 오랫동안 뿌리내린 터전이 점차 사라지고, 그리스도교적 문화를 익힐 공간마저 좁아지고 있기 때문이다. 이를 대신할 형태도 부족한 실정이다. 이러한 역할을 하던 아바스(abbas, 아버지)가 맨 위에 있는, 가족 형태로 조직된 수도원은 '가부장주의'라는 혐의마저 받고 있다.

오늘날 우리는 이러한 어려움 가운데 예수상이 갈기갈기 찢기는 현상을 관찰할 수 있다. 복음을 선포하는 사람들이 폐점을 앞두고 떨이 처분을 하듯 선교하면서 예수가 어떻게 알려지든 상관없는 것처럼 행동한다. 어떤 신학자들은 복음을 선포하는 이들에게 필요한 것을 손에 쥐어 주려고 애쓰기도 했다. 그러나 이런 신학자들은 예수에게서 낯선 것, 눈에 띄는 것, 불편한 것, 불가해한 것, 신비한 것을 제거하여 예수를 그저 윤리적 본보기에 지나지 않는 분으로 정의하고는, 이런 내용으로 얇은 종이책 '예수-교과서'를 만들어 보급한다. 그러나 청소년들은 이 책에 관심을 기울이지 않는다. 99퍼센트가 그렇다. 청소년들은 소크라테스를 비롯한 고대의 모범적인 인물에 대해서는 전혀 흥미가 없다. 다행히도 '예수님'을 원천에서 찾는 사람들이 있지만 허탕만 친다. 어려움을 극복하는 데 다음과 같은 가장 위험한 요인이 있기 때문이다.

사람들은 예수를 자기 마음대로 해석한다.

간단하지 않은 사료는 특정 부류의 신학자들이 이데올로기적인 조작을 하도록 자극한다. 나의 동료 로만 하일리겐탈Roman Heiligenthal은 「왜곡된 예수」(Der verfälschte Jesus, 제2판, 1997)라는 자신의 책에서 예수에 대해 심각하게 일그러진 면들을 규명했다. 물론 그 작업은 다른 주석가들에게 별반 영향을 미치지 못했다. 의미 있는 작업을 하기란 참으로 어려운 일이다. 그리스도교가 당면한 문제 가운데 일부는 지루하기 짝이 없는 이성주의적 주석으로 말미암아 자초된 것들이다. 이 책에서는 그런 현상에 맞서 반대 모델을 제시하고자 한다.

13장

예수와 돈

13.1 돈인가, 사랑인가
13.2 영적 교환
13.3 가난한 이들의 선물
13.4 가난운동의 선봉자, 예수
13.5 부자는 하늘나라에 갈 수 없는가

13.1 돈인가, 사랑인가

예수가 이루지 못한 일이 세 가지 있다.

고향 사람들이 의심에 가득 차 "우리는 저 사람을 잘 알고 있다!"(마르 6,4-6)라고 하면서 믿지 않았기 때문에 그곳에서는 기적을 일으킬 수 없었고, 마르 10장에 나오는 부자 청년을 제자로 삼지 못했다. 유다 이스카리옷을 제자로 부른 일도 실패로 끝났다.

예수가 실패한 이유는 사람들의 선입견과 금전욕(냇냇 수석가의 해설에 의하면 유다의 경우도 여기에 해당한다) 때문이다. 그리고 유다의 경우처럼 그분이 걸어가신 길의 정치적 결과에 크게 절망했기 때문이다.

부자 청년과 대비되는 인물로 마르 12장에 등장하는 가난한 과부가 있다. 자신의 생활비를 몽땅 헌금함에 집어넣은 여인이다. 이와 유사하게 베드로와 정반대 인물로 마리아 막달레나를 꼽을 수 있다. 이는 초기 교회에서도 늘 인지하고 유념했던 일이다. 부자 청년은 이름 없는 존재로 그치고 말았는데, 예수가 제자를 부른 일이 실패한 경우가 되었다. 분명 서로 호감이 있었지만, 부자 청년은 부富에 더 끌리고 애착이 컸기 때문에 예수를 따르지 않는 길을 택했다. 복음사가가 그 젊은이가 슬퍼했다고 보도하는 것은 그의 마음속에 갈등이 컸다는 사실을 알려 준다. 어느 하나를 택해야 할 때 둘 다 가질 수 없는 것은 슬픈 일이다.

"아무도 두 주인을 섬길 수 없고, 아무도 하느님과 재물을 함께 섬길 수 없다."라는 말씀에 미루어 예수는 사람과 재물의 관계를 종살이로 보았다는 것을 알 수 있다. 실제로 재산은 그 소유주가 다음과 같은 규정을 엄격히 지킬 것을 요구한다.

> 재산은 잘 보존되고 관리되기를 요구한다. 재산이 줄어든다는 것은 재산의 내적 규정을 어기는 것이다. 재산은 밤낮으로 염려와 돌봄을 요청하고 인색함과 탐욕도 필요로 한다. 극단적인 경우에는 시신이라도 밟고 넘어가기를 원한다.

재산은 엄격한 주인이다. 재산은 많은 사랑을 요구하고 엄격하게 관리되기를 바란다. 이는 하느님과의 관계와도 딱 들어맞는다. 하느님처럼 오로지 자기만 섬기라고 하며 순종을 요구하는 것이다. 탈렌트의 비유에서도 말하듯이, 당연히 더 늘리라고 요청한다. 이렇듯 인간이 몸과 마음을 다 바쳐 헌신해야 하는 대상은 사랑과 돈뿐이다.

이스라엘의 하느님과 가나안의 바알 간의 숙적 관계가 여기서 다시 등장한다. 바알은 다산多産과 재산 편에 서 있기 때문이다. 그러나 이스라엘의 하느님은 돈을 모아 재산을 불리라고 요청하지 않으신다. 그분은 사람들이 정의와 나눔을 실천하기를 바라신다. 예수는 여러 가지 비유를 들면서 경제 문제에 대해 소상히 알고 사람들이 돈을 관리하는 방법도 잘 안다는 것을 드러낸다. '약은 집사의 비유'(루카 16,1-9)와 탈렌트의 비유를 보면, 그는 특별한 내부 지식까지 갖추었다는 것을 알 수 있다. 마치 은행에 관한 강좌라도 수강한 양 보인다. 여하튼 예수는 다른 누구보다도 돈이 주는 매력을 비롯하여 돈을 벌고 관리하는 법, 돈이 돌아가는 원리를 파악하였으며, 돈 때문에 범죄를 저지르는 일까지도 알았다. 그는 최소한 경제적–금전적 사항들에 관심을 가지고 유심히 지켜보았다.

예수는 하늘나라를 보물 창고라는 표상으로 생각했다. 여기서 말하는 보물 창고란 이 지상에서 물질을 나눌 줄 아는 사람이 보물을 모아들인 창고를 의미한다. 이 배후에는 다음과 같은 생각이 들어 있다.

이 세상에서 주고받는 법칙을 따르는 사람은 하늘나라에 비축한 자산이 없다.

예수는 일과 임금을 주고받는 법칙을 깨트리는 데서 세상을 변화시킬 기회가 생긴다고 보았다. 자신이 행한 모든 일에 대해 보수를 받는 사람은 순전히 세속적으로만 생각하기 때문에 예수의 제자가 될 수 없다. 최근에 나는 교회의 큰 집회에서 명예직을 맡은 이들이 모두 예외 없이 정확히 보수를 받는 것과, 다른 사람들도 이렇게 처리하는 방식을 진지하게 여기고 박수갈채로 응답하는 장면을 목격했다. 내 귀를 믿기 어려울 정도였다. 예수가 그 자리에 있었다면 틀림없이 이렇게 말했을 것이다.

바로 그런 것이 내가 원하지 않는 것이다.

행복하기 위한 그리스도교적인 길은 우회로를 택하는 것에 비유할 수 있다. '우회로'라고 적힌 표지판은 우선 우리를 불편하게 한다. 그 자체가 이미 엄청난 손해를 뜻하고 지체하게 만든다. 처음에 계획했던 길로 곧장 가지 않고 돌아가야만 목적지에 도달한다. 부유해지고 행복해지는 것도 이와 같은 원리다. 예수는 우리가 우회로로 가도록 이끈다. 그런데 이 우회로는 우리를 반대 방향으로 안내하는 것처럼 보인다. 삶을 얻고 즐기려는 사람에게, '삶의 기쁨'을 최상의 선으로 여기는 사람에게 삶을 내주라고 하면 얼마나 불합리한 처사인가. 그러나 예수는 삶을 무시하지 않았다. 예수가 삶에 적대적인 태도를 보였다는 말은 전혀 맞지 않다. 오히려 그는 우리가 행복해지기 위한 길을 친절하게 안내한 최고의 스승이었다. 그는 선물과 나눔의 기쁨을 잘 알았기 때문이다. 그 길을 걸어갈 때 미래가 있다고도 말했다.

우리에게 가장 값진 요소, 가장 중요한 자원은 돈이 아니라 시간이라는 생각이 자주 든다. 그래서 사람들은 이미 오래전에 "시간은 돈이다." 또는 "최고의 재산은 시간이다."라고 말했을 것이다. 선물한 시간, 다시 말해 우리가 다른 사람에게 바치는 시간은 예수가 의미하는 측면에서 볼 때 두 배, 세 배로 얻은 시간이다. 남에게 시간을 내줄 때 기쁨을 맛보기 때문이다. 이는 우리가 하늘나라에 가기를 원할 때 얻는 기쁨이다. 예수가 루카 16장에서 사람이 두 주인을 섬길 수 없다고 말한 것은 우연이 아니니.

> 내가 너희에게 말한다. 불의한 재물로 친구들을 만들어라. 그래서 재물이 없어질 때에 그들이 너희를 영원한 거처로 맞아들이게 하여라.

부자가 하느님 나라에 들어가기보다 낙타가 바늘귀로 빠져나가는 것이 더 쉽다는 경고 메시지는 사람들의 용기를 잃게 한다. 그러나 이 말씀은 부자가 하늘나라에 들어간다는 것이 예외라든가 기적이라는 의미가 아니다. 하느님만이 당신의 권능으로 부자들의 마음을 툭툭 치고 건드리면서 변화시킬 수 있다는 뜻이다. 그렇게 변화될 때 부자들도 재물과 시간에 얽매이지 않고 본래 목적에 맞게 사용할 수 있는 것이다.

하느님과 재물 중 하나를 선택하는 경우에서처럼 부자 청년에게도 관건은 하느님께 대한 사랑이다. 유다교에서는 하느님께 대한 사랑이 가장 중요한 계명이기 때문이다. 신명 6,4-5절에 의하면 가장 큰 계명은 다음과 같다.

주 우리 하느님은 한 분이신 주님이시다. 너희는 마음을 다하고 목숨을 다하고 힘을 다하여 주 너희 하느님을 사랑해야 한다.

이 사랑의 계명은 문맥에 따라 그다음에 이어지는 개별 계명들을 실천하면 되는 것이다. 하느님께 대한 사랑의 계명이 토라 전체의 틀을 이룬다. 반면에 부자 청년은 이미 모든 계명을 잘 지켰으며 더욱이 어릴 적부터 그렇게 했다. 그러나 그에게는 사랑이 부족했다. 예수는 그를 품어 안았지만, 그는 반응할 수 없었다. 재물을 포기하라는 예수의 요청을 이행했더라면 그것으로 그분의 사랑에 대한 응답이 되었을 것이다. 부자 청년이 돈과 결합된 정도는 거의 신앙에 가까웠다. 이렇듯 그는 바오로와 루카가 그린 바리사이의 표상을 연상케 한다. 바오로는 자신이 바리사이로서 흠잡을 데 없이 살았다고 고백했다. 이 말은 그가 모든 계명을 충실히 지켰다는 뜻이다(필리 3장). 그러나 규정을 정확히 지킨 것만으로는 충분하지 않았다. 예수의 사랑에 사로잡히지 않은 것이다. 루카도 그리스도인들과 가까이 있는 바리사이들이 '돈을 좋아하는' 사람들이었다고 지적한다(루카 16,14). 바오로와 루카, 마르코에게서 다음과 같은 그리스도교의 새로운 잣대를 인지할 수 있다.

예수에 의하면 (루카와 마르코에게서) 재물을 완전히 포기한다는 것은 하느님과 새로운 관계를 맺었다는 것을 보여 준다. 이는 곧 더 큰 사랑이다.

더 큰 사랑은 계명을 잘 지키는 것 이상이다. 이 사랑은 우리가 하느님을 닮는 데 방해되는 모든 것으로부터 자유로워질 때 비로소 싹튼다. 하느님은 소유하지 않으신다. 그분은 아침 이슬과 햇빛처럼 모든 것을 다 내주신다. 이는 다음과 같이 말하려는 것이다.

계명을 실천하는 것만으로는 하느님께 대한 사랑을 측정할 수 없다. 하느님을 사랑하는 사람은 자신이 가진 모든 것을 가난한 이웃에게 내줄 수 있다.

산상 설교에서도 예수는 계명을 강조한다. 음욕을 품은 사람은 이미 마음으로 선을 넘은 것이다. 자발적으로 고통당하는 사람은 주고받는 법칙을 깨트린다. 마르코 복음에서는 원수를 사랑하라고 하듯이 사회적·조직적인 것이 강조된다. 그럼에도 불구하고 여기서 세상의 사회적 새로운 질서를 위한(우리가 힘들게 실천해야 할) 강령은 제시되지 않는다. 이는 부차적인 것에 지나지 않는다. 여기서 결정적인 것은 자유의지로 예수를 따르는 일이다. 재산을 포기한다는 것은 이러한 자유의 조건보다 그 이상을 보여 주는 것이다. 바오로 사도라면 다음과 같이 말할 것이다(1코린 7,29 이하).

이제부터 아내가 있는 사람은 아내가 없는 사람처럼, 우는 사람은 울지 않는 사람처럼, 기뻐하는 사람은 기뻐하지 않는 사람처럼, 물건을 산 사람은 그것을 가지고 있지 않은 사람처럼, 세상을 이용하는 사람은 이용하지 않는 사람처럼 사십시오.

13.2 영적 교환

종교적 영역에서 주고받는 것do ut des이 없다고 생각한다면, 이는 자의적인 선입견에 지나지 않는다. 협상이나 상행위는 소상인들이나 하는 일이고 그리스도교에서는 하지 않는다는 말이 들리기도 한다. 그렇지만 예수의 가르침과 행적을 살펴보면 이러한 말은 옳지 않다는 것이 드러난다. 그의 가르침과 행적에는 주고받음, 교환이 나오며 "포기하는 사람은 얻는다."라는 교훈도 들어 있다. 영적 교환이라는 말을 나는 다음과 같이 이해한다.

삶의 한 측면을 내줘야 다른 측면을 얻을 수 있다. 우리가 평범한 일상과 소유물을 내줄 때 그 대가로 자유와 영적 반경을 얻을 수 있다.

예수는 모범을 보이며 제자들에게 하느님의 창조 권능에 참여하는 사람의 표상을 그대로 중재한다. 고대 교회에서도 수많은 사막의 성자들과 거룩한 은수자들을 통해 다음과 같은 사실을 증언했다.

세상적인 것을 모두 포기한 사람은 카리스마적 권능을 부여받아서 이를 인간의 선익을 위해서도 쓸 수 있다.

여기서 명백한 결과가 나온다. 이 대목에서 인상적으로 나타나듯이, 예수와 제자들의 삶의 방식은 그 자체가 목적이 아니고 직업적인 특성(유랑 철학자처럼)도 아니다. 이는 카리스마, 특히 치유의 은사를 얻기 위한 것과 직결되며, 관상 수도생활 양식에 암묵적으로 내포된 다음과 같은 의미를 지닌다.

일상과 삶의 넓은 영역을 포기할 때 카리스마 넘치는 특별한 은총과 재능을 받기 위한 토대가 마련된다. 여기서 중요한 것은 어떤 메커니즘이나 신심 깊은 특별한 업적을 이루는 것이 아니라 은총을 얻기 위한 공간을 확보하는 것이다.

그리스도교와 불교가 근본적으로 다르다는 사실을 부인할 사람은 아무도 없다. 하지만 불교 스님과 그리스도교 수도자는 함께 자리해 다양한 체험이나 기도 방식 등의 공동 주제를 놓고 서로 나눔을 가질 수 있다. 서로 닮은 요소가 닮지 않은 요소들을 더 부각시키기 마련이다. 예수와 제자들의 삶의 방식은 오늘날 그분을 따르는 이들에게 어떤 의미가 있을까? 먼저 한 가지를 꼽을 수 있겠다.

영성은 공짜로 주어지지 않는다.

영성은 일상과 평범한 삶의 안락함을 포기하는 값을 치루면서 날마다 사들여야 한다. 세상 한복판에서 살아가는 평신도에게 이 모든 것은 부분적으로나 가능할 뿐, 포기하지 않으면 일상에서 어떤 신심(영성)도 일굴 수 없다. 그렇지만 이런 면도 있다.

세상적인 것을 포기한 수행자를 그대로 홀로 두면 굶어 죽고 말 것이다.

은수자에게도 글자 그대로 손님 후대가 필요하다. 초기 교회에서 손님 후대는 예수의 복음을 선포하고 선교하는 데 실질적인 근간이 되었다. 예수의 식사(최후의 만찬과 바로 이어서 제정된 성찬례와는 혼동하지 말자)와 다른 공동체에서 온, 여행하는 그리스도인들을 맞이한 초기 공동체들의 환대는 그리스도교 전통을 전달하고 받아들이는 구심점이었다. 이런 풍습을 통해 그리스도교가 효과적이고 집약적으로 성장해 가면서 많은 교회를 설립하게 되었다.

이러한 역사적 통찰은 오늘날에도 '아래로부터' 새롭게 공동체를 재건하는 데 일조할 수 있다. 나는 여기저기서 옛것을 새롭게 시도하는 모습을 볼 때마다 참 기쁘다. 예를 들어 사람들을 저녁 뷔페에 초대하고 이어서 신앙의 핵심 문제를 놓고 진지한 대화의 자리를 마련하는 일이 그러하다. 이 얼마나 멋진 일인가! 교회의 문턱을 넘어설 때 들던 두려움이 사라지고 예수를 향해 마음을 모으는 가운데 영적 허기와 갈증이 해소되며 대화에 집중할 수 있다. 이런 분위기가 때로는 딱딱하고 건조하게 이어지는 성경 독서 모임을 활기차게 만들 수 있다. 이 모든 것은 교회나 공동체 전방에서 진행되지만, 서로 손을 잡고 전례에 참례할 수 있으며 또 그렇게 해야 한다. 사람들에게서 주일 의무에 대한 압박이 사라지고 신앙생활을 다시 활기차게 해 나갈 때 비로소 문제가 해결될 수 있다. 사실 사람들은 신심 깊은 공동체와 심오한 지식을 갈망하지만, 신앙생활을 제대로 하기까지 많은 노력이 필요하다. 그렇게 할 때 이런 바람직한 방향으로 나아갈 수 있다.

13.3 가난한 이들의 선물

중세의 한 감사송(1414번)을 보면, 가난한 과부의 헌금 비유(마르 12,38-44)를 들어 이렇게 기도한다.

> 돈을 기부하는 일이 얼마나 큰 선인지 보여 준 증인은 동전 두 닢을 헌금함에 넣어 풍성한 열매를 맺은 가난한 과부입니다. 그렇게 하여 왕들이 넣은 모든 은화를 무색하게 하였으니 이 가난한 과부야말로 얼마나 부유합니까! 이러한 열매를 맺은 그녀의 믿음은 또 얼마나 훌륭합니까! 보십시오! 한쪽 구석에 감추어졌던 그 미미한 돈이 이 땅을 충만하게 채우고 하늘까지 올라갔습니다.

클레르보의 베르나르도는 87번째 편지에서 자신에 대해 이렇게 말했다.

> 복음서에 나오는 가난한 과부의 모범을 따라 나는 내가 가진 것을 모두 사람들에게 내주었다.

이렇게 마르 12장의 가난한 과부는 자신이 가진 것을 몽땅 내주는 본보기가 되었다. 마르 12,38-40의 율법학자들과 마르 12,41-44의 가난한 과부의 극명한 대조는 의도적으로 배치된 것이다. 위협적이고 경고하는 두 예문으로 예수의 공적 활동은 막을 내린다. 대비되는 두 예문에 들어 있는 핵심 용어는 '과부'이다. 율법학자들은 과부들의 가산을 등쳐 먹지만, 가난한 과부는 자신이 가진 생활비를 전부 헌금한다. 이렇게 텍스트는 상반된 모티브들로 구성되었다.

부자와 가난한 사람들이 대비된다. 부자는 값비싼 옷을 입고 돈을 거두지만, 가난한 사람들은 돈을 내놓는다.

두 번째는 외양과 실제로 대조된다. 부유한 율법학자들은 자신의 위선과 불의를 감춘다. 중세 감사송에서 이미 보았듯이, 가난한 과부는 구석에서 자신이 가진 것을 전부 내준다. 다음의 세 번째 대조가 텍스트의 후반부를 지배한다.

부자들은 모두 풍족한 데에서 얼마씩 넣었지만, 저 과부는 궁핍한 가운데에서 가진 것을, 생활비를 모두 다 넣었다.

율법학자들에 관한 대목은 이들이 경제적으로 부유하고(재산) 종교적으로 신심 깊고(기도) 도덕적으로 올바르고(긴 겉옷) 사회적으로 크게 존경받은 사람(높은 자리)임을 보여 준다. 그렇지만 그들의 부富가 착취에 기인하고 깊은 신심은 위선에서 나온 것이라면, 이들의 좋은 점은 저절로 잃게 된다. 그렇게 되면 심판은 허울 좋은 집을 무너지게 한다. 이는 이미 오래전의 실상을 드러내는 것에 불과하다. 심판은 새로운 것을 가져오는 게 아니라 세상일을 가차 없이 밝혀내고 세속적으로 감추어진 실상을 규명하는 것이다.

가난한 과부가 다른 곳도 아니고 바로 성전에서 자신이 가진 돈을 모두 헌금함에 넣었다는 것은, 그리스도교 초기에 성전의 의미가 얼마나 중요했는지를 밝혀 준다. 예수는 성전을 정화할 때 그곳에서 판치고 있던 장사꾼들을 몰아냈다. 성전은 돈을 긁어모으는 곳이 아니라 주는 곳인데, 그 가난한 과부가 성전에서 바로 그렇게 한 것이다. 사도 6장에 의하면 성전은 과부들이 생활에 필요한 것을 배급받는 곳이다. 이렇듯 자선을 청하고 사람들로부터 도움을 받는 바로 그곳에서 그 가난한 과부는 관계를 확 뒤집어 놓는다. 그녀는 모든 것을 내놓는다. 1베드 4,8과 잠언 10,12 그리고 야고 5,20에 의하면 자선은 죄를 없앤다. 그러므로 자선은 성전에서 거행되는 세 번째로 큰 치유의 표지로서 화해의 날(욤 키퍼)과 속죄 제물과 더불어 속죄 제도에 가까운 것이다. '그녀의 삶 전체'가 보여 주는 비범함은 '온 마음을 다하여' 하느님을 사랑하라는 으뜸 계명에 초점을 두고 있다.

이 대목에 관한 현대의 해석과는 대조적으로 이 텍스트는 가난한 과부의 헌금을 비판하지 않는다. 주석가 중에는 예수가 과부를 사제들이 착취하는 희생양으로 묘사하려 했다고 여기는 이도 있다. 과부가 잘못된 가르침으로 오류에 빠져(!) 모든 것을 내주었다는 것이다. 이렇게 해석하는 사람은 남는 것만 헌금해야 한다는 의견을 내놓는다. 그러나 텍스트에 그런 언급은 없다. 그런 해석은 가진 것을 전부 내놓은 과부와 달리 기부금을 받고 노후 연금으로 생활을 보장받은 자신의 모습을 부끄러워하는 현대 주석가들이 내세우는 타산적인 주장에 불과한 게 아닐까? 성경 전체에 의하면 과부들은 가진 게 아무것도 없기 때문에 하느님께서 눈여겨보신다. 그리고 자신이 바치는 기도의 응답을 즉시 받는다. 바로 이러한 이유로 초기 공동체는 과부들이 다른 사람들을 위해 기도하도록 정식으로 임명했다(1티모 5,5). 하느님께서는 과부들의 보호자가 되시어 이들을 기꺼이 돌보신다. 고아와 날품팔이도 보호의 대상이다. 이들은 모두 하느님의 '고객'으로서 '직통 전화'로 연결된다. 고대 동방에서 유래한 이런 이야기와 보호받을 사람들은 하느님께 맡겨졌다는 내용에 대해서는 이 정도로 말할 수 있겠다.

어떻게 해서 이런 요소가 예수의 복음 선포에 들어갔으며 초기 그리스도교에서 종교적 동기가 담긴 모든 구걸 행위가 어떤 역할을 했는지 질문을 던질 수 있다. 마르 12장에 등장하는 가난한 과부가 흡사 거지와 같은 모습을 하고 있기 때문이다. 이는 예수의 삶의 방식과 복음 선포에서 거의 주목되지 않은 요인이다. 예수도 생계에 대해서 신경을 쓰지 않고 신심 깊은 여인들의 도움을 받거나(루카 8,1-3), 당신을 초대한 이들에게 의존해 살았기 때문이다. 다음과 같은 흥미로운 질문을 던져볼 수 있다.

어찌하여 예수는 거지처럼 행세했을까? 이것이 그분의 복음과 밀접한 관련이 있을까? 혹시 먼저 그렇게 해서 독신생활, 가족과의 이별, 제자들에게 느닷없이 요청한 순명(나를 따르라!)과 같은 여러 요소들이 자동적으로 따라오게 한 것은 아닐까?

이 문제를 푸는 열쇠가 다음 문장에 들어 있다.

거지는 자신의 삶에서 상징적으로 보여 준다, 인간이 하느님 앞에서 어떤 존재인지를(마르틴 루터는 임종을 앞두고 고백했다. "우리는 거지다. 이것은 사실이다!").

거지는 자신에게 뭔가를 주는 대상에게 철저히 의존할 수밖에 없다. 이때 누가 자기에게 선물하는가는 별로 중요하지 않다. 한곳에 정착하여 사는 그리스도인이든, 부유한 여인이든, 동정심 많은 부자이든 그에게는 상관없다. 빈손으로 살아가는 삶은 인간이 하느님 앞에서 어떤 존재인지를 구체적으로 보여 준다. 이는 하느님의 통치에서는 구속과 약속이 동시에 중요하다는 선포의 근본 요소에 해당된다. 예수의 삶의 방식은 하느님 앞에서 지녀야 할 기본자세에 대한 자신의 생각을 표현한 것이라고 볼 수 있다. 그분은 복음이 전체 안에서 의미하는 것을 작은 형태로 재현한다. 복음을 선포하는 일이 때로는 번거롭고 귀찮다. 그러나 예수의 삶은 간결하고 분명한 선포이다. 제자들과 가난한 과부의 삶 역시 그렇다. 구체적인 삶이 복음의 표상이 된다. 이러한 요소는 초기 그리스도교에서만 분명히 드러난다.

나중에 등장한 수도생활 양식은 여기서 발원하여 완전히 새로운 형태로 나아간 것이다. 이는 다음과 같은 의미를 지닌다.

구걸할 정도로 가난하게 사는 사람은 그러한 삶으로 자신이 빈손이고 날마다 모든 것을 하느님께 기대한다는 것을 보여 준다.

가족을 포기하는 사람은 자신에게 새로운 한 분, 천상의 아버지가 절실히 필요하고 성인들의 공동체 안에서 새로운 가족도 필요하다는 것을 알리는 것이다. 혼인을 포기한 사람은 메시아가 당신 백성과 함께 새로운 혼인생활을 시작했음을 깨달았다는 것을 보여 준다. 그래서 예수는 스스로를 메시아적 신랑이라고 말한다. 기원후 1세기에 저술된 「열두 사도의 가르침」에 다음과 같이 나온다.

진실하고 참된 예언자는 아내와 함께 살지만 몸에 손을 대지는 않는다. 이
렇게 지상에서 (그리스도와 그의 신부, 하느님 백성, 상징행위로) 교회의 신비를 드
러낸다. …이러한 상징행위들은 구약의 예언자들 가운데서도 발견할 수 있
다. (베르거/노르트 11,11)

메시아적 신랑인 예수는 신부를 먼저 '구해야' 한다. 여기서 삶의 방식
으로 표현된 모든 것은 작은 재현이자 현실 세계와 그 안에 있는 관계들
의 실제 부분이다. 복음은 이에 관해 말하는 것이다. 초기 그리스도교에
서 하느님과 구체적인 일상은 유일한 방법으로 긴밀히 연결되었기 때문
이다. 이렇듯 복음과 그 실천이 매우 근접해 있고 서로 엮여 있다는 것은
제자들의 삶에서 알 수 있다. 하느님과 인간 삶이 긴밀하게 함께 가기 때
문에 그리스도인들이 보여 주는 구체적이고 가시적인 삶은 복음 선포의
가장 중요한 형상이다. 따라서 예전에는 몰랐지만 하느님을 인격적인 존
재Person로 강하게 체험하게 된다. 하느님은 비인격적이고 이성적인 이신
론적인 신으로서 멀리 있는 분이 아니라 가까이 계시기 때문이다. 그분
이 가까이 계심은 이전에는 들어보지 못한 것으로서 가장 일상적인 것을
다른 시각으로 보게 하는 전혀 새로운 결과를 낳는다. 하느님은 이론이
아니라 진정한 의미에서 볼 때 생생하게 느낄 수 있는 실재이시다.

13.4 가난운동의 선봉자, 예수

'가난운동'이라는 용어는 자신의 상태를 거슬러 투쟁하며 강하든 약하
든 폭력을 동원하여 사회 변화를 이루려는 사람들로 구성된 느슨한 조직

을 떠오르게 한다. 가난운동은 고대와 중세를 비롯하여 18-19세기 영국에서도 일어났다. 당시 영국은 급속도로 산업화되면서 노동력을 착취하는 무자비한 상황으로까지 몰고 갔다. 아이들마저 마구 노동력에 투입하기를 주저하지 않았다. 이러한 상황이 지속되면서 마르크스주의가 등장하기에 이르렀다. 성경 시대에 가난운동은 열혈당원들에게서 찾아볼 수 있는데, 이들은 정치적 이유로 폭력을 통해 로마의 통치로부터 벗어나려고 전력투구했다. 열혈당원들은 테러리스트로 불릴 정도였다.

그리스어에서는 가진 것이 없는 사람들penetes과 구걸해야 하는 사람들ptochoi이 구분된다. 기원후 1세기에는 가난한 농촌 사람들이 첫 번째 부류에 속했는데, 이들은 무거운 세금으로 무너진 소작인과 날품팔이꾼들이었다. 두 번째 부류에는 사회적 뿌리를 잃고 남에게 의지하며 하루하루 연명하는 사람들과 장기 환자, 노인, 실직자들이 속했다.

공관복음서, 특히 루카의 작품들(복음서와 사도행전)을 보면 부자들을 향한 예수의 비판이 등장한다. 반면에 요한복음서와 바오로 서간들, 나머지 정경에는 이 점이 특이하게도 빠졌으며 요한 묵시록에는 몇 군데서만 볼 수 있다. 부자와 가난한 이들에 대한 예수의 태도는 다음과 같은 관점들을 내포하고 있다.

1. 부는 언제나 불의를 통해 이루어진다. 그래서 하느님의 통치는 처음부터 부에 대해 비판적이다.

2. 이 세상에서 가난한 사람은 하느님 나라가 열릴 때 사회적 보상을 기대할 수 있다. 하느님은 정의로운 분이시기 때문이다.

3. 예수는 제자들과 함께 의도적으로 '거지처럼 가난하게' 살았다. 그분은 사람들이 선사하는 것과 초대에 의지해 살았다. 이러한 정신으로 제자들도

파견했다. 그러므로 예수를 따른다는 것은 자신이 가진 것을 팔고 가족도 포기하는 것이다. 예수와 제자들의 이러한 삶의 방식은 개별적으로 당시 유랑 철학자들과 매우 흡사했다. 견유학파와 스토아학파가 이에 해당하는데, 디오게네스와 소크라테스를 꼽을 수 있다.

4. 가난한 사람들에게는 자선을 베풀어야 한다. 사도행전에 의하면 예루살렘 초기 공동체는 자기들 방식으로 예수의 삶의 방식을 이어 갔다. "…모든 것을 공동으로 소유하였다."(사도 2,44)라는 표현은 각 개인이 필요할 경우에 자기 재산을 팔아서 공동체 안에 가난한 사람이 없도록 한 것으로 이해된다. 이는 온전한 형제애로 연대했기에 가능한 일이었다.

5. 예수는 '걱정거리들로부터의 자유'를 하늘에 계신 아버지께 의탁하여 누린 반면, 사도 2-5장에 의하면 초기 공동체는 일상의 걱정을 스스로 해결해야 했다. 그래서 창조주 하느님이자 아버지의 자비로운 섭리가 들어설 자리에 공동체 조직을 배치했다. 예수에게 관건은 바로 이것이다. "너희는 먼저 하느님의 나라를 찾아라." 이 말씀은 세상에서 무엇보다 첫 번째 계명을 비롯한 다른 모든 계명을 충실하게 지키도록 노력하라는 뜻이다. 이 계명을 실천하기 위해 애쓰는 일이야말로 다른 모든 것에 절대적으로 앞서는 것이다. 이에 비해 초기 공동체에서는 공동체의 사회적 권위를 강화하고 정의를 실천하는 일에서 모범이 되기 위해 온갖 노력을 기울였다.

이러한 것이 해석의 결과라면 이렇게 해석한 사람의 정치·이데올로기적 성격을 간파할 수 있다. 그는 예수를 프롤레타리아 운동의 정점에 올려놓았다. 이는 애석할지도 모르지만, 자신들이 바라는 이상과 계획들을 예수 시대 안으로 끌어들여 그것이 20세기에는 어떻게 실현되었는지를 다룬 것이다. 예수는 사회적 구조의 변화를 영원永遠으로 바꿀 때로,

다시 말해 하느님 나라가 계시될 때로 넘기기 때문이다. 그러면 불의는 더 이상 존재하지 않을 것이다. 현재로서 자선은 가난한 사람들을 돕는 일이다. 예수가 물건을 팔아 얻은 수익금을 가난한 사람들에게 나누어 주기보다 재산을 파는 것에 더 큰 가치를 둔 것은 흥미로운 점이다. 그분에게는 오직 한 가지 일만이 중요했기 때문이다.

하느님의 뜻을 실천할 수 있도록 자유로워지기.

이는 "하느님의 정의를 찾으라."는 예수의 말과 의미가 같다. 그러면 다른 모든 것을 곁들여 받는다는 것이다. 따라서 이 '다른 모든 것'은 주요 목표가 아니라 부차적인 것이다. 사회적 관계의 변화는 하느님 나라를 건설하기 위해 지속적으로 추구해야 할 목표임이 분명하다. 그러나 이러한 목표는 이에 상응하는 하느님의 계명들을 지킬 때 비로소 달성할 수 있다. 분명한 사실은 이렇다.

하느님께서는 모든 사람에게서 그리고 모든 사람을 위해서 정의를 원하신다.

제자들이 폭력으로 대응해서도 안 되고, 가난한 이들의 복지 구현이 제자 파견의 목표도 아니다. 목표는 세상의 변화가 아니라 세상에서 정의를 이루는 일이다. 그러므로 복음의 뜻을 오늘날에 맞게 적용하기는 그리 간단한 일이 아니다. 내 관점에서 볼 때 그리스도인들이 할 일은 더 나은 세상을 위해 일반적으로 봉사하는 게 아니라 오히려 하느님의 계명을 지키면서 행동의 명확한 기준을 지니는 것이다. 결정적인 것은 항상 하느님의 뜻이다. 사람들이 개별적으로 옳다고 하더라도 세상의 변화를 위해 이런저런 일을 하는 것이 중요한 것이 아니다. 하느님의 뜻이 무엇인지 해석할 때도 현존하는 세상에서 일어날 결과에 대해 주목할 일이지, 성경에 쓰인 글자 그대로 적용해서는 안 된다. 공관복음서에 따르면 예수의 가르침과 삶은 하느님 뜻을 권위 있게 '번역한 것'이고 우리의 행동에 해당하는 것이다. 공관복음서를 자세히 들여다보면 예수가 대지주의 소유권을 몰수하지 않은 사실을 알 수 있다. 그분에게 중요한 것은 오직 하느님의 뜻을 이루기 위해 필요한 인간의 자유였다.

지난 수십 년 동안 예수에 관한 사회·역사적 연구 분야에서는 예수가 극단적인 사회개혁가였기 때문에 죽임을 당했다는 주장을 최신의 학문적 이론으로 여기는 추세에까지 이르렀다. 이 주장에 의하면 예수는 농부였고 무엇보다 모든 사람이 평등하다고 가르쳤으며 당시의 종교·정치적 권력을 부정했다. 예수가 모든 사람은 언제든지 일상에서 '신적 요소'에 접근할 수 있다고 말하면서 사제와 제식이 없는 종교를 설파했기 때문이다. 예수는 하느님과의 관계를 이어 주는 교회라는 대리인 제도를 없애 버렸다는 주장도 나왔다. 그들이 내세운 이론에서 특징적인 것은 공동 식사에서 식탁 예절이 빠진 점이다.

이러한 현대적 예수상에서 가장 거슬리는 점은 인격적 하느님의 실재가 결여된 것이다. 예전에는 예수에 의해 설립된 제도를 지나치게 강조한 반면, 이제는 예수가 모든 것을 단호히 폐지하려 했다는 것에 비중을 두고 있다. 여기서 핵심은 예수는 현대의 마틴 루터 킹처럼 극단적인 민주주의자이고 휴머니즘적인 인권주의자였으며 이를 위해 돌아가셨다는 것이다.

나는 이러한 최신 이론에서 복음사가들이 보도하는 내용을 철저히 왜곡하여 거의 인지할 수 없을 지경까지 이른 현상을 본다. 종교의 본래 영역은 더 이상 아무 역할도 하지 못한다. 예수는 윤리, 인권, 반-성직자주의를 대변하는 역할이나 하는 정도로 위상이 내려가고 말았다.

윤리와 인권의 저편에서 하느님의 실재성Realität의 발단은 어떤 방식으로 이루어질까? 이 질문에 대한 대답은 그리스도교가 다음 세대에도 존속할 것인지에 달려 있다. 신약성경이 윤리와 인간애의 지침으로 축소되는 현상은 아무도 막을 수 없다. 오히려 문제는 이러한 종류의 축소, 제한이 텍스트 자체에서 생기는 질문과 요청을 전체적으로 지속적으로 막아 낼 수 있는가이다. 요한 묵시록에 나오는 표상들의 내용이 '윤리적'으로나 '사회역사적'으로도 만족스럽게 해석될 수 있을까? 그럴 수 없다고 본다. 예수는 십자가의 죽음으로 실패한 테러리스트나 불운한 농부 지도자로 끝나지 않았다. 부자와 대지주들이 그분을 죽인 것이 아니라 법정 앞에 선 군중이 빌라도를 압박하여 죽인 것이다. 예수를 십자가에 못 박은 것은 종교적 원인이 작용했으며, 로마에 반발한 기회주의자와 바리사이들이 감정이 상해서 저지른 짓이다. 전반적으로 볼 때 분명한 점은 다음과 같다.

> 예수는 모든 것을 말하지 않았으며 사람이 늘 해야 하는 것을 다 알 수도 없었다. 그분은 프랑스 지역 마티니크의 노예들이나 영국 웨일스의 지뢰밭에 있는 아이들, 브라질 리우데자네이루의 빈민가는 본 적도 없다.

성경이 세상의 모든 것을 담고 있지는 않다. 그러나 성경은 우리에게 방향을 제시하고 하느님의 뜻이 무엇인지 늘 살피도록 요청한다.

13.5 부자는 하늘나라에 갈 수 없는가

인간적인 잣대로 보면 부자가 하늘나라에 갈 가능성은 전혀 보이지 않는다. 엄격한 보상 법칙이 따르기 때문인데, 이는 마태오와 루카복음서에 나오는 예수 말씀에서 명백히 드러난다.

이 세상에서 그리고 현재에 부와 명성을 얻은 사람은 더 이상 아무것도 기대할 수 없다.

따라서 다음 세상에서 기회를 얻으려면 이 세상에서는 될 수 있는 대로 가난하고 박해받고 무시당해야 하는 것이다. 루카복음서에 나오는 잔치의 비유에서 이 점이 명확하게 표현된다(14,11).

누구든지 자신을 높이는 이는 낮아지고 자신을 낮추는 이는 높아질 것이다.

예수는 낭신을 초대한 이에게 말씀하신다(루카 14,12-14).

네가 점심이나 저녁 식사를 베풀 때, 네 친구나 형제나 친척이나 부유한 이웃을 부르지 마라. 그러면 그들도 다시 너를 초대하여 네가 보답을 받게 된다. 네가 잔치를 베풀 때에는 오히려 가난한 이들, 장애인들, 다리 저는 이들, 눈먼 이들을 초대하여라. 그들이 너에게 보답할 수 없기 때문에 너는 행복할 것이다. 의인들이 부활할 때에 네가 보답을 받을 것이다.

이러한 논리는 산상 설교에 나오는 원수를 사랑하라는 요청과 보상받을 생각을 하지 말라는 요청에도 깔려 있다. 이 세상에서 보상받지 못한 사람은 하늘나라에 보물을 쌓는 것이다. 되돌려 받을 생각을 하지 않고 재산을 나누어 주는 사람도 이와 같다. 형평에 대한 생각이 지나치게 계산적이라고 비판할 수도 있다. 그러나 이 단순하고 솔직한 말씀 가운데 정의를 갈구하는 희망이 있다. 즉 가진 게 없어서 아무것도 사용하지 못하고 누리지 못하는 사람, 그래서 자신의 갈망을 생생하게 지닐 수 있고 또 지녀야 하는 사람을 위해서 하느님께서 활동하시고 도와주시며 치유하실 공간이 생기기 때문이다.

마르코에 의하면 예수는 하늘나라에 갈 수 없는 부자의 입장을 감안해 "하느님께는 모든 것이 가능하다."(마르 10,27)라고 했다. 이 말씀은 하느님께서 원하시기만 하면 부자도 하늘나라에 들어가도록 허락하신다는 뜻일까? 하느님께는 불가능한 것이 없다는 말씀 이전에 나오는 이야기는 조금 다른 내용을 제시한다.

오로지 하느님만이 사람의 마음을 움직여서 후회하고 회개하게 하신다. 하느님만이 단단한 돌도 말랑말랑하게 바꾸실 수 있다.

그러므로 하느님께서는 부자를 회개시켜 가난하게 살아가도록 움직이실 수 있다. 여기서 그분의 위력이 발동한다. 그렇다면 부자에게 올 기회는 하늘나라로 들어가는 입구에만 달려 있지 않다.

바로 지금 여기에서 그가 회개하는 기적이 일어날 수 있다.

여기서 부자는 하늘나라에 갈 수 없다는 원칙이 세워진다. 부자가 반드시 부자로 머무를 필요는 없다. 변화가 일어날 수 있는 것이다. 하느님께서 그를 움직이신다.

예수는 어느 때 사람을 부자라고 하는지 명확히 규정하지 않는다. 돈이 어느 정도 있어야 부자라고 하는지도 말하지 않는다. 마르 10장에 나오는 이야기는 논리가 조금 다르게 진행된다.

부자 청년은 자기 재산을 떠날 수 없다.

그는 예수보다 재산에 매여 있다. 이것이 그분께 품은 인간적인 호의보다 훨씬 강했다. 부자 청년은 재산에 집착했기 때문에 병들어 있다. 그는 재산을 우상처럼 사랑한다. 벗어나야 하는 우상에 마음이 단단히 매여 있는 사람 같다. 부자는 재산이 많든 적든 부자유스럽게 매여 있다는 것을 의미한다. 여기서도 다시 한 번 분명한 점은 사랑이 성경적 신앙의 본래 주제라는 것이다. 따라서 다음과 같은 물음을 던지면서 마음을 살펴보아야 한다.

너의 마음이 어디에 있는가? 예수를 따르는 길보다 돈을 더 좋아하는가? 너의 동경이 돈으로 충분히 해소되는가? 아니면 여전히 인간적인 동경이 남아 있다가 마지막에야(최종적인 우선권에 대한 투쟁이 끝나고) 하느님께로 향하는가?

사랑에 대한 이러한 질문 외에도 하늘나라로 들어가기 위한 다른 길이 하나 더 있다. 관계를 구축하는 일이다. 이 발칙한 표현은 다음과 같이 좀 더 신심 깊은 말로 다듬을 수 있다.

성당 짓는 일이다.

그러나 성당을 지으려면 돈이 있어야 한다. 세상의 자녀와 빛의 자녀에 대한 비유의 결말은 처음에 비해 덜 불편하고 덜 도전적이다. 예수는 이렇게 말한다(루카 16,9).

내가 너희에게 말한다. 불의한 재물로 친구들을 만들어라. 그래서 재물이 없어질 때에 그들이 너희를 영원한 거처로 맞아들이게 하여라.

돈으로 친구를 구하라는 말보다 더 불쾌한 것은 없다. 돈을 세탁하는 일이 무엇인지 누구나 잘 알고 있다. 그런데 예수는 다른 사람들에게 무언가 주는 것이 돈을 세탁하는 일에 해당한다고 말한다.

너희가 가진 돈은 늘 불의에서 오는 것이다. 그 돈에는 불의가 달라붙어 있다. 어디선가 누군가는 늘 착취당하고 이자를 내고 적은 임금을 받지만, 다른 누군가는 큰돈을 벌어들인다. 이런 일은 비일비재하며 앞으로도 달라지기 어렵다. 그러나 너희는 돈을 세탁할 때 감추어 둘 만한 곳이 있다. 바로 성당을 짓는 일이다. 교회는 내일이면 문 닫을 공동체가 아니다. 먼 미래까지 존속할 것이다.

한 가지 흥미로운 점은 우리가 지금 다루고 있는 이 텍스트는 무언가 나누어 주어야 할 가난한 사람들에 대해서 언급하지 않는다는 것이다. 루카가 그리스도교 공동체에 대해 말할 때는 가난한 사람들을 돌보는 일에만 염두에 둔 것이 아니다. 만일 그렇다면 다음과 같이 아주 단순해지고 말 것이다.

교회는 다시 그저 변두리로 밀려난 사람들만 위해 일한다. 그렇게 하여 주변적인 일에만 매달리게 될 것이다.

예수는 우리에게 나눔을 통해서 친구를 만들라고 한다. 그러면서 주고받는 계산을 분명히 한다. 그분이 우리를 본다면 이렇게 말할 것이다.

그리스도교는 부자에게도 전파될 수 있다.

오래전 아리스토텔레스가 말했듯이, 친구란 '모든 것을 함께 소유하는' 존재이다. 오늘날에 맞게 표현하면 이러하다.

몇몇 사람이 자신을 위해 신심 깊은 무언가를 생각하는 데서는 교회가 탄생할 수 없다. 오히려 그리스도인들이 어떤 값진 것을 진정으로 서로 나눌 때 교회는 실재가 되고 교회에 약속된 것이 활발하게 작용한다. 예를 늘면 시간·기쁨·운동·돈·음식·취미·우정을 나눌 수 있다. 서로 나누는 것이 구체적일수록 공동체도 더 완전해진다. 예수에게 관건은 늘 '내일모레'이다. 집사는 내일 쫓겨나겠지만, 내일모레가 되면 관계는 어떤 형태로든 다시 형성된다. 사랑하는 그리스도인들이여, 너희는 내일은 살아 있겠지만, 내일모레가 되면 너희를 잊지 않는 공동체에, 퇴직해서 연금을 받을 때뿐 아니라 훨씬 더 나중까지 공동체에 의존하게 될 것이다.

이런 점은 주목할 만하다. 지금 나눔을 받는 사람들은 언젠가는 다른 사람을 '영원한 거처'에 받아들여야 한다. 이것을 우리는 이미 한 번 죽었거나 죽음 직전에 이른 사람들의 증언을 통해서도 잘 알고 있다. 이들이 죽은 다음에 맨 처음 본 사람은 친척이나 친구들 또는 최근에 세상을 떠난 이들이었다. 이에 대해 예수도 다음과 같이 생각한다.

너희가 하늘나라에 들어간다면, 그것은 그곳의 너희를 받아들일 친구들 덕분이다.

대중 신심도 이렇게 말한다.

하늘나라 입구에 서 계신 분은 예수님이나 하느님이 아니다. 유다인들에게 에녹이 서 있듯, 우리에게는 베드로 사도가 있다. 초기 그리스도인들에게는 베드로와 천사들 그리고 돌아가신 성인들이 서 있었다.

예수는 그리스도인이 하늘나라로 들어가면 그가 다른 사람들을 그곳에 들어오게 한다고 생각했다. 그래서 말한다.

친구들을 만들어라!

이 말을 우리는 망설임 없이 교회에 적용해도 된다. 교회는 산 이와 죽은 이를 모두 포괄하는 공동체, 성인들의 공동체이다(신앙고백에서 망각된 사항). 우리는 교회가 종말까지 존속한다는 것에 의지하고 있다. 나는 위층, 아래층으로 나뉘어 구성된 제도 교회보다 친구들의 모임으로서의 교회를 선호한다. 예수의 저 말은 사실 불쾌하기 그지없다. 여기서 관건은 구원과 연관된 돈의 의미이기 때문이다. 돈과 돈을 사용하는 문제는 그리스도교에서 금기 사항이다. 사람들은 돈을 가지고 있지만 돈에 대해 말하지는 않는다. 예수는 이런 금기를 부순다. 그는 우리에게 머뭇거리지 말고 돈으로 무언가를 하라고 요청한다. 결코 가볍지 않은 요청이다.

성인들의 공동체를 설립하라!

예수는 또 이렇게 말한다.

돈으로 관계를 구축하고 성인들의 공동체를 설립하라!

사실 하느님은 우리 돈이 필요 없으시다. 하늘나라라고 부르는 영원한 거처에서 우리는 독방에 머물지 않으며, 오직 하느님하고만 볼 일이 있는 것처럼 존재하지도 않는다. 오히려 진짜 관건은 우리가 믿는 성인들의 공동체로, 우리가 거기에 속하는가의 여부이다. 하느님께서 우리에게 원하시는 것은 바로 성인들의 공동체, 한 가지뿐이다. 우리가 여기에 속하든 그렇지 않든 관계없다. 우리에게는 하느님 앞에서 함께할 공동체가 필요하다. 고대 교회는 성찬례에서 축성에 이어 이렇게 기도했다.

주님, 믿음의 표지 안에서 저희보다 앞서 간 당신의 종들을 생각하소서. 저희는 저희를 잊지 않고 먼지처럼 흩날리지 않는 공동체를 필요로 하나이다. 누군가가 저희를 생각하고 저희를 위해 하느님께 기도하는 공동체가 필요하나이다. 기억하는 것이 저희가 바라는 전부이옵니다.

내 고향의 본당신부는 모금할 일이 생기면 헌금하라는 말과 함께 다음과 같이 덧붙인다.

헌금할 돈이 없는 사람은 기도로도 도울 수 있습니다.

지당한 말이다. 하지만 기도는 두 번째로 좋은 길이다. 예수는 사람들을 잘 안다. 우리에게 가난한 사람들을 위해 기도하라고 요청하지 않는다. 예수는 그들을 위해 우리에게 돈을 내놓으라고 한다. 우리 마음이 돈에 매여 있다는 것을 잘 알기 때문이다. 바로 여기서 많은 사람들에 대한 비난이 시작된다. 그리고 바로 여기서(구체적으로 헌금이라고 하자) 교회가 공동체로 결성된다. 우리가 돈지갑을 열지 않으면 어떤 믿음도 우리를 구원할 수 없다. 하느님께서는 작은 규모의 사설 은행가들로만 구성된 백성을 창조하신 것이 아니기 때문이다. 그분은 서로 믿고 다리를 놓는 백성, 무엇보다 돈으로 다리를 건설하는 백성을 창조하셨다. 우리가 돈지갑을 여는 순간 마음도 즉시 뒤따른다. 그것이 주님께서 본디 원하시는 바이다. 신학을 공부하는 학생들이 최근에 이 문제를 놓고 이의를 제기하며 다음과 같이 말했다.

아무리 그래도 돈으로 관계를 살 수는 없습니다!

나는 이렇게 대답했다.

세상 사람들 가운데 절반이 굶주리고 있는데, 달리 무슨 수가 있겠습니까!

이런 상황에서 우리가 고상하고 높은 수준의 영적인 관계에 대해서만 논할 수는 없는 일이다. 먼저 주어야 한다. 그리고 받기도 해야 한다. 그러기에 새로운 '모금 마케팅'은 굶주리는 사람들의 비참함만 강조하지 않고 인간의 품위를 강조하면서 그들과 나누어야 한다고 외친다. 물론 돈만으로는 충분하지 않다. 재물은 우리의 생활 수준을 높이기 위해 있는 것이다. 여기저기서 억지로 절약했다는 것을 월말 계산하면서 아는 것으로는 충분하지 않다. 때로 나는 신약성경학자라는 직업에 감사하며 이렇게 바라본다.

그리스도교가 거의 종점에 다다른 곳으로, 젊은 신학자들의 신앙 위기 속으로 들어가야 한다. 아니면 내 방식으로 '선교'라는 고통스러운 사업을 시작해야 한다.

다른 사람들은 묻는다.

그 말은 업적을 쌓아 정의로워지겠다는 뜻이 아닙니까?

이에 나는 이렇게 대답한다.

우리에게 아무 비용이 들지 않고 아무 변화도 일어나지 않으며 그리스도교에 어떤 의무도 지우지 않으면, 우리는 자비의 종교에 쉽게 편승하고 말 것입니다. 그러나 우리가 돈지갑을 열 때 비로소 거룩해집니다.

우리는 돈지갑을 심장 바로 앞에 있는 주머니에 넣고 다닌다. 우리에게 가장 거룩하고 가장 좋은 것이기 때문이다. 누구도 우리에게 돈을 내라고 강요할 수는 없다. 업적을 쌓아 정의로워질 수도 있을 것이다. 그러나 우리는 그렇게 되기 위해 무언가를 내주려고 하지는 않는다. 루터가 힘겹게 고투하며 정립한, 은총만으로 구원된다는 가설은 이미 오래전부터 (종파를 초월해) 온갖 종류의 게으름, 무위無爲, 무관심을 변호하는 닳아빠진 구실이 되었다. 우리가 언젠가 이 사실을 파악할지도 모르겠다. 더 심각한 것은, 은총론을 잘못 적용해 어떤 성인 공동체도 생겨나지 않는 것이다. 교회에 가는 것은 선한 업적을 쌓으려는 것에 지나지 않는다며 주일에 집에 있기를 선호하는 사람들이 넘치도록 많다. 예수는 이러한 위선적 행동을 꿰뚫어 본다.

너의 보물이 있는 곳에 네 마음도 있다!

바로 여기에 이 텍스트가 지닌 유일한 가치와 보물이 놓여 있다. 예수는 우리가 도망갈 길을 허용하지 않는다.

네 마음이 어디에 매여 있는지 말해 다오. 바로 그곳에 네 보물이 있다.

예수는 우리의 도주로를 정확히 알고 있다. 우리의 이런 말 때문이다.

믿음은 좋은 것이지만 돈을 내기는 싫습니다.

예수는 그리스도인들의 이름으로, 성인들 공동체의 이름으로 말한다.

그런 소리 그만하고 돈을 내라!

빛의 자녀와 세상의 자녀에 대해 언급한 비유로 다시 돌아가자. 빛은 우리를 기다리는 모든 것을 표현하는 참으로 아름다운 낱말이다. 그리스도교는 마조히즘(이성으로부터 정신적·육체적 학대를 받고 고통을 받음으로써 성적 만족을 느끼는 병적 심리 상태)이 아니다. 희생을 위해 삶을 적대시하지도 않고, 아무런 전망 없이 고통만 주지도 않는다. 그리스도교는 빛의 순수함과 가벼움과 선명함을 약속한다. '빛'은 많은 말을 하지는 않지만, 부활, 봄, 온갖 두려움의 종결을 뜻한다. 어린 시절 나는 어머니와 함께 멋진 구식 카메라를 들고 밖으로 나가 흑백사진을 찍으며 빛과 그림자가 서로 어우러지는 현상을 관찰하고 포착한 적이 많았다. 그래서 내가 빛에 애착하는지도 모르겠다. 그리스도교는 두려움으로 가득 찬 어두운 종교가 아니다. 그리스도교는 이렇다.

그리스도교는 빛의 자녀들과 성인들의 공동체이다. 하느님은 빛의 아버지시다.

몇 해 전에 오랜 친구인 예수회 사제 오스발트 폰 넬브로이닝Oswald von Nell-Breuning이 세상을 떠났다. 그는 평생에 걸쳐 이론과 실천으로 그리스도교 사회론을 옹호한 스승이었고, 몇 안 되는 노동조합 전문가 중 한 사람이었으며, 신학자로서 공동 결정권을 얻기 위해 노력한 투사였다. 100세 생일을 맞은 그가 소감을 멋지게 말하며 이렇게 덧붙였다.

나는 큰 희망을 품고 마지막 시간을 기다리고 있습니다. 그때가 오면 내가 그동안 돕기 위해 애썼던 많은 노동자들이 내 옆에서 기도하며 지켜 주기 바랍니다.

이 말이 앞에 나온 비유에 대한 가장 최근의 해석이자 최고의 해석이라고 여겨진다. 나이를 먹는다고 해서 우리가 삶에 대한 동경을 포기할 필요는 없다. 우리는 빛과 사랑에 초대되기 때문이다. 우리는 앞으로 다가올 모든 것을 향해 '큰 희망을 품고' 맞이할 수 있다. 이 길을 혼자 걸어간 사람은 없다. 누구나 다른 사람들과 함께 가는 것이다. 친구들과 함께 기도하면서 예수의 이름으로 걸어가는 것이다.

14장

예수와 진리

:

14.1 관대한 예수와 관대하지 못한 교회

14.2 이성적 진리와 예수의 진리

14.3 예수와 붓다

14.4 예수와 공자

14.5 예수와 무함마드

14.6 예수만 믿으면 구원되는가

14.7 예수 신앙과 새로운 계시

14.1 관대한 예수와 관대하지 못한 교회

이런 말을 들은 적이 꽤 있을 것이다.

예수는 관대했는데, 교회는 관대하지 못하다. 예수는 마음이 넓었는데, 교회는 완고하고 융통성이 없다. 예수는 창의적이고 생기를 주며 복잡하지 않았는데, 교회는 독단적이다.

사람들은 예수의 우주적 관대함에 감탄한다. 그가 이방인 종을 고쳐 주고 가나안 여인의 딸에게서 마귀를 쫓아내고, 간음한 여인을 단죄하지 않은 장면에서 특히 잘 알 수 있다. 예수는 식사 전 손 씻는 규정과 다양한 청결 규정에도 매이지 않았다. 안식일에 병든 사람을 낫게 함으로써, 그는 계명을 지키는 일에서도 여유로웠다. 제자들이 안식일에도 이삭을 비벼서 먹는 것을 허용하지 않았던가? 이에 비추어 예수는 계명을 해석하는 일에서도 엄정하지 않은 게 틀림없다. 예수는 사람들을 낫게 하고 위로하며 일어나도록 했지, 위협하고 심판하며 다그치지 않았다. 이러한 행적들에 근거하여 예수가 어떤 분이셨는지 다음과 같이 추론할 수 있겠다.

예수는 사회적·종교적 규정을 정하는 일에서 비판적인 자세로 거리를 유지했다. 그분은 자유로웠고 사람들이 어떤 짓을 하고 무엇을 믿든 상관하지 않았다. 예수는 단 한 사람도 심판하지 않았고 아무도 내치지 않았으며 모든 사람을 품어 안았다.

사람들이 무엇을 생각하고 무엇을 하든지 예수에게는 아무런 문제가 되지 않았다. 그에게 관건은 사람들이 서로 평화롭고 관대하게 살아가는 일이었다. 사람들도 이런 잣대로 평가하고 싶을 것이다. 이러한 예수상은 19세기의 학문적 경향을 비롯해, 예수와 교회의 현격한 차이와 대비를 구축하려 했던 자유주의적 성경주석가들이 제시한 것이다. 프랑스의 신학자이자 역사가인 알프레드 루아시(Alfred Loisy, 1857-1940)에게서 유래한 다음과 같은 문구는 세대 전체 연구가들의 구호가 되었다.

예수는 하느님 나라를 선포했는데, 우리에게 온 것은 교회였다.

예수는 교회를 통해 이음새 없이 받아들여졌으나, 극단적인 분열로 말미암아 다음과 같이 대치되고 말았다.

예수는 교회에서 떠나라.

이러한 예수는 교회에 대단한 선동가로 비칠 수밖에 없었다. 신자들은 교회의 칼같이 예리한 교의와 규범과 유리되고 말 것이다. 이른바 예수의 관대함은 동시대 현상인 자유방임과는 전혀 공통점이 없다. 예수가 안식일 계명을 교화할 때에는 자신과 아무 상관이 없어서 그렇게 한 게 아니기 때문이다. 예수는 계명의 의미를 살려서 올바르게 적용하고 사람들을 위한 본래의 봉사가 되도록 한 것이다. 이렇듯 그는 계명을 없앤 것이 아니라 좀 더 현명하게 활용하도록 했으며 계명의 본래 의도가 빛을 발하게 했다. 예수가 간음한 여인을 단죄하지 않고 사람들이 돌로 치지 못하게 막은 까닭은 간음이 좋은 것이라든가 혹은 비신사적이지만 너그럽게 눈감아 줄 수 있는 행위로 여긴다는 뜻이 아니었다. 간음한 여인에게는 회개할 기회를 주려는 것이며, 돌을 던지려던 사람들에게는 내면에 잠재된 위선에 대해 주의를 환기시키려고 한 것이다. 그가 이방인들에게 관심을 돌린 것은 하느님을 섬기는 사람이나 이방인이나 아무 차이가 없다거나 자신이 처세에 능한 것을 표현하려고 한 것이 아니다. 오히려 하느님의 구원이 모든 사람에게 임박했음을 보았기 때문에 그렇게 한 것이다. 예수는 유다인들의 청결 규정을 폐지한 것이 아니다. 율법에 비추어 문제를 해결함으로써(사제나 바리사이의 방식으로) 외부로부터 강요된 깨끗함을 마음으로부터 우러나오는 능동적인 깨끗함으로 바꾼 것이다. 그렇게 해서 예전에 불결하다고 취급된 사람들과 사물이 정결하다는 것을 미리 보여 주었다. 능동적이고 공격적인 깨끗함은 예수의 사명을 이해하는 데 열쇠 역할을 한다. 그러나 무엇이든 상관없다는 인간적인 관대함을 위해 청결 규정이 폐지되지는 않는다.

예수의 자유로운 태도는 해이함이 아니라 하느님의 투철한 뜻을 깊고 역동적으로 이해한 데서 나온 것이다. 하느님은 불결한 것도, 이방인도 당신께로 끌어들이고 싶어 하신다. 예수는 흰옷을 걸치고 들판을 활보하면서 큰 소리로 외치며 축복한, 만인의 웃음거리가 아니다. 학자 중에는 예수가 "모든 이에게 다정하고 아무에게도 상처주지 않은 분"이라고 각색하려는 이도 있지만 실제로는 그렇지 않았다. 복음서의 예수는 정확하고 눈썰미가 대단한 분으로, 진리의 문제와 관련해서는 결코 손을 놓거나 애매한 태도를 보이지 않았다. 첫 번째 계명과 자신의 파견에 대한 인식이 기준이었기 때문이다. 예수는 이스라엘이 선택된 민족이란 사실에 대해서 조금도 의심하지 않았다. 그래서 도그마를 무시한 적이 없다. 이렇게 말할 수 있다.

예수는 한 분의 유일하신 창조주 하느님을 믿었다. 그분은 토라를 충실히 이행하고 완성했으며, 이방인의 집에는 들어가지 않았다. 바리사이들이 그랬듯이, 깨끗함에 큰 가치를 두었는데 마음으로부터의 깨끗함을 강조했다. 예수는 이스라엘이 선택되었다는 것을 확신했으며, 신앙의 선조 아브라함과 이사악과 야곱이 이미 부활했다고 믿었다.

하느님의 역동적인 사랑이 이스라엘의 희생으로 실현된 것은 아니다. 오히려 비길 데 없이 크고 강하여 이방인들에게까지 넘어간 것이다. 하느님의 사랑은 계명과 토라 덕분에 실현된 것도 아니다. '저 깊은 곳으로부터' 이 두 가지를 뛰어넘은 것이다. 계명은 어떤 경우에도 유효하기 때문이다. 그렇더라도 예수는 더 급진적이고 단호한 자세로 나서면서 계명을 교화했다. 그리고 이 계명을 모두 포괄하는 것, 궁극적인 것, 곧 하느님께 대한 사랑으로 구체화했다.

14.2 이성적 진리와 예수의 진리

예수는 '인정이 많고' '엄격한 교의학자'가 아니라는 표현은 수긍할 만하지만, 그를 이해하고 수용하는 데 지금까지의 방식에는 문제가 있다. 사실 예수는 치밀하게 구성된 이론 체계를 남기지 않았기 때문이다. 그는 일관성 있고 체계적인 이론가가 아니었다. 고대 유다인들 가운데 그런 인물은 아무도 없었다. 추상적이고 심오한 사고 영역에서 볼 때 예수는 명확하고 예리하게 파악되지 않는다. 그러나 이러한 영역에서조차 오류는 뚜렷이 나타난다. 예수는 논리적으로 부족한 부분을 인격의 명백함으로 보완한다. 나는 대담하게 말한다.

예수는 지금까지 존재한 사람들 가운데 가장 명백한 분이셨다. 그분은 하느님의 분명한 실재를 우리가 쉽게 알도록 완벽하게 보여 주셨다.

예수는 "나는 진리다."(요한 14,6)라고 말한다. 성경적으로 볼 때 진리는 인식이나 논리의 문제가 아니다. 옳고 그름을 판단할 수 있는 명제의 문제도 아니다. 후자는 근대에 나온 사고방식이다. 성경에서 말하는 진리란 '증거하는 힘'sich zeigende Kraft이다. '진짜 하느님'과 가짜 신은 그분의 유일성을 논증하는 방법으로는 구분되지 않는다. 당신 모습을 보이시고 다른 신들은 무가치한 존재로서 궁지로 몰아넣으실 때 비로소 확연히 구분된다. 진리는 인간이 똑바로 서도록 도와주는 힘이다. 더욱이 삶과 죽음과 연관된 힘이다. 진리는 죽음을 극복하여 머무는 것이다. 이는 그리스 철학과 놀라운 일치를 이룬다. 그리스 철학에서도 진리는 머무는 것이기 때문이다. 그렇지만 철학에서의 진리는 온갖 의혹과 반증에도 불구하고 고수할 수 있는 올바른 견해를 말한다. 우리는 그리스 철학이 주는 매력에 푹 빠져 진리란 진술과 실상이 일치하는 것으로 이해하는 데 이미 오래전에 익숙해졌다. 이런 옳음의 기준이 되는 것은 증명, 명확한 증명이다. 그런데 성경은 진리에 대해 다른 개념을, 성경 자체를 위해 더욱 중요한 개념을 담고 있다. 여기서 관건은 다음 측면이다.

시편이 이미 하느님의 정의와 진리를 노래했다. 이러한 의미에서 예수는 "진리가 너희를 자유롭게 할 것이다."(요한 8,32)라고 말씀하셨다. 곧 죄로부터 자유로워지리라는 뜻이다. 여기서 말하는 진리는 하느님으로부터 방출되는 그 무엇이다. 결정적인 것은 인과율로 증명할 수 있는 것이 아니라 하느님의 구원 활동이다.

예수에게는 자신이 토대이고 바탕이다. 그의 삶과 약속, 은총은 어느 누구도 능가할 수 없다. 그는 마귀의 온갖 공격도 거뜬히 물리친다. 그렇기 때문에 우리는 성경이 알려 주는 대로 진리를 받아들이고 예수를 따를 수 있는 것이다. 진리는 사건이나 사물, 사실이 아니다. 바로 하느님 자신이 진리다. 이 진리에 기초를 둔 사람은 죽음에 대항하는 위력에 참여한다. 여기서는 어떤 일시적인 증명도 쓸모없다. 성경의 의미에서 '지고 가는 것'이 무엇인지는 글자 그대로 누가 '최후에 웃는 자'이냐에 따라 결정된다.

이것이 맞는 말이라면, 바르게 인식하여 진리에 동참하는 방식도 구분된다. 예수와 인격적으로 소통하는 사람만이, 그분께 믿음을 고백하는 사람만이 하느님의 이러한 진리에 동참하기 때문이다. 그러나 여기서 중요한 것은 인식론(오류나 착각을 가려내는)이나 윤리(거짓의 척도가 되는)가 아니라 권위와 가능성과 역동성이다. 궁극적으로 우리는 신적 진리를 다스리고 대리하는 협조자가 된다. 이때 예수가 '진리'를 증거한다면, 이는 하느님의 요청과 권능을 알린다는 뜻이다. 그러면 그분은 하느님께서 이 세상에 어떤 의미를 지니시는지 말씀과 행적으로 선포하신다. 그분의 나라는 죽음을 극복할 것이다. 이렇게 말할 수 있는 이유는 교회에 대해 언급한 마태 16,18이 뒷받침해 주기 때문이다. 죽음('하데스Hades의 문')이 교회를 이길 수는 없다. 요한복음서에서 빌라도는 필경 잘못된 물음을 던진 것이다. 그는 이렇게 질문할 것이 아니었다.

진리가 무엇이오?

다음과 같이 질문해야 했다.

누가 진리란 말이오?

네 번째 복음서에서 진리는 인격Person을 의미한다. 이 말에 앞서 예수는 다음과 같이 말했다.

나는 진리다.(요한 14,6)

앞에서 살펴보았지만, 오늘날의 개념에 입각하여 진리를 파악하려 든다면 이해하기가 쉽지 않다. 성경에 의하면 진리는 예수를 따르는 가운데 습득되는 것이다. 여기서 코란과 차이가 크게 벌어진다. 그리스도교는 책에서 얻는 진리가 아니다. 우리가 기도하는 대상은 성경책이 아니라 진리이신 삼위일체 하느님이시다. 그러므로 교회 공동체는 진리가 깃든 장소이다. 누구나 알고 있듯이, 성경은 독립된 책으로서 하늘에서 떨어진 게 아니라 교회 안에서 형성된 것이다.

다른 관점이 하나 더 있다. 네 번째 복음서에 의하면 (쿰란 텍스트에도 이와 비슷한 내용이 있다) 예수는 진리를 실천하라고 말씀하신다(요한 3,21). 생각만으로는 옳은 것을 실천할 수 없다. 진리를 실천한다는 것은 다음과 같은 뜻이다.

하느님을 의지하며 이에 바탕을 두고 자신도 신뢰할 수 있도록 행동하는 것이다.

이 말은 예컨대 생명을 전수하라는 것이지, 파괴하라는 뜻이 아니다. 예수가 "나는 길이요 진리요 생명이다."라고 한 것은 어떤 의견의 옳음이 아니라 그분에게서 나온 신뢰성을 의미한다. 이 모든 텍스트에서 다루고 있는 점은 (틀림과 대비되는) 인식한 것이 옳다는 의미에서나 (거짓과 대비되는) 인식한 것을 언급했다는 의미에서 진리를 말하는 게 아니다. 여기서는 죽음을 넘어 드높여진 하느님 권세의 의미에서 하느님의 진리가 관건인 것이다. 하느님은 그림자처럼 지나가고 마는 일시적인 분이 아니다. 하느님은 사람을 미혹시키는 환영이나 환각에 지나지 않아서 사방으로 흩어지고 마는 그런 존재가 아니다.

이런 방식에 비추어 진리가 인격이라면, 서점에서 책 한 권을 구입하여 익히거나 내용이 좋다고 여기는 것으로는 진리를 습득하기 어렵다. 진리가 인격이라면, 우리가 온 마음을 다해 이 인격을 대해야만이 습득할 수 있다. 그저 합리적이거나 순전히 객관적으로 대하고 인식만 하는 태도는 여기에 적합하지 않다. 진리가 인격이라면, 우리는 온 마음을 다하고 몸과 이성을 총동원하여 그 안으로 들어가야 한다.

그러나 하느님의 고결한 진리는 진리에 관한 진술과 텍스트와도 연관성이 있다. 바로 이것이 기준이다. 하느님의 진리는 불충분하고 빈약한 보도에 결코 근거를 둘 수 없다. 그러나 이것만이 중요한 것은 아니다. 치유 기적과 구마행위의 진실을 가려낼 잣대는 진리에 대한 물음에도 전반적으로 해당한다. 전체적이며 지속적으로 도움이 되는 것이면 진실할 것이다. 여기서 '지속적인 것'은 우리의 상상을 초월하는 영원과 관련된다. 하느님의 진리는 죽음을 뛰어넘는다.

그러면 이 진리는 교회의 가르침과 신앙고백과 어떤 관계일까? 신앙고백을 하면서 교회는 예수와의 관계를 새롭게 인식한다. 여기서 그 자체로 좀 더 포괄적인 것이 간접적으로, 그리고 이성에 의해 습득된다. 그렇지만 사람들이 늘 명백하게 인식하도록 가르침으로 고정될 필요가 있다. 특히 이러한 '프렌드십'의 특별한 내용과 요청을 자기 자신과 다른 사람들 앞에서 명확히 하기 위해서도 그럴 필요가 있다.

14.3 예수와 붓다

예수의 진리는 세상에 존재하는 다른 종교의 진리와의 비교 또는 대립을 피할 수 없다. 먼저 예수와 붓다, 그리스도교와 불교의 공통점을 전체적으로 살펴보고, 관련 주제들을 다루면서 차이점도 간략히 정리해 보자.

공통점은 다음과 같다.

예수와 붓다는 종교를 설립한 인물들이다. 물론 새로운 종교를 설립했다기보다는 기존의 종교를 개혁했다고 하는 편이 옳을 것이다. 이들은

'스승'으로서 주변에 제자들을 모아들였다. 스승도 제자도 모두 정상적인 가정생활을 포기했다. 여성과의 관계는 삼가고 조심스러워했다. 스승을 믿는 사람은 그를 따라가야 했으며, 자신의 생각과 삶도 바꾸어야 했다. 참된 삶이 아니면 과감히 버려야 했다. 그들은 가난 속에서 방랑생활을 했다. 두 스승은 종교적으로 높은 신분을 내려놓고 철저히 수행의 길을 걸었다. 제물과 종교예식은 뒤로했으며, 지켜야 할 계명이 다섯 내지 열 가지 있다고 선포했다. 두 스승 모두 잘못된 믿음에서 나온 행동들은 배척했다. 예전의 선생들로부터는 배울 만한 점이 별로 없었다. 두 스승이 추구한 목표는 '새로운 인간'이었다. 신분과는 관계없이 모든 영혼의 구원이 관건이었으며 '민주화'를 꾀했다. 설립자가 세상을 떠난 뒤에는 카리스마가 보편화되었으며 설립자에게는 별도의 이름과 명예로운 칭호가 붙었다. 침묵과 명상이 이 두 가지 운동에서 중요한 역할을 했다.

차이점은 다음과 같다.

사회적 · 전기적傳記的 요소

예수는 중간층에서도 낮은 계층에 속했고 일찍 죽어야 했다. 붓다는 상류층에 속했으며 고령까지 살았다. 예수는 가난한 사람들에게 봉사하면서 기적을 행한 반면, 붓다에게 기적은 명상의 힘을 드러내는 것이었다.

인간의 역할

인간은 자신의 행동과 태도로 고통을 자초한다. 붓다에게는 탐욕과 삶에 대한 갈망이 고통의 원인이고, 예수에게는 죄가 원인이다.

세상과의 관계

예수는 몸소 실천하여 세상을 변화시키려고 했고 세상을 개조하는 데는 한 가지 계명이 있다고 보았다. 붓다는 세상을 내려놓으려고 했으며, 가상假象과 엮이지 않고 벗어나려고 했다. 그에게 관건은 세상으로부터의 해탈이었다.

하느님께 대한 질문

예수는 하느님을 인간의 상대자로 가르친 반면, 붓다에게 신들Götter은 관객에 지나지 않았다. 예수는 하느님을 아버지로서 새롭게 체험했으나, 붓다는 아무 체험이 없었다. 예수 그리스도의 하느님은 생동적이고 활동적이지만, 붓다에게는 신들도 구원을 필요로 하는 존재에 불과했다. 예수에게 하느님의 통치는 생명을 얻은 반면, 붓다에게 니르바나Nirwana는 삶으로부터의 해탈이고 삶에서 벗어나는 것이다. 그리스도교는 화해(하느님과 인간의 화해)의 종교인데 반해, 붓다는 해탈의 종교를 설파했다.

가르침

예수에게는 믿음이 핵심적이고 규범적인 가르침인 반면, 붓다에게는 깨달음이 관건이었다. 그러나 깨달음은 인간이 추구하더라도 얻기 힘든 은사이다.

구조

그리스도교는 구심적이고 '오직 예수를 통한 구원'이라는 주장과 관련된 것에 비해, 불교는 원심적이고 각 개인이 중요하다고 본다.

중재자 역할

그리스도교에서는 예수가 유일한 존재이고 중심인 반면, 불교에서는 많은 부처들이 존재하기를 바란다. 그리스도인에게는 역사의 예수가 중요하지만, 불교 신자들에게는 개인과 개성을 없애는 것이 관건이다. 예수는 글로 기록된 책보다는 각 사람의 마음이 핵심이라고 여긴다. 붓다는 영혼이나 자아를 부인한다. 불교에는 거룩한 책이란 것도 없다. 예수는 중재자로서 하느님과 세상 사이의 거리를 극복한 반면, 붓다는 세상과 하느님 사이에는 결국 거리가 없다고 가르쳤다.

인격

그리스도교에서는 예수 그리스도 안에서 사람이 되신 말씀이 최상의 실재이다. 이와 달리 붓다는 말이란 지속적으로 상대적인 것이라고 가르쳤다. 예수는 하느님 나라는 생명을 얻는 것이고 하느님께서 죽음에 맞서 끝까지 통치하신다고 가르쳤다. 그러나 붓다는 니르바나는 삶으로부터의 해탈, 삶이 없어지는 것이라고 가르쳤다. 세상을 통치한다는 것은 환상에 불과하며, 이 환상은 니르바나 앞에서 퇴색한다는 것이다. 예수는 중요한 존재로 머물고 심판 역시 그분과 연관된 것임에 비해, 붓다는 개개의 중생에게 그다지 중요한 존재가 아니다. 붓다는 얽힌 관계에서 벗어나오는 길만 가르쳤다. 예수는 하느님 통치의 인격적 실현이나, 붓다는 잘못을 범하지 않도록 가르친 스승이다. 예수에게 그리스도인은 먼저 자신을 내려놓으면서 자기 자신을 구하는 사람을 의미한다. 붓다에게 해탈과 깨달음은 자기가 없을 때만, 그리고 자신을 넘어선 세계에서만 이루어지는 것이다. 예수는 나를 내려놓는 일을 이 세상에서 이미 새로운 생명을 얻기 위한 전 단계로 본다. 붓다에게 새로운 삶은 최후의 내려

놓음과 나를 지워 버릴 때 비로소 싹튼다. 예수에게 낡은 나를 대신하는 새로운 나는 하느님, 즉 자신을 통해서 이루어진다. 붓다에게 새로운 것은 평정심이고, 연민을 거두는 것이다. 그것은 전체의 일부이며 망각해야 할 번뇌의 가상假象에 불과하기 때문이다.

사랑 또는 평정심

예수가 무조건 요청하는 것은 사랑이다. 하느님께서는 인간에게 사랑이 필요함을 잘 아시고, 당신의 뜻을 이에 맞추신다. 붓다에게는 사랑도 평정심으로 대해야 하는 것이다. 사랑 역시 가상의 한 부분이기에 도를 넘지 않도록 주의하라고 가르친다. 예수는 가장 보잘것없는 사람에게도 다가가서 자비를 베푼다. 붓다에게 호의는 온화함과 냉담함에서 나온 결과이다. 최종 목표는 자기 자신도, 친구도, 적도 사랑하지 않는 것이다. 예수에게는 마음이 이웃 사랑과 하느님 사랑의 진원지이다. 붓다는 머리가 인식과 자비의 중심이라고 가르친다. 예수에게 악은 투쟁해서 이겨야 하는 것이다. 붓다에게 악은 윤리적인 것으로, 고통스런 현세를 이겨 내는 것이다. 예수는 하느님께 대한 믿음을 중심에 둔다. 붓다는 묻는다.

"믿음이 갈망으로 지탱되고 고통의 원인이라면 무슨 소용이 있느냐?"

예수는 이렇게 대답한다.

"인간적인 사랑은 하느님께서 가까이 계시다는 것과 그분의 사랑으로 지탱된다. 갈망으로 지탱되는 것이 아니다."

이와 대조적으로 붓다는 다음과 같이 말한다.

"선과 동정심은 마음의 평정을 향해 정진하는 것에 불과하다."

예수는 인격적인 하느님을 안다. 붓다는 니르바나는 이름 붙이기 어렵고 제한을 받지 않는 상태이며 감지되지 않은 행복이라고 한다.

기도와 명상

예수는 기도하고, 붓다는 명상한다. 예수에 의하면 하느님과의 관계는 기도 안에서 깊어진다. 기도는 하느님과 인간을 이어 준다(청원기도). 붓다에게 명상은 침묵하고 자성하는 것이며, 구원의 길은 하나의 기술이다. 자신과의 관계는 명상하면서 찾아야 한다. 예수에게 묵상과 기도는 구원하시는 하느님을 체험하기 위한 문이다. 붓다에게 깨달음은 초월적인 것을 신 없이 체험하는 형태를 말한다. 베네딕토 성인이 주창한 "기도하고 일하라!"라는 모토는 그리스도교적이다. 일을 상대화하는 것은 불교적이다. 불교에서는 세상일보다 내면에 이르는 길이 더 중요시된다. 예수는 의사로 여겨진 반면, 붓다는 심리치료사로 이해된다. 예수는 하느님과 인간을 잇는 징검다리이다. 이에 비해 붓다에게는 영원과 무상 사이에 다리가 없다.

고통의 극복

눈을 뜨는 것은 그리스도교적 태도이고, 눈을 감는 것은 불교적 태도이다. 예수는 고통을 극복하려 하고, 붓다는 고통을 없애려고 한다. 예수에게는 삶 자체가 이미 고통이 아니다. 고통은 선이 결핍되어 창조된 것이다. 다른 사람을 억압하고 착취하는 행위는 하느님께서 주신 생명을 거스르는 것이다. 붓다는 이렇게 말했다.

"삶은 결국 무의미하고, 가시적인 세상은 나쁜 것이다."

예수는 이렇게 가르쳤다.

"하느님의 활동으로 악의 권세는 끝난다."

예수 자신이 희망을 드러내는 강력한 표지이다. 붓다는 인간이 자신과 고통과의 관계를 곰곰이 생각할 때 고통이 변화된다고 했다. 예수에게 믿음은 하느님과 인간 사이에 가로놓인 심연을 없애는 것이다. 붓다에 따르면 누구나 부처가 될 수 있다. 그러나 그 길도 결국 사라지고 만다.

제도

교회가 수도회보다 앞서는 점은 그리스도교적이라는 것이다. 불교는 본질적으로 수도회 성격을 지닌다. 예수는 절대적이고 우주적 의미를 지닌다. 이에 비해 붓다는 누구든지 될 수 있다.

이렇게 불교와 비교하는 가운데 그리스도교에서 예수의 고유성이 선명히 드러난다. 붓다는 자신이 전한 새로운 소식 뒤로 사라진 반면, 예수는 그 자신이 새로운 소식이다. 예수는 무엇을 위해 죽고 무엇 때문에 사라졌을까? 간단히 대답하면 이렇다.

그분은 하느님 곁에 우리가 머물 거처를 마련한다.

초기 그리스도교의 종교적 분위기를 아는 사람은, 특히 유다교에 관해 어느 정도 아는 사람은 다음과 같이 인지할 것이다.

이것은 폭발력이 강한 새로운 소식이다.

쿰란 텍스트들이 보여 준 점은 유다교에서는 영원한 삶에 대한 희망을 더는 품지 못했다는 것이었다. 유다인들의 보편적인 생각에 따르면,

인간이 죽으면 셰올(Sheol, 저승)에서 그림자와 같은 존재로 있다고 한다. 이를 극복할 최선책은 하느님께로 나아가는 것인데, 이런 은총은 기껏해야 몇몇 사람에게만 주어진다는 것이다. 반면 예수가 전하는 메시지는 참으로 혁명적이다. 그분은 이렇게 말한다.

> 내가 아버지께 가면, 우리 가운데 한 명이 그곳에 올 것이다. 이는 철회될 수 없다. 이는 '제대로' 죽기 위해 다시 한 번 이 세상에 와야 하는 에녹과 엘리야의 경우와는 전혀 다른 것이다.

여기서 말하는 것은 참으로 다른 어떤 것이다. 여기서 꿈이, 나중에 유다적 신비가 인간에 대해 품은 꿈, 그리하여 하느님께 도달하기를 바라던 꿈이 앞당겨 이루어진다. 그러나 이것만이 아니다. 예수 혼자서 하느님께 도달한 게 아니라 수많은 형제자매 중 첫째로서 도달했다는 것이다. 예수를 믿는 사람, 글자 그대로 그분을 먹는 사람은 그분을 닮을 수 있고 또 닮아야 한다. 그분은 생명의 물이고 빵이며 빛이고 포도나무이기 때문이다. 그분을 자신 안에 받아들이는 사람은 같은 길을 걷는다. 바로 예수 자신인 그 길을 걷는 것이다.

이렇게 하여 우리는 구원자이신 예수의 역할에 대해 완전히 새로운 시각을 갖게 되었다. 우리는 '구원자'라는 단어에서 십자가만을 연상하는 것에 익숙하지만, 네 번째 복음서가 우리 시야를 넓혀 준다. 이 복음서에서 '머무르다'라는 단어의 의미를 조금 이해한 사람이면 14장 2절("거처할 곳이 많다."라는 말은 예수에게만 해당하지 않는다)에서 핵심인 구원에 대한 말씀도 알아들을 수 있다. '머무르다'라는 말은 네 번째 복음서에서 한결같이 다음과 같은 의미이기 때문이다.

죽음의 날카로운 이빨에서 벗어나는 것.

머무는 것은 죽음에 대한 승리를 말한다. 우리가 "무엇이 머무는가?"라고 묻는다면, 네 번째 복음서는 이 물음을 수정한다.

그렇게 묻지 말고 "누가 머무는가?"라고 질문해라.

하느님께로 향한 예수의 길은 우리에게 하늘이 열려 있다는, 그 누구도 깨뜨릴 수 없는 확신을 심어 준다. 속박은 풀어졌다. 이렇게 알려지면서 여하튼 십자가의 수치는 완전히 잊히고 사람들에게 영적으로 큰 영향을 미쳤다. 하느님께로 향한 예수의 길은 높은 산을 처음 등정하는 것과도 같다. 등정이 성공하면 다른 사람들도 같은 노선을 따라 올라갈 수 있다. 예수의 운명은 '평민적이 되었다.' 바오로 사도가 말한 대로 그분은 수많은 형제자매 중 첫 번째로 태어난 분이다.

예수의 결정적 구원 행위는 미래에 효력을 발휘한다. 예수는 우리가 영원히 머물 거처를 마련해 놓았다. 구원이란 예수와 그리스도인들이 함께 아버지 곁에 머무는 것이다. 마르 13,27에서도 보도하듯이 결정적인 것은 예수가 제자들을 당신 곁으로 불러 모으는 것이다. 1테살 4,17에서 언급하는 것처럼 그리스도인들도 '주님과 함께 있을 것'이다. 요한복음서는 다음과 같은 환시를 보여 준다.

이 이름 위에 기초를 두고 하느님을 믿으며 예수의 제자가 되는 사람은 미래를 향해 활짝 웃을 것이다.

그런데 하늘나라는 어디에 있을까? 죽음 다음에 맞이할 신비로 가득 찬 공간과 미래 세상에는 우리를 두 팔로 꼭 안아 주고 싶어 하는 분이 기다리고 계신다. 죽음은 우리를 하느님과 더 이상 갈라놓지 못한다. 그러기에 예수는 루카 12,50에서 죽음을 세례라고 명명했다. 하느님께 어울리지 않는 것은 모두 내려놓기 때문이다. 우리의 현세적 몸을 훼손시킨 모든 원죄가 특히 이에 해당된다. 현세적인 몸과 함께 우리는 이러한 훼손으로 입은 고통에서 벗어나게 된다. 이러한 위로 가득 찬 신비에 예수만큼 가까이 다가간 사람은 아무도 없다. 수도자들이 바치는 그레고리안 성가에서 죽음을 쉽게 감지할 수 있다. 그래서 중세 초기에는 이 성가를 '죽음에 대한 지속적인 묵상'meditatio mortis continua이라고 불렀다. 그렇게 부른 까닭은 인간에게 무거운 짐을 지우기 위해서가 아니라 죽음의 문턱을 넘는 연습을 하기 위해서였다.

하늘나라는 순전히 미래에 울릴 음악이 아니며 위로를 주지도 않는다. 그 이유는 예수는 길이실 뿐만 아니라 하느님의 유일한 모상이기 때문이다. 우리도 이 모상을 갖추고 있다. 이 완벽한 모상은 이미 우리 안에 있다. 그래서 초기 시토회 회원들은 '하느님의 집'을 그린 그림이면 모두 금지했다. 인간만이 하느님의 모상이기 때문이다. 인간은 예수 그리스도 안에 있는 하느님의 본래 모상에 따라 쇄신된다. 예수가 "나를 본 사람은 아버지를 본 것이다."라고 한 말은 주변국의 종교 역사 관점에서 볼 때 그가 하느님께 첫 번째 인간이라는 메시지와 마찬가지로 새로운 것이다. "나를 본 사람은 아버지를 본 것이다."라고 말한 사람은 이전에 아무도 없었다. 아담과 하와의 얼굴에서 빛나던 하느님의 광채는 이미 오래전에 사라졌다.

한스 우르스 폰 발타사르Hans Urs von Baltasar는 「영광」이라는 탁월한 저서에서 네 번째 복음서의 미학적 차원에 관해 거듭 언급했다. 그는 자유주의자들의 탈신화화 신학을 다음과 같은 논리로 비판했다.

그들은 추상적인 요소들로만 사람들을 먹이려고 한다. 예수와의 관계는 바라보고 맛보아야만 비로소 맺을 수 있는데 말이다.

추상적인 요소들(예수의 의미에 대한 말들)로는 배만 더 고파질 뿐, 도움이 되지 않는다. 하느님을 바라보고 맛보는 것은 근본적으로 전례와 결부되어 있다. 이 전문 분야를 점차 폐지할 것이 아니라 오히려 신학생 교육의 핵심으로 삼아야 한다. 모든 길이 여기로 모이기 때문이다. 미사에 참례하여 형제들과 함께 믿음을 고백하며 하느님의 영광을 보았다고 말한다면 이의를 제기할 사람이 있겠는가. 내가 김나지움을 졸업하고 신학 공부를 막 시작하던 무렵, 본당신부가 미사경본 한 권을 선물했는데 그 안에 다음과 같이 적혀 있었다.

우리는 그분의 영광을 보았다.(요한 1,14)

전례 중에 피조물이 발산하는 광채를 끌어모아 하느님의 영광을 드러내기 위해 여러 가지 요소(물, 불, 돌, 재)를 활용한다. 무엇 때문에 예수만이 길이라는 말인가? 신약성경 전체가 주는 답은 하나다.

예수 그리스도의 아버지이신 하느님만이 죽음의 권세를 물리치실 수 있다.

이 질문에 의해 모든 종교 설립자들이 평가된다. 이 말은 요즈음 유행하는 (신-)불교에도 해당한다. 선의로 이 새로운 종교에 다가가는 사람들은 대부분 이 종교의 주된 가르침이 본디 자기 자신을 없애는 것이지, 머무르는 것, 하느님에 의한 새로운 삶이 아니라는 사실을 전혀 깨닫지 못한다. 이 종교의 핵심은 나Ego도 이기주의와 더불어 없어져야 한다는 것이다. 그러나 신약성경학자인 나로서는 그리스도인들이 이 새로운 종교에 발을 들여놓는 것을 도저히 이해할 수 없다. 예수에게 관건은 나의 구원, 결정적 활력을 분출하는 일이기 때문이다. 모든 것을 움직이는 사랑이 중요한 것이다. 사물을 내려놓고 그것에서 벗어나 마음을 비우는 것은 예수의 제자들도 배운 내용이다. 밭에 숨겨진 보물의 비유를 보면, 그 보물을 발견한 사람은 보물을 다시 숨겨 두고는 기뻐하며(!) 집으로 돌아가 가진 것을 다 팔아 그 밭을 산다. 이 말이 무슨 뜻이겠는가? 우리는 불교를 기다린 것이 아니다. 예수로 충분하다.

14.4 예수와 공자

중국의 현자이자 도덕가인 공자는 기원전 551년부터 479년까지 살았다. 우리는 「논어」를 통해 그에 관해 어느 정도는 알고 있다. 예수와 공자가 여러 가지 주제를 놓고 마주앉아 대화하는 형식으로 꾸며 보았다.

^{공자} 나는 내가 지혜를 가르치는 스승이라고 생각한다.
^{예수} 그 점은 내게 낯설지 않다. 사람들도 나의 지혜에 감탄한다. 나는 하느님 지혜의 특성을 잘 알고 있다(마태 11,25 : 아버지, 하늘과 땅의 주님, 지혜롭다는 자들과 슬기롭다는 자들에게는 이것을 감추시고 철부지들에게는

드러내 보이시니, 아버지께 감사드립니다). 그래서 나는 지혜에 관해 말한다.

공자 나는 내 주변에 제자들을 모아들였다. 그들을 가르치면서 대화한 것이 기록으로 남아 있다.

예수 나 역시 내 주변에 제자들을 모아들였다. 내가 제자들에 가르친 내용을 네 복음서에서 보도한다.

공자 지혜는 최상의 목표이다.

예수 그 말에 이의를 제기한다! 하느님을 공경하는 것이 가장 중요한 일이다. 따라서 최상의 목표는 첫 번째 계명을 지키는 것이다.

공자 지혜의 열매는 '정의'이다. 나는 이 단어를 히브리어나 그리스어에서 말하는 '정의'와 같은 뜻으로 이해한다. 정의는 사람들이 함께 살아가는 데 중요한 역할을 한다.

예수 정의는 하늘나라로 가는 데 기여한다. 여기서 '하늘나라'는 하느님께서 통치하시는 곳을 의미한다. 계명을 준수할 때 하늘나라가 태동한다.

공자 폭력을 행사하고 반란을 일으키는 것은 나와는 거리가 먼 일이다.

예수 나는 비폭력을 지지한다. 오직 하느님만이 주권자이시다.

공자 인간의 삶은 사람들에게 봉사하는 데 의미가 있다.

예수 내 생각도 그렇다. 사람들을 지배하는 것이 아니라 그들에게 봉사하는 데 인간 삶의 의미가 있다.

공자 나는 사람들에게 덕행의 길을 보여 주려고 한다. 솔직함, 충실함, 지혜, 이웃 사랑, 올바름이 이에 해당한다.

예수 나 역시 솔직함을 좋아한다. 그래서 나는 맹세하는 것을 금지한다. 나에게는 충실함도 중요한 것이다. 이런 까닭에 나는 이혼을 허락하지 않는다. 이웃 사랑이 모든 계명의 최고봉이다.

공자 나는 사회 안에 존재하는 개인에 초점을 맞춘다. 따라서 선한 사람이 되는 것이 내가 지향하는 목표이다.

예수 우리가 선한 사람이 되는 것은 하느님의 뜻이다.

공자 나는 주술을 반대한다. 내용이 없는 형식주의도 반대한다. 마음으로부터 신실한 것이 우러나오지 않으면 나는 이에 투쟁한다. 한 치의 오점도 없이 건전하게 거행되는 제사만이 주술을 몰아낸다.

예수 깨끗함에 대한 문제에서는 나 역시 그렇게 생각한다. 오직 마음에서 우러나오는 깨끗함만이 참되다. 나는 쓸데없이 떠벌리는 기도를 물리친다.

공자 나는 주술을 거부한다. 그래서 예언이나 전조도 반대한다.

예수 종말은 전조 없이 온다. 사람은 늘 회개할 준비를 하고 있어야 한다.

공자 현세의 삶을 제대로 이해하지 못하는 한, 죽음에 대해서는 아무 말도 할 수 없다.

예수 나는 바리사이들 가까이 서서 그들과 함께 부활을 선포한다. 이는 하느님 표상에 관한 문제이다. 죽음 뒤에 무엇이 올지, 이에 대한 앎의 문제가 아니다.

공자 나는 인륜人倫을 중시한다. 다시 말해 임금과 신하, 아버지와 아들, 남편과 아내, 연장자와 연소자, 벗 사이에 지켜야 할 도리를 중시한다.

예수 나는 "황제의 것은 황제에게 돌려주고, 하느님의 것은 하느님께 돌려 드려라." 하고 말했다.

공자 우리가 결정적으로 다른 점은 인격적인 하느님에 대한 문제와 관련된다. 이 문제에서 나는 물러나겠다. 하느님에 관해서 나는 그분에게서 질서와 의무가 유래한다는 정도만 알고 있다.

예수 하느님은 최소한 인격적인 존재와 같은 분이라는 점이 가장 중요하다. 하느님은 아버지이시고 모든 사람을 당신 자녀로 삼으려고 하신다. 이렇게 그분은 우리를 영원토록 사랑하신다. 하느님은 죄와 잘못을 용서하시고 은총을 주신다.

^{공자} 나는 질서를 중시하는 철학자이다. 그래서 사람들이 서로 신뢰하며 살아가고 도리를 지키라고 강조한다.

^{예수} 나는 하느님의 아들이다. 사람이 하느님의 뜻을 알고 실천하려고만 한다면 다른 모든 것은 더불어 받게 된다. 이것을 실천하려면 개인기도가 많은 도움이 된다. 성령은 이 세상에서 활동하는 하느님의 지혜이다. 세상은 내가 흘린 피로 구원되었다. 구원은 믿음 안에서 (주술이 아니라!) 성취된다.

14.5 예수와 무함마드

순전히 문학사적으로 볼 때 코란은 성경과 비슷한 내용이 무척 많다. 코란의 몇 문장만 읽고도 다른 문헌들과 비교해 보면 언어, 내용, 세계관이 철저히 성경의 영향을 받았다는 것을 인정하지 않을 수 없다. 코란은 특히 구약성경에 나오는 인물과 이야기들을 풍성히 받아들였다. 아브라함, 하가르, 이스마엘, 사라, 이사악, 모세를 비롯해 다른 예언자들에 대해 상세히 언급되어 있다. 성경에 등장하는 천사들도 특별한 사랑을 받고 있다. 신약성경의 인물들도 중요한 존재로 등장한다. 하느님의 말씀인 예수, 마리아, 예수에 관한 수많은 이야기와 말씀이 코란에 고스란히 기록되어 있다.

그러나 무엇보다 무함마드의 하느님은 다름 아닌 바로 성경에 등장하는 아브라함의 하느님이다. 알라Allah라는 단어는 히브리어 엘로힘Elohim 과 일치하고, "알라 외에 다른 신은 없다."라는 신앙고백도 '셰마 이스라엘'Schma Israel과 일치한다. 무함마드 자신이 그리스도인이었을 가능성이 있다. 어쩌면 그의 아내 가운데 한 명은 그리스도인이었을 수도 있다(마리아는 콥트 교회에 속한 그리스도인이었다). 우리가 확실히 말할 수 있는 점은 다음과 같다.

이슬람교는 특정하게 형성된 그리스도교를 기반으로 설립된 것으로, 그리스도교 이후 등장한 종교이다.

이슬람교 이전에 아라비아에서 믿었던 그리스도교는 다음과 같은 특성을 지녔다.

ㄱ) 정경에 기록되지 않은 예수 어록 Agrapha으로 가득 찼는데, 수덕적인 성격이 강했다.
ㄴ) 그리스도교 외경에서 유래한 전승이 풍성히 들어 있었다(특히 예수의 유년 설화가 들어 있는 토마스복음서).
ㄷ) 지역을 대표하는 큰 교회가 이단으로 간주한 전승으로 형성되었지만, 내용은 그리스도교적인 것들(마리아의 신성, 예수를 대신해 다른 사람이 죽었다는 베드로 묵시록의 진술)로 구성되었다.

그러면 '계시'의 개념에서부터 출발하여 신학적 평가를 내려 보자. 이 개념은 성경에 의해 이미 확정된 것이 아니라 훗날 정리된 체계적인 범주라는 장점이 있다. 계시는 세 가지로 분류된다.

1. **예수 그리스도의 인성을 통한 하느님의 계시.** 이 계시는 절대적인 것으로 간주된다. 이것을 능가할 만한 것을 상상할 수 없기 때문이다. 하느님께서는 인간을 통한 계시보다 더 강력하고 효과적으로 당신 자신을 드러내실 수 없다. 여기서 유다인과 무슬림들과 대화하기 위해 일종의 초Super-계시를 생각해 본다. '초-계시'란 양적으로나 질적으로 향상된 계시로 이해할 수 있다. 계시가 이루어지는 시점은 하느님께서 당신이 부르신 예언자에게 말씀하시고 권한을 주시며 그가 하느님의 이름으로 선포할 때이다. 그 경우에, 그 범위에서 예언자는 '하느님께서 보내신' 인물이다. 요한복음도 근본적으로 이 표상에 따라 예수를 생각했으나, 예수는 모든 예언자를 능가한다. 그분은 영원으로부터 하느님과 인간의 중재자로 정해졌고(요한 1,1-2,14; 17,4 참조), 하느님은 그분과 일치하여 머무시며, 그분은 자신이 유래한 하느님께로 다시 들어 높여졌기 때문이다. 예수가 하느님의 말씀과 행적을 이 세상에 알리는 존재로서 아버지로부터 파견되었다는 것은 그의 예언적 파견과 관련된다. 이렇듯 예수가 하느님께서 현존하시는 장소라는 점, 그분이 세상을 위한 하느님의 은사라는 점에서 질적으로 향상된 새로움이 발단한다. 여기에 초-계시가 작용하여 하느님께서 인간에게 내려오신다. 이것이 바로 요한복음의 구상이고 계획이다. 여기서 나는 그리스도교와 이슬람교를 이어주는 주요 다리를 본다. 코란 역시 예수를 하느님의 말씀으로 고찰한다는 사실이다. 무함마드가 아니라 예수를 그렇게 여긴 것이다. 이는 요한복음의 견해와 거의 일치한다. 이 계시가 우리에게는 여전히 최종적인 것이 아니다. 신약성경의 개별 문헌들은 예수 그리스도의 이 참되고 최종적인 계시의 때가 아직 오지 않았다고 말한다.

2. **예언자와 사도들의 증거에 의한 하느님의 계시.** 우리는 성경을 통해 이러한 계시에 대한 많은 증거를 읽을 수 있다.

3. (하느님의?) **수많은 계시**. 그리스도교 교회 내부를 비롯해 외부에도 수많은 계시가 존재한다. 이에 관해서는 1코린 14장에서 이미 말했다(26절 – 여러분이 함께 모일 때에 저마다 할 일이 있어서, 어떤 이는 찬양하고 어떤 이는 가르치고 어떤 이는 계시를 전하고 어떤 이는 신령한 언어를 말하고 어떤 이는 해석을 합니다). 이러한 것은 교회 역사 안에서 많이 볼 수 있다. 1번과 2번에서 말한 계시와 달리 이런 계시들은 일반적으로 인정된 것도 아니고 의무로 받아들여야 하는 것도 아니다. 교회가 이러한 계시들을 비판하지 않고 계시의 전달자를 성인으로 선포하는(예를 들면 스웨덴의 비르지타) 한, 이들의 영적 유익함을 적어도 간접적으로는 인정하고 권고하는 것이다.

이처럼 계시에는 세 단계가 있다. 코란은 이 세 가지 범주에 의거하여 분류될 수 있다. 첫눈에 코란이 두 번째 단계에 있는 것으로 보인다. 무함마드는 (이슬람교도에게) 예언자로 통하기 때문이다. 그의 계시는 말씀 계시이다. 어쩌면 무슬림들도 그렇게 여길지 모르겠다. 그리스도인들에게 있어서 코란은 세 번째 단계에 있다. 코란이 계시일 수는 있으나 부분적으로만 인정될 뿐, 교회는 전부를 인정하지는 않는다. 따라서 나는 이 논제를 다음과 같이 정리하고 싶다.

아랍인들에게는 코란이 (부분적으로?) 하느님의 계시일 수 있다.

여기서 나는 '아랍인'을 민족이나 인종으로가 아니라 문화적 개념으로 이해한다. 코란이 계시일 가능성이 있다는 것에 대해 이렇게 문화적으로 연결하는 것은 매우 중요한 일이다. 이런 의미에서 니콜라우스 쿠사누스는 「종교 간 평화에 대하여 De pace fidei」라는 저서에서 코란이 계시를 문화적으로 특별히 표현한 형태라고 보았다. 무슬림들이 결코 구약성경이나 신약성경을 전체적으로 거부하지 않는다는 사실은 대화의 다리를 놓는 데 결정적이다.

나는 이에 대해 정확히 알지 못하기 때문에 코란이 하느님의 계시일 수 있다고 말했다. 나는 그리스도인으로서 다른 종교에 대해 일반적인 판단을 내릴 만한 위치에 있지 않으며 이들을 존중해야 하기 때문이다. 하느님의 어좌를 배경에 둔 것도 아니어서 모든 과정을 알 수 있거나 판단할 수도 없다. 유다인과 그리스도인의 하느님이자 아브라함의 하느님께서 지난 1300년 동안이나 지속된 이슬람 역사에서 어떤 무슬림이 당신께 기도하는데 귀를 틀어막고만 계셨으리라고는 도저히 생각할 수 없다. 이러한 것에 대해서는 외부에서, 그리고 신중을 다해 판단할 수 있을 뿐이다. 무슬림들은 어떻든 아브라함의 하느님을 생각한다. 이것을 일러 '지향하다' 또는 '지향'이라고 명명한다. 그들이 아브라함의 하느님을 생각한다면 하느님께서 그들이 말을 걸어온다고 느끼신다는 것을 반박할 인간적인 근거는 없을 것이다. 우리 역시 무슬림들이 믿는 하느님을 믿고 있다고 보는데, 달리 생각하는 사람은 없을 것이라고 여긴다. 이 문제에 있어서 나는 긍정적인 대답만을 생각한다. 이제 개신교에서 이런 견해를 부정하는, 상당히 널리 퍼진 관점을 고찰해 보자. 그들은 다음과 같이 주장한다.

같은 하느님이냐, 다른 하느님이냐에 대한 질문에는 다음과 같이 대답할 수 있다. 이 문제는 하느님과 어떤 관계에 있느냐에 따라 다양한 답이 나올 수 있다. 신앙고백에 동참하는 사람은 같은 하느님을 믿는 것이다. 그리스도교의 신앙고백에는 유다인도 무슬림도 동참하지 않는다. 그러므로 하느님상에 근본적인 차이가 있는 것이다. 예를 들어 예수는 유다인에게도 무슬림에게도 하느님의 아들이 아니다. 그리고 이것은 비단 예수뿐만 아니라 하느님 자신에게도 해당한다. 아들이 있는 하느님은 아들이 없는 하느님과 전혀 다른 존재이다. 나아가 이렇게도 말한다. 비슷한 점이 차고 넘칠 수도 있지만, 그리스도교에서는 근본적으로 예수 그리스도의 아버지이시고 한 분이신 하느님을 믿는다. 이는 요한복음서에서도 확인할 수 있다. 여기서 예수는 당신을 거부한 유다인들이 하느님을 올바로 알지 못했다는 것을 명백히 증명한다. 이러한 신앙고백에 근거한 판단은 종교개혁 역사에서 뚜렷이 드러나고 신앙고백에 큰 비중을 두며 이와 상응하는 형식을 갖추도록 지향한다. 사람들은 신약성경에서도 이러한 신앙고백 형태들을 찾으며 이를 가장 오래된 자재로 여긴다.

나는 여러 가지 이유에서 이러한 입장에 동의할 수 없다. 각 개인이 하느님과 맺는 특수한 관계가 하느님을 결정하는 것이라면, 여기서 개인주의로 가는 문이 넓게 열리는 것으로 볼 수 있을 것이다. 게다가 신앙고백과 이와 상응하는 형태들을 높이 존중하는 태도는 그동안 인간학적으로, 교회론적으로 실제 세계를 지나쳐 버렸을 가능성도 있다. 현대의 그리스도인은 자신이 그리스도인이라는 사실을 본인의 신앙고백에 근거하지 않을 수도 있다. 그리고 아우구스티노가 말한 대로 교회는 무엇보다 같은 것을 사랑하는 사람들의 공동체일 수도 있다. 나는 이렇게 생각한다.

내 눈에는 신앙고백을 평가하는 자리에 이미 오래전에 다른 모델이 등장한 것으로 보인다. 이는 바로 하느님 백성의 역사와 이 역사 안에서 갈구한 소망이 같은 하느님을 지향한다는 것이다.

이 문제는 앞으로 좀 더 깊이 토론해야 할 것 같다. 한 가지 중요한 특성은 이슬람교적 신비와 그리스도교적 신비인데, 신비라는 공통의 전통이 있었기에 둘 사이에 많은 다리를 놓을 수 있었다. 그리스도교와 이슬람교는 역사적으로 활발히 교류했다. 특히 십자군 원정 때의 적극적인 교류를 꼽을 수 있다. 이런 의미에서 11-12세기의 수피즘이 그리스도교에 미친 영향은 지대했다. 중세를 거쳐 17세기까지는 서로 활발히 교류했으나, 1683년 터키 군대가 빈Wien을 공격하면서 두 관계는 중단되었다. 그때부터 대화가 단절되었다. 다시 신비로 돌아오자. 중세적 신비는 특정한 관점에서 삼위일체를 새롭게 표현하도록 허용했으며, 그 결과 최소한 이슬람교도들과 대화하기가 한결 수월해졌다. 신약성경적으로 이해된 신비 신학 또한 삼위일체를 새롭게 파악하게 되었다(내가 쓴 「하느님은 인격이신가?」를 참조하기 바란다).

이제 예수와 무함마드의 관계를 고찰해 보자. 이슬람교에 의하면 예수도 무함마드도 예언자로 간주된다. 이러한 견해를 뒷받침하는 가장 적절한 경우에 대해 살펴보고, 그리스도교적 세계관과 이슬람교적 세계관의 차이도 알아보자.

예수(그리스도교의 관점)	무함마드(이슬람교의 관점)
예언자이기도 함(루카 7,16)	예언자 가운데 가장 위대한 예언자
우리 죄를 위해 돌아가심	무함마드에게는 구원에 대한 의미가 없음 (이슬람교에서 거부하는 점)
하느님의 아들	하느님께는 아들이 없음 (이슬람교에서 거부하는 점)
종말에 심판자로서 다시 오심	예수는 죽기 위해 종말에 온 것임
보호자를 약속(요한 14장), 성령이 그 보호자	예수가 약속한 보호자는 무함마드

예수(그리스도교의 관점)	**무함마드**(이슬람교의 관점)
성령에 의해 동정녀 마리아에게서 태어남	예수는 성령에 의해 동정녀 마리아에게서 태어남
예수가 인간이 되어 구원됨	기도와 자선을 통해 구원됨
죽음과 부활 후 하느님 오른편에 들어 높여짐	예수는 사라졌음

이슬람교는 무함마드에게 구세주 또는 구원자로서의 역할을 요청하지 않는다. 이 점에서는 서로 대화하기가 수월하다. 이슬람교에 의하면 인간은 기도와 자선으로 구원된다. 최소한 이 부분에서 서로 대화할 만한 가능성이 많다. 바오로 서간들과 히브리서를 보면, 예수의 죽음도 사람들을 위해 그분이 하느님께 바치는 청원기도에 해당하는 것으로 대리자의 범주에 들어 있기 때문이다. 이는 다음과 같은 뜻이다.

여기서 기도의 범주가 결정적으로 넓혀진다.

어떤 것을 이해하는 데 있어서 결정적인 것은 감성적으로 출발하는 태도이다. 1683년 이래 우리는 이슬람교를 악마적으로 왜곡하는 데 익숙해져 있다. 최근에는 무슬림들을 테러리스트로 간주하면서 온갖 형태의 미움을 쏟아붓고 방어하는 데 집중하고 있다. 무슬림들은 현재 우리보다 아이들을 훨씬 더 많이 낳는다. 그들의 신앙은 단순해서 전달하기도 쉽다. 이에 비해 그리스도교는 어려워서 신학자들조차 이해하기 힘든 부분이 많다. 게다가 무슬림들의 신심은 큰 감명을 주면서 우리 안에 부러움과 양심의 가책을 불러일으킨다. 이러한 점은 근본적으로 변화되어야 한다. 이 설명으로 어떻게, 왜 변화되어야 하는지 그 이유가 명백히 드러났으리라고 본다. 이는 다음과 같은 말이다.

우리는 두려움과 미움을 몰아내고 신앙의 영역에서 함께 믿는 하느님을 그렇게 오랫동안, 그렇게 굳건히 고백해 온 사촌들이 그렇게도 많다는 사실에 대해 기뻐해야 한다.

선원들을 대상으로 하는 선교에 열성적인 사람이 최근에 나에게 물었다.

우리가 이슬람교도들을 두려워해야 하나요?

나는 이렇게 대답했다.

우리가 신앙생활에 충실하고(추상적인 신앙고백 형식의 옹호와는 다른 것) 우리의 신심을 보여 준다면 그럴 필요가 없겠지요.

무슬림들은 하루에 다섯 번 기도한다. 그리스도교 수도 공동체들은 일곱 번 기도한다. 그리고 우리는 교회 종소리를 따라 하루에 최소한 세 번 삼종기도를 바친다. 이러한 부름을 따를 때 우리는 우리가 믿는 신앙에 대해 더 큰 기쁨을 맛볼 것이다. 그렇게 될 때 이슬람교에 있는 신비의 영역과 대화할 능력도 마음 깊은 곳으로부터 생길 것이다.

지난날 서구 제국주의가 저지른 만행으로 그리스도교의 의미가 희석된 점은 최소한 서로 양해하기 위한 근간이 되었다. 무슬림들이 제국주의에 대해 부정적인 감정을 품는 것은 당연한 일이다. 많은 그리스도인이 이슬람교도와 대화를 모색하는 방식은 다소 이해하기 어려운 면이 있다. 종교 간 대화가 그리스도인들이 안고 있는 문제를 다룰 수는 없다. 여기서 역사의 예수와 신앙의 그리스도를 구분하는 일을 생각하게 된다. 이는 이미 잘 알려진 방식이지만, 내 눈에는 케케묵은 것에 지나지 않는다. 그리스도인들은 역사의 예수가 매우 지혜로운 분이고 무함마드와 비교할 만한 선인이며 다른 모든 것은 교회가 덧붙인 것이라는 견해를 바탕으로 무슬림들과 대화해야 한다고 여긴다. 이러한 관점이 비록 선의에 바탕을 둔 것이지만, 나는 지속하기가 어렵다고 본다. 그리스도인 편에서 볼 때 이러한 관점은 예수와, 그분에게서 교회가 탄생한 사실 사이를 갈라놓는 것이기 때문이다. 그렇게 되면 이른바 역사의 예수는 무함마드의 마음에 드는 동료 그 이상은 되지 못한다.

우리는 사촌 형제인 무슬림들을 '고결한 자연인'이나 참된 종교의 대리자로 기릴 근거를 갖고 있지 않다. 이슬람교도들과의 대화가 조만간 재개되기를 희망한다. 그리고 독일의 일부 학교에서 이슬람교를 수업에 도입하려는 움직임을 그대로 놔두지 않기를 바란다. 이슬람교도들과의 대화는 3천 년대에 중요한 요소가 될 것이다. 그러나 우리가 우리 자신이 소유한 보물을 잘 알고 있어야만 그렇게 될 수 있다. 우리의 보물은 우리가 추측하는 곳에 분명히 있을 것이다. 다만 조금 더 깊은 곳에 있을지도 모른다. 나는 이슬람교와 그리스도교의 관계를 이렇게 전망한다.

앞으로 200년 뒤에 어쩌면 그리스도인들과 무슬림들이 파악할지도 모르는 사실이 있다. 이슬람교는 신약성경 정경이 아직 제대로 알려지지 않은(그리고 여러 공의회를 거쳐 전개된 그리스도교의 주요 교리가 제대로 알려지지 않은) 그리스도교 지역에서 태동했다는 사실이다.

여러 관점에서 볼 때 이슬람교는 외경의 (때로는 기묘한) 배경과 통제되지 않은 혼합주의(다양한 종교의 혼합) 없이는 도저히 생각할 수 없다. 따라서 오늘날 이슬람교가 보여 주듯이, 이 종교는 그리스도교의 한 분파로 받아들일 수 없다(그들 또한 그렇게 인식되기를 바라지 않는다). 이슬람교의 가르침이 발전해, 예전에 그리스도교와 놓인 다리를 넓은 도로로 개축할 날이 올지도 모른다. 들어 높여진 예수 그리스도가 전구하고 예수의 사라짐에 대한 이슬람교의 견해가 바뀐다면 그런 날이 올 것이다. 묵시록 12장에도 예수의 사라짐을 받아들이고, 거기에 예수의 죽음과 부활도 포함되었다고 보는 그리스도인들이 있다.

14.6 예수만 믿으면 구원되는가

"각자 자기 방식에 따라 구원되기 바란다."며 모든 종교에 관용 정책을 폈던 프로이센의 프리드리히 대왕(1740-1786 재위)의 발언은 오늘날까지 그리스도교에 널리 영향을 미쳤으며, 신학계에도 널리 유포되어 많은 동의를 얻었다. '구원받게 하는 유일한 존재'라는 개념은 시대에 뒤진 교육에서 나온 말처럼 보인다. 이는 교회가 타종교의 가치를 제대로 평가하지 못하고 자신만이 구원의 유일한 중재자라고 외치던 시절에 나온 말 같다. 이러한 배타적인 주장은 지난날 교회 마케팅을 위해 고안된 것이 아니라 성경 텍스트들을 꼼꼼히 읽을 때 우리에게 안겨 주는 괴로움 가운데 하나이다. 여기서 관건은 "어떻게 해야 하늘나라에 갈까?"라는 소박한 질문이다. 이는 하늘나라에 들어가기 위해 필요한 조건을 갖추는 것과 연관된다. 성경 텍스트들은 이렇게 말한다.

하늘나라로 가는 길은 폭이 좁고 입구도 작다.

네 번째 복음서에 따르면 예수 자신이 문이다. 이 표상은 양치기의 진영과는 무관하게 예수께 적용된 것이다. 여러 외경을 보더라도 예수는 "나는 문이다."라고 말씀하셨다. 히브 10,20에서도 예수를 하늘나라의 성소로 들어가는 문이라고 묘사한다. 이처럼 비슷한 표상들이 예수를 오직 한 분뿐인 중재자로 그리고 있다. 예수는 '문' 혹은 '길'이다. 이 표상들은 모두 예수를 유일한 중재자로 여기므로 '자유주의적 종교 이론'과 대조를 이룬다. 자유주의적 성경주석가들의 견해에 따르면, 로고스가 여러 차례(붓다나 프리드리히 다니엘 슐라이어마허Friedrich Daniel Schleiermacher로) 강생했다고 생각할 수 있으며, 기존의 모든 종교는 그 종교를 신봉하는 신도들에게 구원의 길이라고 볼 수 있다. 성경주석가인 나로서는 이러한 생각은 구약성경과 신약성경의 정신이 아니라는 말만 할 수 있을 뿐이다. 예수는 유일한 문이다. 이 말은 성경적 비非관용을 드러낸다. 다시 말해 다른 사람들에게 관심을 두지 않는 편협함이 아니라 엄격하고 치밀한 의사의 편협함을 드러내는 것이다. 그래서 예수가 자신에 대해 적용한 비유에서(마르 2,17) 목자 외에도 의사의 표상이 등장한다. 이 표상의 의미는 하늘나라에 들어가기 위해서 반드시 가톨릭 신자가 되어야 한다는 것이 아니라, 비그리스도인들에게도 예수가 중요한 존재라는 점이다. 예를 들어 세상 어디서든 가장 가난한 사람 안에서 예수를 만난다는 것이다(마태 25,31-46).

최후의 심판에 대해 언급하는 마태 25,31-46에서는 우주적 구원의 길로서의 예수에게 특별히 집중한다. 여기서 관건은 최후에 양과 염소를 가르는 일이다(정확히 말하면 흰색 양과 검은색 염소). 영원한 영광으로 들어갈 존재와 그렇지 않은 존재를 가르는 것이다. 이 텍스트는 마태 25장 40절과 45절에서 절정에 이른다.

너희가 내 형제들인 이 가장 작은 이들 가운데 한 사람에게 해 준 것이 바로 나에게 해 준 것이다.

이것이 명백한 잣대이다. 예수는 낯가죽이 두꺼워 어떤 것으로도 마음을 열지 못하는 사람들에게 강한 명령형으로 말한다. 사정하지도 조곤조곤 말하지도 않는다. 하지만 제자들에게 낯선 사람과 배고픈 사람, 헐벗은 사람들에게 친절하라고 이른다. 모두 존중받아야 할 인간이기 때문이다. 예수는 인간의 품위에 대해서 따로 언급하지 않았지만, 상황에 따라서 "인간은 인간에게 이리다."라는 점을 분명히 알았다. 예수는 감정이나 감상에 호소하지도 않았다. 인디오 아이들의 크고 검은 눈은 아름답지만 다음과 같이 실망시키기도 한다.

아이들은 열다섯 살이 넘으면 웃는 일이 드물다.

인간은 모두 소중한 존재이다. 마음에 들지 않는 사람도, 심지어 적도 모두 소중한 존재이다. 아무도 대신 사랑해 줄 수는 없다. 복음은 감정의 줄타기를 하라고 청하지 않는다. 예수는 완고한 사람들을 예상치 못한 방식으로 사로잡는다. "내가 몸소 오겠다."라고 말하는 그분의 모습을 상상해 보라. 온갖 부족함을 재빨리 치우지 않겠는가? 통일 전 동독의 마지막 서기장 호넥커가 여행할 당시 관리들은 그가 지나는 대로변의 집들을 모두 새로 단장하도록 지시했다. 이런 맥락에서 예수는 우리를 극도로 불안하게 하는 최후 수단을 동원한다.

이렇게 말하며 나는 실패한 모든 사람들과 조건 없이 연대할 것을 선언한다. 정처 없이 떠도는 이, 파산한 사람, 중독자, 이혼 부부의 자녀, 장기 실업자, 하층민 가운데 너희는 나와 만난다.

이렇듯 그분 앞에서 안전한 사람은 아무도 없다. 길모퉁이마다 세상의 심판자인 그분과 마주칠 가능성이 있기 때문이다. 이 말은 장기판의 막다른 도전장인 "장군!" 하고 외치며 속임수를 쓰는 우리의 모습을 뜻한다. 어떻게든 도와주기를 미루려고 수천 번 안간힘을 쓴다. 여기서 다루는 주제가 우리에게 많은 것을 요구하지만, 불가능한 일을 해 보려고 최소한 시도해야 하지 않을까? 핑계거리는 많다. 흔히 다음과 같이 말한다.

무엇 때문에 하필 우리가 온 세상의 곤궁을 해소하기 위해 나서야 한단 말인가?

그리고 신新-불교의 말을 빌려서 설명한다.

고통은 전혀 존재하지 않는다. 고통을 당한 사람은 의식만 바꾸면 된다.

이 말은 해결책이 아니다. 엄청난 고통이 기다리고 있는 아우슈비츠에서 의식을 바꾸는 게 무슨 도움이 된단 말인가? 극단적인 상황에서 '만약'이나 '그러나'와 같은 말은 아무 소용이 없다. 누구든 곤궁에 처한 사람에게 행한 것은 모두 예수에게 행한 것이다. 주는 사람이나 받는 사람이 반드시 그리스도인일 필요는 없다. 세상 돌아가는 사정에 의해 고통받는 사람에게 자비를 베푸는 사람은 누구든 자비를 입을 것이다. 고통받는 사람 뒤에 숨어 계신 분, 세상 심판자에게 자비를 베푸는 것이기 때문이다. 마태 25장 40절(너희가 내 형제들인 이 가장 작은 이들 가운데 한 사람에게)과 45절(너희가 이 가장 작은 이들 가운데 한 사람에게)에서 다른 점은 40절에 '내 형제들인'이라는 말이 더 있을 뿐이다. 이 상황에서 다른 사람들에 비해 그리스도인들이 지닌 장점은 다음과 같다.

이들은 세상 심판의 잣대가 무엇인지 알고 있다.

심판의 잣대에 대해 깜짝 놀라지 않을 사람은 그리스도인들뿐이다. 심판관 스스로 그리스도인들에게 세상 심판의 비밀번호를 알려 주었다. 모든 민족은 자신이 고백하는 신앙이 어떤 것이든 상관없이 자비를 베풀기만 하면 하늘나라에 갈 수 있다. 다만 두 가지 제한 조건이 있다. 첫째, 예수 없이는 하늘나라에 갈 수 없다는 것이다. 다른 누구도 아닌 그분만이 사람의 아들이고 심판자이기 때문이다. 그래서 "나를 통하지 않고서는 아무도 아버지께 갈 수 없다."는 요한복음서의 말씀은 그대로 유효하다. 둘째, 예수는 낯선 종교들도 구원의 길로 인정한다는 말을 하지 않았다. 성경의 세계관에 의하면 이러한 가능성은 완전히 배제되어 있다. 하느님의 의도는 세상에서 자비를 통해 당신 '정의'를 실현하시는 것이다. 이 일에 협력하는 사람은 누구나 하느님을 닮고 하느님 나라에서 떨어져 있지 않다. 예수가 하느님 정의의 이름으로 요청하는 것은 단 한 가지뿐이다.

고통 속에서 울부짖는 사람이 없도록 하자.

하느님처럼 자비로운 사람만이 그분 앞에 설 수 있다. 예수가 파견된 것과 그리스도교 전체는 이 한 가지 목적에 기여하고 그에 따라 평가된다. 하느님의 뜻은 상생의 의미에서 우주적 정의를 실현하는 것이다. 다시 말해 사람들이 서로 함께 살아갈 가능성을 제공하라는 뜻이다.

이 목표를 달성할 수 있도록 이제 그리스도인들에게, 곧 마태오복음서를 읽는 독자에게 결정적 지침이 제시된다. 앞에서 말했듯이, 이들은 심판의 잣대가 무엇인지 알고 있다. 공동체 안으로 들어올 때 이들의 죄가 용서된다. 그러면 이들 역시 앞으로 이웃의 잘못을 쉽게 용서할 수 있을 것이다. 기적에 관한 보도에 따르면 예수는 병자와 허약한 이들이 자유롭고 선하게 행동하도록 했다. 무엇보다 예수 자신이 생기 있고 힘을 북돋워 주는 모델이다. 그분은 하느님의 확고한 성실함의 의미에서 약속이다.

이러한 예언적 텍스트는 부정적인 결말에 대해서도 명료하게 말한다. 이때 의로운 자와 불의한 자를 구분하는 일은 양과 염소를 가르는 것이 아니다. 늘 똑같이 번역되고 있지만, 양은 염소의 반대 개념이 아니다. 오히려 (흰) 양과 (팔레스티나의 검은) 염소로 구분된다. 이스라엘에 가 본 사람은 그곳 사람들이 불평하는 소리를 들어 알 것이다.

저 아랍인들이 키우는 검은 염소들이 풀을 몽땅 먹어치우는군.

여기서 예수가 강경하게 표현한 지옥 불에 관한 말씀은 오늘날 아무도 반기지 않는다. 그래서 사람들은 지옥의 표상 자체를 학교에서 선호하지 않는 과목처럼 삭제하려고 한다. 종교는 사람들에게 편안함을 주는 제도여야 한다는 것이다. 그러나 지옥에 관한 진술은 결코 우리 마음을 편안하게 해 주지 않는다. 이 진술은 얼굴 앞에 거울을 들이댄다. 지옥에 관한 진술은 표상이지만 그것만이 아니다. 이는 경고하고 강력하게 요청하는 특징이 있는데, 이 기능만 있다고 제한해서는 안 된다. 지옥에 관한 진술은 '모순적 조정'을 제시한다. 그 무서운 일이 일어나지 않도록 다른 어떤 것을 언급하는 것이다. 그러나 이것은 빈말이 아니며 단순한 위협도 아니다. 만일 예수의 기쁜 소식이 단지 이 소식을 받아들이게 할 목적으로 벽에 지옥을 그렸다면 그분이 전하는 소식은 공정하지 못할 것이다. 많은 그리스도인들이 기뻐하는 점은 기쁜 소식이 더 이상 위협 소식으로 선포되지 않는다는 것이다. 그러나 하느님께서 확고하지 않으시다면 무엇을 근거로 그렇게 정확히 알 수 있단 말인가? 만약 유다-그리스도교적 종교 안에 하느님을 진짜 두려워할 수도 있다고 내세울 만한 합당한 두려움, 그분에 대한 두려움이 존재한다면 어떻게 될까?

이러한 것 대신에 우리가 그동안 염려한 점은 지옥이라는 주제에는 핵폭탄의 불덩이에서부터 무시무시한 종말에 이르기까지 다양한 새로운 요소들이 내포되었다는 것이다. 지옥에 있어서 관건은 하느님의 개인적인 복수가 아니라 인간 행위에 따라 좌우된다는 점이다. 다음과 같은 말이 거울이 될 것이다.

네가 지금 다른 사람들에게 행하는 일이 너 자신에게 일어난다고 생각해 보아라. 네가 가해자가 아니라 피해자라고 생각해 보아라. 그런 상황에서도 네가 입은 피해를 없었던 일로 눈감아 줄 수 있겠는가? 네가 저지른 일이 고스란히 자신에게 돌아온다고 생각해 보아라.

이는 하느님과는 아무 관련이 없다. 지옥보다 하느님에게서 더 멀리 떨어져 있는 것은 아무것도 없다. 물론 특정한 의미에서 보면, 하느님은 행동에는 그에 상응하는 결과가 따른다는 정의를 고수하신다. 그러나 하느님께서는 당신이 제공하신 가능성과 그에 따른 결과를 너그럽게 받아들이지 않는 사람, 당신께서 죄를 용서할 기회를 주신 것도 무시하고 '개봉하지 않은 채' 발신자인 당신께 되돌려 보내는 사람에게만 이러한 정의를 적용하신다. 그럴 경우에만 모든 것이 예전 그대로이다. 우리 자신이 그렇게 되기를 바랐기 때문이다. 이런 점을 우리는 탐정 소설에 비추어 잘 알고 있다.

종국에 모든 범죄자는 자신이 파 놓은 함정에 빠진다. 자기 스스로 걸려들어 멸망하고 만다.

복음은 우리가 잘못을 저질렀을 경우에 필연적으로 따르게 될 결과를 방지하고 없앤다. 우리는 자신이 꾸민 온갖 음모가 나쁜 방향으로 지속되기를 정말 바라는 것일까? 복음이 우리에게 유일하게 요청하는 점은 다름 아닌 바로 이것이다.

너희 마음을 하느님의 햇살로 녹여라.

14.7 예수 신앙과 새로운 계시

사람들은 오늘날 다문화 사회에 살면서 타종교를 피부에 스칠 정도로 가까이서 접한다. 이러한 상황에서 그리스도인들은 무슬림들이 신앙생활을 진지하게 이행하는 모습을 보며 깊은 인상을 받기도 한다. 하느님께서는 다른 종교들에 어떤 빛도, 어떤 계시도 선사하지 않으셨을까? 예수 그리스도로 완성된 계시가 그 어떤 것도 능가할 수 없는, 최후의 결정적인 것이라고 여기는 것은 단순히 그리스도인들의 교만일까? 이는 훗날 사람들에게 계시를 깨닫게 해 줄 교회에도 해당될까? 이 문제를 놓고 성경을 살펴본다면 다른 표상이 나올 것이다. 신학은 하느님의 최종 계시인 예수 그리스도에 대해 무엇을 가르치는가? 신학은 이렇게 말한다.

예수는 중재자로서 이미 선재先在한 분이다.

이 말은 다음과 같은 뜻이다.

예수는 삼위일체이신 하느님의 아들로서 모든 시대와 세상 이전부터 계셨다.

창조와 계시, 이 두 가지는 중재자이신 분, 눈으로 확인된 (물론 2000년 전) 그분을 통해서 왔다. 그분의 영이 이미 예언자들에게 바람을 일으켰다. 오직 예수만이 참으로 아버지를 안다. 그분 외에는 어느 누구도 하느님을 참으로 알지 못했다. 그분이 세상에 오기 이전에도 그랬다. 예수에게서 비로소 최종적인 계시가 완성되었다. 모든 민족을 구원하시려는 하느님 고유의 세상–비밀Weltgeheimnis은 예수 그리스도를 통해서 드러났다. 초대 교부들은 예수 그리스도에게서 단계적으로 완성된 계시에 대한 사고 모델을 전개했다.

하느님께서는 구원사의 각 단계마다 점점 더 명확히 계시하셨다.

예수는 하느님의 아들이고 주님(하느님의 이름을 지닌 자)이며 사람의 아들이다. 따라서 이보다 더 나아간 하느님의 계시는 있을 수 없다. 특히 바오로 사도의 개혁을 주의 깊게 보아야 한다. 1테살 1,9-10과는 달리 로마 5,9-11에 의하면 결정적 구원은 이미 이루어졌다. 아직 안 온 것이 아니다. 가장 큰 사건은 이미 일어난 것이다.

예수 그리스도에게서 완성된 최종적인 계시를 반박한다면 무슨 말을 할 수 있을까? 이미 신약성경이 예수 이후의 수많은 계시에 관해 언급했다(예를 들어 1코린 12장과 14장, 요한 묵시록). 사도 시대 교부에 속하는 이른바 헤르마스의 「목자」는 환시를 다룬 문헌으로, 여기서 환시는 계시를 전달하는 특별한 수단에 불과하다. 다른 곳에서는 예를 들어 편지 형태로 계시를 전하기도 했다. 신약성경은 하느님의 자녀들이 아직 밖에 서 있듯이 예수 그리스도의 최종적인 계시도 밖에서 대기 중이라고 전한다. 최후의 결정적 계시는 앞으로 와야 하는 것이다. 전임 교황 베네딕토 16세, 요제프 라칭거의 표현을 빌어 이렇게 말할 수 있다.

계시의 종결에 대한 기준은 그리스도인들의 의식에 본디 주어지지 않았다.

그렇다면 그동안 개최된 공의회들이 받은 영감은 어떻게 설명할 수 있을까? 중세에도 있었던 성령의 새로운 계시들은 무엇이란 말인가? 오히려 교회사에는 계시들로 가득 차 있다(빙엔의 힐데가르트, 스웨덴의 비르지타, 15세기의 몇몇 도미니코수녀회 회원들을 생각해 보라). 예수 그리스도에게서 완성된 최종적 계시와 원칙적으로는 아직 종결되지 않은 점, 이 두 가지를 함께 생각해 보아야 할까? 다음 질문으로 시작해 보자.

계시란 도대체 무엇인가?

이렇게 대답해 보자.

하느님의 숨겨진 비밀들을 드러내는 모든 표지.

이러한 것은 인사말, 만남, 관심 가운데 이루어진다. 따라서 주석가인 나로서는 '하느님의 자기 전달'(칼 라너)이나 '자기 계시'에 대해서도 말할 수 없다. 이러한 표현들은 계시를 확신하려는 의화 이론에 지나지 않는다는 의심을 받는다. 피조물인 인간에게서는 아무것도 나오지 못하고 모든 것은 하느님으로부터 오기 때문이다. 오직 하느님만이 당신 자신을 알려 주실 수 있다. 그분 외에 어느 누구도 아무것도 할 수 없다. 그렇다고 해서 이런 일이 인간적인 체험에 의해서만 이루어진다고는 말하지 않았다. 묵시적 계시에서도 관건은 자신의 계시가 아니고 통치와 영광이다. 오히려 계시는 육화적으로 이해해야 한다. 다시 말해 예수는 참된 하느님이자 참된 인간이며, 말씀-계시Wort-Offenbarung는 인간의 말Menschenwort이자 하느님의 말씀Gotteswort이다. 참된 계시의 시금석은 도대체 무엇인가? 이 물음은 계시 현상 자체만큼이나 오래되었다. 여기서 유다교와 그리스도교는 매우 급진적으로 생각한다.

ㄱ) 계시를 기다리는 영역은 다음과 같은 이중적인 도식과 상응한다. 계시는 근본적으로 하느님/성령의 세상에서 오거나 악령/마귀의 세상에서 온다.

ㄴ) 예수 그리스도와 이스라엘의 하느님은 관대하지 않다. 첫 번째 계명은 계시의 정당성(사실이 아니라)에 관한 진술이기도 하다. 다른 신들의 계시는

사이비 계시일 뿐이다.

ㄷ) 각 개인이 개별적으로 하는 신앙고백의 맥락에서는 계시가 이루어질 수 없다. '계시의 장소'로서 현존하는 공동체만이 잣대가 된다. 하느님께서 사람들과 함께 사시는 것이 계시의 목표이자 목적이기 때문이다. 그래서 '자기 목적'Selbstzweck이라고 할 수 있는 것이다. 예를 들어 성경을 '코란화'한다면, 이는 교회를 파괴하는 행위이다. 이 말을 나는 교회의 문헌적·신학적·사회론적 맥락을 거슬러 인용을 절대시하는 것으로 알아듣는다.

오늘날에는 계시를 어떻게 여길까? 오늘날 계시/환시를 체험했다고 주장하는 이들은 무엇보다 교회의 가장자리에 있는 사람들이다. 이는 다음과 같이 계시 문화의 특별한 형태와 관련이 있다.

여기서 인간은 수동적인 수용자로 간주된다. 중재자로서의 강한 권위가 이 표상에 어울린다.

공적이든 아직 정식으로 인정받지 못했든, 그와 같은 것은 없다. 계시를 받은 사람은 그것이 옳은 것인지 시험을 거쳐야 한다. 공적 교회는 이러한 일에 수동적 태도를 보인다. 계시와 계시를 받은 사람은 특별한 방향으로 나아간다. 이런 사람들은 종종 문화적으로 다른 시대에 사는 듯한 인상을 풍긴다. 받아들이기 쉽지 않은 이 현상은 계시와 그리스도교만큼이나 오래되었다. 다음 요소와 비교해 보자.

루카에 의하면 이는 여인들이 본 부활 환시에도(착각으로 여기고 받아들이지 않음) 나타났으며, 바오로가 그리스도 환시 또는 사도직을 받아들이는 일을 놓고 투쟁할 때, 「디다케(열두 사도의 가르침)」에서 예언적 계시에 대해 문제 삼았을 때도 나타났다. 참된 계시를 받은 사람은 대부분 주관에 치우쳐 자신을 중요한 존재로 들어 높이려 하지 않지만, 자신이 그 메시지를 반드시 전달해야 하는 것으로 이해한다(1코린 9,16). 이러한 의무와 압박은 자신이 받은 계시를 실제로 수용하지 않는 모습과 대조를 이룬다.

성경 시대에 한 가지 도피처는 마치 유명한 사람이 쓴 것처럼 저자의 이름을 차용하는 것이다. 에녹서(아담, 아브라함, 이사악, 야곱, 모세, 에즈라에 관해 쓴 문헌이기도 함)를 비롯하여 '이사야 승천기'도 그랬고, 베드로 묵시록과 바오로 묵시록을 쓴 실제 저자들 역시 권위 있는 두 사도가 저술한 것인 양 꾸몄다. 그런 까닭은 환시를 본 당사자는 아무것도 아닌 보잘 것없는 존재로 취급되었기 때문이다. 이렇게 다른 사람의 권위를 빌렸다. 따라서 차명으로 책을 발표하는 현상은 계시를 인정받으려고 하는 문제와 관련된다. 권위를 지닌 특정인으로 도피하는 것이 가장 간단한 길이었다. 다른 한편으로 계시를 체험한 사람 역시 자신이 받은 계시에 대해 부끄러워하기도 했다. 이는 감추어진 이면이다. 그렇기 때문에 바오로도 다른 사람이 이 환시를 체험했을지 모른다고 진술하며 달아났다(2코린 12장). 미친 사람으로 취급되지나 않을까 하는 두려움은 오늘날에도 존재한다. 누가 감히 (1코린 14장의 의미에서) 다음과 같이 발설할 수 있을까?

어이, 나는 계시를 받았다네.

부끄러워하는 데는 분명 이유가 있다. 계시 같은 현상들은 이중성을 지니기 때문이다. 마귀가 활개 치며 돌아다니니 정신과 치료를 받아야 할지도 모르기 때문이다. 이러한 사실들을 종합하여 결론을 내려 보자.

계시를 받았다고 주장하는 것은 사회적 위신의 문제와 크게 관련된다. 처음부터 계시를 받지 않은 사람이 계시를 받았다며 드러내 놓고 자기 이름으로 주장할 수는 없는 일이다.

새로운 계시를 받았다고 주장하는 사람들에 대한 신뢰도는 극히 제한되어 있다. 규범(참된 증인들이 모든 측면을 놓고 최종적으로 승인한 사항들을 모아 놓은 것), 이성적이고 전문적으로 관리되는 신학, 관료적이고 조직적으로 관리되는 교회와 같은 요인들이 지대한 역할을 하기 때문이다. 이 모든 것이 계시에 대해 효율적으로 통제하는 기구들이다. 그러므로 이런 제도들의 힘이 강하면 강할수록 계시로 명성을 얻을 가능성은 더욱 줄어든다. 오늘날 계시는 기술적이지 않은 지나간 문화의 형태로 교회의 가장자리에서 나타나는 경우가 더러 있다. 이때 위에서 언급한, 힘을 지닌 요인들이 지나치게 간섭하는 것이 아닌지 의문이 들지 않을 수 없다.

이에 대해 나는 (특정한 전제조건 아래) 생생한 계시들을 교회에 복권시키기 위해 변론을 펼치고 싶다. 계시는 살아 있는 종교의 본질에 속한다. 이것을 억압하거나 활동하지 못하게 한다면 현존하는 체계의 활력을 약화시키는 것이다.

내가 바라는 것은 스웨덴의 비르지타 같은 성인들이다. 합법성에 대한 문제만이 중요한 것은 아니다. 이러한 것은 절반에 불과한 것이며, 종교가 생생하게 살아 있는가 하는 문제가 나머지 절반을 이룬다. 우리는 잣대를 정하는 문제를 때로는 절대화하기도 했다. 의심스러운 것이 확실한 가르침 안으로 흘러 들어가 흐려 놓을지도 모른다는 불안감 때문에 그렇게 한 것이다.

엄격한 잣대는 반드시 있어야 한다. 그러나 "불가능해!"라는 말부터 하지는 말아야 하겠다. 재갈이나 입마개 따위를 씌우고 모든 것을 질식하게 해서는 안 된다! 그와 같은 계시는 반드시 체험해야 한다며 다른 사람들을 강요해서는 안 될 일이다. 계시는 처음부터 끝까지 일관적인 요소를 발견하는 모든 것과 연관성이 있다고 나는 생각한다. 예를 들면 교회에 다음과 같은 통찰이, 곧 폭력 포기, 부활과 하늘나라에 대한 희망 같은 요소에 대한 통찰이 선사될 수 있다. 종교는 이러한 것을 행할 수 있다. 이런 점은 늘 새롭게 발견할 수 있으며 또 그렇게 해야 한다.

계시는 우리와 동떨어져 있는 별난 것이 아니다. 영감을 받은 것처럼 문득 머리에 떠오르는 경우가 있다. 이럴 때 우리는 말한다. "내게는 시 한 수가 계시와 같다." 또는 "삼라만상이 우리를 하느님께 인도하는 길이 될 수 있다."는 말을 마음에 새기기도 한다. 물론 모든 새로운 '계시'는 성경의 글자와 정신과 함께해야 한다. 이럴 때 모든 것이 명백해지고 모든 안개가 걷힌다. 예수 그리스도와 관련해서는 성경에서 분명하게 말하는 것만이 타당하다.

환시자 요한이 보여 주듯이, 계시는 지식과 깨달음을 무시하거나 외면하지 않는다. 계시에 관한 특이 사항은 바오로 사도가 '필연성'이라고 명명한 것인데, 그에게는 이 필연성이 무조건 무언가를 전달해야 한다는 압박감을 안겨 주었다.

오늘날의 교회에 계시와 환시가 일어날까? 이에 대해 생각하기란 쉽지 않은 일이다. 계시와 환시가 일어나기 전 단계에 속하는 것으로는 교회 안에도 존재하는 통속적인 요소와 감상적인 면을 들 수 있다. 전례 중에 박수 치고 눈물을 흘리는 모습은 고대 교회에서 늘 보던 일이었다. 낯선 종교들과 계시로부터 우리에게 다가오는 것에 대해서는 이렇게 생각해야 할 것이다.

모든 것은 비교될 수 있다. 모든 것은 서로 다르다. 아브라함 시대부터 오늘날에 이르기까지 적합하고 교회를 파괴하지 않는 것이면 모두 공감하는 친·인척 관계로 여겨도 무방하다.

그런데 코린토 교회에서 이미 개별적인 계시의 문제가 공동체의 문제로 확산된 적이 있었다. 여기서 계시에 대한 질문이 얼마나 절실하게 교회에 대한 질문으로 나아갔는지 다시 한 번 드러난다. 교회 안에서 무엇이 진실한 것일까? 교회 구성원을 하나로 묶어 주는 요소로는 무엇이 있을까? 이에 대한 대답으로 다음과 같은 요소들이 있다.

ㄱ) 예수 그리스도의 인격(그리하여 우리는 다시 절대적 계시 옆에 있다).
ㄴ) 성령의 생생한 현존에 대한 믿음.
ㄷ) 진리와 충실함의 나뉘지 않는 결속(성경에 대한 충실함, 오늘날 교회 구성원들과 귀 기울이는 사람들에 대한 충실함).

결국 중요한 것은 다음과 같다.

참된 계시란 우리를 지속적으로, 그리고 전체적으로 기쁘게 하는 것이다.

최종 잣대는 기쁨이다. 클레르보의 베르나르도가 이름답게 표현한 말이 여기에 꼭 들어맞는다.

그리스도인들은 손에 꽃을 든 사람들이다.

15장

예수와 교회

:
:

15.1 서막_해방신학의 순환논증
15.2 예수와 교회 설립
15.3 포도나무-예수와 교회
15.4 파견한 사람 뒤에 선 예수
15.5 제명
15.6 교회 안의 불명확한 사항
15.7 예수와 교회들
15.8 예수와 교회 역사의 과오

15.1 서막_해방신학의 순환논증

오늘날 교회는 많은 그리스도인들에게 하나의 문제가 되었다. 세월이 흐를수록 교회가 저지른 죄의 목록도 점점 더 길어진다. 이렇듯 교회는 초기 교회의 영원한 여명과 현저한 대조를 이루며 이미지가 나쁜 쪽으로 나아가고 있다. 이런 이유로 사람들은 예수에게 직접 다가가려 하며 교회와는 거리를 둔다. 예수를 교회에 규범을 제시한 분으로 인정하며 이에 대해 의문을 제기하지 않는다면 그것은 사실상 올바른 태도이다. '자유주의 신학'만큼 예수와 교회를 극명히 대조한 사조도 아마 없을 것이다. 자유주의 신학이란 계몽주의 시대 이후로 전개된 개신교 신학의 주류를 일컫는다. 좀 더 자세히 말하면 1830년대 이후 전개된 개신교 신학을 가리킨다. 자유주의의 반대는 '정통주의' 또는 '신조주의'이다. 자유주의 신학은 계몽주의의 이상과 교회에 대한 본래의 비판을 연결한다. 계몽주의의 이상이란 다음과 같다.

이성이 잣대이다.

결과는 이러하다.

기적이란 없다. 하느님은 인간의 마음 안에만 계신다. 예수는 교회를 설립하지 않았다.

자유주의 신학에서 비롯된 해방신학은 1960년대 이래로 더 이상 개신교만의 현상이 아니었다. 해방신학은 가톨릭 신학자들에게도 지대한 영향을 미쳤다. 특히 성경주석가와 교의신학자들이 받아들였으며 극단적인 방향으로 나아가기까지 했다. 분명히 해방에 대한 압박이 심했거나 사람들이 교회의 고유한 유산을 제대로 소화하지 못했기 때문에 해방신학과 프로테스탄티즘이 구원의 한 방식으로 등장했을 것이다.

거의 100년 전에 개신교 교회사가이자 신약성경학자인 아돌프 폰 하르낙Adolf von Harnack이 베를린 대학교에서 '모든 학부생을 위한 강의'를 개설했다. 그 유명한 '그리스도교 본질에 관한 강의'였다. 세 번째 강의에서 하르낙은 그리스도교의 특징으로 종교적 개인주의와 주관주의를 언급하면서 예수의 가장 위대한 점은 마음이 따뜻하고 다른 사람들을 위해 기꺼이 함께한 것이라고 했다. 또한 예수가 하느님 나라를 선포하신 것은 마음 안에 있는 하느님의 고요하고 강한 위력으로 그렇게 한 것이라고 했다. 다섯 번째 강의에서 그는 하느님 나라의 핵심은 개인의 구원이라고 했다. 주님의 기도에 대해서는, 예수가 어느 특별한 축제 기간에 제자들에게 이 기도를 알려 주셨다고 해설했다. 내용 가운데 일부를 소개한다.

마음을 깊이 모으면서 하느님과의 관계에 집중하는 것이 관건이다. 이 기도는 자신의 영혼을 하느님과 단 둘이 있는 상태로 들어 높인다.

또한 그는 예수가 늘 한 사람 한 사람의 개인에게 관심을 가졌다고 했다. 여기서 교회는 예수와 관련하여 등장하지 않는다.

자유주의적 성경 비평의 두 번째 기본 노선은 다음과 같다. 초기 그리스도교에서 드러난 불리한 점은 부활 사건을 목격한 사료가 없다는 것이다. 그래서 틈이 커지고 큰 도랑이 생겼다는 것이다. 하르낙에게 예수는 단순히 종교적 천재로 비쳤다.

여러 교회들이 인정하려고 하는 내용보다 이러한 견해가 훨씬 더 단순하다. 단순하기에 더 우주적이고 더 진지하다. 복음의 관건은 (아들이 아니라) 아버지뿐이다. 예수는 이러한 사실을 선포한 것이다.

이렇게 단순한 논리는 유명해졌으며 다음과 같이 귀결되었다.

다른 모든 것은 부활 사건 이후에 생겨났다. 그리고 부활 사건 이후에야 사람들은 공동체 건설에 대해 말했다.

역사의 예수에 관해 최근에 나온 견해에 따르면, 부활 사건 이전에는 예수가 자신을 하느님의 아들이라고 부르지 못하게 했거나 제자들이 그분을 그렇게 여겼다고 한다. 이는 부활 사건 이후에 비로소 나왔는데, 공동체들이 나중에 추가했거나 그렇게 해석했다는 것이다. 다시 말해 내용을 신학적으로 구축하면서 역사적 사실을 오버랩했다는 것이다. 정리하면 이렇다.

하느님의 아들, 주님, 다윗의 아들과 같은 그리스도론적 칭호는 모두 부활 사건 이후에야 붙여진 것이다.

이런 흐름에서 가톨릭 주석가 안톤 푁틀레Anton Vögtle도 사람의 아들에 관한 저서(Die Gretchenfrage des Menschensohnproblems, 1994)에서 자신의 견해를 피력했다. 그 책에서 그는 사람의 아들에 관한 어떤 진술도 예수에게서 유래한 게 아니라 모두 공동체가 만들어 낸 것이라고 주장했다. 이러한 지평에서 예수는 견유학파와 유사하게 유랑 선생에 불과한 존재로 여겨졌다. 부활 사건 이후에야 사람들은 그분에 대해 곰곰이 생각하기 시작했으며 무엇보다 유다인들에게 불리한 교의를 세워 주변 사람들을 깜짝 놀라게 하고 선을 그었다는 것이다. 이러한 비난은 이미 19세기에 나온 부활 이론과 연계하여 전개되었다. 다음 논제도 여기에 속한다.

신약성경에 이미 가톨릭교회가 나아갈 방향에 쇠퇴현상이 나타났다. '초기 가톨리시즘'은 비판적인 용어로, 직분, 전통, 신앙고백, 이단과의 분리, 성사, 유다이즘 재건과 연관된 모든 것에 해당한다. 이는 이른바 신약성경 주변에서 자란 독버섯이며 장차 다가올 불행을 예고한 것이다.

여기서 한 걸음 더 나아가 열두 사도라는 것도 하나의 픽션이라는 주장마저 나왔다. 초기 그리스도교 역사에 새롭고 활발하게 나타난 현상들 역시 그렇게 보았다. 이는 물론 한 가지 핵심을 찌른 것이다. 즉 열두 사도는 예수가 단지 위대한 한 인간으로 그친 것이 아니라 쇄신된 이스라엘을 원했다는 것을 표현한 것이기 때문이다.

급기야 복음서들에서 교회에 관해 말하는 부분은 모두 주변적인 것이며 공동체가 만들어 낸 이야기라는 주장까지 나왔다. 마태 16,16-18에 나오는, 마음에 들지 않는 구절(너는 베드로이다. 내가 이 반석 위에 내 교회를 세울 것이다)이 특히 그렇다고 했다. 마태 18장의 교회에 대한 규정(네 형제가 너에게 죄를 짓거든, 가서 단둘이 만나 그를 타일러라. 그가 네 말을 들으면 네가 그 형제를 얻은 것이다. 그러나 그가 네 말을 듣지 않거든 한 사람이나 두 사람을 더 데리고 가거라.⋯)에도 '교회'라는 의심쩍은 용어가 들어 있다고 주장했다. 그런데 쿰란 동굴에서 발견된 두루마리 가운데 바로 이 텍스트와 같은 내용이 최소한 세 개나 있다! 최소한 당시에 성전 이외에서도 종교적 공동체들이 있었다는 것은 널리 알려진 사실이다. 이에 대해 어떤 말을 할 수 있을까? 종교적 개인주의를 거슬러 이렇게 말할 수 있다.

예수는 유다인이었으며, 유다교에서는 하느님의 백성이 늘 관건이었다. 따라서 종교적 개인주의는 생각도 할 수 없는 일이었다. 정신사와 종교사 그리고 종교의 구조를 보더라도 그러했다.

예수가 교회를 세웠을까? 예언자들이 제자들을 부른 것과 같이 예수가 제자들을 불러 교회를 설립했다는 방향으로 주사위가 던져졌다. 예수가 제자들과 깊이 소통했다는 것은 모든 복음서에 들어 있는 내용이다. 고대의 미사 감사송도 다음과 같이 기도한다.

예수님은 제자들을 부르시어 사도로 택하셨으며 그들을 신뢰하셨습니다. 이는 그들이 우리를 가르치게 하기 위함입니다. 그분은 배우지 못한 사람들 가운데 제자들을 택하시어 현명한 사람으로 만들고자 하셨습니다. 사도들은 교회를 세우고 복음을 선포하면서 가르쳐야 했습니다. 예수님은 당신이 원하는 것이면 즉시 시행하게 하셨습니다. 그분은 하느님과 함께 세상 창조 이전에 그들을 택하시어 그들에게 권한을 주고 기적을 행하게 하셨습니다. 한 분이시고 거룩한 삼위일체 하느님을 위해 거룩한 죽음을 맞이할 힘과 의지도 그들에게 주셨습니다. 예수님은 세리와 어부를 복음 선포자로 삼으셨으며, 교회의 원수들을 교회를 수호할 훌륭한 인물로 만드시어 믿음의 기반을 새롭고 튼튼히 닦도록 하셨습니다.(「서문집Corpus praefationum」 629)

부활 사건을 목격한 사료가 없어서 벌어진 틈에 대해서는 다음과 같이 확신할 수 있다.

예수가 본디 누구였는지 제자들이 부활 사건 이후에야 의문을 제기했을 근거가 될 만한 대목은 신약성경 어디에도 없다.

오히려 나는 모든 복음서가 처음부터 다음과 같은 논쟁을 보도한다고 본다.

이 사람은 도대체 어떤 분이며, 그분의 권한은 얼마나 기이한 것인가?

열두 사도에 대해서는 이렇게 말할 수 있다.

열두 사도가 실제로 존재했다는 것을 가장 확실히 증명할 자료가 두 가지 있다. 1코린 15,5에서 부활하신 주님께서 열두 사도에게 나타나셨다고 보도한 것(열두 사도가 그 당시 아직 없었다면 어떻게 이러한 일이 가능했겠는가?)과 유다가 열두 사도 가운데 속했다는 것이다. 이미 알려진 바와 같이 유다의 활동은 배반과 함께 마감되었다. 유다가 지속적으로 열두 사도 중 하나로 불렸다는 것이 부활 사건 이전에 이미 열두 사도가 존재했음을 증명한다.

교회와 베드로의 직무는 부차적인 것이라는 견해는 이렇게 보는 것이 좋겠다.

한 번 언급한 것이어서 진실성이 없다는 견해는 방법론적으로 문제가 있다. 자유주의적 성경주석은 예수에 대한 칭호를 다룬 그리스도론적 교의뿐만 아니라 구체적인 공동체도 예수에게 기원을 두지 않는다는 데서 출발한다. 따라서 이 두 가지는 예수의 부활 사건 이후에 사람들이 만들어 낸 작품에 불과한 것이다. 이 두 가지 쟁점, 곧 교의와 교회가 19-20세기 사람들에게는 눈엣가시였다는 것, 이 두 가지 요소가 이미 1세기에도 부차적이었다는 견해에는 문제가 있다.

자세히 들여다보지 않더라도 여기서 순환논증을 다룬 것일 수도 있다는 의혹이 제기된다. 자유주의적 주석가들이 내놓은 이런 근본적인 결과들은 이데올로기적인 욕구가 내포된 한 가지 모형일 것으로 짐작된다. 자유주의적 프로테스탄티즘은 예수와 교회를 분리하려고 하기 때문이다. 그렇지만 이런 이론은 종교 역사적으로나 신학적으로도 수용할 수 없다. 이는 개인이 교회로부터 벗어나려고 몸부림쳤던 19세기 흐름에 뿌리를 둔 것이다. 가톨릭교회 안에서도 제2차 바티칸 공의회 이후 많은 사람들이 어떤 형태로든 교회로부터 벗어나거나 결별하려고까지 했다. 그러나 이와 같은 '해방'은 언젠가 종결되어야 한다.

교회 없는 신앙을 택한 사람들이 교회에 가하는 비판에는 앞에서 언급한, 종래의 신학이 펼친 논증을 반기는 분위기가 들어 있다. 이러한 논증들은 그들이 본래 원하는 것과 딱 들어맞았다. 교회가 순전히 인간이 만들어 낸 산물이라고 여기는 곳에서는 사람들이 예수에게 의지하며 위로받을 수 있다고 여길 것이다. 그러나 이는 다음과 같이 뺄셈을 잘못했을 때나 가능한 일이다.

교회와 연관된 것을 모두 제거할 때에만 예수를 '통째로' 차지할 수 있다.

이것이 순환논증이다. 사람들은 자신이 찾는 것을 발견한다. 우리는 우리가 발견하는 것을 찾도록 하자!

15.2 예수와 교회 설립

베드로의 고백에 대한 응답으로서 마태 16장에서는 놀랍게도 갑자기 교회에 대해 언급하면서(내가 이 반석 위에 내 교회를 세울 터인즉…), 저승의 세력도 교회를 이기지 못할 것이라고 한다. 하느님의 아들에 대한 신앙고백과 어떤 세력도 이길 수 없는 교회, 이 둘은 서로 어떤 관계에 있을까? 이 두 가지는 베드로 안으로 모여든다. 베드로가 고백했듯이, 예수를 하느님의 아들이라고 고백하는 사람은 자기 자신만을 위해서가 아니라 자신의 고백이 다른 모든 이의 버팀목이 되도록 고백하는 것이다. 교회란 베드로의 신앙고백을 근거로 믿는 모든 사람을 가리킨다. 그러나 실제 사실은 이보다 훨씬 깊다. 예수가 하느님의 아들이라는 것도 자기 자신만을 위한 것이 아니다. 아버지는 아들을 아들 자신만을 위해 선택한 것이 아니다. 삼위일체이신 하느님께서는 그가 사람들과 더불어 사람으로서 따뜻한 사랑으로 살게 하시려고 선택하신 것이다. 이러한 점을 미루어, 우리는 구약성경의 계약 형식이 다음과 같은 표현으로 이루어진 것을 잘 이해할 수 있다.

나는 너희의 아버지가 되겠다. 너희는 나의 자녀가 되어야 한다. 나는 너희의 하느님이 되겠다. 너희는 나의 백성이 되어야 한다. 나는 너희 안에 더불어 살겠다.

유다교가 벌써 그 형식을(최소한 유다교의 외경 문헌에 나타난다) "…사람의 형상으로 함께 살겠다."라는 문장으로 완성하고 있음을 볼 수 있다. 교회는 쇄신된 하느님의 백성이고, 그 안에서 하느님께서 당신의 아들 예수 그리스도의 모습으로 사람들과 더불어 살아가신다. 하느님은 대충 계실 수 있는 분이 아니기 때문에 하느님의 아들Gottessohnschaft과 교회는 내적으로 밀접한 관계에 있다. 선택하신 분과 선택받은 존재, 하느님의 새로운 성전인 예수와 성화된 백성이 서로 밀접한 관계에 있는 것이다. 이러한 의미에서 하느님의 자기 계시를 받아들이는 사람들도 하느님의 아들에게 속한다. 사람들은 회개를 해야 하는 존재이기만 한 것이 아니라, 하느님께서 그들과 함께 지속적으로 살기를 바라시는 존재이기도 한 것이다. 하느님은 교회 안에 있는 사람들에게 고향이 되어 주려 하시고, 하느님 역시 그들의 마음속에서 고향을 발견하신다. 회개만이 관건이 아니라 지속적으로 살아가는 것, 머무는 것도 관건이기 때문에 교회가 존재한다. 열두 사도의 역할을 강조하는 마태오복음서에서 교회를 쇄신된 이스라엘로 생각한 것은 지극히 당연한 일이다.

마태오복음서에서 베드로가 하늘나라의 열쇠를(교회의 열쇠만이 아니라) 손에 쥐고 그것으로 누가 하늘나라에 들어가고 누가 못 들어가는지 정할 수 있다면, 이는 주로 죄의 용서를 염두에 두고 한 말일 것이다. 제자들도 죄를 용서하는 권한을 부여받았다(요한 20,23). 그럼에도 이러한 진술은 놀라움을 불러일으킨다. 저승의 세력도 교회를 이길 수 없다는 진술만큼이나 우리를 깜짝 놀라게 한다. 둘 다 교회와 교회가 지닌 열쇠 권한은 결코 세속적이거나 순전히 인간적인 제도만이 아니라는 것을 전제한다. 이런 제도들은 기껏해야 자극을 유발하는 우주적 권한을 수락하는 정도에 불과한 것들이다. 결정적 권한에는 비단 용서만이 아니라 용서하지 않는 것도 속한다. 그러나 교회는 용서하지 않을 권한에 대해 제대로 인식한 적이 없었다. 저승의 세력이 교회를 이길 수 없다는 것은 죽음과 삶이 실제로 투쟁한다는 것을 전제한다. 즉 교회는 언젠가 하느님 나라에서 드러날 것을 목표로 삼은 것이다. 이 교회 안에서 하느님 나라의 윤곽이 선명하게 드러난다. 교회는 죽음이 감히 이길 수 없는 생명의 영역이기 때문이다. 바로 그렇기 때문에 교회는 살아 계신 하느님의 장소이며, 하느님께서 당신의 아들 안에서 우리 가운데 계시는 곳이다. 앞에서 잠시 언급했듯이, 신약성경에서 '하느님의 아들'은 늘 하느님의 활발한 생명력에 참여한다. 더구나 탄생과 죽음이라는 근본적인 상황에서, 죽은 영들(악령)과 만나며 참여한다. 마르 8장에서는 베드로가 예수를 그리스도라고 고백한 것에 비해, 마태 16장의 특별한 점은 '살아 계신 하느님의 아드님'으로 고백했다는 것이다. 같은 맥락에서 저승의 세력이 그분의 교회를 이길 수 없다고도 말했다. 이 말은 다음과 같은 뜻이다.

예수 그리스도의 교회는 하느님 아들의 생명력에 참여한다. 그분이 죽음을 쳐부수고 거둔 승리의 빛이 교회와 교회에 속한 모든 사람을 환히 비춘다.

이렇게 나는 하느님의 아들과 교회의 관계를 발견한 것이 무척 기쁘다. 지금껏 나는 마태 16장에 대해 이와 같이 해석한 내용을 읽어 보지 못했다.

15.3 포도나무-예수와 교회

예수는 신비로운 방법으로 제자들과 일치한다. 신약성경에서 교회에 대한 구체적인 비유인 포도나무의 비유를 보면, 예수는 몸에 딸린 머리가 아니다. 제자들에 대비되는 특별한 지체가 아니라는 말이다. 포도나무 비유를 통해 예수와 제자들은 하나를 이룬다. 이는 바오로가 공동체는 전체적으로 예수 그리스도의 몸이라고 언급한 대목을 비롯하여 사도로 부르심을 받은 장면에서도 알 수 있다. 예를 들어 루카는 사도행전에서 예수의 말을 전한다.

사울아, 사울아, 왜 나를 박해하느냐?

예수는 "어찌하여 너는 나의 지체들, 나를 따르는 사람들을 박해하느냐?"라고 묻지 않고 당신 자신이 그들 전부를 대신한다. 이 말은 제자들과 예수와의, 상상할 수 없을 만큼 긴밀한 관계를 의미한다. 수많은 낱알이 모여 빵이 되고 무수한 가지들이 포도나무를 형성하듯이 모든 제자가 함께 그분의 몸을 이룬다. 네 번째 복음서가 보도하는 대로 예수는 하느님께서 계시는 장소이고 성전이듯이 사도들 또한 그렇다. 바오로의 말을 빌리면 이런 뜻이다.

너희 가운데 하느님이 계신다.

예수가 한 분으로서 하느님이고 인간이기 때문에 모든 제자도 신경 Credo의 대상이다(하나이고 거룩하고 보편되며 사도로부터 이어오는 교회를 믿나이다). 이 모든 표현은 그 내용에 따라 예수의 단 하나이고 유일한 교회만이 존재할 수 있다는 것을 강조한다. 교회가 여러 개 존재할 수 있다는 말은 신학적으로 완전히 배제되었다. 유일한 중재자인 예수에 대한 믿음이 있었기에 그 결과로 교회가 탄생한 것이다.

크고 튼튼한 식물과는 달리 포도나무는 항상 (메시아적) 평화의 총괄개념으로 통한다. 포도나무는 튼튼하지 않고 유약해서 많은 관심과 돌봄을 받아야 제대로 성장할 수 있다. 이는 평화의 시기에나 가능한 일이다. 이러한 이유에서 사람들은 평화의 군주로서의 메시아를 포도나무로 표현했다. 여하튼 핵심은 포도나무가 이스라엘의 표상이라는 것이다. 요한 15장에서 메시아적인 의미와 이스라엘을 지칭하는 의미는 하나가 된다.

예수는 가장 먼저 아버지와 포도나무와의 관계를 규명한다. 포도원 주인인 아버지의 특별한 임무는 '정화하는 일'이다. 즉 무성하게 자란 가지와 새순을 잘라 내는 일이다. 아버지는 예수의 파견과 그의 말씀을 통해서 작업을 완수하셨다. 따라서 예수의 말씀에 마음을 열고 그분을 따르는 일은 무성하게 자란 것들을 말끔히 정리하는 과정인 셈이다. 바오로 사도의 생각처럼 그리스도인이 되는 관문인 세례는 의미 없고 죽음으로 치닫게 하는 것들과 단호히 결별하는 것으로 볼 수 있다. 이러한 것을 예수가 포도원 관리 기술과 관련된 전문 용어인 '정화 작업'으로 표현한 것은, 바오로가 영혼을 씻는 목욕인 세례를 '죄스러운 육체'의 죽음이라고 명명한 이유를 이해하는 데 도움이 된다. 다음과 같이 해야 한다는 말이다.

지난 관계 포기하기.
열매 맺는 데 방해되는 모든 것에서 자유로워지기.

그러므로 포도원 주인의 정화 작업은 우리가 예수의 창조적 말씀을 접할 때, 말씀으로 빚어진 새로운 창조인 세례 때 하느님께서 모양을 가지런히 하시는 작업이다. 그리스도인의 세례란 하늘로부터 새롭게 태어나는 것, 새롭게 창조되는 것이기 때문이다.

그다음으로 '머무는 것'이 이어진다. 믿음을 뜻하는 그리스어에는 히브리어처럼 충실함 가운데 지키는 것이란 의미도 들어 있다. 네 번째 복음서에서 말하는 머문다는 것은 믿음의 충실함을 시험하는 것이기도 하다. 여기서 예수는 제자들이 당신 안에 머물고 당신과 하나 되어 머무르라고 한다. 그래야만 가지들이 포도 열매를 맺을 수 있다. 여기서 말하는 열매는 다름 아닌 눈으로 확인되는 사랑이다. 바오로도 이 대목에서 그리스도 안에 머무는 것에 대해 말하는데, 그것이 우리에게 행동할 능력을 주는 성령의 힘이라고 표현했다. 네 번째 복음서는 그리스도인이 받는 힘의 원천은 오로지 예수와의 생생한 관계에 있다고 보았다. 네 번째 복음서에 따라 예수가 이것을 어떻게 생각했는지를 재구성해 볼 수 있을까? 분명한 점은 예수를 본보기로 삼아야 한다는 것이다. 이를테면 예수가 제자들의 발을 씻겨 주면서 한 말씀을 떠올릴 수 있다.

내가 너희에게 한 것을 너희도 서로 해야 한다.

예수는 우정의 모범이다. 그러나 이보다 더 중요한 것이 있다. 바로 은총으로 충만한 내적 결속이다. 우리가 그분을 본보기로 받아들일 때 이 결속은 끊어지지 않을 것이다. 예수는 우리에게 생명을 내주신 분이고, 우리가 먹는 빵이며, 우리가 마시는 신선한 물이기 때문이다. 요한 15장에서는 이렇게 보도한다.

그분은 포도나무 가지들이 생명을 유지하게 하고 열매를 맺게 하는 수액이다.

우리는 묻는다.

어떻게 예수님이 빵이고 물이고 생명의 수액일 수 있을까? 이렇게 말씀하시는 그분은 어떤 장면을, 어떤 구체적인 삶의 과정을 떠올리실까?

먼저 이렇게 대답할 수 있다.

인간 예수는 이 신적 생명을 담는 그릇이다. 질그릇 안에 담긴 보물처럼 우리는 하느님의 말씀과 권한, 행동, 생명을 그분 안에 담을 수 있다.

두 번째 대답을 해 보자.

믿음 안에서 그분을 바라본다는 것은 그분의 삶에 동참한다는 뜻이다.

이것은 바오로가 불림을 받았을 때 체험한 내용과 비슷하다. 바오로가 주님을 보았을 때, 이는 바오로가 주체이고 주님이 객체라는 뜻이 아니다. 주님이 주체이며 바오로에게 당신 자신의 일부를 내주셔서 그가 사도로서 봉사하게 하신 것이다. 이는 이론적인 바라봄ein theoretisches Sehen 이상의 의미를 지닌다. '하느님을 바라보는 것'은 그분의 삶에 동참한다는 뜻이다. 요한복음서에 나오는 믿음 또는 머무름도 이와 매우 유사한 의미를 지닌다.

예수를 바라보는 사람은 이전 상태로 머물지 않는다. 그분께 사로잡혀 전혀 다른 모습으로 변한다.

예수의 실존과 요청에 자신을 내맡긴 사람은 파괴할 수 없는 영원한 생명의 신적 보물 속으로 빨려 들어간다. 이는 순간의 일시적 바라봄이 아니다. 지속적인 관조, 주님께서 자신을 바라보시게 하는 것이다. 또는 다음과 같은 것이다.

영혼이 해를 향하게 하여 햇빛으로 데워지고 빛으로 가득 차게 한다.

이렇게 지속적으로 바라보기에 이를 '관조'라고도 말할 수 있다. 네 번째 복음서가 말하는 그리스도인에게는 꼭 필요한 관상적인 작업이다. 이는 다음과 같은 뜻이다.

흥분해서 또는 호기심으로 매스컴에서 스타라고 뜨는 유명인들에게 눈길을 보내는 것이 아니다. 늘 예수의 얼굴과 모습을 바라보는 것이다.

개인적으로 나는 로마네스크 양식 예술품을 감상하면서 명상에 잠기곤 한다. 그 작품들은 충분히 추상적이어서 개인적으로 충만해질 공간이 매우 크다. 그러나 네 번째 복음서가 부드럽거나 구속력이 없다는 뜻은 아니다. 예수는 포도나무에 대해 다음과 같이 말했다.

말라 버린 가지들은 사람들이 모아 불에 던져 태워 버린다.

예수는 불에 던지라고 가차 없이 말한다. 이는 일부 사람들이 여기듯 조작된 예수의 말씀이 아니다. 정원사와 포도원 주인은 다음과 같은 사실을 잘 알고 있다.

식물에게 중요한 것은 사느냐 죽느냐이다. 생명의 수액을 더 이상 받지 못하는 식물은 이내 죽고 말라비틀어진다. 그대로 두면 해로운 마른 가지가 되고 만다.

예수는 자신이 내주는 것을 진지하게 여기고, 세상이 돌아가는 상태에도 주목한다. 죽음은 늘 손에 잡힐 듯 가까이 있기 때문에 예수는 우리를 재촉하여 생명의 영역으로 들어가게 이끈다. 그는 이 일을 바삐 서두른다. 성경의 관점에 의하면 우리가 사는 세상은 사느냐 죽느냐만 관건이 된 위기 상황에 처했기 때문이다. 선한 의사라면 생명을 구하기 위해 무조건 전력을 다하듯, 예수는 그런 의사이다. 예수는 그런 의사기에 우리의 생존을 위해 촉각을 다투며 돌본다. 그 무엇도 이러한 절박한 상황을 덮어 감추지 못한다. 종교는 모두 같다고 여기는 견해나 관용에 대해 현 시대에 나온 말들도 이 상황을 은폐시킬 수는 없다. 위기 상황에서 아무래도 상관없는 것은 아무것도 없기 때문이다. 죽음에 이르는 병을 내가 박하차薄荷茶로 치료할 수는 없는 일이다.

15.4 파견한 사람 뒤에 선 예수

예수의 제자들을 받아들이거나 이들에게 마실 물을 주는 사람은 의인이 받는 상을 받으며 영원한 생명을 얻는다(마태 10,40-42). 이 말씀에 따르면 예수의 제자들은 어떻든 간에 이들을 위해 좋은 일을 하는 사람들과는 현저히 구별된다. 이 텍스트 배후에는 우선 그리스도인들에게 어떤 것으로도 대신할 수 없는 큰 의미를 지닌 손님 접대의 중요성을 강조하려는 의도가 깔려 있음을 알 수 있다. 여기서 한 지역에 정주해 사는 사람들과 나중에 형성된 공동체의 구성원들은 순회하는 사도들에게 숙식과 필요한 경비를 제공하라는 요청을 받는다. 호텔이 없던 시절에 이와 같은 손님 접대는 그리스도교를 전파하는 데 기본 요소였다. 그런데 여기서 놀랄 만한 일은 보상에 대한 언급이다. 손님 접대를 잘하는 사람은 그것으로 하늘나라에 들어가기가 충분하다는 것이다. 예수가 자신을 두고 이따금 유별나게 표현한 것을 감안하더라도 이 말의 기본적인 의미는 다음과 같다.

예수가 보낸 이들에게 선을 행하는 사람은 그들이 받는 하늘나라의 보상을 함께 받는다.

예언자 역시 예수가 파견한 사람들의 무리에 들기 때문이다. 이는 마태 25,40.45와 근본적으로 비슷하다.

궁핍한 사람에게 해 준 것은 곧 예수님께 해 드린 것이다.

예수는 우리가 당신의 대리자들에게 베푼 것을 보고 깜짝 놀라 감동한다. 고대 유다 예언자들의 권리는 예수가 권한을 주어 파견한 이들에게도 해당된다. 핵심은 이렇다.

파견된 사람은 그를 파견한 사람과 같다.

파견된 사람들은 구원의 중재자이다. 이렇게 여기는 까닭은 사람들이 이들에게 행한 것에 약속된 하늘나라의 보상이 따르기 때문이다. 여기서 예수에게서 권한을 받고 파견된 사람들과 한 지역에 정주하여 사는 그리스도인과의 관계에서 구원이 결정될 수 있다. 사람들이 선을 베푸는 대상이 반드시 예수여야 하는 것은 아니다(마르 14,9처럼). 그분이 파견한 사람들을 존중하는 것으로 충분하다.

15.5 제명

앞에서 우리는 교회가 결코 부활 사건 이후 완전히 다른 역사적 사건 위에 오버랩한 것일 수 없다는 점을 살펴보았다. 교회는 원천에 기인하여 설립된 제도로서 예수와 함께한 열두 사도와 분리될 수 없는 것이다. 예수는 생전에 이미 제자들에게 권한을 넘겨주었다. 바로 여기에서 교회는 벌써 천상적-세속적인 본래 형상을 얻었다. 더욱이 윤곽이 뚜렷한 형태로 얻었다. 이는 거의 믿을 수 없는 것처럼 보이지만, 마태 18장에 의하면 예수는 누군가는 교회에서 제명할 필요도 있다는 것을 분명히 염두에 두었을 것이다. 그런데 누군가를 제명할 수 있으려면, 예수의 견해대로 (특히 죄를 짓지 않은 사람들의 상처 입은 자존심으로부터) 죄인을 보호해야 할 뿐만 아니라 언젠가는 공동체도 그 죄인으로부터 자신을 지켜야 한다.

이를 다르게 읽으려는 주석가들도 많다. 이런 주석가들은 차라리 예수를 무한한 사랑의 변호인으로 삼으려 한다. 다른 사람들을 우롱하는 이들이나 경멸적인 태도로 공동체를 파괴하는 이들에 맞서 예수를 사랑의 수호자로 해석하려 한다. 이런 해석의 배후에서 주도적 역할을 하는 것은 현대적 개인주의이다. 개인주의를 표방하는 사람들은 자신을 위해서는 무한한 자비와 용서를 요청하면서 예수를 이기심의 변호사로 삼으려 한다. 그래서는 안 된다. 예수는 사람들을 실제로 평가한다. 그분은 개개인을 사랑하고 배려하며, 가르치기 어렵고 고집스러운 개인이 공동체를 괴롭혀서는 안 된다는 것을 안다. 공동체는 개인보다 더 쉽게 다칠 수 있다. 예수는 각 사람에게 일곱 번씩 일흔일곱 번이라도 용서하라고 요구할 수 있다. 그러나 공동체는 그래서는 안 된다. 공동체가 그런다면 우스꽝스러워지고 말 것이다. 공동체는 오직 죄에만 순종하게 될 것이다. 다음 말은 경탄할 만하다.

> 이런 점에 비추어 예수는 사랑과 배려의 한계를 철저히 알고 있다.

예수는 원리 원칙만 따지는 독단가가 아니다. 그분이 성전에서 상인들을 쫓아낸 사건은 폭력을 원칙적으로는 반대하지 않는다는 사실을 보여 준다. 이는 다음에서도 알 수 있다.

예수는 공동체에서의 제명을 반대하지 않는다.

여기에는 한계가 있다. 공동체가 얼굴을 들 수 없는 곳, 조롱과 멸시만 받는 곳에는 한계가 있다. 그러면 공동체는 더 이상 선교할 수 없고 그저 자기 자신에게만 몰두하고 말 것이다. 이러한 점에 미루어 현재 중요한 것을 인식할 수 있다.

교회가 존속하려면 '아니요'라고도 말할 수 있어야 한다. 그것도 특정한 사람의 구체적인 태도에 대해 그렇게 할 수 있어야 한다.

축복하는 사람은 꾸지람도 허락해야 한다. 일부 사람들이 예수와 바오로(누가 여러분이 받은 것과 다른 복음을 전한다면 그는 저주를 받아 마땅합니다.-갈라 1,9)를 따르지 않는다면 단호히 제명해야 한다. 그동안 교회에서는 제명하는 일이 중요하지 않은 이유들로 인해 빈번히 있었고 그 때문에 본분을 제대로 이행하지 못했다. 다른 한편, 우리는 선 긋기를 두려워하고 주저한다. 강력하고 남용하지 않는 권위만이 명확히 선을 그을 수 있다. 수도 공동체는 일정 시험기를 거친 청원자 가운데 일부를 내보내는 일을 합당하게 수행할 필요가 있다. 이런 점이 눈에 띈다.

예수께서 좋게 생각하신 제자단 같은 작은 공동체나 교회 단체들은 제명이 좀 더 적극적으로 필요하고, 또 그렇게 할 수 있다.

이와 달리 일반 신자들이 다니는 교회는 다음과 같은 요소를 감안해야 한다.

마태 18장에서도 제명은 그 자체가 목적이 아니라(1코린 5장의 불륜에 대한 단죄도 이와 마찬가지다), 선교를 위한 것이다.

선교를 해야 할 공동체가 그 사명에 착수하기도 전에 구성원 제명에 대한 문제로 논쟁을 벌이는 일은 없어야 한다. 개인을 제명하는 일이 확실한 기준과 선교 활동에 방해가 된다면 다른 길을 택해 목표를 이뤄야 할 것이다. 낙태를 비롯하여 혼인생활과 같은 개인적인 삶의 영역에서 큰 잘못을 저지른 사람을 어떻게 대할 것인가가 이런 경우에 해당된다. 이 문제와 관련하여 교회는 당사자를 제명하여 선교할 것이 아니라 지역 주교의 합의와 명확한 입장을 얻어 해결해 갈 수 있을 것이다.

15.6 교회 안의 불명확한 사항

예수의 기쁜 소식은 지혜롭다는 자들과 슬기롭다는 자들에게가 아니라 단순한 사람들에게 선포되었다. 믿음이 신학자들만의 전유물일 수는 없다. 믿음은 단순하고 소박한 사람들에게 마음을 열어야 한다. 다음은 교회에 우호적인 한 신문의 기사 내용이다.

교회가 영적 체험들에 대해 더 구체적이고 더 교의적으로 해석할수록 사람들은 그만큼 더 뒤로 물러선다. 자신의 믿음에 대해 내용적으로 확신하는 사람은 아주 드물다.

교회사를 살펴보면 대략 1300년부터 교회 안에 내적 질서와 규율이 발전하여 거의 완벽한 수준에 이른 사실을 알 수 있다. 이는 스물세 가지나 되는 교황청 세금에서부터 중세 전성기 스콜라철학의 신학적 '총합'에 이르기까지 해당된다. 신학 자체도 그리스 철학자 아리스토텔레스의 영향으로 정밀한 체계가 잡혔다. 교회법도 이런 역량을 갖추었다. 두 번째 완벽한 면은 1871년 이후 탄생한 신스콜라철학에서 찾아볼 수 있으며, 세 번째는 제2차 바티칸 공의회 후 평신도 사목의 중요성을 꼽는다. 여기서 다음과 같이 말할 수 있다.

교회사를 볼 때 지금처럼 교회가 신자들에게 완벽한 설교를 하고, 모든 전례서가 이렇게 잘 선별되고 정리되어 알기 쉬운 적이 없다. 오늘날과 같이 신심이 미신과 주술, 혼합주의에서 분리되어 '정화된' 적도 일찍이 없다. 오늘날처럼 교회 건물들이 통속적이고 저속한 예술품들과 철저히 구별된 적도 없다.

그런데도 사람들은 편안히 숨 쉬지 못한다. 앞에 소개한 신문 기사도 이러한 상황을 반영한 것이다. 철저한 완벽주의는 대중 신심의 자유를 허용하지 않으며, 교회가 인정한 성인이든 그렇지 않은 성인이든 이들을 공경하는 산만한 현상도 그냥 두려 하지 않는다. 미사 중에 묵주기도를 바치는 것도 인내하지 못한다. 철저한 완벽주의자들은 이런 현상들을 교회적 계몽의 빛에 비추어 역겨움의 표본이라며 비방한다. 교회의 위기는 곧 대중 신심의 위기이다. 종교성의 밑바탕은 불명료하고 신비에 가득 찬 공간을 필요로 한다. 여기서 내가 말하는 '불명료함'이란 어떤 흐릿하고 명확하지 않은 것을 의미한다. 일반적인 무질서 또는 그리스도교적인 것이 무엇인지 더 이상 아무도 알지 못하는, 그런 방향성 없는 상태를 의미하는 것이 아니다.

대중 신심으로 사는 사람들은 지속적인 가르침을 받거나 논리 정연한 교의학을 들으려 하지 않는다. 이러한 면을 이해한 사람은 신학 공부가 많은 이들의 믿음에 도움은커녕 해롭기까지 한 이유를 파악할 수도 있다. 숨 쉴 여지가 남지 않기 때문이다. 믿음이 유기적으로 성장해야 하는 곳에는 주관적인 보호 공간이 있어야 한다. 그리하여 그 안에서 식물이 뿌리내리며 굳건히 서게 하고, 성장을 방해하는 잡초는 뽑아내 식물이 아무 위험 없이 잘 자라도록 해야 한다. 믿음은 완벽하고 포괄적인 체계를 받아들이는 게 아니다. 믿음은 개인적 관계를 구축하면서 얽히고설킨 다른 요소들을 차츰차츰 이해해 가는 것이다. 이 과정에서 신학이 도움이 되기도 한다. 그러므로 교회의 과제에는 다양성 안에서 일치를 고수하는 것뿐만 아니라, 살아가는 데 꼭 필요한 명료함과 불명료함 사이에 감돌 수밖에 없는 긴장을 견디는 것도 포함된다. 교회가 자신의 임무를 수행하려면 고유한 언어와 체험을 발견할 자유가 늘 필요하다.

신학자들이 평신도의 말문을 막는 경우를 종종 목격하게 된다. 우리에게는 긴장도 필요하다고 말했지만 가톨릭적인 것과는 거리가 먼, 일방적으로 고집하는 의미에서의 오해는 모두 제거되어야 한다. 이는 다음과 같은 말이다.

엄격한 전문 신학자들의 눈에는 놀라움을 넘어 거슬리기까지 하겠지만, 평신도의 생활 체험이 정화주의에 희생되어서는 안 된다.

신학자들이 다루기 난감해 하는 문제 하나를 살펴보자. 성인품에 오른 비오 신부를 신자들이 내적으로 공경하는 형태는 매우 다양하다. 정도를 벗어나 일방적으로 치우친 면도 있을 수 있다. 그렇지만 이렇게 하여 오늘날 우리가 처한 현실에서 하느님의 활동과 위력을 신비적으로 깨닫는 단계로 나아갈 수도 있다. 어떻든 이에 대해 성급히 판단해서는 안 될 일이다. 종교 개혁 과정에서 잘못한 점이 있다면, 그것은 인문주의 학자의 이상을 성직자와 평신도에게 더 많이 적용시키려고 했다는 것이다. 공의회 이후 태동한 이성주의와 신新가톨릭적 근본주의는 모든 일을 정연하게 처리하려는 쌍둥이에 지나지 않는다.

예수의 첫 번째 청중은 교수가 아니라 평신도이다. 마태 11장은 예수가 지혜롭다는 자들과 슬기롭다는 자들이 아니라 철부지들을 향했다고 전한다. 단순한 사람들은 호기심이 많으며 알고 싶은 욕구 또한 강하다. 이들은 그럴싸한 지식으로 포장하여 아는 체하지 않는다. 요한 9장에서 보도하는, 눈먼 바리사이들 같이 세상을 바라보지도 않는다. 소크라테스와 니콜라우스 쿠자누스가 평신도idiota의 필요성을 역설했다. 예수도 이와 연대한 것이다. 이들의 공통점은 박식함에 대해 회의적인 태도를 보였다는 것이다. 나아가 모든 학문적 신학에 대해서도 회의적이었는데, 이런 신학들은 본래 하찮고 눈에 띄지 않는 것이면 다시는 강조하지 않는다. 마태 11장에 의하면 그리스도교는 매우 단순한 것을 의미한다.

아들을 통해야만 아버지께 갈 수 있다. 인격Person인 예수를 통해서, 그분이 걸어간 길을 따르는 가운데 그분을 통해서 갈 수 있다.

이것이 신학 전체의 핵심이다. 함께 걸어가는 것과 함께 사랑하는 것이 관건이다. 이렇듯 하느님과의 관계를 가장 간결하게 표현한 단순함에는 엄청난 우주적 가르침이 담겨 있다. 이에 대한 예로는 마태오복음이 일종의 학설이 아니라는 점을 들 수 있다. 마태오복음서는 전체적으로 예수의 길에 관해서만 보도한다.

예수는 폭력을 포기하고 겸손한 마음을 지녔다.

마태오는 십자가에 이르기까지 예수가 걸어간 길을 보여 준다. 예수의 삶이 바로 그분의 가르침이다. 그분은 당신의 가르침을 전하는 그리스도인들이 희생되리라는 것을 예감했을지도 모른다. 이 텍스트는 아버지와 아들의 관계를 다룬 것이다.

근동 지역과 북아프리카에서는 이슬람교가 그리스도교를 앞질러 갔다. 당시 그리스도교는 삼위일체 교의를 놓고 투쟁한 결과, 둘로 갈라지고 말았다. 오늘날에도 이슬람교는 많은 사람들의 눈에 신학적 (다른 면에 대해서는 언급하지 않더라도) 위험이 있는 것으로 보인다. 이슬람교는 교리적으로 매우 단순하기 때문이다. 이런 까닭에 일부 사람들은 이슬람교를 성경적 종교의 보급판이라고까지 말한다. 그러나 우리는 또다시 거의 모든 교의적 주제들(의화, 삼위일체, 대속을 위한 예수의 죽음)이 신학자들만의 사안인 양 만들어 놓고 말았다. 하지만 그럴 것이 아니라 다음과 같이 생각해야 한다.

우리가 단순함으로 나아가는 길을 발견하지 않는다면 예수의 주요 관심사를 왜곡하는 것이다.

교회가 계몽을 지나치게 강조하다 보면, 마음의 신학을 소홀히 다루게 된다. 나아가 하느님에 관한 말이나 하느님 앞에서 드리는 말씀이 불명료해지며, 거기에 깃든 신비도 소중히 여기지 못할 것이다. 쿠자누스가 이미 간파했듯이 그렇게 되면 교회 안에서 이 신비로 유일하게 다가갈 수 있는 통로가 차단되고 만다.

물론 마태 11장이 말하는 내용은 예수를 그저 평범한 사람으로 여겨서는 이런 단순함이 생길 수 없다는 것이다. 예수만의 고유한 품위를 낮춘다고(이슬람교에서 그렇게 하듯이) 그리스도교가 더 단순해지지는 않는다. 오히려 그분만의 고유한 품위를 인정하고 마태오복음에 따라 비폭력과 겸손의 길을 함께 걸어갈 때 더욱 단순해질 수 있다. 이러한 의미에서 마태오 11장에는 예수의 특성과 우리가 그분을 닮아갈 가능성이 동시에 내포되어 있다.

'멍에'(내 멍에는 편하고 내 짐은 가볍다)나 '품위' 같은 용어는 통상적으로 유다인들의 계명에서 사용되던 것이다. 그밖에 이 텍스트에 나오는 예수의 다른 표현들도 유다교에서 지혜와 계명에 대해 언급할 때 통용되던 것이다. 이는 특히 자기 자신을 알릴 때(…너희는 모두 나에게 오너라) 쓰던 표현이며, 근동 지역에서 물을 팔던 상인들이 사용한 언어와도 일치한다. 이런 표현들은 삶을 가볍게 해 주겠다는 약속, 안식을 주겠다는 약속에도 해당한다. 그리고 이런 표현들은 이 텍스트의 계시에 관한 말씀과도 꼭 들어맞는다. 계명과 지혜가 구약의 계시이듯 예수는 신약의 계시이다. 인격Person 안에서의 계시인 것이다. 그리스도의 계명은 그분의 길이며 지금도 유효하다.

성무일도 신학에 이러한 것이 잘 표현되어 있다. 하루에 여러 차례 기도하는 성무일도는 예수의 길을 반영하여 구성된 것이다. 특히 삼시경,

육시경, 구시경에 바치는 낮기도에 예수의 길이 잘 표현되어 있다. 찬미가에는 예수 수난의 길 각 처가 반영되어 있다. 이렇게 성무일도 시간경에 따라 예수의 삶이 재현된다. 그러나 끝기도에는 이렇게 바친다.

주님의 손에 내 영혼을 맡기나이다.

끝기도에서는 밤이 예수의 죽음(루카 23,46을 따라)과 같은 위치에 있다. 유다교에서는 시편 31(32)이 바로 저녁기도였다. 베르나르도 성인의 친구였던 생티에리의 윌리엄(†1149)은 자신의 유명한 저서 「묵상 XIII」에서 예수의 다음 말씀에 대해 호소한다.

주님, 당신은 저를 미혹에 빠트리셨고, 저는 그 잘못된 길에 빠지고 말았습니다. 주님은 저보다 훨씬 강하시어 당신의 뜻을 제게 요구셨습니다. "고생하며 무거운 짐을 진 너희는 모두 나에게 오너라. 내가 너희에게 안식을 주겠다."고 하신 말씀을 들었을 때, 저는 그 말씀을 믿고 당신께 다가갔습니다. 그런데 당신이 제게 안식을 주셨습니까? 저는 지고 갈 짐이 없는데, 무거운 짐들이 저를 짓눌러 거의 주저앉을 지경에 이르렀습니다. 등에도 무거운 짐을 지지 않았지만, 지금 저는 지고 갈 것에 짓눌려 힘이 없고 지쳤습니다. 주님은 "내 멍에는 편하고 내 짐은 가볍다."고 말씀하셨습니다. 그런데 여기서 편하다는 말씀은 도대체 무슨 의미인지요? 가볍다는 것은 또 무슨 말씀입니까? 당신의 일은 이렇게 견디기 힘들고 당신의 짐은 너무도 무거워 저는 그 무게에 짓눌려 주저앉을 지경입니다. 주변을 살펴보았지만 도와주는 자 아무도 없었고, 조력자를 찾았지만 누구도 거들어 주려고 오지 않았습니다.(이사 63,5 참조)

이러한 상황에서 압박과 죽음의 공포를 이겨 내신 주님 말고 그 누가 위로하고 격려해 줄 수 있겠는가? 마태 11장을 진지하게 받아들이는 것이 신학 공부를 그만두라는 뜻은 결코 아니다. 나는 평생 열의를 다해 신학을 공부하고 있다. 이는 내 삶에서 예수님과의 관계를 잃지 않는다는 의미이기도 하다. 십자가의 길은 오늘날 중요한 묵상 형태 가운데 하나이다. 이 말은 이 기도를 바치며 우리의 무지를 깨칠 수 있고 또 당연히 그렇게 된다는 의미이기도 하다.

15.7 예수와 교회들

우리는 이미 오래전에 교회에 맞서 역사적 예수를 언급하는 데 익숙해졌다. 이러한 갈라진 현상을 성경주석과 교회사만이 묘사하는 것은 아니다. 오히려 이와 같은 상반된 현상은 우리의 문화적 의식의 일부이며, 지난 200년 이래 세계관에 대한 논쟁의 한 요인이 되었다. 각본은 늘 비슷한 형태를 띤다.

교회의 권위나 감독에서 벗어나려고 하는 사람, 그리스도교 신학과 문화의 거대한 전통에서 벗어나려는 사람은 역사의 예수를 부활 사건 이후의 교회와 연결하는 바늘귀 편에 선다.

관점이 넘어가게 된 결정적이고도 민감한 계기는 2세기의 '초기 가톨리시즘'이나 이른바 4세기 초의 콘스탄티누스 전환이 아니라 부활 사건이 일어난 날 새벽이기 때문이다. 여기서부터 관찰의 방향이 뒤집어졌다. 그리고 사람들은 신약성경을 다음과 같이 왜곡하여 읽는다.

예수는 다가오시는 하느님을 바라보았는데, 부활 날 새벽 이래로 사람들은 예수를 바라본다.

이러한 비난은 다음과 같은 의미를 지닌다.

교회는 예수를 신격화하고 배반했으며 대수롭지 않게 여기고 세속화했다.

비난은 계속 이어졌다. 교회가 유다인들을 희생시키고 세상의 권력가들과 결탁했다는 것이다. 이 비난들을 하나씩 살펴보자. **교회가 예수를 신격화했을까?** 신격화의 의미는 다음과 같다.

예수는 단순하고 소박한 인간이었다. 그런데 부활 사건 이후 사람들은 그를 하느님의 아들로 들어 높였다. 역사의 예수는 신심 깊은 한 유다인에 불과했는데, 300년 뒤에는 삼위일체의 구성원이 되었다. 그분이 반칙을 범하며 잽싸게 사회적 경력을 쌓기라도 했다는 말인가? 예수는 종교적 감수성이 뛰어난 천재에 지나지 않는데, 사람들은 그에 대해 추상적이고 난해한 교의를 만들어 냈다. 예수의 구체적인 삶이나 실천은 빠진 채 사람들은 자신의 말만 옳다고 주장했다.

이러한 비난은 새로운 것이 아니다. 요한복음서에 의하면 유다인들은 이미 예수에게 비난을 퍼부었다. 자신을 스스로 하느님으로 들어 높였다는 비난을 던졌는데, 이는 당연히 틀린 말이다. 이러한 비난이 유다인 출신 그리스도인들에게는 기괴한 선동에 지나지 않았다. 초기 그리스도인들은 유다인 출신이었기 때문이다. 어떻게 이들이 하느님을 모독하는 엉터리 사기꾼에게 속을 수 있겠는가? 요한복음서에서 예수가 스스로를 방어하는 장면을 보면, 믿음이 없는 유다인들이 제기한 이의에서 기이한 오해가 싹튼다. 이들은 파견됨이 무슨 말인지 제대로 이해하지 못했던 것이다. 파견된 존재는 파견한 존재가 아니고 그분을 대리할 뿐이다. 그러나 여기서 파견은 다음과 같은 뜻이다.

> 파견된 존재는 파견한 존재와 같다.

하느님의 아들이 자기 자신과 자신이 가진 모든 것을 아버지의 덕택이라고 여긴다는 사실을 유다인들은 파악하지 못했다. 더 기이한 점은 지난 200년 이래 자유주의적 성경주석가들이 다음과 같은 견해를 고집하는 것이다.

> 유다교는 예수의 신성을 (부차적으로, 나중에, 그리스적으로, 교회 이데올로기적으로) 받아들였기 때문에 사방으로 흩어졌다. 그리하여 유다교는 역사의 흐름에 주목하면서 예수의 신성에 대한 믿음을 눈에 띄지 않게 철회하게 되었다.

네 번째 복음서를 추적하거나 어떻게 해야 예수가 하느님의 아들임을 긍정적으로 이해할 수 있는가 하는 문제는 현재 연구가들 사이에 전혀 다루어지지 않고 있다. 그러나 이음매는 바로 이것이지, 부활 날 새벽이 아니다! 예수가 하느님의 아들임을 굳게 믿을 수 있었던 사람들은 요한복음을 받아들인 유다인 출신 그리스도인들이었다. 이 역사적 사실을 왜

곡해서는 안 된다. 1세기에 살았던 유다인이라면 하느님을 모독하는 행위를 단 1초라도 견디기 힘들었을 것이다. 이렇게 하여 우리의 논증 과정은 다음과 같이 진행되었다.

ㄱ) 예수의 첫 제자들은 유다인이었다.
ㄴ) 예수는 당신이 하느님의 아들임에 대해 마치 하느님을 모독하기라도 하는 것 같은 어조로 제자들에게 확신을 주었다.
ㄷ) 유다인 출신 그리스도인들은 예수의 말씀을 자기네 유다적 믿음과 연결하고 그 믿음에 대한 희망의 실현으로 받아들이면서 길을 발견했다.
ㄹ) 이렇게 하여 '하느님의 아들'이란 칭호는 교회가 훗날 예수에게 붙인 존엄한 칭호가 아니란 것이 증명되었다.

네 번째 복음서의 핵심은 예수가 하느님의 아들임을 로고스(말씀)와 지혜로부터 이해하는 것이다. 로고스와 지혜는 이미 오래전부터 '하느님의 외무부 장관'으로 간주되어 왔다(지혜는 아무 문제없이 하느님의 딸로도 간주되었다). 그러나 무엇 때문에 이 모든 것이 부활 사건 이후에야 공동체 구성원들의 머리에 떠올랐는지는 알아낼 길이 없다. 여기서 결정적인 물음은 부활 사건을 목격한 사료가 없다는 것, 그래서 큰 도랑이 생겼다는 것이다.

부활 사건에야 비로소 사람들은 예수가 누구였는지 깨닫기 시작했으며, 교회 · 교의 · 유다교에 대한 적대감 등 모든 불편한 현상도 이때부터 나타나기 시작한 것일까?

초기 그리스도교 문헌들은 이 모든 것에 대해 아무 언급도 하지 않았다. 신약성경 어디에도 부활 사건에 대해 창작력을 동원하여 받아들일 만한 흔적을 찾아볼 수 없다는 점은 어느 정도 놀랄 만한 일이다. 물론 이러한 것에 비추어 부활 사건 전후로 그리스도교 가르침과 공동체가 발전한 사실에 대해 이의를 제기해서는 안 될 것이다. 부활 사건과 더불어 비로소 결정적인 것이 시작되었다는 주장은 증명할 수 없는 가설, 그러기에 더욱 완강히 내세운 가설이라는 점을 유념해야 한다. 다음과 같은 주장 역시 일종의 꾸며 낸 이야기에 지나지 않는다.

부활 사건 이전에는 유다교와 갈등이 없었다. 부활 사건 이후부터 비로소 교회는 점점 더 유다교를 딛고 넘어서 성장해 갔다.

그런데 복음서마다 예수가 유다인의 여러 단체와 벌인 논쟁에 관한 보도가 수두룩하다. 결국 예수가 이 가운데 친구를 얻지 못하고 그들 모두 그분의 죽음만을 바랐다는 것은 빌라도만이 예수를 십자가에 못 박도록 내줄 권한을 지녔음을 뒷받침하는 근거, 사실과는 엄연히 구분된다. 유다교에 대한 신학적 관심은 이내 줄어들고 말았다. 최종적인 논쟁은 대표적인 호교론자인 유스티노(†165년경)가 남긴 「대화」에 잘 나타나 있다. 공의회가 이어지면서 그리스도론이 발전한 것은 유다교와 무관했다. **교회가 유다인인 예수를 배반했을까?** 이 문제에 대해서는 다른 관점에서 언급되기도 한다.

교회는 유다교 랍비인 예수를 나중에 이방인들로 구성된 교회의 설립자로 만들었다. 예수에게서 역사적으로 권한을 받지 않고 그렇게 한 것인데, 이는 이방인들에게 할례 의식을 요청하지 않은 데서 특히 잘 나타난다.

이렇게 유다교의 경계선을 허무는 행위는 유다인들의 관점에서도 유다교를 갈라지게 하고, 그에 따라 반역의 움직임을 의미하게 된다. 그러나 여기서도 근본 원인은 부활 사건 이후 생긴 공동체들이 윤리적 · 종교적 혼란에 빠졌기 때문이 아니다. 경계선을 허무는 작업은 이미 예수에게서 시작되었다. 예수는 카리스마적 정화 개념을 대변하면서 자신을 지키기 위해 이의를 제기했다. 성령이 그분 안에 충만했기에 예수는 능동적이고도 공세적인 방법으로 불결한 것을 깨끗하게 만들고 죽은 이를 소생시켰으며 더러운 영들(마귀)을 몰아냈다. 바리사이들과 달리 예수는 수동적인 자세로 깨끗함을 지킬 필요가 없었다. 그분에게 깨끗함은 하느님의 영으로 충만한 모든 이가 하느님의 자녀임을 증명하는 것이었다. 이 역동적인 성령은 유다인과 이방인의 경계선을 허문다. 그러나 성령을 받은 사람에게만 그렇게 한다.

교회가 예수를 대수롭지 않게 여겼을까? 예수의 요청은 매우 급진적이고 단호했다. 이는 원수를 사랑하고 폭력과 재산을 포기하라는 요청만 보더라도 잘 알 수 있다. 이혼 금지도 요구 사항에 속한다. 그리스도교 윤리신학은 역사 안에서 이러한 급진성Radikalität(이렇게 인간적인 면을 없애려고 한 데는 수천 가지 이유가 있었고 지금도 그렇다)을 실행하도록 폭넓게 시도한 것이다. 이때 교회가 복음을 지워 없애거나 금지하려는 시도를 전혀 하지 않은 것은 본래의 그리스도적 기적으로 볼 수 있다. 교회가 네 복음서를 한곳에 몰아넣고 입구를 막았더라면 일이 쉬워졌을 것이다. 그렇게 하면 아무도 복음을 들이대며 '더 견딜 만한 교회'를 비판하지 못했을 것이다. 그러나 교회 역사에는 늘 공동체, 즉 산상 설교의 급진성을 최소한 따르며 잊지 않으려고 나선 공동체들이 존재했다. 이 점에서는 상반된 표상이 나타난다. 여하튼 산상 설교의 요청을 왜곡하여 단순히 언어적 극단주의로 여기는 것보다 더 나쁜 것은 없다.

교회가 폭력을 철저히 포기한 예수를 배반했을까? 그러나 예수는 분명히 폭력을 원칙적으로는 반대하지 않았다. 성전 앞뜰에서 상인들을 몰아낼 때 그분은 주저하거나 고상한 척하지 않았다. 성전 정화 장면에서는 앞뒤가 맞지 않는 태도를 보인 듯한데, 이는 예수가 예언자적 역할을 수행하기 위해 그렇게 한 것이다. 그 상황에서 그분이 이론과 원칙만 내세웠더라면 이데올로기적 의혹을 받았을 것이다.

교회가 예수를 세속화했을까? 예전에 신학을 전공하는 학생들은 시험을 치르기 위해서 다음 내용을 반드시 배웠다. 예수가 하느님 나라를 설교했는데, 그것이 '임박에 대한 기대'Naherwartung와 연관되었다는 점이다. 이 말의 뜻은 이러하다.

> 예수는 당신이 살아 계실 때 세상 종말이 올 것이라고 여겼다. 그러나 그 일은 일어나지 않았으며, 예수의 이러한 명백한 오류로 인해 세상에 교회가 설립되었다. 이른바 주어진 상황에 맞게 처신하는 관료들의 통찰력 있는 지혜로 그렇게 된 것이다.

이 현상을 가리켜 '그리스도의 재림 유보'라고 불렀다. 이 용어는 세상 종말이 지체되었다는 뜻으로, 다음과 같은 잘 알려진 결과를 낳았다.

> 교회는 자신을 영광스럽게 만들었다. 자신을 오지 않은 하느님 나라의 대안으로 이해한 것이다. 교회는 통치자들과 결탁하고 온갖 권력 남용을 배웠

다. 교회는 제도 · 전통 · 권위 · 종교 재판 · 십자군 원정 · 마녀 사냥 따위의 예수와는 전혀 상관없는 것들을 도입하여 그분의 의도와는 정반대 방향으로 나아갔다.

교회 기관들이 역사에서 저지른 범죄가 엄청나다는 것은 누구도 부인 못할 사실이다. 그리고 이러한 현상은 그리스도교 초기에도 있었다. 복음서보다 먼저 작성되었고 규정에 의거하여 정경이 된 신약성경의 서간문들을 보면, 그리스도교 초기부터 진리에 대한 다툼이 얼마나 심했는지 잘 알 수 있다. 예수는 죄인들과 함께 이들을 대상으로 활동했다. 베드로는 부르심을 받고도 죄인 상태로 머물렀으나, 예수는 그를 내치지 않았다.

그런데 문제는 무엇보다 예수가 정말로 세상 종말이 다가왔다고 설교하지는 않았다는 것이다. 예수가 하느님 나라의 도래에 대해 말했다면, 그리스도인들이 오늘날까지 주님의 기도를 바치며 하느님 나라가 오기를 간청했다면 이 두 가지 의미는 세상 종말이 아니라 먼저 하느님의 통치가 눈에 보이지 않게 확산된다는 것이기 때문이다. 이는 하느님의 계명을 지키는 가운데 실현된다. 그렇기 때문에 '그리스도의 재림 유보'(세상 종말이 언제 올지 정확히 안다고 주장하는 사이비 종파는 제외하고)가 교회의 진지한 문제가 된 적은 없었다. 반反-그리스도(교황, 루터, 터키군)가 이미 와 있다며 친구도 적들도 세상 종말이 코앞에 닥쳤다고 확신했던 종교개혁 시대에도 종말이 오지 않은 것이 별문제 없이 지나갔다. 교회 기관들이 권력과 깊이 결탁했다는 것은 부인할 수 없는 사실이다. 그러나 이는 예수가 무엇을 잘못해서 그렇게 된 것이 아니라, 수많은 사람들이 그리스도교 신자가 된 현상에서 기인한다. 그리스도교가 처음에는 유화적이었으나, 세월이 흐르면서 본래의 정신들이 점점 더 맹렬한 기세로 떨어져 나갔다. 여기에는 무엇보다 그리스도교 신학 가운데 몇몇이 이데올로기에 빠진 현상도 속한다.

이러한 현상처럼 그리스도교 안에서 진행된 개혁을 위한 노력 또한 오래된 것이다. 1000년 전부터 지금까지 그리스도교 역사는 실제로 잡다한 개혁 운동의 지배를 받았다. 이 운동들은 초기 상태로 돌아가기를 원했지만, 사실상 역사의 흐름과 이에 따라 진행된 방향을 되돌리지 못하고 더욱 빠르게 촉진되었다. 1000년이나 지속된 개혁의 끝자락에 이른 이 시점에서 개혁의 정신에 대해 비판적인 자세로 검토해 볼 필요가 있다. 나는 단순히 개혁하기 위해 적극적으로 노력했음에도 불구하고 지난 1500년 이래 오늘날까지 살아남은 요소들을 그대로 받아들이고 유지하는 편이 더 옳겠다는 생각이 든다. 그리스도교는 역사 안에서 태동한 종교이고 그리스도교 자신 역시 역사적 변화를 인정하므로, 단순히 예수에게로 돌아가려는 노력은 그만두어야 할지도 모른다. 하지만 그리스도교 안에서 행해지는 모든 개혁이 바라는 사항은 바로 예수에게로 돌아가자는 것이다. 하지만 나는 다른 것을 지향하며 제의한다.

지금까지 살아남은 것을 존중하자.

이를 뒷받침하는 적절한 보기로 카르투시오 수도회를 들 수 있다. 이 수도회는 한 번도 개혁된 일이 없다. 개혁할 필요성이 전혀 생기지 않았기 때문이다(numquam reformata, quia numquam reformanda). 이 수도회는 오늘날에도 그대로 있다. 수도회가 엄격하고 올곧기 때문이다. 그러나 일반 교우들로 구성된 교회를 카르투시오 수도회로 만들 수는 없는 일이다. 단지 이 수도회의 강인한 정신을 토대로 삼는다면 유익할 것이다. 타협은 모두 불편함을 낳는다.

성경의 특정한 대목이 제대로 사용되었는지 아니면 왜곡되었는지 어느 정도 현실적으로 분별할 줄 아는 사람이라면 성경의 의미를 글자 그대로 받아들일 수 없다는 것을 확신할 것이다. 예수와 후대 그리스도교를 대조하는 사람은 잘못된 방법으로 초기 교회를 과대평가하는 것이다. 예수도 제자 가운데 유다와 베드로와 같은 실패자를 두었기 때문이다. 예수가 십자가를 졌을 때 제자들은 모두 달아났다. 여인들도 부활 사건을 제대로 이해하지 못하고 두려운 나머지 천사가 전해 준 소식을 전달하지 않고 입을 다물었다.

여기서 예수가 전혀 원하지 않은 교회가 생긴 것이야말로 가장 나쁜 것이라고 주장하는 사람도 나올 수 있다. 그렇지만 예수가 나약한 사람들을 제자로 불렀고 이들이 지속적으로 나약한 인간으로 머무른 것, 예수가 이들을 열두 명으로 구성된 제도로 만든 것, 최후의 만찬에서 새로운 계약을 체결하며 제자들이 이 계약을 유지하게 한 것을 미루어 볼 때 그분이 하나의 제도를 원했음을 부인하기 어렵다. 모든 제도에는 그 구성원들에게도 나타나듯이 장단점이 있기 마련이다. 이 제도가 예수를 교회 설립자로 만든 것이 아니라, 예수가 제자들을 사람 낚는 어부로 만든 것이다. 그분은 당신을 따르는 이들이 임무를 수행하면서 잘못을 범하리라고는 전혀 예상하지 못했다.

15.8 예수와 교회 역사의 과오

교회의 잘못에 대해 일일이 열거할 필요는 없다. 교회가 범한 잘못은 도서관을 채울 정도로 많다. 교회가 하느님 앞에서 어떤 모습으로 있어야 하는지에 대한 긍정적인 진술로 고찰을 시작해 보자. 교회의 인간적인 측면만 바라보는 사람은 기쁘게 살아가기 어렵다. 교회는 하느님께서 머물고 싶어 하시는 장소이고, 하느님께서 사람들 사이에 특별한 방법으로 현존하고자 하시는 장소이다. 그리스도인들은 이 땅의 소금이 되어야 한다. 따라서 그리스도인들의 믿음이 가장 중요한 것이고, 모든 것이 거기에 달려 있다. 그런데 어떤 그리스도인들은 좋지 않은 표양을 보이고 다른 사람들이 믿음을 갖는 것을 어렵게 하거나 망치기까지 한다. 그래서 예수뿐만 아니라 바오로 사도도 나쁜 표양을 강하게 경고했다. 예수라면 이렇게 단호히 말했을 것이다.

> 자신의 행동으로 다른 사람의 믿음에 지장을 주는 사람은 불행을 안겨 주는 까마귀 같은 존재이다.

하느님은 이 세상에서 머물 곳이 없는 분으로 있기를 바라지 않으신다. 교회는 하느님을 발견할 수 있는 장소이다. 그런데 구체적으로 어디가 그런 곳일까? 적절한 장소로 '성인들의 공동체'를 생각해 보자. 우리는 성인들 옆에서 하느님을 만날 수 있다. 공동체가 거행하는 전례 행위 안으로 들어오는 사람은 이렇게 말한다.

> 참으로 하느님께서 여러분 가운데에 계십니다.(1코린 14,25)

마르 9,41에 의하면 그리스도인에게 작은 선행 하나라도 실천하는 사람은 하늘나라의 영원한 보상을 받는다. 이는 공동체 안에 하느님께서 실제로 현존하시기에 얻는 직접적인 결과이다. 선행을 실천한 사람은 그 사람에게만 한 것이 아니라 그 사람 안에 계시는 하느님께도 한 것이기 때문이다. 이에 대해 우리는 복음서를 통해 거듭 듣는다.

> 너희의 말을 듣는 사람은 하느님의 말씀을 듣는 것이고, 너희를 받아들이는 사람은 하느님을 받아들이는 것이다.

이 텍스트들에 비추어 나는 예수가 교회를 설립한 것이 아니라는 주장을 터무니없다고 본다. 예수 그리스도의 이름을 지닌 것은 모두 이 세상에서 하느님을 발견할 수 있는 장소이다. 바오로는 바로 이러한 의미에서 공동체를 성령의 성전이라고 했다. 하느님께서 현존하시며 당신이 선택하시고 성화된 제자들과 관계를 맺으신다. 제자들은 예수의 이름을 지고 가는 존재로서 그분의 소유이기 때문이다. 여기서 예수에 대한 믿음의 중요한 근간 하나가 교회에 이미 확장되었다. 그러므로 예수와 교회는 분리할 수 없다. 예수 안에서 하느님께서 거룩하게 현존하신다. 이는 하느님께서 이 세상에 현존하시는 최상의 형태이다. 하느님은 교회 안에서 제자들 가운데 현존하신다. 성찬례에서 하느님께서 공동체 안에 현존하신다는 것을 강하게 느낄 수 있다. 교회를 불신하여 믿음을 포기하는 그리스도인이 얼마나 되는지는 아무도 헤아려 보지 않았다. 다음과 같은 이유로 믿음을 포기할 것이다.

공동체 구성원 한 명 한 명은 대단히 소중하고 거룩한 존재이다. 그러므로 나쁜 말과 행위로 단 한 명이라도 밀어내는 사람은 구원 전체를 위태롭게 하는 것이다.

이는 바로 '나쁜 표양을 보이는 것'이 무슨 의미인지 말하는 것이다. 여기서는 공동체의 내부 생활이 논쟁의 대상이 된다. 이 문제에서도 예수와 바오로는 전적으로 일치한다. 한 그리스도인으로 인해 다른 그리스도인이 공동체를 떠난다면, 이는 가장 나쁜 것이다. 내가 직접 목격한 일이 있다. 신학을 공부하는 학생이 담당 교수에게 구두시험을 보는 중에 그의 비인간적인 처사로 인해 심적 고통을 겪고는 시험이 끝난 후 교회를 떠나겠다고 선언했다. 이러한 처사는 매우 야만적인 행위이다(다행히도 그 학생은 교회를 떠나지 않았다). 교회 내 직무 수행자들이 범하는 잘못 때문에 신자들이 믿음을 포기했다는 소리가 누차 들린다. 그러나 예수는 안다. 사람들의 믿음은 당신에게, 아무 흠 없는 하느님의 아들에게 달려 있는 것이 아니라, '삶의 현장'에서 당신을 따르는 이들에게 달려 있다는 사실을. 그렇기 때문에 그분은 이렇게 말한다.

> 너희는 세상의 소금이다. 그러나 소금이 제 맛을 잃으면 무엇으로 다시 짜게 할 수 있겠느냐? …너희는 세상의 빛이다. 산 위에 자리 잡은 고을은 감추어질 수 없다. …이와 같이 너희의 빛이 사람들 앞을 비추어, 그들이 너희의 착한 행실을 보고 하늘에 계신 너희 아버지를 찬양하게 하여라.(마태 5,13-16)

이렇게 예수는 한 그리스도인의 믿음에 대한 다른 그리스도인들의 책임을 막중하게 여긴다. 현대적으로 말하면 이렇다.

본당신부를 믿지 못하는 사람이 어떻게 하느님을 믿을 수 있겠는가?

교회의 적들이 예수와 교회가 반목하도록 이간질한다면, 이는 그분이 정한 신뢰의 기준을 조종하며 벌이는 짓일 것이다. 그러니 다음을 명심해야 한다.

소금이 제 맛을 잃으면 무엇으로 다시 짜게 할 수 있겠느냐?

여기서 두 가지 물음이 잇달아 제기된다. 하나는 이렇다.

무엇 때문에 좋지 않은 표양을 보이는 것이 그렇게도 나쁘다는 말일까? 그래서 이 문제에 대해 예수님은 준엄한 벌을 내리겠다고까지 말씀하시는 걸까?

두 번째 물음은 이렇다.

오늘날 우리 공동체의 구체적인 현장에서 이 말은 본디 무슨 의미일까?

첫 번째 질문부터 고찰해 보자. 좋지 않은 표양을 보이는 것이 나쁜 까닭은 이것이 공동체 구성원을 망가뜨릴 수 있고 하느님과 멀어지게 할 수 있기 때문이다. 하느님은 한 분이신데, 나쁜 표양, 불쾌한 일 때문에 분열이 일어난다. 교회를 떠나는 현상은 모두 바오로가 그리스도의 몸이라고 말한 것을 훼손시키는 행위이다. 남을 몰아내는 사람은 하느님을 육체적으로 공격하는 것이다. 바오로가 말했듯이, 하느님은 공동체를 그리스도의 몸으로 세우셨기 때문이다. 이에 대해 다음과 같이 말할 수 있다.

하느님의 현존 장소인 성인들은 하느님을 위해서도 분열로부터 보호받아야 한다. 모든 공동체는 하느님을 실제로 보여 주기 때문이다.

이제 두 번째 질문에 대해 고찰해 보자. 복음서는 보잘것없는 이들에게 나쁜 표양을 보이는 일이 구체적으로 어디에서 일어나는지 분명하게 언급하지 않는다. '보잘것없는 이들'이란 표현은 사회적으로 두드러지지 않은 사람들, 다시 말해 이름 없는 군중을 뜻한다. 예수에 관한 전승과 바오로가 나쁜 표양, 불쾌한 일을 판단하는 데 일치하므로, 이 경우를 설명하기 위해 코린토 신자들에게 보낸 첫째 서간을 끌어와도 좋겠다. 코린토에서는 믿는 이들이 이성적인 사람들, 이방인의 부와 재산과 삶의 방식을 탐내는 사람들에 의해 '왕따 당하는' 불미스러운 일이 발생했다. 당시 그리스 사람들이 누리던 주거의 자유를 비롯한 다른 선택권은 오늘날 독일 가톨릭교회 안에 형성된 개화된 면과는 분명 다른 것이다. 내가 지성을 갖춘 신학자임을 내세우며 신심 깊은 이들 앞에서 과시했을 때 그들이 얼마나 큰 상처를 받았는지 똑똑히 기억한다. 교회 일치 운동에서 큰 감동을 받았다는 사람들에게 누군가 그들이 환상을 쫓은 것이라며 비방한다면 그들은 마음의 상처를 입을 것이다. 눈여겨보면 사람들이 오늘날 교회를 떠나는 이유는 본당신부가 돈이나 여러 본당 공동체를 통합하는 일, 끝없는 성당 개축에 대해서나 말하지, 정작 중요한 것에 대해서는 말하지 않기 때문이다. 참되고 알아들을 수 있는 신학에 대한 허기는 무척 크지만 좀처럼 해소되지 않는다. 시대정신과 교회가 어긋나서 교회를 떠나는 이들도 많다. 교황이 동성애에 대해 무언가 말해도 되는 것일까, 아니면 입 다물고 있어야 하는 것일까? 교황을 비롯해 예수의 복음을 엄격히 따르는 이들은 관용이 부족하고 지켜야 할 의무에만 큰 비중을 둔다고 여기는 사람들이 많다. 그러므로 때로는 불쾌한 일도 필요하고 진리에 대한 고백도 필요한 것이다. 이렇게 말하는 것이 타당하겠다.

일반적인 것은 따라가도 좋지만, 지켜야 할 복음을 선포하는 일을 빼놓아서는 안 된다.

그렇지 않으면 모든 것이 우습게 되기 때문이다. 오늘날에도 불쾌한 일, 나쁜 표양에 대한 질문은 우리 믿음의 핵심 사안이다. 교회가 저지른 범죄에 대해 말하는 사람은 먼저 교회 안에 있는 악에 대해 일반적인 생각부터 해야 한다. 밀과 함께 자라는 가라지의 비유는 교회 안에 존재하는 악의 문제를 다룬 것이다. 우리는 자주 묻는다.

하느님은 어떻게 그와 같은 교회를 그냥 두실 수 있단 말인가?

1773년 교황이 예수회를 폐지했을 때 이는 실제로 사탄이 한 일이 아니었을까? 당시 중국에서 황태자가 가톨릭 세례를 받은 상황에서 중국 선교를 마감한 것은 마귀의 소행이 아니었을까? 중국이 가톨릭 국가가 될 수도 있었을, 세계사적으로 엄청난 기회이지 않았던가? 무함마드가 한때 그리스도교 선생이었다는 게 사실이라면 당시 모든 사람이 그리스도교를 믿었던 그 지역을 비롯해 근동 전체와 북아프리카 지역이 어떻게 이슬람교를 믿는 일이 가능했을까?

비단 이러한 것들만이 아니다. 이보다 훨씬 더 많은 요소들이 교회 안에도 여전히 활동하는, 신비로 가득 찬 반대 세력과 결탁하고 있다. 교회 외부뿐만 아니라 교회 한가운데서도 악의 세력이 활동하고 있다. 루카 9장에서 야고보와 요한이 하늘에서 불을 내려 예수를 맞아들이지 않은 사마리아인들을 불살라 버리기를 바랐듯이, 우리도 얼마나 자주 그러기를 원하는가! 최소한 하느님은 그렇게 하셔야 했다! 그러나 예수는 그렇게 하지 않도록 제자들을 막는다. 가라지의 비유에서 예수는 (일반적인 농사법과는 정반대로) 가라지를 뽑지 못하게 했다. 루카 9장에서 그분은 직접 벌주기를 바라는 제자들에게 이렇게 말했다.

아니다. 그렇게 하지 마라. 사람의 아들은 심판하러 온 것이 아니라 잃어버린 자를 구원하러 왔다.

그리하여 교회도 늘 같은 태도를 취해 왔다. 교회는 어떤 사람이라도 그의 죽음 이전이나 이후에 지옥으로 내몰지 않았으며, 대죄를 범한 이에게도 구세주 예수의 뜻을 따라 최후 순간까지 뉘우치고 회개하고 돌아설 기회를 제공했다. 이러한 의미에서 교회는 은총으로 사람들이 속죄하도록 인도했으며 늘 하느님의 최종적이고 결정적인 판단에 내맡겼다. 가라지의 비유가 전하는 메시지는 이러하다.

사람의 아들은 처음부터 끝까지 교회의 주님이다. 그분은 결정적 판결을 내릴 권한을 지녔다. 여기서도 이러한 권한은 오직 그분에게만 있다.

가라지의 비유와 교회 안에 있는 악이라는 주제에서 흥미로운 점은, 교회 안에 존재하는 비윤리적인 것(예를 들면 부패 · 거짓말 · 무자비 · 속임수)에 대한 문제를 해결하는 일 자체가 윤리적이지 않게 보인다는 것이다. 공동체가 가라지가 아니라 밀이 되어야 한다고 경고하는 정도로는 텍스트의 본래 의미를 제대로 깨닫지 못하고 지나쳐 버리는 것이다. 이렇게 해서는 윤리적인 면에 그치고 말 것이다. 여기서 관건은 극복해야 할 자신의 악이 아니다. 사람들과 더불어 살아가는 데서 발생하는 불쾌한 일이 문제인 것이다. 바로 이것이 사람들이 나름대로 근거를 대며 악이라고 일컫는 것이다. 여기서도 해결책은 다음과 같은 것이 아니다.

그들을 회개시켜라. 그들을 좀 더 나은 사람으로 만들도록 애써라.

오히려 예수는 이렇게 말한다.

하느님을 위해 이들을 참고 견뎌라.

악(교회 안에서 숨은 채로 활동하는 악도 포함)의 신비는 개선하기 위해 도전한다고 극복되는 것이 아니다. 이는 우리 자신도, 다른 사람도 할 수 없는 일이다. 여기서 예수는 윤리를 가르치는 사도가 아니다. 윤리가 이 세상에 존재하는 악의 문제를 해결하는 것이 아니다. 세계 윤리-프로젝트라도 할 수 없는 일이다.

제자들에게 악을 견디어 내고 심판은 하느님의 천사들에게 맡겨 놓으라고 요청할 때 예수는 그저 적당히 위로하거나 체념하라는 뜻으로 말한 게 아니다. 당신이 지고 갈 고통의 신비를 생각하라는 의향을 드러낸 것이다. 마태오복음서에 의하면 예수는 온화하고 인내심 많은 분으로서 고통을 지고 갔다. 그분은 열두 군단이나 되는 천사들을 소집해 빠르고 쉽게 승리를 구가하며 수난을 마감할 수 있는 방법을 포기했다. 밀과 함께 자라는 가라지의 비유를 통해 제자들은 예수 수난의 신비 속으로 들어갔다. 그러므로 복음의 의미에서 윤리 실천에 치중하고 이에 따라 조직하는 것으로 세상을 개선하겠다고 믿는 일방적인 사람들은 비난받아 마땅할 것이다. 17세기에 프랑스 아카데미의 창설자이자 초기 대표였으며, 신심 깊고 성덕이 출중했던 장 데마레Jean Desmarets는 루이 14세 왕에게 14만 4천 명으로 구성된 군대를 지원해 달라고 요청했다. 군대를 동원해 하느님을 믿지 않는 자들과 부도덕한 자들을 단번에 제거하려 한 것이다. 왕은 물론 이 무리한 요구를 들어주지는 않았지만, 위그노파는 죽이거나 몰아냈다(윤리적 지조를 증명하기 위해, 그리고 어쩌면 자신의 죄를 다른 사람들에게 뒤집어 씌워 보속하려고 그랬을지도 모른다). 마태오복음서가 제시하는 해결책에 의하면 세상은 고통을 통해 변화된다. 그리고 교회 안에 존재하는 모든 악은 바로 거기, 죄 없는 사람들이 받는 고통의 신비를 들여다보도록 우리의 주의를 환기시킨다.

어찌하여 세상은 고통을 통해 변화될까? 고대 교회는 이러한 사실을 잘 알았다. 당시에 순교자는 그리스도교를 널리 알리기 위한 슈퍼 모델이었다. 그러나 여기서 더 깊이 나아간다.

> 그리스도교의 정경이자 기본 문헌인 복음서들도 일관되게 전하는 핵심 내용은 수난을 향해 가는 예수의 삶이다.

외경에 속하는 토마스와 필립보복음서와 같이 예수의 말씀 내지 경구들을 비롯하여 마태오와 루카복음서 이전에 등장한 일종의 예수 어록(Logienquelle, 일명 Q문헌)[13]에는 위의 의미가 전달되지 않았다. 교회가

---

[13] 일반적으로 마르코 복음에는 나오지 않지만 마르코와 루카복음에 공통으로 등장하는 모든 자료들을 가리킨다. 좀 더 구체적으로는 마태오와 루카복음에 공통으로 나오고 마르코 복음의 몇몇 대목에서 발견되는 자료의 바탕이 되는 가상적 기록문헌을 말한다. 이는 사료를 뜻하는 독일어 'Quelle'의 첫 자를 따서 Q문헌이라고 칭한다. -역자 주

성령의 감도를 받은 것으로 인정한 문헌은 수난사가 들어 있는 네 복음서뿐이다. 요한복음서에서는 2장부터 이미 예수의 수난이 시작된다. 고통이 예수의 본질적인 특성을 말하기 때문이다.

그분은 온 세상이 하느님을 거슬러 들고 일어나는 것을 견디면서 자신의 파견에 충실했다. 그렇게 하여 아버지께도 충실했던 것이다.

고통은 세상을 변화시킨다. 고통은 하느님께서 예수에게만 기대하신 것이 아니다. 하느님께서는 교회도 고통을 겪기를 바라신다. 하느님은 인간을 괴롭히는 분이 아니시다. 사람들이 신앙을 위해 고통당하고 교회를 견디어 낼 수 있다면(예수가 베드로와 유다를 견디어 냈듯이), 그것으로 충분히 자신의 충실함을 증명하는 것이다. 이는 함께 사는 부부가 좋은 시절뿐 아니라 어려운 때도 힘을 모아 견디어 내는 것과 같다. 쾌락을 우선시하는 사회는 폭풍이 몰아치면 이혼하는 쪽으로 쉽게 기울어질 것이다. 하느님께서 우리를 괴롭히려고 하시기 때문에 우리가 참고 견디는 것이 아니다. 고통과 악도 세상의 실재이기에 참고 견디는 것이다. 하느님은 인간적인 것이 좋은 것이라는 유토피아적 허구에 빠져 세상을 사랑하시는 것이 아니다. 그분은 있는 그대로의 실제 세상을 사랑하신다. 마태 5,45-48을 보면 명확히 알 수 있다.

하느님께서는 의로운 이에게나 불의한 이에게나 똑같이 비를 내려 주신다.

그러므로 제자들도 원수를 사랑하라고 한 것이다. 여기서 불의한 이들을 고치려고 시도하지는 않는다. 하느님께서 당신의 원수들을 사랑하시기 때문에 우리도 그렇게 해야 하는 것이다. 여기서 전제되는 것은 원수를 사랑하는 일이 결코 달콤한 사탕을 먹는 행위가 아니라는 점이다. 이 사랑은 잘못 이해될 수 있는데, 사랑하기 위해 준비된 사람의 희생이 있어야만 할 수 있는 일이다.

죄 없는 사람들이 받는 고통은 세상을 변화시킨다. 이는 하느님과 사랑과 연계된 것이기 때문이다. 이러한 고통이 최종적이고 확정적인 것은 아니라는 확실한 희망이 있기에 가능한 일이다. 우리가 교회 안에 존재하는 악 때문에 겪는 고통을 이와 같이 이해한다면 불평이나 일삼는 정신 상태로 빠져들지 말아야 할 것이다. 예수가 시편 22장으로 토로했듯이(저의 하느님, 저의 하느님, 어찌하여 저를 버리셨습니까?), 우리도 하느님께 자신의 고통을 호소해도 된다. 비록 교회가 두 귀가 물에 잠길 정도로 가라앉더라도, 이러한 일로 고통받는 사람들이 선한 사회에 있다. 그러므로 희망은 없지 않다. 그들이 슬퍼하는 존재라는 그 자체로 희망의 표지이다. 예수는 그들이 복되다고 칭찬한다.

한 가지 놀라운 사실은, 우리가 교회를 불신하여 생긴 문제들은 전혀 새로운 것이 아니라는 점이다. 그런 것들은 이미 예수의 문제였으며, 바오로는 그것을 놓고 토론을 벌이기까지 했다. 그렇지만 그 토론은 우리와는 달리 비교할 수 없을 정도로 높은 수준에서 진행되었다. 고통의 신비와 세상에 존재하는 악의 신비는 참으로 깊이 뿌리내리고 있다. 하느님은 압박하는 세상 한가운데 들어오셔서 예수 그리스도 안에서, 예수 그리스도를 통해(그리고 우리의 협력을 통해서) 세상을 끊임없이 변화시키신다. 교회의 잘못으로 인해 교회와 거리를 두는 사람은 하느님과도, 그 잘못을 몸소 지고 가시는 그분과도 멀어지고 만다.

16장

예수의 큰 표징들

︙

16.1 빵과 포도주의 표징
16.2 성찬식은 식인행위인가
16.3 성체성사의 거룩함
16.4 두 종파, 하나의 성찬
16.5 성찬식의 천상적-세속적 차원
16.6 성체흠숭의 의미
16.7 세례의 표징과 세례의 작용

16.1 빵과 포도주의 표징

돋보기로 햇빛을 한데 모으면 종이나 나무에 불을 붙일 수 있다. 이 표상이 예수가 최후의 만찬에서 한 일을 구체적으로 보여 준다.

예수는 당신의 모든 행적을 종합하여 빵과 포도주라는 두 상징어로 묶었다.

여기서 핵심은 단순히 교훈적인 것에 불과한 공허한 상징이 아니다. 마지막 화음이 관건으로, 이 안에서 예수는 우리를 위한 충만한 의미가 되고 우리와 깊은 일치를 이룬다. 이는 혼인식에서 하는 입맞춤(주례 사제가 "이제 두 사람은 입맞춤을 해도 됩니다!"라고 말하면)이 공허한 상징이 아니라 혼인한 부부의 관계를 전체적으로 드러내는 표현인 것과도 같다. 예수는 빵으로 당신 자신을 내주고, 잔으로 당신 자신의 생명을 넘겨주는 계약을 맺는다. 요한 6장의 생명의 빵에 대한 말씀은 최후의 만찬에서 일어날 일을 예시한다. 그 말씀의 핵심은 정확한 해석을 요하는 만찬이 아니다. 오히려 예수는 먹고 마시는 표지로 당신을 믿는다는 것이 무엇인지 명확히 밝혀 준다. 그런 다음 이 표지를 최후의 만찬에서 전례 행위로 바꾼다. 최후의 만찬에서 비로소 먹고 마시는 행위는 상징으로만이 아니라 한층 나아가 글자 그대로 이해된다. 예수는 장차 자신이 할 행동을 미리 보여 준다.

예수는 당신의 인격Person 안에서 하느님의 구원 은사Heilsgabe이다. 그분을 믿는 사람은 그분을 전적으로 받아들이는 것이고, 마치 '숟가락으로 지혜를 떠먹는 것'과 같이 그분과 하나 된다.

여기서 받아들이기 힘들 정도로 큰 어려움은 무엇보다 예수가 인격 안에서 하느님의 구원 은사라는 점이다. 요한 6장은 아직 포도주와 계약에 대해 언급하지 않는다. 그러므로 먼저 예수의 인격에 대해 살펴보고, 이어서 성사(상징적으로 보여 주면서 동시에 일어나는 거룩한 표징)라는 최고봉에 대해 생각해 보자.

16.2 성찬식은 식인행위인가

예수는 당신의 말씀을 듣는 사람들에게 도전적으로 말씀하신다. 빵을 떼어 주면서 받아먹어라 하시고, 잔을 건네면서 피를 마셔라 하신다. 이 말씀은 상징적인 의미로 알아들을 수 있지만, 피를 마시는 행위를 혐오스럽게 여기는 유다인들의 마음을 상하게 할 수도 있다. 피를 마시는 행위는 유다교에서 엄격히 금지된 사항이기 때문이다. 그리스도교에 대해 제대로 알지 못하는 언론인들은 예수의 몸과 피를 먹고 마시는 행위가 식인행위라고 거듭 주장하며 철저히 왜곡한다. 요한 6장을 보면 유다인들 역시 이 말씀을 잘못 알아듣고 예수를 배척한다. 네 번째 복음서에서 믿음이 없어 밖에 서 있는 이들은 동시에 예수의 상징적인 말씀을 제대로 이해하지 못한 사람이기 때문이다.

비유에는 해석이 필요하다. 앞의 세 복음서를 보더라도 비유를 제대로 이해하지 못한 사람들은 모두 바깥에 서서 점점 더 잘못된 방향으로 나아갔다. 오직 예수의 제자들만이 스승의 해설을 듣고 제대로 비유를 이해할 수 있었다. 비유는 일종의 내부 정보Insiderwissen에 속한다. 고대 교회에서는 이것을 신비에 대한 침묵 규정Arkandisziplin이라고 했다. 표징은 늘 이해의 장벽일 뿐만 아니라 구별과 분리의 도구이기도 했다. 니코데모조차 '위로부터 태어나는 것'이 무슨 말인지 깨닫지 못했다. 그래서 다음과 같이 묻는다.

이미 늙은 사람이 어떻게 또 태어날 수 있겠습니까? 어머니 배 속에 다시 들어갔다가 태어날 수야 없지 않습니까?(요한 3,4)

사마리아 여인도 예수가 말한 생수가 무슨 뜻인지 알지 못했다(요한 4,11). 그저 마실 물이라고만 여겼다. 예수는 당신 복음의 생수에 대해 말한 것이다. 네 번째 복음서에 나오는 표상들은 광의든 협의든 예수의 인격을 뜻한다. '위로부터 태어나는 것'은 이렇게 표현해야 한다.

하늘에서 내려온 분, 세례를 받으면서 믿음이 충만한 그분을 닮는 것이다.(요한 3,5.13 참조)

가장 터무니없는 점은 요한 6장에 있는 오해의 결과이다. 여기서 예수의 말씀은 토라가 엄격히 금지하는 사항인 사람의 살과 피를 먹고 마시라는 뜻으로 잘못 이해된 것이다. 외부에 서 있는 사람은 어찌할 바를 모르며 당황한 정도로 그치지 않는다. 격분하며 예수가 무슨 범죄자라도 되는 양 고발해야 한다고 여긴다. 밖에서 오해한 이들에게 예수의 몸과 생명은 위협으로 다가온다. 그런데 예수의 이 단호한 도전의 의미는 무엇일까? 예수가 당신을 먹으라고 요청한다면, 그것은 최소한 다음과 같은 뜻일 것이다.

믿는 이가 예수를 온전히 자기 자신 안에 받아들이는 것.

예수는 구원의 중재자라는 의미에서 아버지로부터 이 세상에 파견된 것이 아니다. 예수에게 구원이란 분리될 수 있는 제3의 실체처럼 중재한 다음에 다시 떨어져 나갈 수 있는 것이 아니다. 예수는 전적으로, 분명히 이 세상을 위한 하느님의 구원이다. 이 구원에 동참하려는 사람은 예수의 말을 듣는 것만으로는 충분하지 않다. 그 사람은 하느님의 말씀이자 하느님 자신인 그분, 예수 안에서 사람이 되어 오신 그분을 자기 안에 받아들여야 한다. 신약성경은 이처럼 급진적이거나 절대적인 방식으로 육화된 분과 한 몸을 이루는 것을 상징적으로 표현한다.

먹거나 삼키는 것.

이를 오해하지 않고 옳게 생각한다면 그 결과는 다음과 같다.

예수가 참으로 구원이라면, 하느님께서 그분 안에 분리할 수 없을 정도로(!) 육체적으로 살고 현존하신다면, 하느님 나라를 위해 그분에게 꼭 '달라붙어야 한다. 그분 자신이 육체적으로 하느님이기에, 그분과 함께 육체적으로 하나가 되어야 한다. 그래야만 그분과 같이 하느님의 자녀가 된다. 그래야만 비로소 하느님처럼 영원한 생명을 얻는다.

이렇게 먹는 것, 삼키는 것의 과정은 지혜를 받아들이는 것과 유사하여 독일 속담에도 '숟가락으로 지혜를 떠먹는다.'라는 표현이 있다. 유다교에서 지혜는 이렇게 말한다.

와서 내 열매를 먹어라.

지혜는 의인화된 포도나무이다. 이는 요한 15장에서 예수가 '참포도나무'인 것과 매우 유사하다. 여하튼 먹는 것의 표지는 이렇다.

구원은 예수와 분리될 수 없다.

우리는 예수 안에서 하느님과 만난다. 그렇기 때문에 네 번째 복음서는 한결같이 아버지와 아들의 관계, 원천이신 하느님과 하느님 자신이신 말씀의 관계에 대해 말한다. 이러한 진리의 의미에서 볼 때 다음과 같은 말은 타당하다.

우리는 예수 외에는 어느 누구도, 그 어떤 것도 필요로 하지 않는다. 그분 안에서 우리는 분리될 수 없는 하느님을 온전히 그리고 육체적으로 모신다.

이러한 진리는 예수가 성찬례에서 빵과 포도주의 형상으로 현존함을 이해하는 데 기본 조건이 된다. 요한 6장에서는 예수도 성체성사에 대해서 생각하지 않았다. 네 번째 복음서에 나오는 표상들이 말하듯 당신 자신의 의미에 대해서만 생각했다. 그렇더라도 다음과 같은 말이 옳을 것이다.

이 복음서가 전하는 내용은 다름 아닌 바로 예수 안에 하느님께서 현존하신다는 것을 알려 주는 기쁜 소식이다.

이것만 해도 이미 부담스러울 정도로 충분하다. 이것은 우리가 어떤 경우에도 예수를 지나쳐 갈 수 없다는 것을 의미하기 때문이다.
이 예고편에 따르면 예수가 성찬례에서 빵과 포도주의 형상으로 실제로 현존한다는 것은 엄청나고도 무리한 요구이지만, 그렇더라도 좀 더 잘 알아들을 수 있다. 성찬례를 이해하는 데 다음과 같은 말이 큰 도움이 될 것이다.

네 번째 복음서에 의하면 예수 안에 하느님께서 육체적으로, 실제로 현존하신다는 사실은 조금도 의심의 여지가 없다.

예수가 자신에 대해 말하는 내용은 이러한 먹는 것과 마시는 것이 예식으로 거행되어야 유효하다. 바로 다음과 같은 일이 성체성사 안에서 일어나기 때문이다.

하느님에게서 나온 하느님, 하느님의 은사이신 예수를 급진적으로 그리고 육체적으로 우리 입 안에 모신다(예전에 입으로 성체를 모시던 방법을 상징적으로 표현).

이는 여러 가지 이유에서 결코 식인행위가 아니다. 첫째, 성찬식에서 우리와 함께하시는 분은 하느님이시다(우리는 이미 인간이기 때문이다). 둘째, 성사 안에 숨어 계신 분은 하느님에게서 나온 하느님, 곧 예수로서 그 안에 육체적으로 현존하지만, 피가 흘러나오는 상태가 아니다. 영광스러운 모습으로 변모한 사건과 호수 위를 걸었던 사건에서 알 수 있듯이, 부활 이전에 이미 예수의 몸은 신적 특성을 지녔다. 셋째, 성체를 받아 모시는 것은 전체적으로 다음과 같은 의미를 지닌다.

우리는 몸과 마음으로 주님께 가까이 갈 수 있다. 주님은 우리 자신이 우리에게 있는 것보다 훨씬 더 가까이 우리에게 다가오신다.

16.3 성체성사의 거룩함

제2차 바티칸 공의회 이후 성찬식의 핵심이 무엇인가를 놓고 열띤 논쟁이 벌어졌다. 성찬식은 무엇보다 거룩한 희생이므로 하느님을 흠숭해야 한다고 여기는 사람들이 있는가 하면, 성찬식은 본래의 의도를 되새기는 것으로서 바로 이것 때문에 오해를 불러일으켰다고 설명하는 이들도 있었다. 일부 다른 사람들은 성찬식은 무엇보다 식탁에 둘러앉아 함께하는 공동체적 식사이고 공동체의 축제 분위기를 고조시키는 것이라고 했다. 그러나 바오로가 이미 이런 식의 해석을 물리치며 전례적인 '성찬식'을 일반 식사와 혼동하지 말 것을 경고했다. 바오로에게 성찬식은 거룩한 것이다. 그는 이렇게 말한다.

사람들이 성찬식에서 연대하지 않으면 그 거룩함은 자신에게 위험한 측면으로 영향을 미친다.

그래서 코린토 공동체에서 많은 사람들이 병들고 죽고 했다는 것이다. '거룩하다'는 것이 무엇일까? 다음과 같은 것들이 거룩할 수 있다.

특별한 장소, 특별한 시간, 특별한 말, 특별한 사람, 특별한 물질.

거룩함은 예를 들어 우리가 침묵하는 곳, 아무것도 하지 않으면서 무언가를 받는 곳에 있을 수 있다. 그런 곳에서 우리는 듣고 보며, 이 과정을 통해 변화된다. 거룩함은 부정적인 의미에서나 긍정적인 의미에서도 금기의 성격이 있다. 강한 전류처럼 축복이 될 수도 있고 위해危害가 될 수도 있다. 금기, 금단은 우리가 손을 대지 않아야 비로소 거룩하다.

이는 성찬식에서도 마찬가지다. 우리가 하느님의 현존을 경외해야 하기 때문이다. 거룩하게 현존하시는 하느님은 호의적이기만 하신 것이 아니다. 만일 거룩한 것을 짓밟는다면 거룩함은 훼손되며 재앙이 된다.

미신일까? 인간의 품위도 거룩하다. 장화 신은 발로 사람의 얼굴을 마구 짓밟는다면 하느님의 거룩한 모상을 훼손하는 것이다. 시신으로 조명 등 갓을 만드는 사람이 있다면 스스로 거룩한 것을 훼손하는 것이다.

하느님의 이름을 부르는 곳에 거룩함이 깃들고 권능을 지니신 하느님께서 머무신다. 그러므로 거룩하지 않은 일, 올바르지 않은 일에 하느님의 이름을 잘못 사용해서는 안 된다. 예를 들어 코린토 공동체에서 벌어진 잘못된 성찬식에서처럼 불의하거나 그릇된 일에 사용해서는 안 된다. 코린토 공동체가 범한 죄는 두 번째 계명을 어겼다는 것이다.

주님의 이름으로 거행하는 성찬식을 도둑들이 잔치판을 벌이듯 해서는 안 된다.

주님의 이름을 부르는 곳에 불의나 다른 신들이 있어서는 안 된다. 두 번째 계명의 하느님은 성경이 말하는 관대하지 않은 하느님, 바로 첫 번째 계명의 하느님이시기 때문이다. 하느님은 생명 자체이시고 생명과 죽음 사이에는 세 번째 존재가 없기에 그분은 관대하지 않으시다. 코린토 공동체를 다시 살펴보자.

성찬식은 거룩한 것이므로 서로 화해하지 않으면 아무도 여기에 참석할 수 없다.

성찬식이 무엇 때문에 거룩하다는 것일까? 성찬식이 거룩한 까닭은 식사는 모두 인간적인 품위와 결부되기 때문이다. 식사하면서 우리는 배를 채우는 데만 급급해하지 않는다. 상대방과 대화하거나 침묵하고 서로 바라보기도 하면서 함께 식사한다. 성찬식은 여기서 한 걸음 더 나아가 주님의 이름으로 거행하기 때문에 거룩한 것이다. 우리는 성찬례에서 주님의 이름을 부른다. 이렇게 하여 주님은 성찬례의 주인으로서 현존하시고, 성찬식은 그분의 보호 아래 있다. 이 해방된 영역에서는 그분의 계명만이 통한다. 그리고 여기서 더 나아간다.

함께 식사한다는 것은 토론이나 대화와는 다른 것이다.

우리는 함께 식사하며 먹고 마시는 행위를 통해서 서로 연결된다. 먹은 음식과 마신 음료를 통해서도 서로 연결된다. 식사는 물질적인 것만이 아니지만 본질적으로 물질적인 것이다. 식사는 함께하는 것만이 아니면서도 특별히 축제 분위기에서 함께하는 것이다. 성찬례에는 하느님 부르기가 따른다. 그래서 성찬식은 인간적인 것만이 아니지만 인간적인 것이기도 하다. 성찬식은 예식이며 거룩한 것일 뿐만 아니라 철저히 인간적이며 먹고 마시는 것이다. 가장 기본적인 것이 거룩해지고, 가장 거룩한 것이 기본적으로 된다. 그러므로 성찬식은 구원과 연관된 것이 전적으로 고유하고 집중적인 방식으로 완성되는 장소이다. 하느님께서 사람이 되어 오셨듯이, 사람과 하느님이 서로 만난다. 그래서 하늘나라는 들어 높여진 주님과 함께하는 축제의 식사 공동체로도 비유된다. 유다인들에게는 이런 생각이 바탕에 깔려 있다.

성찬식은 우리가 무언가 생각하는 데서는 거행되지 않는다.

유다인들의 사고에 따르면 힘과 에너지가 없는 종교적 말과 생각은 존재하지 않는다. 그러나 이 에너지에는 특별한 사정이 있다. 하느님께서는 우리가 건네는 말 한마디에 즉각 반응하시기 때문이다. 우리가 하느님을 향해 그분의 이름을 부르면, 하느님은 축복하시며 우리에게 다가오신다. 위대하고 자비하신 하느님은 민감하셔서 우리의 말 한마디에 즉시 반응을 보이신다. 탱크나 권력, 부에 반응하시는 것이 아니다. 하느님은 폭력이 있는 곳에서 멀리 떨어져 계신다. 하느님은 이렇게 반응하신다. 그분은 우리 인간과는 전혀 다르게 반응하신다. 우리 가운데 전쟁이 일어나면 모두 우르르 달려가지만, 하느님의 장소에는 부드러운 선율이 흐른다. 쿰란의 찬가에도 나오듯이 속삭임의 음조가 들린다. 바로 그렇기 때문에 하느님 부르기가 따르는 성찬식에서 인간이 인간을 내리누르는 권력이 행사되어서는 안 되는 것이다. 비방이나 일삼는 권력 구조에서는 모두 회개해야 한다. 나아가 성경 전체는 현존하시는 하느님을 주제로 다룬다.

하느님께서 어디에 계시는지 내게 말해 다오. 그분이 계시지 않는 곳은 어디인지도 말해 다오!

이스라엘 민족은 이렇게 되기를 갈망한다.

나는 너희의 아버지가 되겠다. 너희는 나의 자녀가 되어야 한다. 나는 너희 안에 더불어 살겠다.

그렇기 때문에 성찬식에서 중요한 것은 바로 이것이다.

하느님께서 사람들 안에 더불어 사시는 것.
하느님의 복된 현존에 힘입은 축복된 백성.

성찬식에서 하느님의 현존은 당신 백성 안에서의 현존을 말한다. 하느님은 빵과 포도주라는 물질 안에는 분명 계시지 않는다. 만일 그렇게 여긴다면 주술적인 오해에 지나지 않을 것이다. 그러나 다음과 같은 내용도 분명한 점이다.

성찬식은 가르치기 위한 행사나 단순한 상징, 그저 그렇게 하는 것이 아니다. 성찬식은 실제 상징Realsymbol이고 하느님의 현존으로 가득 찬 것이다.

여기서 말씀이 힘을 지녔다면, 함께 식사하는 것이 함께 존재하는 것의 극치라면 중요한 것은 당신 백성 안에서의 하느님 현존, 축복과 구원을 약속하시는 하느님 현존이다. 이는 무엇보다도 기쁨이다. 영적 실재의 정의에 따르면, 여기서 물질과 영, 빵을 먹는 것과 말씀을 듣는 것은 상반된 것이 아니다. 하느님과 인간도 상반된 존재가 아니기 때문이다. 우리는 하느님의 자녀로서 식탁에 기쁘게 둘러앉는다. 바오로 사도는 말한다.

성찬식에 모인 사람들은 그리스도의 몸으로 일치를 이룬다.

예수가 주는 빵은 바로 당신 자신이기 때문이다. 자신을 내주는 그분을 통해서 모든 이가 (상징적 의미에서) 그분의 몸을 이룬다. 아우구스티노 성인이 이를 탁월하게 표현했다.

우리는 그분의 몸 안에 받아들여져 그분의 지체가 된다. 그리하여 우리는 우리가 받은 것이 된다.

그분의 내줌으로 일치가 이루어진다. 그 빵으로 우리는 한 분이신 주님과 일치한다. 다른 방법으로는 그렇게 할 수 없다. 오로지 예수 자신인 빵, 그분이 내어 주는 빵을 함께 먹을 때 가능한 일이다. 성찬식에서 우리가 먹고 마시는 것은 바로 예수이다.

먹고 마시는 것은 완전히 매이고 결핍된 인간을 포괄한다. 단지 우리만 그리스도를 우리 안에 받아들이는 것이 아니다. 하느님께서도 우리의 몸 전체를 받아들이신다. 하느님께서는 우리의 몸 전체를 받아들이지 않고서는 인간과 화해하지 않으신다. 우리가 음식물을 먹고 소화하는 것도 이와 마찬가지다. 인간은 영으로만 이루어진 존재가 아니다. 하느님은 우리를 온통 사로잡으신다. 그러기에 신앙 공동체는 생각으로 먼저 구성되는 것이 아니다.

16.4 두 종파, 하나의 성찬

오늘날 교회가 서로 일치하지 않는 현상을 보며 많은 사람들은 가톨릭과 개신교를 따로 구분하지 않고 함께 성찬례를 거행하며 최소한 일치를 이루고 싶어 한다. 이러한 생각이 낭만적이고 감동적이며 과감하기까지 하지만, 사실상 전혀 불가능한 일이다. 이는 어떤 남자가 어떤 여자에게 이렇게 말하는 것과 같다.

당신과 한 침대에 들고 싶소.

우리가 서로 이해하고 사랑하며 함께 살아갈 수 있는지에 대해서는 나중에 살펴보기로 하자. 남자와 여자가 함께 사는 데 성관계가 가장 친밀한 사항이듯이, 성찬식은 그리스도인들이 함께하는 데 가장 친밀한 행사이다. 그렇기 때문에 아무 준비도 되지 않은 상태에서 하나로 일치하는 성찬식을 시작할 수는 없다. 서로 진정으로 하나가 되고 양쪽의 제도와 권위를 인정할 때 비로소 함께 성찬례를 거행하는 것이 각자 이룩한 공동체를 표현하는 최상의 방법일 것이다. 즉 함께 성찬식을 거행하는 것은 일치운동 끝 단계에 이르러 할 일이지, 처음부터 할 일이 아니다. 다음과 같은 사실은 의심의 여지가 없다.

그리스도인들의 분열이야말로 가장 불편한 일이다.

분열을 극복하는 일은 하느님 표상에서 직접 유래하는 과제이다. 바로 그렇기 때문에 진정 근본적으로 일치를 바라는 것은 꼭 필요한 일이다. 실제로 일치가 이루어질 때 나는 함께하는 만찬에 가장 먼저 참석할 것이다. 성찬식은 양쪽이 모두 바라는 구원의 탁월한 표현이다. 주일에 함께 성찬식에 참여하고, 월요일 아침이면 분반된 종교 수업을 받으러 달려갈 수는 없는 일이다. 우리가 성찬식을 경시하지 않는다면 참으로 진지하게 하나의 성찬례가 거행되도록 모두 함께 노력해야 한다. 이를 위해 누구나 한 가지 기여는 할 수 있다. 예를 들어 다른 종파에 대해 알아보는 것도 좋은 방법이다.

종파를 초월하여 함께 거행하는 성찬식이 현재 교회의 일치 과정을 촉진하고, 어느 정도는 위로부터 곧바로 내려와 긍정적인 결과를 낳으리라는 견해가 널리 퍼져 있지만, 이는 신약성경의 관점에서 볼 때 근거 없는 이야기이다. 이런 경우에 대해 신약성경은 철저히 반대 입장을 고수한다. 복음서나 바오로 서간들이나 하나같이 사람들이 먼저 화해하지 않고는 하느님과도 화해할 수 없다고 가르친다. 하느님과 평화를 이루려는 사람은 먼저 이웃과 공동체의 형제자매들과 평화를 이뤄야 한다. 쉽게 말하면 다음과 같다.

성찬식을 거행하려는 사람은 먼저 교회의 분열부터 막아야 한다.

바오로가 쓴 1코린 11장을 읽어 보면 공동체 안에 분열이 생겼던 것이 분명하다. 대다수 전문가들은 가난한 사람들과 부유한 사람들의 큰 격차 때문에 분열이 일어났으리라고 보고 있다. 같은 서간 8-10장에서 확인할 수 있듯이 이는 강자와 약자의 문제일 뿐만 아니라, 그리스도교 탄생 이전 시대에 존재한 문화적 차이에서 비롯된 것으로서 불일치와 교란을 일으키고, 특히 함께하는 성찬식에서 차별과 불평을 낳는 원인으로 보인다. 바오로는 여기서 다음과 같이 말하지 않는다.

무조건 성찬식을 거행하라. 그러면 모든 게 잘될 것이다.

놀랍게도 바오로에게 성찬식은 잃어버린 일치를 되찾는 길이 아니다. 오히려 그는 심각한 차이가 지속되는 가운데 공동체가 성찬식을 거행하는 경우에 대해 민감한 반응을 보인다. 잘못된 행동과 태도를 벌하기 위해 가혹한 표현까지 동원한다. 그는 이렇게 말한다.

공동체 안에 존재하는 차이를 성찬식으로 얼버무려 덮으려는 사람은 '심판을 먹고 마시게' 될 것이다.

예전에는 이 표현이 특히 개신교 신자들에게 큰 충격을 주었다. 그래서 성찬식이 그렇게 위험한 일이라면 될 수 있는 대로 거리를 두는 것이 좋겠다는 생각까지 품게 되었다. 당시 사람들은 '올바르지 않게 먹고 마시는 행위'를 잘못 이해하여 성찬식에 참석하지 말아야겠다는 생각마저 들었다. 최근에 나온 주석에서 이 문제에 대해 더욱 잘 알 수 있다.

바오로는 실제로 공동체 안에서 발생한 분열을 다루었다. 성사 안에 현존하시는 주님에 대한 실제 상징을 받아들이지 않아서 공동체에 분열이 일어난 것이다. 그러나 1코린 10,15-17에 의하면 공동체는 하나의 빵을 먹음으로써 한 분이신 주님 안에 같은 근원을 두고 있다는 것을 보여 준다.

그러므로 성사를 거행하는 것은 다름 아닌 바로 하느님의 유일성과 한 분이신 예수 그리스도에 관한 기쁜 소식을 연출하는 것이다. 많은 신을 받들며 미신을 믿는 사람들, 고향을 떠나온 이방인, 사회적 소외에 시달리는 사람들이 공존하는 항구 도시 코린토에서 관건이 되었던 것은, 한 분이신 주님에 관한 기쁜 소식이 과연 이들에게 믿을 만한 것인가 하는 점이었다. 사실을 말해 보자.

외부에서 눈치챌 정도로 그리스도인들이 서로 심하게 다툰다면 한 분이신 주님을 전하는 일은 아무 효과가 없을 것이다.

이는 당시뿐 아니라 오늘날에도 적용된다. 함께하는 성찬식의 핵심은 음식을 함께 나누는 기쁨이나 하늘나라를 미리 맛보는 그런 것이 아니다. 이는 그동안 누누이 나온 견해이다. 바오로에 의하면 성찬식의 핵심은 다양한 사람들의 일치를 말한다. 바오로에게도 일치는 세례에서 싹트기 시작하여 선포된다. 그리고 성찬례에서 완성된다. 그러나 이 대목에서 표징을 믿지 못하면 복음 선포도 할 수 없다. 여기서 한 가지 덧붙이면, 바오로에게서 현대 해석학의 중요한 근간 하나를 끌어낼 수 있다. 공동체의 출현과 그 모습을 통해 복음을 문제없이 가장 효과적으로 선포할 수 있다는 것인데, 이는 오늘날에도 그대로 적용된다. 복음 선포는 공동체가… 살아가는 삶의 방식을 비롯하여 특히 주일마다 거행하는 미사성제를 통해서 이루어진다. 공동체가 하는 말에 의해 이루어지는 게 아니다. 물론 잔을 마실 때 '계약'이라는 상징어도 계약이라는 제도를 통해 이루어지는 모든 이의 일치를 가리킨다.

사람들이 먼저 서로 용서해야 하느님께서 그들의 죄를 용서하실 수 있다고 예수도 거듭 강조했다. 주님의 기도(오역된 부분이 많다)와 바로 이어지는 예수의 설명에서 이 점을 가장 잘 인지할 수 있다.

"저희에게 잘못한 이를 저희도 용서하였듯이 저희 잘못을 용서하시고
저희를 유혹에 빠지지 않게 하시고 저희를 악에서 구하소서."
너희가 다른 사람들의 허물을 용서하면, 하늘의 너희 아버지께서도 너희를 용서하실 것이다. 그러나 너희가 다른 사람들을 용서하지 않으면, 아버지께서도 너희의 허물을 용서하지 않으실 것이다.(마태 6,12-15)

예수가 개개인에게 힘을 주는 은총과 성사를 통해 용서할 수 있지 않을까라는 질문을 던질 수 있다. 성찬식이 어떤 형태로든 일치를 이루거나 은총과 성사에 대한 위와 같은 희망을 실현하리라는 현대적인 견해는 감동마저 일으킨다. 예수라면 이렇게 대답할 것이다.

성찬식을 그런 식으로 이해하는 것은 위선에 지나지 않는다. 종국에는 마술로 여길 것이다.

예수의 모든 가르침과 특히 매정한 종의 비유(마태 18장)를 보면, 용서는 그 누구도 피할 수 없는 과제임이 강조된다. 하느님께서는 이러한 조

건을 전제하고 인간의 죄를 용서하신다. 사람들이 자신의 임무는 실천하지 않고 하느님께 죄를 용서해 달라고 청한다면 심각한 재앙이 따를 뿐이다. 코린토 공동체의 성찬식에서 일치가 겉치레로 보였듯이, 매정한 종의 비유 또한 종말이 끔찍하다. 그 종은 바깥 어둠 속에서 울며 이를 갈 것이다.

어찌하여 그럴까? 하느님의 용서, 하느님의 평화, 공동체의 성사적 일치에 대한 가르침이 사람들에게 편안한 베개가 되어서는 결코 안 되며, 그 가르침이 사람들의 마음을 자극하면서 계속 불편함으로 남아 있기 때문이다. 그리스도인들이 서로 일치하지 않은 채 성급히 성찬식을 거행할 때도 바로 이런 어려움, 위험이 발생한다. 여러 곳에서 교회가 분열하여 늘 등장하는 불의를 퇴치하는 일에는 관심이 없는 이들에게 성찬식은 한낱 편안한 베개에 불과할 것이다. 교회의 분열이 수많은 불의의 근원이라는 사실은 지난 독일 역사가 증명한다. 이 점에서는 가톨릭 신자도 개신교 신자도 서로 책임을 떠넘길 수 없다. 가톨릭 신자와 개신교 신자가 혼인한 경우, 그 가정에서 태어난 아이에게 세례를 주는 일에서 (특히 신학자들에게) 어려움이 터진다. 종합해 보자.

선의를 품은 그리스도인들이 함께 성찬식을 거행하여 점점 더 갈라지고 만다면, 이는 신약성경의 관점에 위배되는 것이다.

끝으로 한 가지 더 언급할 점이 있다. 루터를 포함한 개혁자 가운데, 성찬식이 복음 선포를 위한 수단이고, 더 정확히 말하면 회개를 촉구하기 위한 수단일 뿐이라고 말하는 사람들이 있다. 성찬식에서 중요한 것은 하느님 사랑이므로 이 예식 자체가 회개에 관한 설교라는 것이다. 성찬식을 이렇게 보는 것은 각자의 자유이다. 그러나 여기서 개혁자들은 예수가 세리와 죄인들과 (이들에게 기쁜 소식을 전하기 위해) 한자리에서 음식을 든 것을 비롯하여 열두 사도와 최후의 만찬을 든 것을 망각할 위험에 처해 있다. 상징 말씀과 당신을 기억하여 예식을 되풀이하여 거행하라는 명령이 들어 있는 것은 최후의 만찬뿐이다. 그리고 열둘과 계약에 대해 명확히 언급된 곳도 여기뿐이다. 최후의 만찬은 성사를 제정한 것이지만, 예수가 복음 선포를 위해 한 식사는 성격이 전혀 다르다. 사람들과 나눈 식사는 최후의 만찬을 위한 준비였던 것이다. 이는 교회일치를 위해 펼치는 온갖 형태의 공동 작업이 미래에 가능할 성찬식 공동체를 준비하는 것과 같다. 예수가 복음 선포를 위해 사람들과 함께한 식사를 개방적인 태도로 모인 일반 사람들과 계속할 것인지는 각자의 자유에 맡겨진 일이다. 이런 경우에는 성찬식이라고 해서는 안 된다. 1세기에 저술된 「열두 사도의 가르침(디다케)」에서도 이미 이에 대한 주의를 환기시켰다. 이 책에는 루터식의 주님의 기도가 들어 있는데, 성찬식은 세례를 받은 사람들만이 함께할 수 있다는 말도 나온다.

16.5 성찬식의 천상적-세속적 차원

동방교회와 가톨릭교회의 전통을 보면, 흠숭하는 마음으로 성찬례가 중심인 미사를 드리면서 이것을 하늘과 땅이 만나는 신비한 행위로 이해하는 경향이 강하게 들어 있다. 유감스럽게도 오늘날에는 이러한 성격이 성경을 잘못 이해하여 점차 멀어지고 본질적인 면이 사라지는 추세이다. 그래서 몇 가지 문제를 고찰하고자 한다.

성찬례 본기도는 감사송에서 첫 번째 정점을 이룬다. 감사송은 미사를 드리기 위해 모인 공동체가 하늘의 천사들과 대천사들, 하늘의 모든 군대가 함께 다음의 찬미가를 부르는 것으로 마무리된다.

> 거룩하시도다! 거룩하시도다! 거룩하시도다!
> 온 누리의 주 하느님!
> 하늘과 땅에 가득 찬 그 영광!
> 높은 데서 호산나!
> 주님의 이름으로 오시는 분, 찬미받으소서.
> 높은 데서 호산나!

이때 흠숭을 겉으로 표현하는 행위가 중요하다는 것, '거룩하시도다!' -찬미가를 바칠 때 무릎을 꿇고 응답하는 것은 의미가 깊다는 것, 그리고 이는 전례에 꼭 필요한 행위라는 것을 강조하고 싶다. 이를 뒷받침하는 근거로 동방교회 전례서에 대해 언급하겠다. 이 전례서는 서방교회의 간결한 전례서에 비해 상세하고 때로는 장황하기까지 하다.

> 하늘나라의 성소에 계시는 거룩하신 하느님, 세라핌이 '거룩하시도다'를 세 번 외치며 당신을 찬미하고, 케루빔도 당신의 영광을 노래하며 하늘의 모든 군대가 당신을 흠숭하나이다. …당신은 이 보잘것없고 부족한 종인 저희가 이 시간에 거룩한 제단 앞에 모여 당신께 흠숭과 영광을 드릴 수 있도록 허락하시고 그렇게 할 자격을 부여하셨나이다. 오 주님, 죄 많은 저희가 '거룩하시도다'를 세 번 외치며 올리는 이 기도를 받아 주소서.(바실리오-전례에서 발췌)

이 내용은 교회가 예식을 바치며 천상의 전례에 참여하는 것을 의미한다. 그러므로 이른바 '성대한 입장' 시에 케루빔 찬미가를 부른다. 신도들은 신비로 가득 찬 케루빔을 찬미한다. 아직 축성되지 않은 봉헌 제물인 빵과 포도주는 온 세상의 통치자Pantokrator로서 입장하시는 주님의 대리 역할을 한다. 그리고 축성하는 순간에 이미 예수 그리스도의 상징이고 성상이며 발현의 표지가 된다. 케루빔 찬미가는 세속에서 거행하는 전례가 천상에서 거행하는 전례의 모상이자 반영이다. 나아가 종국에는 이 두 전례가 본질적으로 하나로 일치하여 절대로 풀릴 수 없다는 것을 전제로 한다. 시리아 동부 지역의 (로마와 일치를 이룬) 전례에서는 사제가 다음과 같이 기도한다.

주님, 존엄하신 당신의 영광스러운 어좌 앞에서, 당신 영광의 높고 숭고한 자리 앞에서, 당신 사랑의 힘과 당신 뜻에 따라 마련된 화해의 제단의 경외하올 권좌 앞에서, 당신의 영광이 머무는 장소 앞에서 당신 백성이자 당신 목장의 양떼인 저희가 엎드려 수천에 이르는 케루빔과 함께 당신께 알렐루야를 노래하고, 수만에 달하는 세라핌과 대천사들과 함께 당신을 "거룩하시도다!" 하고 외치나이다. 그들과 함께 저희는 당신을 흠숭하고 찬미하며 우주의 주인이신 당신을 영원히 기리나이다.

기원후 4세기까지 거슬러 올라가는 이 전례에서 흠숭은 자신을 낮추어 땅에 엎드리는 것을 의미한다. 여기서 흠숭은 단순히 수사학적 표현으로만 이해할 게 아니라는 것을 분명히 알 수 있다. 아르메니아 갈래의 사도-정교회 전례(이 역시 4세기에 나옴)를 살펴보자.

이 거룩함의 장소에서, 이 찬미의 장소에서, 천사들이 머무는 이 집에서, 사람들을 위한 이 화해의 장소에서, 마음에 들고 변모된 이 표지 앞에서, 하느님께서 현존하시는 이 거룩한 제단 앞에서 저희가 엎드려 경외하고 흠숭하나이다. 저희는 당신의 거룩하고 놀랍고 승리에 가득 찬 통치를 찬미하고 영광 드리며, 하늘의 군대들과 함께 당신께 찬미와 흠숭을 드리나이다. 영광과 찬미가 아버지와 당신과 성령께 이제와 항상 영원히 있나이다. 아멘.

여기서 제단은 이미 화해의 장소이다(하느님과 인간의 화해가 이루어지는 곳). 따라서 '거룩하시도다'만이 눈앞에 있는 것이 아니라 예수의 죽음에 대한 기억도 이미 함께 있는 것이다. 인간과 천사들로 구성된 공동체에 대한 생각은 이미 유다교에서 구상된 것이다. 이는 특히 쿰란 두루마리에서 볼 수 있는 유산이기도 하다. 토빗 8,15에 이미 이러한 내용이 있다.[14]

하느님, 순수하고 거룩한 찬미로 찬미 받으소서!
그렇습니다, 당신의 거룩한 성인들과 모든 피조물이 당신을 찬미하고,
당신의 모든 천사와 당신께서 택하신 모든 이가 당신을 영원히 찬미하게 하소서.

시편 138,1-2는 다음과 같다.[15]

제 마음 다하여 당신을 찬송하나이다.

---
14) 새 번역과 동일하지 않지만 원문대로 번역했다. -역자 주
15) 이 구절도 부분적으로는 새 번역과 동일하지 않지만 원문대로 번역했다. -역자 주

천사들 앞에서 당신께 찬미 노래 부르나이다.
당신의 성전에서 당신을 흠숭하고
당신의 자애와 진실에 감사하여
당신의 이름을 찬송하나이다.

여기서는 '천사들 앞에서'in conspectu angelorum라고 나왔는데, 쿰란 텍스트들과 그리스도교 전례에는 '천사들과 함께'라고 되어 있다. QH 1(쿰란의 찬가) 3,19 이하에는 다음과 같이 나온다.

당신께서는 큰 과오로 얼룩진 저희 마음을 깨끗하게 하시어
성인들의 대열과 함께 하느님 앞에 세워 주시고,
저희가 하늘나라 천사들의 공동체 안에 들어가게 해 주시나이다.

천사들과 한 공동체가 된다는 것은 이러한 뜻이다.

예루살렘에서 거행하는 성전 제식에서 말하는 제식이란 이 지상에서 거행되고 하느님은 하늘에 계시는 것으로 인식된다. 이와 달리 제식을 거행하는 공동체는 하느님의 은총에 힘입어 죄로부터 깨끗해진다. 그리하여 하느님의 천사들과 함께 흠숭을 드리고, 하느님 바로 곁에 있어도 될 정도로 성화된다.

그리스도교 감사송에서는 이러한 요소가 성찬례로 넘어간다. 여기서는 초기 유다이즘과 맞서 한 단계 더 높아지는 것이 관건이기 때문이다.

하느님께서는 육체적으로 현존하시고, 공동체는 예수의 죽음과 구성원 자

신의 세례를 통해 성화되어 드디어 하느님 곁에 있게 되었다.

묵시 4장에 의하면 스물네 원로가 하느님의 어좌 앞에서 노래한다.

주님, 저희의 하느님
주님은 영광과 영예와 권능을 받기에 합당한 분이십니다.
주님께서는 만물을 창조하셨고
주님의 뜻에 따라 만물이 생겨나고 창조되었습니다.

원로들은 하느님 앞에 엎드려 경배하면서 자기들이 쓴 금관을 벗어 어좌 앞에 던졌다. 찬미가와 하느님 앞에 엎드리는 자세는 여기서 서로 밀접한 관계에 있다. 찬미가는 바로 이어지는 엎드린 자세를 예고하고 이를 뒷받침하는 것이다. 거룩한 변화 후에 바치는 기도 가운데 이런 기도문이 있다.

…당신의 거룩한 천사가 이 제물을 천상의 제대로 들어 높여서 당신의 신적 존엄 앞에 놓아두게 하소서.

여기서 언급하는 '제물'은 감사로서의 성찬례를 비롯하여 찬미의 봉헌 제물sacrificium laudis을 의미한다. 여기서 세속의 제단과 천상의 제단의 직접적인 관계가 이루어진다. 천상의 성소에 있는 천상의 제단은 하느님의 절대적 현존 장소이다. 세속의 제단 뒤쪽에 천상의 제단이 있는 것을 어느 정도 볼 수 있다. 세속의 성전과 천상의 성전이 서로 일치를 이룬다. 하느님의 현존 장소인 제단에 대해서는 제단 축성을 위한 오래된 감사송

가운데 다음과 같은 감동적인 기도문에서 잘 알 수 있다(「서문집」 165 참조).

시작과 끝을 알 수 없는 분, 당신이 원하신 대로 그렇게 위대하신 분, 거룩하고 놀라우신 분, 그 권능을 무엇으로도 다 파악할 수 없는 하느님, 당신을 찬미하고 간절히 기도하옵니다. 아벨의 제단을 받아들이셨듯이 이 제단을 받아 주옵소서. 형에게 죽임을 당했을 때 아벨은 깨끗한 피로 제단을 적시고 거룩하게 했으며 그 순교로 구원의 신비를 위한 원형이 되었나이다. 주님, 우리의 성조 아브라함의 제단을 받아들이셨듯이 이 제단을 받아 주옵소서. 당신 얼굴을 보여 주시고 당신의 이름을 부르게 하여 축성하신 아브라함은 멜키체덱 사제의 도움에 힘입어 구원을 가져오는 승리로 가득 찬 제물을 미리 바쳤나이다. 주님, 아브라함이 당신께 대한 믿음과 충실함으로 아들 이사악을 바치기 위해 묶어 올려놓았던 제단을 받아들이셨듯이 이 제단도 받아 주옵소서. 아브라함은 온 마음으로 당신을 믿어 예수님의 고통 안에 놓인, 신비로 가득 찬 구원의 길이 드러나게 했나이다. 이는 그의 아들 이사악이 제단 위에 놓였을 때 어린 숫양이 번제물로 바쳐졌기 때문이나이다. 이사악을 바쳤던 제단을 받아들이셨듯이 이 제단도 받아 주옵소서. 이사악은 깊은 신심의 샘을 발견하고 당신의 영광에 대한 감사로 넓은 곳이란 뜻을 지닌 '르호봇'이란 이름을 붙였나이다. 주님, 모세가 세운 제단을 받아들이셨듯이 이 제단도 받아 주옵소서. 모세는 십계명을 받은 후 열두 사도를 가리키는 열두 돌을 굳게 쌓았나이다. 주님, 모세가 7일 간 회개하여 정화된 후 당신의 규정을 따라 '가장 거룩한 것'이란 이름을 붙인 제단을 받아들이셨듯이 이 제단도 받아 주옵소서. 당신께서는 모세에게 "이 제단을 만지는 사람은 거룩하게 된다."고 말씀하셨나이다.

제단 축성을 감각으로 강렬하게 인지하는 일은 동시에 전체 요지를 떠올리는 것이고, 하느님의 거룩한 현존의 장소를 의미하는 것이기도 하다. 미사의 핵심 부분에 있는 그리스도교적 흠숭도 제단과 연계되어 있다. 이는 칼뱅파가 제단을 모조리 없애 버린 결과를 낳았다.

동방교회의 봉헌 기도문으로 당대 시리아의 주교이자 시인인 야고보 Jakob von Sarug가 작성한 에티오피아식 기도문(35번, Euringer)에는 성찬례의 신비가 강생의 신비, 육화의 신비와 동일시된다.

빛의 문을 향해 나아가라. 영광의 문들은 활짝 열려라. 아버지 앞에 쳐진 장막은 뒤로 물러나라. 보라! 하느님의 어린 양이 이 제단 위로 내려오셔서 다스리신다. …하늘에서는 아름다운 선율이 내려오고, 불을 내뿜는 칼이 두려움을 일으킨다. 그분께서 이 빵과 이 잔 위에 나타나 성찬례를 완성하신다.

에티오피아식 그레고리안 성가 기도문 7번에도 비슷한 내용이 있다.

그분은 구름의 장막으로 가려져 있고, 거룩한 동정녀 몸에서 구세주가 나셨네. 주님은 발견되고, 정의의 태양은 솟아올랐네. 우리는 보내신 분인 아버지를 믿고, 보내진 분인 아들을 믿으며 생기 있게 만드는 성령을 믿네.(에티오피아식 그레고리안 성가 기도문 7번, Löfgren/Euringer)

하느님께서 사람이 되어 오신 과정이 성찬례에서 되풀이된다. 장막이 걷히고 예수 그리스도가 내려오신다. 성찬례와 사람이 되어 오심이 이렇게 긴밀한 관계에 있다면, 마태 2장에서 동방 박사들이 그랬듯이 제단 위에 현존하는 하느님의 아드님께 경배하는 것은 합당한 행위이다.

성찬례 본기도는 (주님의 기도 앞에서) 이른바 마침 영광송Doxologie으로 끝난다. 여기서 사제는 하느님의 고유한 속성이 올바르게 드러나도록 장엄하게 기도한다. 형식사 연구에 따르면, 특별히 이름 붙일 만한 어떤 구원적 요소에 적합한 대상이 있을 때 특별한 찬미가를 바치게 된다. 여기서 바탕이 되는 것은 주술적–성사적 언어 행위인데, 이에 따라 기도를 바친 사람은 그 기도의 응답을 마땅히 받는다. 이는 표현하는 특성이 있으며 구조적이고 강화된 성격을 지닌다(예를 들어 평화의 인사처럼). 마침 영광송은 다음과 같다.

그리스도를 통하여
그리스도와 함께
그리스도 안에서
성령으로 하나 되어
전능하신 천주 성부
모든 영예와 영광을 영원히 받으소서.

1코린 8,6도 이와 유사하다. 이 문장도 본래는 전치사들로 표현된 것이다. 모든 것이 하느님에게서 나와서 그분을 향하여 존재하고 아들을 통해 그분을 향하여 나아간다.

우리에게는 하느님 아버지 한 분이 계실 뿐입니다. 모든 것이 그분에게서 나왔고 우리는 그분을 향하여 나아갑니다. 또 주님은 예수 그리스도 한 분이 계실 뿐입니다. 모든 것이 그분으로 말미암아 있고 우리도 그분으로 말미암아 존재합니다.

이 대목과 신약성경의 다른 곳에는 '나왔고'aus와 '그분을 향하여'auf ihn hin로 표현된 반면, 마침 영광송에는 전치사 '통하여'durch, '함께'mit, '안에서'in로 표현되었다. 이는 다음과 같은 뜻이다.

여기서 그리스도론이 결정적으로 드러난다. 또한 여기서 예수를 중재자로서 높이 기리게 된다.

성찬례 시작 부분에서는 '거룩하시도다'가 흠숭 행위이듯이, 끝부분에서는 마침 영광송이 흠숭 행위이다. 이렇듯 성찬례 본기도 전체가 특별한 찬미가의 틀로 둘러싸여 있다. 그리고 여기에 '성찬례'라는 이름이 붙었다.

16.6 성체흠숭의 의미

그리스도교적 근대는 '흠숭'[16)]이라는 주축이 주변으로 밀려난 첫 번째 시대라고 볼 수 있다. 다음과 같이 고찰하면서 흠숭이 그리스도교에서 얼마나 중요한 위치를 차지했는지 알 수 있다. 흠숭은 무엇보다 하느님 현존에 반응하는 것이다. 흠숭은 성경 전체의 주제인데, 다양한 형태로 나타났다. 성찬식에 대한 바오로식 견해에 비추면 흠숭이 정점을 이룬다. 신학자로서 연구를 계속해 갈수록 더욱 선명해지는 점은 흠숭이 나의 본래 주제였고 지금도 그렇다는 것이다. 신학적으로 흠숭은 인간

---

16) 'Anbetung'은 흠숭, 숭배, 경배, 사모, 흠모의 의미를 지니는데, 가톨릭신학에서 주로 사용하는 흠숭으로 번역했다. –역자 주

이 하느님께 보이는 첫 번째 반응이다. 인간은 자신이 하느님을 실재實在로서 인지하자마자 바로 흠숭을 드린다. 그러므로 흠숭은 인간이 하느님 앞에서 자신을 낮추는 것이고, 이러한 자세로 자신이 하느님이 아니라는 사실을 인정하는 것이다. 나는 내 삶에서 다음 두 가지 사실을 발견했다.

하느님은 계신다. 그리고 나는 하느님이 아니다.

그러니 당연히 흠숭을 드릴 수밖에 없다. 흠숭은 종교 역사에서 단순히 인식 행위로 그친 적이 없다. 흠숭은 생각으로 이루어지는 게 아니라 두말할 필요도 없이 표현으로 이루어지는 것이다. 그러므로 흠숭은 인간의 통합적 표현이다. 마음의 영역인 회개와 달리 흠숭은 인간의 전체적인 과정이다. 흠숭의 첫 번째 요소로 겸손의 자세를 꼽는다. 고대 페르시아의 궁중 예절이 발전된 시기부터 바닥에 온몸을 엎드리는 동작이 바로 겸손의 자세가 되었다(이는 문화적 관습이지만, 오늘날에도 볼 수 있는 현상이다. 가령 상황에 따라 즉흥적으로 이런 자세를 취할 경우가 해당된다). 이러한 완전한 흠숭의 자세가 전례에서는 부제와 사제 수품을 받을 때와 성금요일에 실행된다. 신체 구조학적으로 볼 때 엎드리기 전에 무릎을 꿇게 된다. 흠숭은 개인적으로만 하는 행위가 아니라 예식 규정에 따라 실행된다. 말하자면 다음과 같다.

ㄱ) 흠숭은 최소한 대리의 성격을 지닌다. 다시 말해 전체 교회와 모든 피조물의 이름으로 표현하는 것이다.

ㄴ) 흠숭은 예식의 규정에 따라 잠시 진행되는 것이지, 지속되지는 않는다. 다시 말해 인간의 삶 전체가 본래 하느님께 속하지만, 길든 짧든 그 가운데

한 부분만 하느님께 바칠 수 있는 것이다. 전체적으로 볼 때 그다지 과도한 것은 아니다.

흠숭은 침묵 가운데 진행된다. 흠숭은 찬미에 따른 결과이다. 구두로 바치는 찬미에 이어 무릎을 꿇는다. 물론 이 두 가지는 따로따로 진행하기도 하지만, 함께 진행하는 것이 이른바 이상적인 완전함이다. 구두로 바치는 찬미는 혼자서 하지 않고 공동으로 하는데(최소한 이러한 경향이 있다), 대부분 서 있는 상태에서 신체 언어로 한다. 흠숭은 일반적으로 무릎을 꿇은 상태로 하는데, 바닥에 완전히 엎드린 상태로 하는 경우도 있다. 특히 테제Taizé에서 이런 모습을 잘 볼 수 있다. 이 모임에 참석한 젊은이들이 자연스럽게 바닥에 엎드려 기도를 드린다. 흠숭을 언어로 표현할 때는 일인칭 단수 형태로 말한다. 이는 토마스 아퀴나스의 아름다운 기도문에 잘 나타나 있다.

숨어 계신 하느님, 여기 제(나)가 무릎을 꿇고 당신께 기도하나이다(Adoro te devote, latens deitas).

흠숭의 이상적인 진행 과정을 다음과 같이 재구성할 수 있다.

찬미하기-자기 낮춤을 몸으로 표현하기-하느님의 현존 앞에 잠심潛心하기-그리스도교와 모든 피조물을 흠숭에 포함하기-하느님께서 침묵 가운데 건네시는 말씀에 귀 기울이기-끝부분은 기도하는 사람 본인의 말로 표현하기.

그러므로 흠숭은 성찬례 안에 당연히 자기 자리가 있다. 흠숭은 하느님의 현존하심을 그 어떤 것도 능가할 수 없는 최상의 방식으로 표현하는 것이기 때문이다.

16.7 세례의 표징과 세례의 작용

유아 세례에 대해서나 겨우 알고 있는 대다수의 그리스도인들에게 세례가 본디 무엇인지 알 기회는 매우 드물다. 어른이 되어 세례를 받을 경우에는 대부분 회개와 삶의 전환기를 거치고 나서 하느님을 믿겠다고 결심하고 받는 것이다. 초기 그리스도교에서 성인 세례는 정상적이고 흔한 일이었다. 그리스도교 세례는 '예수의 이름으로'(유다인 출신에게 이런 방식으로 했다) 또는 '성부와 성자와 성령의 이름으로' 베풀어진다. 이는 이러한 이름으로 세례 받는 사람이 예수 또는 성령께 자신을 내어 드린다는 뜻이다. 예수와 삼위일체이신 하느님께 속하는 사람은 그분의 보호를 받는다. 이는 철회될 수 없는 일이다. 물로 베푸는 세례, 침례浸禮에는 배제하지 않고 보완하는 의미가 들어 있다.

- 물로 베푸는 세례는 '이렇게 세례 받은 사람은 이것으로 심판 때에 있을 불의 세례를 견디어 낼 능력을 갖게 된다.'는 뜻이다.
- "지금이 위기의 때이지만 세상 종말 때에야 드러난다."고 요한복음서에서 알려 주듯이, 세례를 받은 사람은 지금 이미 내려진 심판에서 벗어난다.
- 세례는 죽은 이들이 되살아나는 것과 유사하다. "아버지께서 죽은 이들을 일으켜 다시 살리시는 것처럼, 아들도 자기가 원하는 이들을 다시 살린

다."(요한 5,21) 객관적으로 볼 때 세례는 하느님으로부터 새로운 생명을 받고 새롭게 탄생하는 것이다.

◆ 세례는 하느님을 믿기로 결심할 때 이미 심판이 이루어진 것과 매우 밀접한 관계에 있다. 세례 받은 사람은 이미 위기를 넘겼기 때문이다.

◆ 세례는 빛, 다시 말해 '주님의 날'로부터 나와 지금 이미 이 세상에 들이닥친 빛으로 사로잡히는 것이다.

◆ 세례는 영광스럽게 되는 것이다.

따라서 "세례 신학은 근본적으로 종말 신학이다."라고 말할 수 있다. 세례라는 성사적 행위에서 그리스도교적 종말에 대한 기다림은 특정한 지점에서 성사적으로 최고봉에 이른다. 다른 성사들도 특히 성찬례도 이와 유사하다. 그러므로 이렇게 말해야 한다.

그리스도교 성사는 부활 사건 이후 일반 대중 교회에서 만들어 낸 작품이 아니다. 이런 대중화된 교회는 예수의 영적 추진력을 주술적 행위로 변조하고, 그리하여 교회가 성사를 베푸는 기관으로서 누구도 대신할 수 없다는 잘못된 주장을 내세운다. 아니다. 성사는 예수의 종말에 대한 설교에서만이 이해될 수 있다. 예수의 다른 많은 행적과 마찬가지로 성사는 권위 있고 강력한 상징 행위로서 예수에게서 유래한 것이며 특별한 성격을 지닌다.

이 말은 다음과 같은 뜻이다.

전체적으로 볼 때 하느님께서 우리에게 주시는 구원이 성사 안에서 하나하나 명료해진다. 이는 세례는 단 한 번 받을 수 있다는 것에 대한 설명이기도

하다. 종말에 일어날 모든 것은 오직 최종적이고 확정적인 것으로 일어난다. 이는 내일은 생각할 수 없는, 최후의 확정적인 날이라는 지평에서 일어나는 것이다.

신학적으로는 다음과 같은 의미를 지닌다.

우리가 주님으로부터 파견된 존재와 만난다면 궁극적으로 '주님의 날' 앞에 서는 것이다. 우리는 그분과 마주보는 것이다. 그러므로 2000년이나 지속된 선교는 다시 오시는 주님의 면전에서 볼 때 마치 하루와도 같다. 다시 말해 주님은 이날 저녁에 오신다.

이는 대단히 중요한 책임과 평생 요청되는 '깨어 있음'을 암시한다. 두 가지 중 그 어느 것도 '나중으로' 미룰 수 없다. 어떤 면으로 행동은 모두 최후의 결정적인 것이다. 그래서 불완전하고 결점이 있을 경우나 순전히 악의가 있을 경우에 교회는 성사로 용서받기를 촉구한다. 특별히 세례는 주님의 날을 강렬하게 표현한다. 이는 세례자 요한과 예수가 세상에 새롭게 왔다는 것을 의미한다. 여기서 종말에 대한 메시지의 의미가 적법하게 달라진다. 이 메시지는 성사를 베푸는 교회 안에서 결코 망각된 적이 없다! 물과 성령으로 받는 세례는 모든 그리스도인에게 에제 36,25-27의 말씀을 충만하게 실현하는 것이다.

그리고 너희에게 정결한 물을 뿌려, 너희를 정결하게 하겠다. 너희의 모든 부정과 모든 우상에게서 너희를 정결하게 하겠다. 너희에게 새 마음을 주고 너희 안에 새 영을 넣어 주겠다. 너희 몸에서 돌로 된 마음을 치우고, 살로

된 마음을 넣어 주겠다. 나는 또 너희 안에 내 영을 넣어 주어, 너희가 나의 규정들을 따르고 나의 법규들을 준수하여 지키게 하겠다.

종말에 대한 에제키엘 예언자의 기다림이 그리스도교 세례의 형태로 충만하게 이루어진다. 그러므로 이러한 관점에서도 성사는 종말에 대한 예수의 메시지를 어기는 것이 아니라 그 메시지를 충만하게 실현하는 것이다. 성찬식(기꺼이 먹히는 것)에서 진행되는 것과 유사하게 여기서도 일종의 언어적 표상이 예식 안으로 들어간다(은유의 가시화).

17장

예수와 함께 죽을 수 있을까?

17.1 물 위를 걸어간 사람
17.2 하느님 앞에 서기 위하여
17.3 부록_베드로에게 보내는 편지
17.4 탄생과 죽음
17.5 죽음의 기술
17.6 의사 예수
17.7 예수의 죽음
17.8 하느님과 우리 사이의 예수

17.1 물 위를 걸어간 사람

맞바람이 거세게 불어와 노를 젓느라 애쓰며 제자들이 도와줄 분을 쳐다본다는 이야기는 신뢰에 대한 참으로 놀라운 이야기로 여겨진다.

> 예수님께서는 새벽녘에 호수 위를 걸어가셨다.(마르 6,45-52)

이 장면을 구체적으로 그려 보자. 여기서 제자들은 극명히 대조되는 상황에 있다. 물과 어두운 밤 외에는 아무것도 없는데 저기 그분이 계신다. 어디에도 의지할 데 없이 막막하기만 한 상황에서 제자들이 의지할 수 있는 분이 눈에 띄었다. 제자들이 어둠 속에서 그분을 부르다가 그것으로 끝나는 것이 아니었다. 그분은 제자들을 향해 다가오신다. 아무도 통제할 수 없는 상황 한가운데 주님이 계신다. 지금도 그렇지만 물은 통제하기 어렵다. 무상無狀의 일시적인 것이 무너지고 흩어지는 곳에 영원한 하느님이 계신다. 어둠과 폭풍 한가운데 신적 평화 자체인 분이 계신다. 추위와 침몰이 지배하는 곳에서 그분의 따스한 심장이 힘차게 뛴다. 물리적 지배만이 있는 곳에 그분이 계신다. 광활한 우주 한가운데 있는 것처럼 바로 여기에 그분이 계신다. 홀로 계신 그분은 성령의 인도로 광야에 나가셨던 때처럼 한밤중에 바다로 인도되어 극한의 체험을 하신다. 그분은 그 바다에서 일치와 유대를 선사할 수 있는 유일한 분이시다. 그분은 당신 스스로를 위해서는 더 바랄 게 없을 정도로 충만하시지만, 사람들을 향한 그리움이 가득하시다. 다음과 같은 질문을 던져 보자.

여기서 일어난 기적은 다른 많은 기적 가운데 하나에 지나지 않는 것일까?

제자들은 이 사건에서 예수가 누구인지 알 수 있는 최상의 신비적 체험을 한다. 영광스러운 모습으로 변모한 사건에서 그랬듯이 이 사건도 예수의 몸과 관련된다. 이는 오늘날 우리를 당혹시킨다. 우리는 예수가 누구였는지를 알고자 '칭호'에 대해 말한다. "예수는 하느님의 아들이었나?" 하고 묻는 것이다. 그러나 이 이야기에는 어떤 칭호도 나오지 않는다. 영광스러운 모습으로 변모하신 사건처럼 여기서도 그분의 몸과 관련하여 변화가 일어났다. 제자들이 짐작할 수 있었던 점은, 예수를 닮는 사람은 누구나 그분처럼 자유로운 몸을 지닌다는 것이었다. 죽음과 고통에서 자유로워지고, 인간과 하느님 사이의 경계선으로부터도 자유로워진다. 또 한 가지 제자들이 짐작할 수 있었던 점은 예수의 몸이 먼저 완성되었다vor-vollendet는 것이다. 그분에게서 이루어지는 것은 모든 이를 위한 약속이다. 이는 분명히 하나의 새로운 실제 영역이며 여기서 해명되는 것이다. 그러나 그것은 예수의 몸, 그분의 변화된 인간적인 몸이다.

이 이야기가 내게는 기적에 관한 다른 보도들을 규명하는 열쇠 역할을 한다. 예수의 기적은 그분의 가르침을 예증하며, 직접적으로 말하지 않는다. 이는 티아나의 아폴로니우스Apollonius von Tyana나 유다교 랍비들이 자기들의 이야기를 믿도록 시행한 방법과는 전혀 다르다. 예수는 단순히 다른 많은 기적을 일으킨 인물 중 하나에 그치는 분이 아니다. 그렇게 생각하는 사람은 그분의 메시지와 이 표징의 연관성을 아직 제대로 파악하지 못한 것이다. 예수는 그저 기적을 하나 더 일으킨 것이 아니다. 기적은 오늘날 우리가 흔히 느끼거나 취급하듯이 믿음과 순명을 시험하는 것이 결코 아니다. 기적에서 결정적인 것은 우리와 함께 전체적으로 일어날 어떤 것에 대해 알려 준다는 점이다.

기적은 예수의 하느님 표상과 연계된다. 기적은 상징적 암시로서 하느님께서 물질적인 세상 밖에 머물러 계시지 않고 우리의 육체적 세계 안으로 들어오시기를 참으로 원하신다는 것을 드러낸다. 그러므로 예수가 물 위를 걸어간 일은 육화된 진리를 말하는 것이고, 하느님께서 사람이 되어 오심을 심화하는 것이다. 나아가 이 사실을 새롭게 보여 주는 것이며 다른 관계 안에서 충만하게 하는 것이다. 여기서 예수는 인간이자 하느님으로서 제자들 앞에 서 있다. 다른 기적들도 이 사건의 빛에서 볼 때 새로운 창조를 가리킨다. 기적과 함께 새로운 창조가 시작된 것이다. 예수는 사람들을 건강하게 해 준다. 그렇게 보는 이유는 창조주 하느님께서 우리와 더불어 전체적으로 원하시는 것이 무엇인지 깨달을 수 있기 때문이다. 하느님께서 바라시는 것은 다른 표지나 전조처럼 받아들여진다. 기적을 행하는 분은 첫 번째 계명의 선교사로서 맹활약 중이다.

신약성경에서 보도하는 기적들은 부차적인 것, 주변 현상이 아니라 하느님의 위업이다. 예수는 자신의 본모습을 벗어나 주변에서 부수적으로 기적을 행하는 것이 아니다(언어에 고정된 자유주의적 성경주석가라면 예수가 기적만 일으켰다고 여길 것이다). 기적 안에서 하느님은 지상으로 밀고 들어오신다. 기적은 외적으로 증명하는 것이 아니라 실제 사건 자체의 일부이다. 기적은 하느님의 가장 고유한 행위이다. 예수가 물 위를 걸어간 것은 복음사가들의 언어를 빌려 우리가 '육화'라고 부르는 것, 하느님의 발현, 하느님께서 한 인간 안에 실제로 현존하심을 의미한다.

이것이 예수의 몸이라면 동정녀에게서의 탄생과 부활도 가능한 일이다. 물론 사람들 사이에 자신을 드러내는 것이 예수의 방식은 아니다. 엄밀한 의미에서 볼 때 하느님의 계시는 예수에게 늘 번개처럼 한순간에 일어난다. 영광스러운 모습으로 변모하실 때나 물 위를 걸어가실 때나 모두 그랬다. 물 위를 걸어갈 수 있는 분은 하느님이시다. 항상 번개처럼 잠시 드러나고 마는 예수의 신성에 대해서는 아직 충분히 고찰되지 않았다. 호수에 거센 바람이 불어왔을 때도 예수는 오직 하느님만이 하실 수 있는 일을 했다. 무화과나무를 저주한 사건도 여기에 속한다. 물 위를 걸어간 분은 또한 오시는 주님이다. 클레르보의 베르나르도는 신부인 교회와 신랑인 주님에 대해 인상 깊게 표현한다.

오소서 주님, 저희에게 오시어 자유롭게 해 주소서. 주님, 위력의 하느님
(veni domine, veni ad liberandum eam, domine deus virtutum).

우리가 고찰한 내용은 중세에 수도원에서 내놓은 성경주석에 미루어 증명된다. 이는 우연히 그렇게 된 것이 아니다. 이 성경주석은 성경 전체를 묵상하면서 진행한 작업이기 때문이다. 중세의 기도문과 감사송들은 이 텍스트에 예표론豫表論을 전개했다. 이에 대해 좀 더 살펴보자. 첫째, 홍해를 건너간 사건을 들 수 있다. 부활 성야에 대해 예표론적 의미에서 다음과 같이 보충할 수 있다.

예수 그리스도는 구출된 이스라엘 사람들을 앞서 간 불기둥이다.

부활 성야 전례에서는 이것을 부활하신 분에 적용하여 말하는데, 복음서들의 보도는 이 체험을 부활 사건 이전에 있었던 것으로 옮겨 놓는다. 부활초는 부활 성야의 어둠 속에서 빛나는 불기둥을 표현한 것이다. 둘째, 해방의 기적에 대해 언급할 수 있다. 물 위를 걸은 예수는 해방시키는 자유로운 분이다. 만약 우리가 그분처럼 될 수 있도록 허락된다면 우리 역시 그분과 같이 자유로울 것이다. 이는 마태 14장에서 보도한, 베드로가 구출된 장면에서 잘 드러나며, 물고기 배 속에서 구출된 요나 예언자나 사슬에서 풀려난 바오로 사도에게서도 볼 수 있다. 셋째, 바다는 온갖 해로운 것, 인간에게 적대적인 것, 더러운 악령들의 적대적인 유혹에 맞서 있다는 점을 말할 수 있다. 넷째, 예수가 물 위를 걸어간 사건은 창조사화와 일치한다는 점을 들 수 있다. 어둠과 물은 그때나 지금 이곳이나 모두 존재하기 때문이다. 태초에 창조주가 계셨듯, 여기 어둠과 물 한가운데 주님이신 예수가 있다. 따라서 이 텍스트는 다른 부분에 배치하여 거기서 예수를 창조주로 인식할 수 있도록 해야 한다. 클레르보의 베르나르도는 여기서 더 나아가 예수 그리스도께 그분의 빛과 진리를 보내 달라고 청한다. 대낮의 참된 밝은 빛이 높은 곳에서 온갖 오류를 밝혀내고, 창조에서처럼 빛이 어둠과 밝음을 갈라놓도록 간청한다. 우리가 예언자들의 말씀을 어기지 않고, 그 빛을 어둡게 만들지 않으며, 어둠을 빛으로 만들도록 청하는 것이다. 교회는 너무나 자주 밤의 두려움에 사로잡혀 있었다. 성인을 죽이는 사람은 자신이 하느님의 일을 하는 것으로 착각한 그런 어두운 때도 있었다. 다섯째, 예수가 물 위를 걸은 것은 그분이 지옥으로 간 것에 비유된다는 점을 꼽을 수 있다. 바다는 그분을 알고 있었다. 다시 말해 바다는 그분의 발아래 단단한 땅이 되었다. 그분이 그 단단한 문을 부수었을 때 지하 세계는 그분을 알고 있었다. 그로 인해 수심은 죽음의 심연이 된다. 호숫가의 표상에서 영원의 확고함이 죽음의 심연과 대비된다. 여섯째, 무게감 없이 가벼운 예수의 몸은 닫힌 문을 통과한 그분의 몸, 아무런 상처 없이 천주의 성모 마리아의 몸을 빠져나온 몸과 동일하다는 점을 언급할 수 있다. 그 몸으로 그분은 아무런 상처도 입지 않고 지옥을 벗어 나왔다. 이제 이렇게 결론을 내릴 수 있다.

그분은 참으로 하느님이다. 놀라운 행적으로 자신을 보여 준 분이다.

끝으로 한 가지 더 강조할 점이 있다. 제자들이 자신들의 주님을 의지하게 되었다는 것이다. 아무것도 의지할 곳 없는 극한 상황에서 드디어 의지할 분을 찾은 것이다. 클레르보의 베르나르도는 말한다.

신부인 교회는 신랑에게 꼭 달라붙어야 한다.

물 위를 걸은 예수는 우리가 폭풍이 몰아치는 바다 한가운데 있을 때, 밤이 우리를 덮칠 때, 죽음이 눈앞에 있을 때, 기적만이 간절할 때 당장 우리에게 오신다. 지금까지 우리가 예수와 함께 걸어온 길, 작은 일에서 그분을 믿고 의지한 것은 더 큰 믿음을 위한 훈련이었다. 인간보다는 강하지만 주님보다는 약한 요인들이 우리를 엄습하는 상황에서 그분은 우리를 버려두지 않는다는 큰 믿음을 위한 훈련이었다. 우리는 주님과 결코 떨어질 수 없을 정도로 긴밀히 연결되어 있다.

17.2 하느님 앞에 서기 위하여

하느님 앞에 선다는 것은 우리가 완전할 때나 할 수 있는 일이다. 불완전한 상태에서는 하느님 앞에 서지 못한다. 선이 아닌 것은 하느님 앞에 존재할 수 없다. 그렇다면 우리 죄인들이 어떻게 하면 하느님에게서 당장 쫓겨나는 일 없이, 그분 앞에서 멸망하는 일 없이 죽을 수 있을까? 우리는 날마다 새로운 죄를 짓는 일을 멈출 수 없을 정도로 죄스러운 존재이다. 죄와 잘못은 떼어 놓기 어려울 만큼 인간과 결부되어 있다. 우리는 최후 심판대 앞에서 의지할 데 없이 홀로 버려진 상태로 있게 될까?

죄와 잘못, 이 주제는 추상적이고 교의적으로 다룰 일이 아니라 체험과 관련지어 토론해야 할 사항이다. 그래야만 하는 까닭은, 인간에게 죄란 교회가 부과한 것으로서, 훗날 구원의 필요성에 대해 근거를 댈 수 있다는 이의 제기를 벗어나기 위해서이다. 죄는 죄어드는 양심의 가책에 대한 체험과 연관된다. 그리고 잘못의 범위는 인과 관계를 아는 일상의 지혜와 관련이 있다. 인간은 자신의 행위에 따라 언젠가는 그 결과를 얻는다. 복수의 여신이라는 표상으로 표현한 그리스인들은 자신의 체험에 비추어 이와 꼭 들어맞는 말을 한다.

복수는 발을 따라온다.

이러한 체험에 대해 그리스도교가 해야 할 역할이 세 가지 있다. 첫째는 죄를 해명하고 파악하는 것이고, 둘째는 하느님과 관계 맺는 것이며, 셋째는 해방(용서)의 가능성을 제시하는 것이다.

1) 죄를 고백한다는 것은 체험을 말한다는 뜻이다. 죄를 설명하는 데

그리스도교가 기여하는 점은 이렇다.

죄는 통제할 수 없는 이기주의이다.

인간이 살아가는 데는 욕구와 쾌락도 당연히 필요하다. 삶에 꼭 필요한 요소로 창조된 쾌락을 인간이 탐하여 선을 넘고 이기주의적인 상태가 된 곳에는 죄가 도사리고 있다. 그다음 죄가 발생한다. 이 말은 다음과 같다.

인간이 추구하는 쾌락에는 식욕과 성욕을 비롯하여 삶 자체에 대한 욕구가 있다. 이 자체는 죄가 아니다. 죄는 삶에 활력을 주는 꼭 필요한 쾌락이 무절제한 탐욕이 될 때 발생한다.

바오로에 의하면 죄는 인간 안에 들어와 둥지를 튼다. 이는 다음과 같은 사실을 전제로 한다.

죄는 밖에서 안으로 들어온다.

죄는 인간의 한 측면, 즉 활발한 욕구의 성취를 앞서 보여 준다. 그러나 우리 인간은 나약한 존재이기에 자신의 한계를 잊고 절제하지 못한다. 이렇게 우리는 죄를 허용하고 우리가 본디 원하지 않는 죽음의 나락으로 추락한다. 삶의 활력을 비난할 게 아니라(그렇지 않다면 니체가 옳을 것이다), 우리를 죽음의 나락으로 끌어들일 수 있는 무절제하고 중독된 마음을 탓해야 한다. 죄는 죽음을 향한 일종의 병적 욕망이다. 이는 인간을 죽음의 방향으로 휩쓸어 갈 어둡고 사나운 소용돌이에 비길 만하다. 홍수가 끝나고 콸콸 흘러넘치는 물살이 엄청난 속도로 흘러가면서 중간에 만나는 것을 모조리 휩쓸어 가는 장면을 그려 보자. 죄는 죽음을 향한 통제되지 않는 병적 욕망이다. 우리가 죄를 허용하기만 하면 이 소용돌이는 우리를 죽음으로 몰고 간다. 첫 행보만이 자유의사에 맡겨져 있다. 그 다음에는 죄가 우리 내면의 주인이 되어 독을 퍼뜨리고 의지를 마비시킨다. 이러한 습성에 말려들어 중독되고 이에 좌우된 상태를 이데올로기화하면 더 걷잡을 수 없게 된다.

2) 죄는 일종의 종교적 현상이다. 죄는 하느님과 연계되어 있기 때문이다. 그리스도교의 이러한 설명 덕분에 어떤 형태로든 놓쳐 버린 불명료한 부분이 특정한 방향으로 명확히 파악된다. 이는 전적으로 영성과 관련이 있다. 영성은 이런 뜻이기 때문이다.

인간의 삶과 인간 자신은 내면으로부터 형성된다.

잘못을 저지른 사람은 루카복음서의 되찾은 아들처럼 갑자기 깨닫게 된다.

아버지, 제가 하늘과 아버지께 죄를 지었습니다.

여기서 하늘은 하느님을 뜻한다. 인간에게 부담을 주는 하느님이 아니라 고백하는 이의 외침을 듣는 하느님을 말한다. 이 외침은 하느님을 향한 것이다. 다행히도 하느님은 새로운 삶의 출발점에서 이 외침을 들어주신다. 욥 14,6은 다른 놀라운 측면을 보여 준다. 욥이 하느님께 청한다.

그러니 그에게서 눈을 돌리십시오, 그가 쉴 수 있게, 날품팔이처럼 자기의 날을 즐길 수 있게.

기도하는 사람은 대부분 하느님의 관심을 청하지만, 여기서는 정반대이다. 욥은 하느님께 자기에게서 눈을 돌리시기를, 자신의 현재 상태를 그대로 두어 달라고 청한다. 그렇지만 그 기간은 말하지 않는다. 욥은 불친절하게도 그대로 두어도 될 상태가 아니라는 응답을 받는다. 눈을 돌려 달라는 간청은 하느님께 회색 지역 내에서 한 가지 행동을 청하는 것이다. 욥의 기도는 망각과 쫓김 사이에 있다. 인간이 기도하는 한, 희망해도 되는 사항이 있다. 하느님께서 심판하실 준비를 멈추시기를 바라는 것이다. 욥의 희망도 그렇다.

하느님은 끊임없이 회상해야 하는 비인간적인 것을 막으시고 기도할 가능성을 제공하신다.

하느님의 위대하심과 인간의 잘못 사이에는 일상의 은총도 있다. 쫓김에 대한 지속적인 두려움 없이 살아가려면 하느님께서 책임지시도록 기도하는 수밖에 없다. 허울 좋은 집을 하느님께서 굳건히 세워주시기를 바랄 뿐이다.

3) **죄는 용서될 수 있다.** 죄는 용서와도 관련이 있다. 사람들이 자주 잊는 점이 있다. 그리스도교에서 죄와 잘못에 대해 언급하는 까닭은 여기에 용서할 수 있는 법정이 있기 때문이다. 악마에 대해 언급하는 이유도 이와 유사하다. 그리스도교에 악마가 등장하는 것은 그리스도교가 악마를 이겨 낼 방법을 알려 주기 때문이다. 두려움을 주기 위해 그리스도교

에 악마가 존재하는 것이 아니다. 마찬가지로 죄와 잘못에 대해 언급하는 까닭 역시 인간이 기쁨 없이 살게 하고 마음의 짐을 지우기 위해서가 아니다. 인간이 악마와 죄에서 해방될 가능성이 있기에 이들을 언급하는 것이다. 이 둘은 한 편의 드라마로 구성되어 있는데, 마지막에 이르면 두 주인공은 완전히 사라진다. 그래서 더 이상 언급할 필요가 없게 된다. 이러한 해방의 숨결을 부활이라고 부른다. 요한 20장에 의하면 부활하신 예수는 다음과 같이 말하면서 제자들에게 성령을 불어넣어 주셨다.

성령을 받아라. 너희가 누구의 죄든지 용서해 주면 그가 용서를 받을 것이고, 그대로 두면 그대로 남아 있을 것이다.

12세기의 가장 뛰어난 신학자이자 클레르보의 베르나르도의 친구인 생티에리의 윌리엄은 죄의 용서, 기쁨 그리고 성령의 관계를 기도문으로 정리했다(「묵상과 기도 Orationes meditativae」 4,19).

성령님, 끊임없이 기도하는 법을 가르쳐 주소서. 그리하여 당신과 일치하여 항상 기뻐할 수 있게 하소서. 당신의 가련한 종은 기도할 때 성령을 받지 못하고 자신의 죄를 생각하면서 두려워하기 때문입니다. 끊임없이 기도하는 법을 잘 배운다면 제가 느끼는 고통이 크면 클수록 그만큼 기쁨도 더욱 커질 것입니다. 이와 반대로 세상의 기쁨만 아는 사람은, 그 기쁨이 크면 클수록 더 양심의 가책을 받아 괴로워할 것입니다. 소박하고 순수한 기도는 언제나 많은 기쁨을 줍니다.

용서는 예수의 십자가와도 연결할 수 있다. 앞에 언급한 생티에리의 윌리엄이 이에 대해 「묵상과 기도」 5장에서 말한다.

> 주님, 알면서도 죄를 지은 사람을 위한 기도는 없습니까? 그들이 그 상태에 머무는 한, 십자가에 못 박힌 분에게 안길 수 없습니다. 주님은 십자가에 못 박힌 상태에서 두 팔을 벌리고 모든 사람을 안아 주려고 하십니다. 주님은 모든 이를 위해 돌아가셨습니다. …아, 제 양심이 저를 고발합니다. 그렇지만 진리 또한 저를 자유롭게 놓아주지 않습니다. 진리는 "그는 자신이 무슨 일을 했는지 알지 못했다."라고 말할 수 없기 때문입니다. 하오니 주님, 저를 용서하소서. 당신이 흘리신 값진 피를 생각해서라도 제가 알게 모르게 걸려 넘어진 제 모든 죄를 용서해 주십시오. 눈물을 흘리며 뉘우치는 이 죄인에게 조언을 주십시오. 제가 죄를 되돌려 놓기 위해서, 그중에서도 특히 제가 알면서 저지른 잘못을 바로잡기 위해서 제가 무엇을 할 수 있는지 말씀해 주십시오. (베르거/노르트 번역)

신약성경에 의하면 죄의 용서는 예수의 십자가 없이도 가능한 일이다. 시편도 이와 견해가 같다. 그렇지만 십자가에서의 죽음은 일반적으로 다음과 같이 해석된다.

하느님은 용서하기 위해 십자가의 죽음이 필요하셨던 것은 아니다.

그러나 예수가 잔악하게 죽임을 당했기에, 이 역사적 사건은 하느님께서 인간에 대한 (원수-)사랑을 더욱 역설하시고 살인자들의 미움에 사랑으로 응답하시는 동기가 되었다. 예수가 최후의 만찬에서 이 사랑을 (용서의) 계약으로 의미한 것이 이 표지에 '법적인' 명확한 증명과 확신의 성격을 부여하게 되었다. 나아가 사도들은 예수의 죽음에서 흘린 피의 상징적 힘을 새롭게 보게 되었다.

그리스도교 안에서 우리는 죽어서 하느님 앞에 설 수 있는 사람을 본다. 그의 죄가 용서되었기 때문이다. 알브레히트 뒤러Albrecht Dürrer는 자부심에 넘쳐 두 팔을 벌리고 서 있는 인물을 그렸다. 루터는 십자가에 못 박힌 분이 두 팔을 벌리고 있고 그 뒤에 인간이 설 수 있는 장면을 그린 그림을 깊이 감상했다. 하느님께서 그 사람을 바라보시면 완전한 아들인 그리스도를 바라보시는 것이다. 이렇게 그리스도와 함께 그리고 그리스도 뒤에서 모든 사람은 그분의 초대에 응하고 그분의 보호를 받는다. 그분의 몸 안에서.

17.3 부록_베드로에게 보내는 편지

머리말 : 1) 나는 충분한 이유에서 시몬 베드로와 특별한 관계에 있다. 2) 나는 개입하지 않을 수 없다. 미묘한 거리를 둔 채 예수에 관한 책을 쓸 수는 없기 때문이다(나만이 아니라 모두 그렇게 생각한다). 3) 따라서 나는 개인적으로 편지를 작성하여 이 문제 안으로 들어가려고 한다. 4) 이것은 예외 사항이어야 한다. 그래서 제목을 '부록'이라고 달았다.

Prof. Dr. Klaus Berger　　　　　　69115 Heidelberg
　　　　　　　　　　　　　　　　　　2003.6.28

어부이자 사도인 시몬 베드로 귀하
체자레아 필립비 / 예루살렘 / 로마 우체국 사서함

첫닭 울음소리 사건에 대하여

존경하올 시몬 님,

제가 당신의 세속 이름을 부르는 것을 허락해 주십시오. 이제부터 저는 당신을 교회의 반석이라고 부르지 않겠습니다. 예수님을 모른다 해 놓고 나중에 슬피 운 사람에게는 이 칭호가 어울리지 않기 때문입니다. 당신을 친근하게 부를 때 통용되는 '너'Du라는 호칭도 쓰지 않겠습니다. 이 호칭을 사용할 경우에 당신도 그리스도인 가운데 한 사람이고, 그래서 인적 자료와 사생활을 보호받을 권리가 있다는 사실을 잊기 쉽기 때문입니다. 다른 많은 그리스도인들에게 쓰는 방식으로 당신에게도 그렇게 편지를 쓰겠습니다.

저는 복음서마다 당신에게 불리하게 보도한 사건에 대해 제 개인적인 생각을 적어 달라는 부탁을 받았습니다. 진상을 밝힐 조사위원회도 설치하지 않고 사람들은 이른바 '첫닭 울음소리 사건'을 거의 2000년이나 전해 왔습니다. 이는 당신에게나 교회에 불리한 일입니다. 당신의 누명을 벗기는 일이 제 목표입니다. 제가 주석가라는 사실이 이런 데 도움이 되지 않는다면 무슨 소용이 있겠습니까? 당신의 동료 유다 이스카리옷에게는 이미 오래전에 그 작업이 이루어졌지만, 당신에게는 아직 그렇게 되지 않았습니다. 사람들이 교회에 무언가 해를 끼치려고 그러는 게 아닐까요?

먼저 저는 이 사건 전체를 액면 그대로 믿지 않습니다. 복음사가들이 도대체 어디서 이 모든 것을 알았다는 말입니까? 그때는 깜깜한 한밤중이고 당신이 하녀들과 나눈 대화를 일일이 어디서, 무슨 수로 알 수 있었단 말입니까? 그곳에는 사건을 기록으로 남길 만한 이들이 아무도 없었건만, 복음사가들은 마치 자신이 현장에 있는 것처럼 보도했습니다. 만약 실제로 그랬다면 그들은 과연 어떤 태도를 보였을까요?

그밖에도 수난사를 기록한 사람들은 남성에게 좀 적대적입니다. 부분적으로는 예수님까지 포함하여 남성은 모두 패기 없는 겁쟁이로 기록되어 있습니다. 제자들은 달아났고 유다는 배반했습니다. 제자들은 예수님을 도무지 알지 못한다며 극구 부인했습니다. 겟세마니에서의 예수님은 참으로 허약했습니다. 여인들만 촛대처럼 꼿꼿하게 서서 늘 함께했습니다. 그 가운데 일부는 십자가 아래에서조차 떠나지 않고 지켰습니다. 한 여인은 그 이전에 벌써 예수님께 향유를 발라 드렸으며, 다른 여인들은 예수님의 시신이 무덤에 어떻게 모셔지는지 보고 나서 돌아가 향료와 향유를 준비했습니다. 남자로만 구성된 제자들은 부활하신 예수님을 보았다는 여인들의 말을 믿지 않고 코웃음을 쳤습니다. 복음사가들이 마치 여권주의자라도 된 것 같은 태도로 보도한 내용은 신뢰하기 힘듭니다. 전통적인 주석가들의 관점에서 볼 때 이 이야기는 신빙성이 없습니다. 큄멜W. G. Kümmel이 쓴 「신약성경 입문」 256쪽의 각주 322를 보십시오.

그렇지만 이 이야기가 역사적 사실이라고 쳐 봅시다. 그리고 온갖 가능한 경우 가운데 가장 불리한 점을 놓고 말해 봅시다. 이에 비추면 당신은 예수님과의 관계를 완강히 부인했습니다. 당신은 예수님을 한 번도 본 적이 없다고 했습니다. 시시한 것! 이 정도의 말은 모든 조사위원회가 쉽게 듣는 시시한 것에 지나지 않습니다! 당신이 조사위원회 앞에서는 이렇게 말하지 않았다는 것, 즉 공적으로 말한 게 아니라 사적으로 말했다는 것, 사회적 신분이 아주 낮은 여인들, 곧 예루살렘의 하녀와 여종들 앞에서 말했다는 사실이 주석가의 관점으로는 당신 마음의 짐을 덜어 준다고 봅니다. 그런 여인들이라 아마 그렇게 반응했겠지요. 여자들은 쑥덕거리고 수다 떨기를 좋아하며 한껏 부풀려 말하기도 합니다. 당신은 전적으로 옳게 행동했습니다. 당신이 예수님을 알든 모르든 그것이 하녀에게 무슨 상관이 있다는 말입니까? 그런데 결정적인 것은 그 상황입니다. 최근 뉴스에 다음과 같이 보도된 적이 있습니다.

마피아가 로마의 상류 인사들이 사는 지역에 자동 폭탄을 터뜨렸다. 그곳에는 마피아에게 적대적인 언론인, 마피아를 추격하는 고위직 판사가 살고 있었기 때문이다.

마피아는 자기네 조직을 반대하는 사람이면 모조리 죽여 버립니다. 반대자가 자기들을 추격하는 이들 근처에만 서 있어도 죽이고 맙니다. 마피아의 이러한 처사는 명백하고 단호한 경고가 됩니다. 이런 경우에 통하는 것은 한 가지뿐입니다.

현명한 사람은 이러한 일에 개입하지 않는다.

한 대담한 언론인이 마피아의 손에 넘어가 죽음을 눈앞에 두고 있다고 가정해 봅시다. 그렇다면 그는 비판 기사를 쓴 장본인이 아니라고 주장하는 것이 현명하지 않을까요? "나는 그런 글을 쓴 적이 없다."며 오리발을 내미는 편이 더 좋지 않겠습니까? 그 자리에 없는 한 동료가 기사를 썼다고 하든지 아니면 편집부에서 썼다고 말하는 것이 훨씬 낫지 않을까요? 그 언론인 자신은 마피아를 반대한 적이 없다고 주장하면서 말입니다. 이렇게 부인하면 피해 입을 사람은 과연 누구겠습니까? 언론인은 죽지 않고 무사할 것입니다. 어쩌면 이는 순교보다 훨씬 더 의미 있는 일일지도 모릅니다. 존경하올 시몬 님, 당신은 부인하여 목숨을 살린 것입니다. 나아가 당신의 이러한 행동으로 아무에게도 피해를 주지 않았다는 사실이 모든 조사위원들에게 중요하게 작용했습니다.

내 행동 때문에 피해 입은 사람은 아무도 없다.

우리가 자주 듣는 말입니다. 고위직에 있는 사람들이 양심의 가책에 시달리는 기색 없이 던지는 말이기도 합니다. 존경하올 시몬 님, 그러니 당신은 양심의 가책을 받을 필요가 전혀 없습니다. 당신이 예수님을 모른다고 부인한 것은 오히려 당신이 지도력이 있다는 사실을 증명한 것입니다. 당신은 타고난 교회 지도자입니다. 그러나 이것 때문에 당신이 교황님들에게 모범이 되지는 않습니다. 우리는 권력을 잡고 유지하는 것이 늘 다른 사람들의 문제라고 여기지도 않습니다. 권력을 잡고 유지하는 것은 권력을 포기했다고 주장하는 이들의 대단히 미묘하고 까다로운 문제입니다. 위선적인 태도를 보여서라도 권력을 추구하는 것은 현세대가 가장 열성적으로 좋아하는 일입니다. 지성인들은 철저히 좌익, 진보의 편에 섰고 또 그렇게 보이려고 합니다.

이제 정리해 보겠습니다. 당신은 아무에게도 피해를 입히지 않았습니다. 당신이 예수님과의 관계를 알리기 위해 그때 만난 하녀들을 일일이 쫓아다닐 필요도 없습니다. 당신은 당신 자신의 목숨을 구했고 그렇게 해서 교회에 도움이 되었습니다. 당신이 여러 해 동안 사도로서 활동할 수 있었으니 말입니다. '교회에 도움이 되었다.'는 말은 우리가 자주 듣는 말이기도 합니다. 하늘나라로 올라가라는 명령이 어디서 시작되는지, 이에 대해 당신은 뛰어난 현실 감각을 지녔습니다. 하늘나라로 가는 것은 참 좋은 일이지만, 좀 더 있다가 나중에! 제발 지금 말고, 당신 다음에!

제가 개인적으로 겪은 일을 말해도 될까요? 예전에 저는 박사 학위의 논문 지도 교수로 아주 현명한 교수님을 모셨습니다. 저는 그분께 일찌감치 제 성경주석이 교회에 누를 끼치고 그래서 교회로부터 심한 지탄을 받을 것이라고 말씀드렸습니다. 교수님은 자신이 지도하는 박사 과정 학생들을 불러 모아 시 한 편을 낭독하게 했는데, 그 시는 이렇게 끝납니다.

이 사람들은 이렇게 말하고 다른 사람들은 저렇게 생각한다. 계속 살아가자.

이 말은 "사람이 자기 나름대로 생각해야 하는 것이 있다면 자신을 위해서 그렇게 생각해도 좋다. 그렇지만 그것이 불이익을 가져오는 생각이라면 공개적으로 말하지는 말아야 한다. 그것만이 계속 살아갈 수 있는 길이다."라는 의미입니다. "계속 살아가자."라는 말은 당신의 모토이기도 합니다. 당시 저는 너무 우쭐댄 나머지 이 가르침을 어기고 다시 잘못을 저지른 꼴이 되고 말았습니다. 그리고 제 지도 교수는 저를 교회에 고발했습니다. 그러나 저는 이렇게 말할 수 있을 뿐입니다.

나는 교만해서 무거운 보속을 한 것이다.

자신이 원하는 일들이 기이한 형태로 실패한다면 사람들은 모두 달려올 것입니다. 개인적인 면이 과대평가되면, 많은 사람들에게 피해를 주고 교회에도 피해를 입히는 일입니다. 이와 달리 당신은 (제가 옳게 보았다면) 계속 살아가는 쪽을 택했습니다. 탁월한 선택이었습니다! 한마디로 아주 정상적인 것입니다. 당신은 그렇게 말하여 죄 짓는 모험을 단행한 것입니다. 그러나 이것은 최소한 분명히 인식할 수 있는 일입니다. 배운 체하는 자만심은 조금도 없습니다. 당신은 예수님의 제자라면 마땅히 지켜야 할 '함께 붙잡히고 함께 십자가에 못 박히기'라는 의리를 저버린 것입니다. 당신은 당신의 목숨이 극도로 위태롭다는 사실을 적시에 알아차렸습니다. 무슨 이유로 당신의 두 번째 이름인 베드로가 아무 죄도 없이 법정에서 사형 선고를 받을 상황으로 자진해서 들어갈 필요가 있겠습니까? 무엇 때문에 당신이 무모하게 사람들에게 하늘에 닿을 불의를 저지를 기회를, 그것도 이번에는 바로 당신을 죽이는 기회를 또다시 주어야 하겠습니까?

정리해 보겠습니다. 아무도, 참으로 그 누구도 당신에게 손가락질해서는 안 됩니다. 당신이 행한 일은 현명했고 사람들을 위한 것이었으며 교회에도 도움이 되었습니다. 당신은 거짓이면 천벌을 받겠다는 맹세까지 하면서 "나는 그 사람을 알지 못하오."라고 했습니다. 천벌이라도 받겠다는 말은 그리스어로 그렇게 하여 살아남을 수 있었다는 뜻입니다. 이 말에는 더 이상 어떤 결과가 붙지 않습니다. 주석가인 제가 마음 편히 말씀드리자면, 저주와 축복은 신화 영역에 속합니다. 현실 세계에 존재하지 않는 것을 모두 이렇게 부릅니다. 존경하올 시몬 님, 그렇기 때문에 복음사가들이 당신에 대해 다음과 같이 과감하게 보도한 내용은 이해하기가 더욱 힘듭니다.

> 베드로는 "닭이 울기 전에 너는 세 번이나 나를 모른다고 할 것이다." 하신 예수님의 말씀이 생각나서, 밖으로 나가 슬피 울었다.

당신이 한밤중에 혼자서 슬피 울었다고 했습니다. 그런데 그곳에는 또다시 아무도 없었습니다. 저는 이 말도 믿을 수 없습니다. 더군다나 어부는 슬피 울지 않습니다. 겐네사렛 호수에는 회오리바람이 잦고, 심상찮은 폭풍이 몰아칩니다. 당신은 분명 그런 폭풍에는 아랑곳하지 않을 만큼 충분한 경험과 극복할 능력을 갖춘 사람입니다. 여권 신장으로 기울어진 복음사가들이 당신을 우스꽝스러운 인물로 그리려고 작정한 모양입니다. 여성들에게서 그런 부탁을 받은 자들만이 널리 공인된 교회 지도자를 우습게 만들 수 있고, 당신의 남성성의 예민한 부분을 건드릴 수 있을 것입니다. 당신이 슬피 울었다고 합니다. 그렇지만 저는 이 말에 웃지 않습니다. 저는 다음과 같은 식으로 교육받았습니다. 어린 시절에 자주 들은 말을 그대로 인용해 보겠습니다.

사내아이라면 울지 않는다. 우는 것은 계집아이나 할 일이다. 여자애들은 두 번 쉬하면서 세 번 운다.

소심했던 저는 늘 가죽바지를 입고 싶어 했습니다. 그렇지만 인간에 대한 이해가 깊은 제 고모는 그렇게 해서는 안 된다는 사실을 잘 알고 있었습니다.

당신이 공적으로 '반석'으로 불리는 것을 불쾌하게 여기는 사람마저 있었습니다. 그는 시기심 많은 사람으로서 당신을 괴롭히려고 했습니다. 그래서 '반석'을 수탉 울음소리에 신경질적인 반응을 보이는 사람이라고 비방까지 했습니다. 당신은 어떤 형태로든 수탉 울음소리와는 불편한 관계임이 틀림없어 보입니다. 이것을 심층 심리학적으로 고찰해 봅시다. 먼저 지그문트 프로이트를 생각하고 이어서 수탉을 생각해 보십시오. 무언가 눈치 챌 만한 점이 있습니까? 사람들이 무엇으로 당신을 주저앉히려는지 짐작이 가십니까?

이런 이유로 이 이야기는 텍스트 비판 부문에서 누락되지 않고 그대로 복음서에 받아들여졌는데, 저는 이것을 그런대로 잘 이해할 수 있습니다. 그것은 사람들이 이렇게 아주 미묘한 방법으로 교회 지도자들의 모든 잘못을 용서할 수 있었기 때문입니다. 베드로가 잘못을 범한 인물이기에 우리 또한 굳이 완벽할 필요가 없을 것입니다. 베드로는 죄인들과 공감할 수 있을 것입니다. 사람들은 열성적이고 완고한 엘리야 예언자와 나약한 당신을 양쪽에 세웠습니다. 사람들은 엄격한 엘리야를 지도자상으로 삼기보다는, 약하고 기회주의적이며 죄 지을 용기마저 있는 베드로를 선호했습니다. 그렇게 하고는 거듭 뉘우치고 고해성사를 보고 회개하고 …할 것입니다. 이 말은 다음과 같은 의미입니다. 사람들은 당신 이야기를 즐겨 하며 눈앞에 떠올립니다. 그리스도교를 배반하는 일조차 쉽게 용서됩니다. 당신처럼 세계사의 중심에 가까이 서 있는 인물이라도 그렇습니다. 버티고 서서 거짓말을 합니다. 그렇지만 사람들은 긍정적인 측면만 바라봅니다,

그렇게 하여 전례마다 죄의 용서가 범람하는 장면도 목격합니다. 우리의 잘못을 용서받는 데 이보다 더 좋을 수는 없을 것입니다. 따라서 교회의 이런 관심사는 이해할 만한 일이고, 그 나름의 방식으로 사람들에게 호의적인 것입니다. 그러므로 심리적으로 완전히 무너진 당신의 모습을 결과적으로 보면, 당신의 선택이 결국 목숨을 살렸고 인간적인 태도였다는 것을 확인할 수 있습니다. 이제 다음과 같이 마무리할 수 있겠습니다.

우리는 모두 비인간적인 존재도 아니고 초인도 아닙니다. 당신이 부인하여 목숨을 구한 것입니다. 당신이 눈물을 흘렸다는 이야기는 역사적으로 믿을

수 없는 말입니다. 믿을 수 있다손 치더라도 대단히 과장된 것입니다. 그밖에 당신은 우리가 무엇을 하든지 거듭 용서받는다는 사실을 보여 줍니다. 이 얼마나 우리에게 다행한 일입니까!

부디 제 편지가 다른 사람들에게도 생명을 존중하는 그리스도교로 나아가는 길을 제시해 주기를 바랍니다. 당신은 전혀 잘못하지 않았습니다. 조사위원회는 모두 문을 닫아야 합니다. 당신은 예수님 곁에 있었습니다. 예수님의 첫 행적 가운데 하나가 바로 당신의 장모님을 낫게 하신 일입니다. 긍정적인 마음을 지닙시다. 그리스도교는 가정생활에 호의적입니다. 개별 순교의 본보기로는 불의에 저항한 브뤼제비츠Brüsewitz 목사를 들 수 있습니다. 당신이 어디서 이 편지를 받아 보든(그곳이 로마이든 아니든) 마음을 다해 인사 올립니다.

신심 깊은 신학 교수
클라우스 베르거 올림

추신 : 저는 마음이 불안하여 거의 뜬눈으로 밤을 지새우며 이 모든 일을 놓고 다시 한 번 곰곰이 생각해 보았습니다. 지금은 새벽 4시입니다. 고요함 속에 벌써 새들이 지저귀는 소리가 들립니다. 제가 옳은지 걱정됩니다. 제가 비록 교수지만 부끄럽게도 학문을 비롯해 여러 일에서 제가 과연 옳은지 두렵기만 합니다. 제 주석이 참으로 누군가에게 도움이 되는지. 그리고 제 마음은… 한 문장이 뇌리를 떠나지 않습니다.

그리고 그는 밖으로 나가 슬피 울었다.

당신은 장면을 바꾸어 밖으로 나갔습니다. 더 이상 당신 자신을 부인하지 않기 위해 그렇게 한 것입니다. 마르틴 루터는 여기서 글자 그대로 다음과 같이 번역했습니다.

씁쓸히 bitterlich

저는 그동안 살아오면서 씁쓸히 울었던 상황들을 생각합니다. 그 어느 것도 잊을 수 없습니다. 저는 사도로서 당신과 함께했던 유다의 말로도 떠올렸습니다. 무너짐. 자살. 모든 것이 무의미합니다. 결과적으로 유다 역시 그러했습니다. 예수님은 대단한 인물들을 제자로 삼으셨습니다. 두 남자, 배신자와 모른다고 부인한 자, 이 두 사람은 무너지고 파멸하고 말았습니다. 바로 유다와 당신입니다. 당신은 위법 행위의 말소와 행위자 말소의 섬세한 차이를 구분하지 못했습니다. 그렇지만 무언가가 당신을 붙잡았습니다. 먼저 다음과 같은 것입니다.

당신의 목숨을 살린 것으로 보아야 할 기회주의는 최종적으로는 견딜 수 없는 것이었습니다.

예수님께서 당신이 세 번 부인할 것이라고 말씀하셨을 때, 당신은 분명히 부인할 마음이 없었습니다. 당신은 그 상황을 심판대 앞에 서 있는 장면으로, 로마 법정에 서 있는 장면으로, 순교의 자세를 취한 것으로 생각했습니다. 당신은 그렇게 여기며 준비했습니다. 그러나 사태는 전혀 달랐습니다. 유혹자의 입장에서 보면 일이 몹시 초라하고 미묘하며 지나치게 되어 버린 것입니다. 순교자가 되는 것이 쉬운 일 같지만, 실제로는 그렇게 간단한 일이 아닙니다. 오늘날 달라진 상황과 비교해 볼 때 이는 동유럽에 살던 그리스도인들이 겪은 상황과 유사합니다. 우리 역시 주님을 여기저기서 늘 부인합니다. 미처 준비 못하고 있던 때, 예상치 않은 함정이 있는 곳에서, 우리의 열성이 눈이 멀 정도일 때 그렇게 하고 맙니다.

정리하겠습니다. 당신이 참으로 슬피 우셨다면 그 자체로 의미가 있는 것입니다! 그렇습니다. 당신의 심정은 어쩌면 이랬을지도 모르겠습니다. 내면이 온통 흔들려 버린 겁니다. …다시 한 번 완전히 벌거벗은 채, 그리고 아무 보호막 없이 두려워 떨며 마치 세상에 갓 태어나기라도 한 것처럼. 전혀 보호받지 못하고 동료 한 명 발견할 수 없는 곳에서, 완전히 가련한 처지로 홀로 높은 산 앞에 서 있는 것처럼. 당신은 솔직했습니다! 뇌우가 퍼부은 뒤처럼… 한 번 무너졌지만 다행히도 부서지지는 않았습니다. 그것은 당신에게 유일한 기회였습니다. 그것은 우리에게도 유일한 기회일 수 있습니다. 성가에도 "…우리 민족과 이 나라를 위하여"라는 구절이 있듯이 말입니다. 하느님께서 저희에게 눈물의 은사를 주시기를 바랍니다. 오늘날에는 잊힌 중세의 아름다운 기도 하나는 이렇게 시작합니다.

주님, 당신은 바오로의 편지들과 베드로의 눈물 위에 당신의 교회를 세우셨습니다.

그러기에 우리도 다음과 같이 할 수 있습니다.

눈물 위에 교회를 세울 수 있다.

17.4 탄생과 죽음

예수가 특별히 바리사이들과 일치한 점은, 둘 다 일상의 영성을 요구하고 모범을 보인 사실을 들 수 있다. '영성'을 나는 일상의 내적, 외적 형상이라고 본다. 외적 형상은 바쁜 일상을 멈추고 기도를 바치거나 전례에 참여하는 것으로 표현된다. 예를 들어 성무일도를 바칠 때 그럴 수 있다. 내적 형상은 특정한 정신 상태를 의미하는데, 무엇에 대해 자주 생각하는 것, 기억과 희망(미래에 대한 의식)을 드러내는 것이다. 그러므로 영성은 시간과 관련된 일로, 시간의 경계점 사이에서, 시작과 끝 사이에서 긴장이 유발된다. 그렇기 때문에 어디서 와서 어디로 가는지에 대한 물음, 다시 말해 종교의 근본 물음을 영성에 대한 물음과 연결하는 근거가 생긴다.

죽음을 향해 나아가는 삶(마르틴 하이데거)으로부터 사후에 대한 물음도 생긴다. 이렇듯 유한성을 자각할 때 포괄적인 지평도 함께 설정된다. 유한성을 인지하는 가운데 그 이전에는 무엇이 있었고 그 이후에는 무엇이 있을 것인지에 대한 물음도 동시에 떠오르기 때문이다. 그렇지만 이 둘에 대해서는 대답할 수가 없다. '엄청난 무지'(無知, ein gravierendes Nichtwissen)가 인간의 앞뒤를 에워싸고 있다. 현대 학문도 이러한 어둠을 밝혀낼 수 없다. 죽음에 근접한 체험[17]은 의문투성이다. 그것이 참으로 죽음 체험인지 아니면 '아직 살아서' 인지한 것에 불과한지 명확하지 않기 때문이다.

더욱 놀라운 일은 거의 모든 종교가 사후 물음에 대해 긍정적으로 대답한다는 사실이다. 더욱이 유사 이래 늘 그렇게 했다는 것이다. 사람들

---

17) Nahtoderfahrungen : 사후 체험으로 번역하기도 함.-역자 주

은 죽은 이의 혼과 만났다거나 죽은 이가 되살아났다고 말하기도 한다. 그러나 그와 같은 것을 실험으로 증명할 수는 없는 일이다. 탄생 이전에 대한 물음 또한 플라톤적 신화나 윤회에 대한 다양한 가르침, 불교의 업보에 대한 가르침에서도 긍정적으로 대답한다. 그에 따르면 인간의 영혼은 태어나기 전에 어떤 몸 안에 들어가고 싶은지 택할 수 있거나(플라톤), 그런 선택권은 없지만 자신이 쌓은 선한 행위 또는 악한 행위의 양에 따라 어느 특정한 몸 안으로 들어가게 된다고 한다.

유다-그리스도교적 견해에 따르면 하느님은 인간을 만드실 때마다 영혼을 창조하신다(창조론). 반면에 중세 초기 작가들에 의하면 영혼은 부모에게서 받는다(세대론). 그리고 특정한 회상이나 재인식이 늘 윤회에 대한 증거로 제시되는데, 이런 방법에서 설명할 가능성을 발견하기도 한다. 특정 회상이나 인상이 유전 물질 속으로 들어갈 길을 발견할 수도 있다. 이런 방법은 영혼이 개별적으로 탄생한다는 이론에 크게 저촉되지 않는다. 세대론 또한 마찬가지로 가르친다. 중세에도 '영혼'과 관련해서는 여러 가지 요소로 정리했다.

성장적 요소(생명의 기본 과정), **감각적 요소**(감각적 인지), **지성적 요소**(회상과 이성), **영혼**(하느님으로부터 받은 '불멸의' 영혼).

영혼이 다시 형체를 지닌다고 주장하는 대부분의 이론들의 공통점은 회상이 아니라(이는 특이하게도 이집트에서 유래하는데, 바로 19세기의 이데올로기 가운데 하나였다) 변신론 문제Theodizeefrage이다. 정상적이지 않은 상태들(불구의 몸, 숙명)은 전생의 업보일까? 이와 일치하는 가르침들이 인과응보론을 펼친다는 데 주목할 만하다. 그런데 그리스도교는 이런 견해를 거부한다. 한편으로는 용서의 차원이 있고, 다른 한편으로는 인간의 유일성과 일회성을 확신하고 그에 따라 각자의 인간상이 결정된다는 견해를 지니고 있기 때문이다. 그래서 그리스도인과 유다인들은 인간이 죽을 때 그의 모든 죄를 용서받는다는, 고유하지만 거의 주목받지 못하는 견해를 고수한다. 로마 6,7에서 이렇게 말한다.

죽은 사람은 죄에서 벗어나기 때문입니다.

이 말은 세무서와 법원에도 해당한다. 죽은 사람에게서는 더 이상 아무것도 기대할 수 없다. 공무원 복무규정에도 다음과 같이 명시되어 있다.

어떤 사람이 출장 중에 죽으면 그의 죽음으로 출장도 마감된다.

이러한 원칙은 당연히 배타적으로 적용된다. 각 개인은 죽음으로 자기 죄에 대한 벌을 다 치룬 것이다. 그에게서 더 이상을 바랄 수 없다. 죽음은 참으로 죽음인 것이다. 그런데 전적으로 의로운 어떤 분이 우리를 대신하여 돌아가셨다면 사정이 다르다. 그럴 경우에 우리에게 육체적 죽음은, 실제로는 그분이 우리를 위해 주신 영원한 삶으로 넘어가는 단계에 불과하다. 그러면 우리의 육체적 죽음은 첫 부분의 종결에 지나지 않는다. 예수에게도 죽음은 모든 죄를 없애는 것이기 때문이다. 이때의 죄는 하느님께서 그분 위에 쌓아 올리시고 그분에게 내려놓은 것이다(바오로의 말대로 하느님께서 그분을 죄인으로 만드시고 속죄 제물로 만드셨다). 그분의 죽음으로 모든 죄가 없어졌다. 여기서 죄는 물론 그분이 지은 것이 아니라 다른 사람들을 대신하여 짊어지신 것이다. 그분은 의로운 분이었기에 그렇게 짊어지실 수 있었던 것이다. 이것이 사실이라면, 하느님께서 이렇게 대신한 것을 받아들이셨다면, 이제 죽음은 사실상 본질적으로 극복되었다. 이 사실을 받아들이지 않는 사람에게는 생물학적 죽음이, 성경이 말하는 '두 번째 죽음'과 더불어 찾아든다. 이 죽음은 심판 또는 세상 심판을 통해서 증명될 것이다. 여기서도 성경은 두려움을 불러일으키는 것이 아니라 다음과 같이 요청한다.

네게 주어진 기회를 잘 활용하라!

탄생하여 인간 세상에 들어오는 것은 죽어서 세상에서 나가는 것과 비교된다. 탄생과 죽음은 문지방을 넘나드는 것과 비교된다. 이러한 견해는 랍비들이나 마르틴 루터에게서도 찾아볼 수 있다. 루터는 이렇게 말한다.

…죽음의 길은 …우리를 어디로 데려가는가? 여기서 좁은 입구, 생명으로 나아가는 작은 길이 시작된다. …이 길은 매우 좁지만 길지 않다. 그리고 여기서 진행된다. 마치 태아가 엄마 배 속의 작은 방에서 지내다가 위험과 두려움을 안고 넓은 하늘과 땅이 있는 이 세상에 오듯이 그렇게 진행된다. 또한 마찬가지로 인간은 죽음의 좁은 입구를 지나 이 세상에서 나간다. …이 모든 것은 미래에 맞이할 하늘에 비해 매우 좁고 작다. 어머니의 몸이 세상의 하늘과 땅에 비해 그렇듯이…(죽음을 준비하기 위한 설교, 1519)

랍비들은 다음과 같이 설명한다.

어머니가 아이를 기쁨으로 받아들이고 아픔으로 낳을진대, 하물며 아픔으로 받아들인 땅은 얼마나 더 큰 기쁨으로 낳을까!

이는 부활에서 증명될 수 있다! 이에 따르면 먼저 받아들이고 낳는다. 이 순서로 진행된다. 역순은 안 된다. 이와 마찬가지로 기쁨과 아픔도 일어난다. 이 순서는 바뀔 수 있다. 구약의 두 마카베오기가 이미 언급한 내용을 보면, 사람이 죽어서 하늘나라에 가면 '성조들의 합창단'에 받아들여진다고 했다. 무덤에 묻힐 때 성조들과 만난다고 사람들이 일찍이 생각했듯이, 이제 이들과 함께한 공동체는 생기 넘치는 천상의 가족 축제를 열게 된다. 루터도 랍비들도 이 '문지방-체험'에 정도를 넘는 이전 이야기나 이후 이야기는 덧붙이지 않는다. 둘 다 결정적 전환이 일어나기 직전과 직후의 시간에만 제한된다.

많은 사람들의 견해에 따르면 죽음 이전과 이후의 진술에 관한 원천은 대단히 많다. 그러한 원천이 되는 것은 환시와 계시이다. 이 전통들은 그리스도교적인 것이 아니며, 그리스도교 이전 시대로 거슬러 올라간다. 유다교와 그리스도교는 환시와 계시를 담은 이러한 문헌들을 계승해 간다. 그리스도교 이전 시대에 나온 것으로는 지하 세계 여행 이야기가 있는데, 이는 「오디세이」와 고대 로마 시인 베르길리우스Vergil가 트로이 영웅 아이네이스의 유랑을 읊은 서사시 중 여섯 번째 책에 나온다. 하늘나라의 환시는 죽어서 신이 된 사람들의 운명을 다룬 것인데, 기원후 1세기에 기록된 로마의 비문에 새겨져 있다. 다양한 원천에 의하면(리비우스Livius, 플루타르크 등) 로마의 원로원 의원 율리우스 프로쿨루스Julius Proculus의 눈앞에 나타난 로물루스에 관한 보도에도 이런 환시가 나온다. 바오로 사도는 1코린 15장에서 죽은 이들의 부활에 대해 전하는데, 이는 '신비'-계시에서 기인한다. 여기서 다음과 같이 고찰할 수 있다.

죽음이 묘사된 상태는 인식의 원천과 함께 초월성을 띤다. 따라서 인식 방식은 대상의 질質과 상응한다.

자신의 체험에 대해 이른바 자서전적 진술을 한 인물들은 늘 있다. 오디세이와 아이네이스 외에도 유다교의 에녹과 랍비 이스마엘, 「이사야 승천기」에 기록된 이사야를 보기로 들 수 있다. 그리스도교 초기에 외경에 속하는 묵시록을 썼다고 여겨지는 바오로와 베드로도 그런 인물에 속한다.

내용상으로는 심판이 늘 관건이다. 이집트의 「사망자 명부」에서부터 유다교의 「아브라함 유언서」와 페르시아의 「분다히쉰」[18]에 이르기까지 모두 그렇다. 이들에 따르면 미래는 결코 현재가 직선으로 연속되는 것이 아니다. 요한 묵시록에 삽입된 천상의 장면에 관한 보도처럼 미래는 지상과 현재의 삶을 천상 세계에 비추어 주는 거울, 비판적이고 해명하며 모든 것을 드러내는 거울이다.

우리가 앞에서 살펴보았듯이, 심판은 그리스도교에서 비롯된 것이 아니며 유다교에서 나오지도 않았다. 종말과 사후에 관해 고찰하는 곳이면 어디나 '대본'이 위와 비슷하다. 따라서 베일에 싸인 것이 벗겨지고 본래의 것이 제시되며 진리와 옳음이 드러나야 한다. 심판에서 가르는 것은 다름 아닌 바로 현재를 최종적으로 밝히는 일이다. 따라서 심판은 새로운 것을 가져오는 것이 아니라 행위에 따른 결과를 나중에 판결하는 것

---

18) Bundahischn : 12세기에 나온 책으로, 주로 우주론, 신화학, 조로아스터교의 신화에 대해 다루고 있으며, 부활과 불에 의한 세상의 정화 이야기도 들어 있다. -역자 주

이다. 또는 현실 세계에 영예를 안겨 준다는 의미에서 세상이 진리와 더불어 화목해야 한다는 것을 밝히는 데 기여하는 것이다.

그러므로 죽음의 장막 뒤에 무엇이 있는지는 몰라도 사후에 관해 묘사함으로써 이 가시적 세계에 영향을 주려는 의도가 있음이 분명하다. 이 작업을 위해 죽음 이전과 이후에 대해 통찰하는 사람은 현세에서는 풀기 어려운 문제들을 다룬다. 그 문제들을 풀기 위해서는 이들을 초월적 영역으로 옮겨 놓든지 아니면 그곳으로 보내 버리는 방법이 있다. 이 과정에서 특히 세 가지 의문이 풀릴 것이다.

어찌하여 나쁜 사람들은 잘되고 좋은 사람들은 힘들게 살까(변신론)?
인간의 채워지지 않는 동경은 이루어질 수 있을까, 아니면 허사로 끝나고 말까?
인간의 유한성은 최종적인 마지막 단어일까?

예전부터 인과 관계에서 통용된 점은 행위와 결과의 간격이 다양하다는 것이다. 재판 판결문에 의하면 이 간격이 대단히 길어서 결과는 초월적 영역에 놓이게 되지만, 분명히 그렇게 되므로 재판 판결문은 현재에 영향을 미친다. 예수도 거침없이 지옥에 관해 말했다. 지옥 불에 관한 말은 오늘날 누구도 반기지 않는다. 그래서 사람들은 지옥의 표상 자체를 학교에서 선호하지 않는 과목처럼 삭제하려고 한다. 종교는 사람들에게 편안함을 주는 제도여야 한다는 것이다. 그러나 앞에서 이미 언급했듯이 지옥에 관한 진술은 결코 우리 마음을 편안하게 해 주지 않는다. 다음과 같은 말이 거울이 될 것이다.

네가 지금 다른 사람들에게 행하는 일이 너 자신에게 일어난다고 생각해 보아라. 네가 가해자가 아니라 피해자라고 생각해 보아라. 그런 상태에서도 네가 입은 피해를 없었던 일로 눈감아 줄 수 있겠는가? 네가 저지른 일이 고스란히 너 자신에게 돌아온다고 생각해 보아라.

이는 하느님과는 아무 관련이 없다. 지옥보다 하느님에게서 더 멀리 떨어져 있는 것은 아무것도 없다. 물론 특정한 의미에서 보면, 하느님은 행위에는 그에 상응하는 결과가 따른다는 정의를 고수하신다. 그러나 하느님께서는 당신이 제공하신 가능성과 그에 따른 결과를 너그럽게 받아들이지 않는 사람, 당신께서 죄를 용서할 기회를 주신 것도 무시하며 '개봉하지 않은 채' 발신자인 당신께 되돌려 보내는 사람에게만 이러한 정의를 적용하신다. 그럴 경우에만 모든 것은 예전 그대로 있다. 우리 자신이 그렇게 바랐기 때문이다. 복음은 우리가 잘못을 저질렀을 경우에 필연적으로 따르게 될 결과를 방지하고 없앤다.

"인간의 유한성은 절대적인 것인가?"라는 물음에는 어떤 말을 해야 할까? 인간이 죽음을 뛰어넘어 존재하고 생생하게 살아 있다는 견해는 하느님에 대한 유다교의 세계관에 의한 것이다. 이에 따르면 모든 인간은 하느님으로부터 인격체로서 현존재로 불림을 받았고 하느님의 소유 또는 하느님께 속하는 존재라는 관계에서 결코 분리될 수 없다. 하느님은 인간에 대한 이러한 권한을 포기하지 않으신다. 그분은 죽음이 이러한 권한을 가져가도록 수락하지 않으신다. 죽음이 하느님의 (그리고 인간의) 가장 크고 최종적인 적이기 때문이다. 여기서 인간의 경험으로부터 하나의 연결점이 나온다. 인간에 대한 하느님의 동경은 인간적인 동경과 일치한다. 인간의 동경은 결코 채워지지 않는다. 아우구스티노 성인은

「고백록」(1,1)에서 말한다.

> 인간의 마음은 하느님 안에서 편히 쉬기까지 안정을 찾지 못하나이다.

갈증을 통해 모든 생명체에게 물이 필수 요소임이 증명되듯이, 인간이 간직한 거의 끝없는 동경 역시 그것을 채울 수 있는 어떤 대상이나 사람이 필요함을 말해 준다. 그 동경이 무의미한 것이 아니라면 말이다. 사람들이 사후의 심판(위기, 분리)에 관한 주제를 다루게 되면서 종교 간 연결이 더욱 긴밀해졌다. 베르길리우스의 서사시와 「오디세이」에서 벌 받는 장소를 언급한 부분과 외경인 베드로 묵시록과 바오로 묵시록에 나온 내용을 비교해 보라. 「아브라함 유언서」에 나오는 영혼의 평가를 비롯해 죽은 이들에 대한 심판과 그 배경이 되는 이집트의 「사망자 명부」도 읽어 보라. 예를 들어 루카 16장에 있는 부자와 라자로의 비유는 이집트에서 나온 것으로, 콥트어로 기록된 「세트나로만 Setnaroman」과 아주 많이 일치한다.

(어떤 이유에서든) 그리스도교에서는 이러한 요소들을 삭제하려고 그 부분을 전반적인 종교적 맥락에서 뽑아낸다. 그리하여 소중히 유지되고 있는 기능을 파괴하는 잘못을 범하고 만다. 이에 대한 예로 제2차 바티칸 공의회 이후 '없애 버리기 히스테리'에 의해 삭제된 다음과 같은 장례 미사의 제헌경 Offertorium을 들 수 있다.

> 영광의 왕이신 주, 예수 그리스도님, 세상을 떠난 모든 그리스도인이 지옥 벌과 깊은 바다에서 벗어나도록 구해 주소서. 사자의 복수로부터 그들을 구하시고 지옥이 삼키지 못하도록 하시며 어둠 속에 빠지지 않도록 구하소서.

기수인 미카엘 대천사가 당신께서 아브라함과 그 후손에게 약속하신 거룩한 빛 안으로 이들을 호송하게 하소서.

이 글 속에는 지옥에 있는 슬픔의 강인 아케론Acheron 강과 지옥의 문지기 개犬인 케르베로스(Kerberos, 지금은 사자), 지옥, 지하 동굴의 어둠, 약속의 땅(지금은 빛), 천사들의 지도자이자 영혼의 평가자이며 임종 때 어둠의 세력과 맞서 영혼을 구하려고 투쟁하는 미카엘 대천사 등 수천 년 동안 내려온 전통들이 살아 있다. 그리스도교는 특별한 길을 걷지 않고 일반 종교 역사와 얽혀 함께 걸어간다. 진리에 대한 물음을 던진다면 한편으로 통용되는 점은 이렇다.

계시가 항상 새로워야만 하는 것은 아니다. 계시는 지금까지 지켜 온 것들 안에서, 보통 종교적으로 받아들여진 것 안에서 발생할 수 있다.

다른 한편으로 통용되는 내용은 이렇다.

그리스도교만이 특별히 기여한 점은 사람들이 인격이라고 부르는 것의 영역에서 영향을 끼쳤다는 사실이다.

차갑고 냉정한 메커니즘이 아니라, 은총과 자비에 관해 말했든, 임종하는 이를 위해서 수호자이신 예수 그리스도께 기도를 드렸든, 누군가를 떠올리며 '이제와 저희 죽을 때' 특별히 성모 마리아를 불렀든, 아무튼 두려움과 어둠의 장은 교화되었다. 이는 긴밀한 관계, 즉 믿는 이로서 맺거나 맺도록 허락받은 관계를 통해서 그렇게 된 것이다. 이 모든 것의 의미를 묻는 물음에 대해서 다음과 같은 그리스도교의 대답이 통용된다.

이 모든 것의 의미는 기쁨이다.

한 인간이 세상에 태어나도 큰 기쁨이 있을진대, 하물며 하느님께서 온 세상을 창조하실 때에야 얼마나 큰 기쁨이 따랐겠는가! 이 기쁨은 계속 전염되어야 하지 않을까? 개별적으로 전체적으로 그리스도교 영성은 기쁨에 의해 지속된다. 예수는 기쁜 소식을 선포했다. 그분의 오심과 활동에는 늘 기쁨이 따랐다. 부활 아침 더 특별했다. 종국에 예수는 하늘나라로서의 기쁨을 약속했다. 기대한 기쁨과 관련해서는 다음과 같은 비유가 좀 더 깊은 의미를 줄 것이다. 쌍둥이 형제가 잉태되었다. 여러 주간이 지나고 쌍둥이는 잘 자라고 있었다. 자각도 발달하면서 기쁨도 배가되었다.

말해 봐, 우리가 잉태된 것은 대단한 일이 아니니? 우리가 살아 있다는 것은 참으로 멋진 일 아니겠어?

쌍둥이는 자신들의 세계를 알아가기 시작했다. 엄마와 연결되어 모든 자양분을 공급해 주는 탯줄을 발견했을 때 쌍둥이는 기쁨에 겨워 소리쳤다.

엄마가 자신의 생명을 우리와 나누다니, 엄마의 사랑은 도대체 얼마나 위대한 것인가!

다시 여러 주간들이 흘러 몇 달이 되었다. 쌍둥이는 갑자기 자신들이 얼마나 달라졌는지 알아차렸다. 하나가 물었다.

이게 도대체 뭐람?

다른 하나가 대답했다.

이것은 우리가 여기서 머무는 기간이 조만간 끝난다는 뜻이야.

하나가 말했다.

나는 여기서 나갈 마음이 전혀 없어. 이곳에 영원히 있고 싶어.

그러자 다른 하나가 대답했다.

우리에게는 다른 선택의 여지가 없어. 그런데 여기서 나가면 다른 삶이 있을지도 몰라!

하나가 의심쩍게 물었다.

어떻게 그런 일이 있을 수 있겠어? 우리는 우리의 생명줄을 잃어버리고 말 거야. 그러면 우리가 어떻게 살아갈 수 있겠어? 게다가 다른 이들이 우리보다 앞서 여기서 나갔는데, 아무도 돌아오지 않았잖아! 그리고 어느 누구도 탄생 이후에 다른 삶이 있다고 말해 주지 않았어. 탄생은 바로 끝이야!

이렇게 심각한 걱정에 사로잡힌 채 말을 이었다.

만약 잉태가 탄생과 더불어 끝이라면 엄마 배 속에서 지내는 삶은 도대체 무슨 의미가 있을까? 아무 의미도 없어. 이 모든 것 뒤에는 엄마조차 있을 리 없어.

다른 하나가 반기를 들었다.

그렇지만 엄마는 틀림없이 계실 거야. 그렇지 않다면 어떻게 우리가 이곳에 왔겠어? 그리고 어떻게 우리가 이런 삶을 누릴 수 있었겠어?

그러자 하나가 물었다.

너는 한 번이라도 엄마를 본 적이 있니? 엄마는 우리의 상상 속에나 있을 뿐이야. 우리가 엄마란 존재를 생각해 낸 거야. 그렇게 해야 우리의 삶을 좀 더 이해할 수 있으니까.

쌍둥이는 엄마 배 속에서 마지막 날들을 보내면서 많은 의문과 큰 두려움에 휩싸였다. 드디어 탄생의 순간이 왔다. 쌍둥이는 그동안 살던 곳을 박차고 나와 눈을 떴다. 탄성을 질렀다. 우와! 쌍둥이가 바라본 것은 자신들의 꿈을 훨씬 능가하는 아주 멋진 세상이었다.

17.5 죽음의 기술[19]

그리스도교에서는 수백 년에 걸쳐 죽음의 기술을 손질하고 다듬어 왔다. 사는 것뿐만 아니라 죽는 것도 우리가 배울 점에 포함된다. 삶의 마지막 단계에 이르기까지 인간을 동반하는 안내판과 근본 요인들을 생각하면서 죽음을 미리 준비하는 것이다. 이는 무엇보다 개인 영성의 한 부분이다. 마지막을 향해 나아가는 길은 짙은 안개에 휩싸인 채 모래톱을 걷는 것에 비유되기 때문이다. 이런 곳에는 안개 속에서도 아무도 길을 잃지 않도록 버팀목과 길 안내판이 물속 깊이 박혀 있다. 이제 죽음의 기술에 대해 몇 가지 음미해 보자.

1) 십자가에 못 박힌 분을 바라보아야 한다. 죽는 법을 연습하면서 십자가에 못 박힌 분을 바라보는 사람은 자신이 죽음의 고독 속에서도 혼자가 아니란 사실을 알기 때문이다. 죽어 가는 사람을 홀로 내버려 두는 것이야말로 가장 안 좋은 일일 것이다. 예수가 당한 죽음은 극도로 괴롭고 고통스러운 것이었다. 오늘날에도 죽는 것은 여전히 이루 말할 수 없는 고통과 괴로움이 따른다. 하느님의 아들도 예외가 아니었다. 그분은 어떤 폭력도 쓰지 않았고 어떤 폭력으로부터도 도망치지 않았다. 하느님을 거스른 인간들의 미움을 당신 자신의 몸으로 끝까지 지고 가셨다. 그러므로 십자가는 임종하는 이에게 가장 중요한 것이 될 수 있다.

---

[19] 여기서 말하는 '기술'이란 예술, 미술, 문예, 예술 작품, 재주, 기술, 기예, 숙련, 솜씨, 교묘함, 요령, 비결, 술책, 속임수, 인위, 인공, 실제 등 다양한 의미를 지닌 Kunst인데, Ars moriendi를 이미 "죽음의 기술"로 번역한 경우들을 접했기에 이와 함께하는 것이 옳을 것으로 생각하여 기술이란 단어를 택했다. 기술이란 단어가 지닌 의미로 문맥의 뜻이 통하지만 그 범위를 벗어난 의미도 있는 단어여서 설명을 추가한다. —역자 주

예전에는 사람들이 이른바 '임종 십자가'Sterbekreuz를 지녔다. 환자들은 어떤 경우가 오더라도 사용할 수 있도록 침실용 탁자 서랍 안에 넣어 두었다. 임종 때가 다가오면 주변 사람들이 이 십자가를 임종자의 손에 쥐어 주었다. 삶을 마치면서 십자가에 못 박힌 분을 바라보며 다음과 같이 생각하도록 하기 위한 것이었다.

십자가에 못 박힌 당신이 모든 죄를 지고 갔습니다. 그렇지 않았다면 우리는 모두 용기를 잃고 절망할 수밖에 없었을 것입니다.

우리는 먼저 다음과 같은 사실을 깨닫는다.

죄는 고통받는 사람이 지고 가야 할 무거운 짐이다.

이 무거운 짐은 하찮은 것이 아니라 사람을 짓누를 수 있는 것이다. 십자가를 바라보는 사람은 다음과 같은 사실도 알 수 있다.

고통은 실재하는 것이다. 고통은 피를 흘리는 것이고 무서운 것이다. 내가 고통을 받으며 구세주의 고통을 바라볼 때, 여기서 무엇을 함께하고 있는지도 알 수 있다.

그리하여 내가 받는 고통은 다른 것이 되고 다른 차원을 지닌다. 내가 다른 사람에게서도 고통을 인지할 수 있기 때문이다. 내가 바라보는 그분, 그 고통이 인지되는 그분은 하느님이자 동시에 인간이다. 그렇기 때문에 그 고통은 다시 한 번 다른 것, 다른 차원이 된다. 그 고통이 객관적으로 가벼워지는 것은 아니지만, 자신 안에 폐쇄된 채 머물지는 않는다. 그런 방식으로는 고통이 가벼워지지 않을지도 모르지만, 공허한 무의미함에서는 벗어날 수 있다. 그렇게 바라보면 다음과 같이 깨닫게 된다.

> 고통은 이 세상에 속한다. 고통은 단순히 주관적이거나 상상의 산물이 아니다. 고통은 현실적인 것이다.

이러한 관점에서 십자가에 못 박힌 분도 우리 가운데 한 분이다. 고통은 실재하는 것이다. 고통은 그분의 것이고 우리의 것이다. 우리가 다른 사람의 고통을 바라볼 때 자신의 고통이 어느 정도는 해소된다.

십자가에 못 박힌 분에게 폭력과 고통은 극도에 달했다. 그러므로 그 고통은 시간을 초월하여 그분의 현존을 알리는 것이다. 그 고통은 마치 전쟁터를, 끔찍한 범행 장소를 방불케 한다. 전투나 가장 끔찍한 일은 지나가 버리지만 완전히 지나간 것은 아니다. 희미한 안개에 뒤덮였을 뿐이다. 마치 봄날 아침의 골짜기처럼. 그 사건은 그토록 엄청나고 극단적이었기 때문에 여전히 그 장소에서 그리고 회상의 시간에 울려 퍼지고 있다. 그 위에 감도는 평화는 마치 얇고 부드러운 면사포와도 같다. 그 후 역사의 간격이 얼마나 벌어졌을지라도 그 간격은 근소할 뿐이다.

흘린 피가 어떻게 위로가 될 수 있을까? 우리는 전혀 그럴 수 없다는 말부터 할 것이다. 어쩌면 극도의 상태보다 더 나아가지 않았다는 이유만으로 그럴지도 모른다. 그 상태가 계속 진행되었더라면, 완전히 소멸되기에 이르렀다면 남는 것은 눈물이 아니라 차가운 의혹뿐이었을 것이다. 피조물은 유한한 존재이므로 극단적인 고통 또한 제한되어 있다. 그 고통은 언젠가 지나가며 결국 사라지고 말 것이다. 온 세상의 짐을 지고 가신 예수의 고통조차 한계가 있었다. 오직 하느님만 무한하실 뿐, 모든 고통에는 한계가 있다.

전율이 일어날 만큼 놀라운 것은 사람들의 어두운 죄와 구세주의 의로움 사이에 여전히 존재하는 거리라는 것이다. 구세주만이 처음부터 유일하게 참으로 의로운 분이었기 때문이다. 그분을 만난 사람들은 이것을 알아차렸다. 빌라도조차 그분 앞에서 죄에 대한 말은 입에 올릴 수 없었다. 이러한 면에서 예수는 우리와 전혀 다른 분이다. 그분을 바라보며 (어쩌면 극단적이기까지 한) 동정심을 느낄지도 모른다. 가장 의로운 분이 그런 모습을 하고 있다면 분개하지 않을 사람이 누가 있겠는가? 그렇게 해서 우리는 고통 때문에 터져 나오는 불평불만을 다소 누그러뜨릴 수 있다. 예수에 대한 동정심으로 우리는 하느님을 비판하는 태도를 삼가게 된다. 하느님께서 우리에게 고통을 허락하시기 때문이다. 예수조차 고통을 받으셔야만 했다. 더구나 말로 표현할 수 없을 정도로 엄청난 고통을 받으셔야 했다. 그분은 왜 그렇게 모든 죄를 지고 가셨을까? 어떻게 그런 일이 가능했을까? 로마인들이 예수를 죽인 것이지, 하느님께서 그렇게 하신 것이 아니다. 그러나 로마인들이 증오와 인간 경시로 자기네 일을 완수한 바로 그 시간에 하느님께서는 다음과 같이 말씀하셨다.

> 나는 이 일이 사람들을 대신하여 진행되기를 허락한다. 이 일은 일어날 수밖에 없는 모든 것을 대신하여 진행되는 것이므로 허락하는 것이다.

한 사람이 다른 사람을 대리하는 것은 은총이다. 종교적으로 고찰할 때 구약성경 시대의 성전제식은 유일하게 인간의 일을 대신하여 거행한 종교 행위였다. 사제와 레위인, 속죄 제물인 짐승과 모든 노래는 백성과 다른 민족들, 땅과 별을 대신해 올린 것이었다. 누군가를 대리하는 일은 이미 하느님의 은총이다. 하느님은 굉장한 것을 허락하시기 때문이다. 하느님은 적은 비용으로, 선의가 담긴 엄청난 표징을 통해서 대죄를 없애시고 이 세상에서 몰아내신다. 우리가 바치는 희생 제물, 비용, 고통은 미미할 따름이다. 하느님께서는 십자가에 못 박힌 분을 보시고 이 사건도 성전에서 늘 거행되던 일의 대열에 넣으셨다.

다른 사람을 대리하는 일은 늘 있었듯이, 나 역시 이제 이러한 은총을 주겠다. 미움에 대한 응답으로 복수하지 않고, 이 유일한 의로운 존재에게 모든 죄를 뒤집어씌우겠다. 그렇게 하여 그가 당한 고통이 결코 헛되지 않게 하겠다. 이렇게 하는 이유는 예수의 죽음에 내가 어떻게 대답하는지 너희가 조금은 알 수 있게 하려는 것이다. 나는 모든 것을 내 대답으로 받아들인다. 백성들이(유다인들뿐만 아니라) 다른 사람을 대리한 의인의 희생과 흘린 피를 생각하거나 희망한 모든 것을….

다양한 관점에서 볼 때 예수의 수난은 말도 안 되는 극단적인 행위이다. 무죄와 벌 사이의 엄청난 불균형, 고통과 무시, 하느님 마음을 상하게 해 드린 것(하느님의 위장이 탈날 정도로)을 드러내는 극단적인 행위였다. 이렇듯 예수의 수난은 세계사에서 그 무엇도 능가할 수 없는 유일하고 가장 극단적인 표지로 남아 있다. 죽음은 모두 공통적인 면이 있지만, 예수의 죽음은 이와는 확연히 다르다. 다른 모든 죽음 역시 하느님의 마음을 아프게 해 드린다는 데서 공통점이 있다. 하느님께서는 인간의 죽음을 원하지 않으시기 때문이다. 하느님께서 염원하시는 것은 전혀 다른 것이다. 이런 까닭에 바오로는 하느님과 인간의 '최종적인 적'은 죽음이라고 했다.

2) 임종의 길에서는 인내가 필요하다. 인내는 수동적인 것이 아니고 거짓 위로의 열매도 아니다. 인내는 끈기 있게 견디기를 요청한다. 따라서 인내는 깨어 있는 모든 사람에게 통하는 약속이다. 묵시적 텍스트들은 늘 인내를 언급한다. 인내는 인간이 자신의 역사를 통찰하는 것과 상응하는 태도이기 때문이다. 인내는 먼 길을 가는 데 꼭 필요한 덕목이다.

"지극히 사랑하올 주님, 깊은 어둠이 저를 에워싸고 제가 지독한 외로움에 시달리는 동안 당신은 어디에 계셨나요?"
"얘야, 나는 너를 둘러싸고 있던 어둠이었고, 네 영혼을 가득 채운 깊은 밤이었다. 보아라, 연꽃은 어둠 속에서, 밤처럼 캄캄한 심연 속에서 자신의 생명과 빛 그리고 어여쁜 자태와 순수한 아름다움을 길어 올린단다. 나는 너를 이러한 깊은 밤에 침잠하게 하여 너의 어둠을 그곳에 내려놓고 그 어느 때보다 더 사랑스럽고 순수하게 피어나도록 한 것이다."

(아숨타 쉔클 수녀M. Assumpta Schenkl, 1996.10.9)

2001년 4월 10일 네덜란드 의회가 안락사를 합법화한 이후 2001년 4월 12/13일자 남부 독일 신문Süddeutsche Zeitung에 이 주제에 관한 연구 보고서가 실렸다. 이 기사에 의하면 말기 환자들의 요청에 따라 의사들이 안락사를 허용하는 경우가 더러 있다고 한다. 이게 사실이라면 그동안 염려하고 두려워한 일이 이미 현실화된 것이리라.

안락사가 허용되면서 삶의 짐을 언제 내려놓을지 결정하게 되었다. 이 말은 다음과 같은 뜻일 것이다. "중세에 나온 임종을 위한 소책자는 최소한 사람들에게 위로를 주었다. 그러나 오늘날은 위로라고는 도대체 찾아볼 수 없다."

삶을 마감할 무렵 삶의 근본적이고 중요한 것은 다름 아닌 인내임을 깨닫는 사람들을 나는 종종 만났다. 삶의 마지막 단계를 인내하며 견디어 내는 일은 활동적이지는 않지만 매우 관상적인 작업이다. 그러나 이러한 면을 삶의 마지막 단계에 이르기까지 충분히 고찰하지 않는 사람들이 많다. 무엇 때문에 그렇게 고찰해야 하는 것일까? 인내를 습득한다는 것은 종국에 고통을 피하지 않는다는 뜻이다.

3) 고통을 피하지 않아야 한다. 이 말은 현대의 마취 기술로 가능한 일을 해서는 안 된다는 의미가 아니다. 임종하는 사람이 겪는 고통은 줄일 수 있는 한 줄여야 한다. 고통을 피하지 않아야 한다는 말은 영적인 것을 의미한다. 임종하는 사람은 고통의 위협을 맞이하는 순간이 죽음에 임박한 것이다. 아리안나 스타시노포울로스Arianna Stassinopoulos가 저술한 피카소 전기에 한 남자가 죽어 가는 모습을 드라마틱하게 묘사한 대목이 나온다. 그 남자는 마지막 순간까지 생기를 잃지 않고 죽음을 밀어낸다. 친구들에게 자기 둘레에서 파티까지 열어 달라며 조른다. 마치 아무 일도 일어나지 않을 것처럼.

많은 사람들이 인간적인 길을 그리며, 마지막 단계를 고통에서 완전히 해방된 영역이라고까지 상상한다. 그러나 삶은 한 편의 드라마와도 같다. 목적지를 향해 가는 동안 고통스러운 정점과 도전, 결정적 사건이 일어난다. 이 목적지에 대해 반드시 언급할 필요가 있다. 이에 대한 물음을 던지지 않는다면 목적지를 향해 가는 여러 갈래 길을 마치 목적지인 양 여길 수 있기 때문이다. 고통 없는 미래를 꿈꾸는 것은 지금부터 벌써 온갖 고통을 삶에서 몰아내려고 한다는 의미일 수 있다. 그리고 그런 고통 없는 삶을 본격적으로 배양하려고 시도했을 수도 있다.

고통 없는 아름다운 새 세상이 있을까? 예전에는 가축이 병에 걸리면 염소젖과 약초를 먹이며 병이 낫도록 극진히 보살폈다. 오늘날에는 가축이 떼죽음을 당하는 일이 잦다. 불치병 환자나 노약자들은 전에는 집에서 돌봄을 받았지만, 오늘날에는 가족과 멀리 떨어진 요양원에 수용된다(과거에 나환자가 시설에 수용되었듯이). 치과 의사들은 '경미한 치료를 할 경우에도 마취제를 주사하여 환자가 고통을 느끼지 않도록 해 준다. 고통을 피하지 않는다는 것은 다음과 같은 의미이다.

우리 모두 죽는다는 사실을 알고 그것을 의식에서 떨쳐 내지 않기.

고통을 피하지 않는다는 것은 이런 의미도 있다.

우리 자신과 주변의 많은 사람들이 이미 이른 아침부터 슬픔과 고통을 당하여 평생 시달릴 수 있다는 것을 인지하기.

죽음을 앞둔 사람들은 대부분 많거나 적거나 오랫동안 고통을 당한다. 고통을 피하지 않는 것은 고통을 인지하고 그것이 별것 아닌 양 얼버무리지 않는다는 뜻이다. 그러나 오늘날에는 고통을 피하기 위해 적당히 얼버무리는 경향이 널리 퍼져 있다. 따라서 어디서나 우리에게 다가오는 고통을 밀어내지 않고 인지하며, 덮어 버리지 않고 도전으로 받아들이는 일이 관건이 되었다. 더 이상 우리가 아무것도 할 수 없을 때에는 그 고통을 하느님의 손에 맡겨 드리기라도 해야 한다.

나에게는 슬픔과 고통과 새롭고 진솔하게 소통하는 일이 관건이 되었다. 슬픔과 고통은 먼저 마취되어야 하는 것이 아니다. 이는 마지막 단계에서 우리가 다른 존재로 변화되는 과정의 일부이다. 또는 그 마지막 단계에서 우리가 다른 사람들과, 그동안 우리가 동행했던 사람들과 새로운 관계를 맺는 것이다. 또는 그 마지막 단계에서 세상과 사람들과 진리에 대해 완전히 새로운 전망들을 갖게 되는 것이다. 우리는 삶과 세상을 평가하는 데서 완전히 달라진 토대를 얻게 된다. 이러한 토대는 슬픈 것이 아니라 즐거운 것일지도 모른다. 우리가 살아갈 수 있었던 순간순간에 대해 감사하는 마음을 지니는 것이다. 유한한 것에 주의를 기울이고 존중할 줄 알 때 비로소 영원한 삶도 사랑할 수 있기 때문이다.

고통을 허용한다는 것은 불평하거나 불을 일삼는 정신 상태와는 완전히 다른 어떤 것이다. 오히려 비탄의 시편인 고통을 하느님 앞에 가져가 내려놓는다는 의미일 수 있다. 고통을 허용한다는 것은 인간상에 영향을 미친다는 의미도 있다. 완전한 사람, 완벽한 사람을 꿈꾸며 시간을 허비해서는 안 된다. 그보다는 우리의 있는 모습 그대로, 불완전하고 약하며 병들고 노쇠한 그대로를 사랑하시는 하느님에 관해 이야기하자. 성경의 인물들에게 이상은 부족함 없는 완벽한 인간이 아니었다. 하느님과 인간 그리고 사람들이 맺은 생생하고도 '사회적인' 관계가 그들의 이상이었다. 이러한 관계를 이루는 것만이 가치 있는 유일한 목표였다. 하느님께서 부족한 그대로 사람들을 사랑하신다는 바탕 위에서 부족한 사람들끼리 서로 사랑하는 것이 그들의 목표였다.

"사랑한다는 것은 고통을 피하지 않는 것이다." 최근에 들은 수난 주간의 강론 주제이다. 하느님은 고통을 피하지 않으신다. 하느님은 우리를 극진히 사랑하셔서 수난 당한 예수 안에 사신다. 하느님은 함께 고통을 겪는 하느님이 되셨다. 이는 다른 사람의 고통, 다른 사람들이 나에게 주는 고통을 피하지 않는, 일종의 성실함을 의미하기도 한다. 고통받는 상황이 수시로 달라지지는 않는다. 나는 다음과 같이 한 가지만을 확신하며 고통에 직면할 수밖에 없다.

하느님께서는 이러한 상황에서도 나를 끝까지 도와주신다.

비록 모든 사람의 삶에서 죽음은 피할 수 없는 듯 보이지만 하느님께서는 죽음을 원하지 않으신다. 하느님은 본디 그리고 최종적으로도 죽음을 원하지 않으신다. 그렇기 때문에 이른 아침 예수와 함께 새로운 창조가 시작되었다.

기형아 출산은 비윤리적 행위가 아닐까 하는 토론이 활발히 진행되고 있다. 건강한 아이를 낳을 권리가 있지 않을까? "사랑한다는 것은 고통을 피하지 않는 것이다."라는 말이 옳다면 그리스도교를 믿는 부모는 이렇게 대답할 것이다.

그렇습니다. 우리는 장애를 안고 태어난 아이를 함께 돌볼 것입니다.

사실 장애인들은 비장애인이 미처 깨닫지 못하는 삶의 기쁨이나 중요한 의미를 나눠 주지 않던가? 이런 것을 통해서 세상에서 더불어 살아가는 데 무엇이 소중한지 배우지 않던가? 고통을 피하지 않는다는 말의 의미를 더 살펴보자. 이젠하임Isenheim-제단 그림[20]은 이 도시에서 안토니

---

[20] 독일어로 '이젠하이머 알타르'Isenheimer Altar라고 한다. 이 작품은 이젠하임에 있는 안토니오회 수도원 경당에 소장되었다가, 지금은 콜마르Colmar에 있는 박물관에 전시되어 있다. 마티아스 그뤼네발트의 작품으로 추정하며, 독일 미술의 대작으로 손꼽힌다. 접었다 폈다 하는 병풍식 그림으로, 총 세 열로 구성되었는데 첫째 열에 예수가 십자가에 못 박힌 장면이 묘사되어 있다. -역자 주

오회 회원들이 운영하는 병원 경당에 있었다. 그 수도자들은 경당에서 지혈제인 맥각麥角에 독을 넣는 치료법으로 환자들을 돌보기도 했다. 이때 독이 환자의 몸에 퍼지면서 심하게 마비되고 악취를 풍기기도 했다. 이미 수백 년 전에 개발된 이 치료법에는 이젠하임-제단 그림의 십자가에 못 박힌 분을 바라보는 과정도 포함되었다. 환자들이 날마다 반시간 정도 그림을 바라보면서 고통을 피하지 않고 그분의 눈길에 자신을 맡겨 드리도록 했다. 다른 사람들의 고통을 바라보는 것을 일종의 사디즘이라고 여기는 이들도 있다. 그러나 그렇지 않다. 끔찍한 탈선인 사디즘에는 까맣게 잊힌 긍정적인 측면도 있다. 아무리 타락한 것이라도 긍정적인 면이 하나쯤 있듯이 말이다. 그것은 고통을 묵상하는 것으로, 십자가의 길 기도를 바칠 때도 하는 방법이다. 기원후 2세기에 유래한 이른바 무도곡에 나오는 그리스도교에서 오래된 고통-묵상의 한 구절을 보자.

> 내가 그리스도의 고통을 바라보면 그것은 나의 고통이 된다. 그렇더라도 그것은 여전히 나의 고통은 아니다.

이는 어떤 형태로든 우리가 함께 지고 가는 고통을 말한다. 하지만 예수는 우리를 대신해 하느님께 철저히 버려지기까지 고통을 견디어 낸다. 끝에 남는 것은 고요와 침묵이다. "다 이루어졌다."라는 말이 자아내는 고요, 성토요일의 침묵이 감돈다. 이러한 이유에서 성 토요일을 교회 전례주년의 중심으로 삼아 잘못과 죄에서 가장 많이 벗어나는 날로 여기는 사람들도 있다. 폭풍우가 지나고 고요가 깃들듯이, 세상의 모든 죄가 말할 수 없을 정도로 몽땅 그분께, 유일하게 의로운 분께 맡겨진 이후 고요가 찾아든다. 우리의 미래와 우리가 걸어가는 길의 목표와 관련해서는 칭크J. Zink의 다음과 같은 기도가 적합하겠다.

나는 네가 다음과 같은 삶을 살지 않기를 바란다.
궁핍이 없는 삶
고통이 없는 삶
장애물이 없는 삶.
이렇게 살면 네가 과연 무엇을 할 수 있을까?

나는 네가 다음과 같이 살기를 바란다.
몸과 영혼을 지키기를
네 목표를 향해 가면서
누군가 너와 함께하며 보호해 주기를.
네게 일어나는 모든 일에서.

17.6 의사 예수

임종을 앞둔 이들은 그 힘겨운 과정을 겪으면서 의료 행위가 뒷받침되기를 바라기도 한다. 예수는 당신 자신을 의사로 여기고 병든 이들을 고쳐주며 그들이 건강을 되찾게 했다. 이 치료 활동은 물론 죽음과 삶을, 다시 말해 죄와 정의를 냉철하게 구분할 때에만 가능한 일이다. 어떤 사람이 저지른 잘못이 은폐되면 도움을 주기 어렵다. 악성 종양을 제거하듯 잘못은 들춰지고 도려내진다. 따라서 치료는 달래거나 가라앉히는 것이 아니라 비판하는 것이다. 어쨌든 초기에는 이 과정이 있어야 한다. 중세의 치료 행위가 그랬다. 그때는 병원에서 늘 고해성사와 영성체와 함께 치료가 시작되었다.

신약성경은 예수가 세리들에게 다가간 것이 좋은 결과를 가져왔다고 보도한다. 이러한 맥락에서 의사는 건강한 이들에게 필요한 것이 아니라 병든 이들에게 필요하다는 말씀(마르 2,17)에 주목해야 한다. 이 말의 뜻은 다음과 같다.

세례자 요한과 예수가 세리들을 가까이 한 이유는 그들이 특별히 악하게 보였거나 더 고통받거나 불쌍하게 보였기 때문이 아니다. 그렇지 않다. 동정심은 결정적 동기가 아니었다. 오히려 그들이 불의를 저지르고 몰인정하며 하느님을 섬기지 않은 것이 주된 동기로 작용했다.

이러한 견해를 잘 뒷받침해 주는 증거로 바르나바 서간(기원후 60년경에 작성된 것으로 추정된다. 베르거/노르트 번역) 5장 9절을 들 수 있다.

예수님은 당신이 하느님의 아들이심을 알려 주셨습니다. 그분은 복음을 선포할 사도들을 택하실 때 많은 죄를 지은 사람들을 사도로 임명하셨습니다. 그렇게 하신 것은 사람들에게 다음과 같은 말씀을 전하기 위해서였습니다. "나는 의인이 아니라 죄인을 부르러 왔다."

마지막 문장은 마르 2,17을 인용한 것이다. 마태오가 부르심을 받은 이야기(마태 9,9-13과 내용이 비슷하다. 여기서 마태오는 사도로 간주되었다)는 다음과 같이 해석되었다.

예수는 의도적으로 큰 죄인들을 부르신 것이다.

그리스도인들을 박해한 바오로도 그러한 인물이었고, 훗날 아우구스티노를 비롯한 다른 많은 이들도 그러했다. 그래서 다음과 같은 말을 덧붙일 수 있다.

어떤 죄인이 부르심을 받으면, 이는 그가 자신의 죄와 교류하는 가운데 은총으로 드러난다. 은총은 하느님을 멀리한 사람을 의인으로 만든다. 이와 같은 일은 오직 하느님만이 하실 수 있다.

그러므로 세리 마태오가 부르심을 받은 것은 소외된 사람들에 대한 사랑에서 나온 것이 아니라 부르신 분인 예수의 위력을 보여 주는 것이다. 마르 1,16-20에서 예수는 베드로와 안드레아, 요한과 야고보를 부를 때와 똑같은 권위를 지니고 마태오를 부른다. 마르 1장에 의하면 제자들은 예수의 말 한마디에 직업과 가족을 모두 버리고 떠났다. 예수의 부르심이 이러한 유대보다 더 강했던 것이다. 그리고 마태 9장에서 예수의 부르심은 악명 높은 불의로 기우는 성향보다 훨씬 강했다. 예수가 부자 청년과 만나는 장면은 이러한 불의를 말하는 것이다.

오직 하느님만이 불의를 바꾸실 수 있다. 그분만이 인간의 마음에 이러한 위력을 발휘하신다. 하느님께는 불가능한 일이 없다.

그러므로 마태 9장에 언급된 부르심에서 핵심은 죄라는 감옥의 면전에서 활동하시는 하느님의 위력인 것이다. 그리고 탐욕·학대·착취·

부정부패와 깊이 연루된 상태에서 벗어나는 것 또한 중요한 것이다. 이렇게 연루된 실상이 세금 징수자라는 직업에서 눈에 띌 만큼 크게 드러난다. 세례자 요한과 예수는 세리들에게 다가가 죄가 무엇인지 명백히 알려 주었다(요한은 그 직후 경비병들에게도 다가갔다). 중세의 한 축복기도문도 이와 내용이 비슷하다.

> 당신께서는 마태오를 수치스러운 세리 업무에서 불러내시고 복음을 가르치는 선생이 되는 영광을 베푸셨나이다.

죄에서 벗어나 은총으로 나아가는 길은 불명예스러운 상태에서 한 걸음 벗어난다는 의미이기도 하다. 중세 교회의 기도문을 해석할 때는 루카 15,4-7(하늘나라에서는 회개할 필요가 없는 의인 아흔아홉보다 회개하는 죄인 한 사람 때문에 더 기뻐할 것이다)과 연결해서 해석해야 한다. 그렇게 해야 주석학적으로 옳다. 역사적으로 볼 때 마태 9,13절에서 사실상 전제할 수 있는 점은, 예수가 바리사이들에게 회개하라고 설교했어도 그들이 당장 회개하리라고는 여기지 않았다는 것이다. 비록 다음과 같이 말했다 해도 말이다.

> 회개할 필요가 없는 의인 아흔아홉보다 회개하는 죄인 한 사람 때문에 더 기뻐할 것이다.

이는 수사학적 의미로나 반어적 의미로 한 말이 아니다. 예수가 이러한 부류의 사람들을 죄와 인간 학대에 대한 악명 높은 본보기로 삼은 것이 결코 아니라고 말한 것이다. 그렇다면 바리사이들의 결함은 (역시 역사적으로 볼 때) 이들이 예수가 '하느님을 모르는 사람들'에게 관심을 기울인 것을 제대로 이해하지 못했다는 점에 있다. 자기들만 의로운 존재이고 다른 사람들과는 다르다고 여긴 것 또한 그들의 큰 결함이었다. 루카 18,9-14에서 드러나듯이 바리사이들은 종교적 자만심이 대단했다. 그러나 범죄와 연루되지는 않았다. 예수는 이러한 맹목적인 부류(마태 21,31)보다 회개할 준비가 된 죄인을 당연히 더 사랑했다.

예수는 당신의 직업에 대해 의사의 표상을 들어 말했다(마태 9,12). 그렇게 해서 그분은 '의사이신 하느님'이라는 성경적 전통을 되잡으셨다. 중세에도 여전히 하느님은 '다친 이들의 의사'라고 불렸다. 우리 사회와는 달리 성경은 의사를 반신半神으로 여기지 않았고, 병원을 주교좌성당으로 보지 않았다.[21] 또한 건강을 최상의 가치로 여기지도 않았다. 오히려 다음을 중요시했다.

하느님께서 의사로서 활동하시는 곳은 본래의 치명적인 병과 고통의 영역이다. 그분만의 고유한 활동 영역은 의사들이 다루는 몸의 기관이나 생물학적 건강이 아니다. 하느님은 전체를 통합하는 건강의 토대를 보살피신다. 그렇더라도 결국 두 가지 노선이 다 해당된다.

의학이 아직 밝혀내지 못했던 당시에 죽음을 방지하는 약초는 신적 의사에게만 준비되어 있었다. 그의 활동은 부활로 육체적 죽음도 극복하기 때문이다. 이렇듯 성경적으로 고찰할 때 의료 행위를 하는 의사의 활동 범위는 작은 영역에 국한된다. 이 영역의 '앞부분'과 '뒷부분'은 신적

---

21) 우리에게는 낯설지만 독일어권에서는 누구나 알아듣는 익숙한 비유이다. -역자 주

의사의 활동으로 둘러싸여 있다. 여기서 이러한 활동은 결코 내세나 사후의 삶에만 관련되지 않는다. 인간의 총체적 건강은 영혼의 영역과 영혼을 돌보는 일Seelsorge에 바탕을 두지만 여기에 잘못된 원천도 있음을 우리는 이미 오래전부터 알고 있다.

물론 오늘날에는 이러한 영역에서 비교秘敎를 비롯한 아시아적 신비의 몇몇 방식이 그리스도교를 앞지르기도 한다. 그러나 이런 현상이 의학 분야 또한 차고 넘치는 엉터리 의사들과 싸워야 한다는 사실을 아는 사람에게는 그리 놀랄 일이 아니다. 이러한 현상은 의학과 마찬가지로 오래되었다. 거짓 종교 역시 참된 종교와 마찬가지로 오래되었다. 종교의 핵심 영역에서 내세와 관련하여 하느님만이 관심의 대상이 될 때 비교秘敎가 등장해 뻔뻔스럽게 활개를 치며 나쁜 영향을 미친다. 사람들이 성지순례를 하고 인간·가축·토지에 대한 축복을 존중하던 시대에는 의사들이 득세하지 않았다. 그리고 그들의 행위를 비롯해, 넘을 수 없는 선을 긋기 위한 인간적 기준과 신적 기준도 있었다. 안토니오회 수도자들이 병자들을 돌보는 일에서 어느 선까지만 나아갔는지 잊어서는 안 될 것이다.

십자가에 못 박힌 분을 날마다 바라보는 것은 (예를 들어 이젠하임-제단 그림) 치료의 한 부분이다.

17.7 예수의 죽음

요한 1,29-36에서 세례자 요한은 오늘날 우리가 곧바로 알아듣기 힘든, 예수를 가리키는 말을 한다.

보라, 세상의 죄를 없애시는 하느님의 어린양이시다.

왜 "어린양"이라고 한 것일까? 여기서 세례자 요한은 흰색 양의 '깨끗함'과 죄의 어두움이 대조를 이루게 한다. 여기서 양은 유다인들의 유월절 어린양을 의미하지 않는다. 유월절 어린양은 속죄 제물이 아니기 때문이다. 오히려 이런 의미일 것이다.

예수는 어린양과 같이 희고 그만큼 의로운 분이다.

그러므로 예수는 우리를 위해 하느님 앞에 나설 수 있는 분이다. 특히 요한 17장에 나오는 대사제로서 바친 기도에서 그러하다. 세례자 요한이 "새로운 어린양"이라고 했을 때, 유다인 출신 그리스도인들은 이 말이 무슨 의미인지 즉시 알아차렸다. 예수는 절대적으로 의로운 분이다. 예수는 의로운 분으로서 세상의 모든 죄를 지고 가며 없앤다. 어떻게 그러한 일을 해낼 수 있을까? 이것을 제대로 이해한 사람은 예수가 십자가에 못 박히든, 하느님 앞에서 우리를 위해 대신 간청하든 아무 의혹도 없을 것이다.

특히 다른 사람을 통해서 죄를 없앤다는 것과 대리한다는 것은 현대인들에게 많은 의문을 품게 한다. 그런데 누군가를 대신하는 일이 하느님 백성에게는 삶의 법칙이기도 했다. 개개인이 홀로 하느님 앞에 서지 않기 때문이다. 창조 때부터 우리는 서로 형제자매로 간주되었다. 한 사람이 다른 사람을 위해 하느님께 무언가 영향을 미칠 수 있는 것이다. 죄인들이 서로를 위해 (그리고 자신을 박해하는 이들을 위해서도) 하느님 앞에서 대리한다면, 하물며 그 의로운 분은 얼마나 더 많이 그리고 더 효과적으로 하시겠는가! 예수는 죽음을 포함한 당신의 생명 전체를 하느님께 세상의 모든 죄를 없애기 위한 상징적인 속죄 제물로 드릴 수 있는 분이시다. 이와 달리 다음과 같이 생각할 수도 있다.

아무런 흠도 없는 예수께서 죽음에 이르기까지 철저히 우리를 위해 그렇게 하셨다면, 이러한 진솔한 사실은 이 의로운 분이 우리를 위해(…너희는 나의 친구가 된다.-요한 15,14) 하느님으로부터 모든 것을 가져오실 수 있고 또 그렇게 하셨다는 확신을 더욱 강하게 들게 한다.

이때 일어나는 일을 가정에서의 아이 역할에 비유할 수 있겠다. 가정에서 부모와 자녀 사이에 어렵거나 곤란한 상황이 발생하면, 손위 형제자매는 귀염둥이 막내를 부모에게 보낸다. 그러면 막내는 부모에게 가서 온갖 재롱을 떨며 화해할 분위기를 만들어 낸다. 우리가 잊지 말아야 할 점이 있다.

구약성경에서도 신약성경에서처럼 대리하는 일이 전적으로 가능하다. 어떤 사람이 다른 사람을 위해 하는 행위는 하느님께 가 닿는다. 그 자체가 이미 은총이다.

사람들이 이러한 방식으로 하느님을 위해 서로 사랑할 때 하느님께서는 분명 크게 기뻐하시기 때문이다. 대리한다는 것은 이와 다른 어떤 것이 아니다. 대리하는 일은 하느님과 인간이 맺은 관계의 깊은 신비에까지 이른다. 어떤 사람이 하느님을 바라보면서 다른 사람의 짐을 지고 갈 수 있다. 하느님께서 '나는 나만을 위하여'라는 죄를 쌓는 법칙을 '한 사람이 다른 사람을 위하여'라는 구원을 쌓는 법칙으로 바꿔 놓으실 때 은총이 싹튼다. 여기서는 사랑이 관건이기 때문에 그지없이 아름다운 것이다. 하느님께서는 감동하신 나머지 어떤 죄든 잊으신다. 모조리 잊어버리신다. 다른 사람을 위해 대신한 결과, 하느님의 이러한 은총을 입는 사람들은 그렇게 하여 전체적으로 성화된다. 개개인이 자신의 죄를 혼자서만 짓는 게 아닌 것처럼, 그가 받는 용서도 혼자서만 받는 게 아닌 것이다.

예수의 죽음도 혼자 머물지 않기 위해서였다. 몇몇 그리스 사람들은 이러한 예수가 도대체 누구인지 궁금하게 여겼다. 필립보와 안드레아의 중재로 예수는 그들에게 수수께끼 같은 말로 당신 자신을 드러냈다.

> 내가 진실로 진실로 너희에게 말한다. 밀알 하나가 땅에 떨어져 죽지 않으면 한 알 그대로 남고, 죽으면 많은 열매를 맺는다. 자기 목숨을 사랑하는 사람은 목숨을 잃을 것이고, 이 세상에서 자기 목숨을 미워하는 사람은 영원한 생명에 이르도록 목숨을 간직할 것이다.(요한 12,24-26)

요한 12,24-26에는 두 가지 생각이 교차한다. 24절에 의하면 예수의 운명은 어떤 관점으로 보아도 예표론적 성격을 지니고 있다. 예수를 따르는 사람은 그분의 길에 이미 자신의 길이 제시되어 있음을 발견한다. 25절에서 보편타당한 법칙으로 표현된 것은, 예수의 운명에 비추어 이 말이 진실이라는 뜻이다. 한 알 그대로 남는 것과 많은 열매를 맺는 것이 대조를 이룬 점도 타당해 보인다. 이때 배타적인 전제조건은 "밀알 하나가 땅에 떨어져 죽어야 많은 열매를 맺는다."는 것이다. 죽어야 한다는 필연성은 그리스도교의 전형적인 특성이다. 그리고 예수에 관한 다음과 같은 논증은 타당하다.

그분은 제자들에 대한 사랑으로 충만하여 당신의 길을 끝까지 성실하게 걸어갔으며, 아버지의 계명을 충실히 실천하여 유일한 의인이 되었고 그렇게 계속 머물렀다. 마침내 그분은 아버지로부터 부활과 들어 높임을 통해 영광을 받고 아버지와 하나가 되었다. 그리하여 많은 사람들이 회개하고 주님께 다가갈 수 있게 되었다.

요한에 의하면 예수의 죽음으로 수많은 제자들이 나왔다. 그분은 아버지께 순종하여 당신의 길을 끝까지 걸어가고 당신에게 주어진 임무를 완수하고 십자가에 못 박혀 "다 이루어졌다."고 했다. 그분은 당신의 순종에 대한 '보상'으로, 참으로 순종하여 새로운 차원의 영광을 받았다. 이렇게 해서 여기서 '한 알'과 '많은 열매'의 관계가 명료하게 드러난다. 필리 2,9-11을 제외하고는 신약성경 어디에도 이 대목만큼 예수의 죽음이 담고 있는 선교적 의미가 진지하게 고찰된 곳은 없다. 특히 예수가 순종하여 파견의 사명을 충실하게 완수한 점은 필리 2,8에서도 비슷하게 묘사되어 있다(당신 자신을 낮추시어 죽음에 이르기까지, 십자가 죽음에 이르기까지 순종하셨습니다. 그러므로 하느님께서도 그분을 드높이 올리시고…). 예수의 죽음을 통한 죄의 용서에 관해서는 물론 다른 텍스트에서도 읽을 수 있다.

밀알 표상에 따르면 예수의 죽음은 일찍이 들어 보지 못한 새로운 사건에 대한 전제가 된다. 신약성경에서 요한은 이 표상을 오로지 바오로(1코린 15,42-44)와만 공유한다. 이는 두 사도가 일찍부터 긴밀한 사이였음을 증명하는 단서가 된다. 그렇지만 요한 12장에 나오는 밀알의 죽음은 많은 열매를 맺는다는 것, 다시 말해 예수의 제자들이(그리스계 이방인 출신들도) 수없이 많아지는 것에 대한 전제가 된다. 바오로는 다른 측면, 곧 새로운 모습으로의 변화를 강조한다.

17.8 하느님과 우리 사이의 예수

하느님께서 우리 인간과 화해하기 위해 당신 아들을 보내시지만 실패로 끝나리라고 예측하신 분으로 여기기에는 복잡하고 기묘한 상상이 필요하다. 특별한 화해가 필요했던 것은 아니다. 하느님은 우리를 사랑하셔서 당신의 아들을 사람이 되게 하시고 그분을 통해 우리가 신성에 참여하도록 하셨다. 아버지 하느님께서 우리를 사랑하지 않으셨다면 당신의 아들을 보내지 않으셨을 것이다. 하느님께서 사람이 되어 오셨다는 것은 우리에게 관심을 보이시는 첫 번째 중요한 표지다.

그러나 하느님은 모든 것을 가장 인색한 방법으로는 실행하지 않으신다. 부가적으로 필요한 요소들에 대해서는 묻지 않으신다. 하느님께서는 베푸시고 선사하신다. 선사하실 경우에는 두 배, 세 배로 차고 넘치게 베푸신다. 필연성이 하느님께서 어떤 행위를 하시는 근간이 되지는 않는다. 하느님은 어떤 압박도 받지 않으시고, 신학자들이 생각하는 그런 분도 아니시다. 그러나 하느님은 모든 기회를 놓치지 않으시고 두 배, 세 배로 말씀하신다. 하느님은 다음과 같이 묻지 않으신다.

그것은 필요한 것인가?

그분은 이렇게 질문하신다.

그것은 가능한 것인가?

어떤 방법으로 하느님께서 우리 인간에게 부가적으로 그리고 어쩌면 더욱 간절하게 사랑한다고 말씀하실 수 있을까? 이 사랑 고백은 예수를 십자가에 못 박아 죽인 사건에서 이루어졌다. 우리에 대한 하느님의 사랑, 원수에 대한 그분의 사랑은 우리가 생각할 수 있는 가장 큰 사랑이기 때문이다. 사람들은 이것을 다음과 같이 말할 수도 있다.

> 필요한 일이었다면 하느님께서는 우리를 위해 다시 한 번 더 순종하는 아들을 바라보셨을 것이다.

하느님의 아들은 순종했다. 그분은 우리를 위해 순종하셨다. 당시에 나온 유다교 문헌에도 이와 유사한 내용을 볼 수 있다. 의인은 그 순수한 존재 자체로 사람들을 위한 분이고, 하느님께 드리는 한줄기 빛이며, 그분이 계신 까닭에 사람들은 그분이 자유로운 은총으로 자신들을 모두 사랑해 주시기를 바랄 수 있었던 것이다. 여기서도 어떤 메커니즘을 떠올리는 일은 피해야 한다. 그러한 것은 다시 압박을 의미한다. 남을 대리하는 의인의 행동은 주술적이지도, 자동적이지도 않으며, 하느님을 압박하는 것도 아니기 때문이다. 오히려 다음과 같은 것이다.

> 하느님께서 의인에 대해 기뻐하신다면(신약성경은 이렇게 말한다. "예수님은 아버지 마음에 드는 아들이다"), 그의 형제들에 관한 일이라면 그를 생각해서 한쪽 눈을 감아 주신다.

이러한 것 역시 대리하여 흘린 피의 역할을 한다. 구약성경뿐만 아니라 이스라엘 주변국의 여러 종교에서도 '많은' 사람들을 대신해 흠 없는 산 제물(짐승)을 바치거나 심지어 의로운 사람이 고통당하고 피를 흘린 죽음으로 자신의 생명을 봉헌한다는 사상을 엿볼 수 있다. 하느님께서 이 봉헌을 받아들이시면 그 제물 또는 그 의인 덕분에 다른 사람들이 보호를 받는다. 하느님은 의인과 그의 목숨을 사랑하시기 때문이다. 그의 목숨이 아무런 죄도 없이 바쳐지면 다른 사람들에게 큰 도움을 주는 것으로 기록되었다. 1코린 15,3에서 이미 예수의 죽음에 다음과 같은 의미를 두었다.

그리스도께서는 성경 말씀대로 우리의 죄 때문에 돌아가시고….

하느님께서는 이러한 것을 미리 염두에 두셨을까? 죄 없는 한 사람이 흘린 피는 죄로 물든 다른 사람들의 피와 목숨을 대신하는 것일까? 여하튼 그분은 하느님의 아드님이고, 그분의 피는 염소나 수소의 피가 아니다. 바오로의 서간뿐만 아니라 히브리서에서도 이 대목에서 같은 방식으로 제식 규정과 성전에서 지켜 온 규정의 개념을 깨뜨린다. 이들은 제식적-주술적 표상을 중재를 위한 인격적 표상으로 대체한다. 로마 8장과 마찬가지로 히브 7장과 9장에 의하면, 예수는 들어 높여진 분으로서 하느님의 오른편에 앉아 우리를 위해 빌어 준다. 십자가에 못 박혀 죽기까지 순종했듯이 우리를 위해서 발 벗고 나선다. 그분이 흘린 피는 이러한 순종의 증서이다. 그리고 그 피의 열매는 아드님이 우리를 위해 아버지 옆에서 빌어 주고 일을 어느 정도 진행할 수 있을 때 비로소 맺게 된다. 바오로 서간과 히브리서는 예수의 인격적 변호의 역할을 보여 주는 이러한 표상을 신중히 택했다. 아브라함과 이사악 이래로 성경적 종교에서 확신하는 점이 있다.

사람을 제물로 바치는 일은 금지되었다.

그러므로 예수의 죽음은 어떤 관점에서도 이미 오래전 없애 버린 인간 제물이라는 개념을 다시 떠올리거나 (신적 요소조차) 되살리는 것이 아니다. 예수의 죽음은 제식상 규정되었거나 제도화된 것이 아니라 의도적인 살인행위였다. 그리고 그분의 피는 제의 도구가 아니라, 히브 10장에서 말한 대로 우리 양심을 정화하는 것이다. 다음과 같은 사실이 다시 한 번 분명해진다.

인격적인 중재는 모든 압박, 곧 하느님께서 아들의 희생을 요구하실 정도의 모든 압박을 불필요한 것으로 만든다.

여기서 중요한 것은 제식상의 강한 압박이 아니라 아드님의 자유로운 전구이다. 아무런 죄도 없고 하느님 마음에 들며, 부가적으로 우리를 위해 하느님 앞에 나서는 분의 중재가 중요한 것이다. 여기서 '부가적으로'라고 한 이유는 하느님께서 사람이 되어 오시어 우리를 돌보는 일을 훨씬 뛰어넘는다는 의미로 붙인 것이다.

18장

삶의 승리

⋮

18.1 끝, 새로운 시작이 되다
18.2 새 창조의 시작
18.3 부활의 기쁨과 부활의 근거들
18.4 우리의 의심을 풀어 주는 예수

18.1 끝, 새로운 시작이 되다

부활 강론을 듣다 보면 고통스러운 느낌이 자주 든다. 예수가 지금 부활하셨다는 말인지, 아닌지 풀기 어려운 의문과 대면하게 된다. 부활이 믿음의 핵심 난제로 제시될 때 이런 의문이 든다. 그러나 부활 사건에 관한 보도는 대부분 이러한 의문에 대해 아무것도 인지하지 않고 넘어가게 한다. 물론 부활 보도는 부활하여 눈앞에 나타난 존재가 죽은 영이 아니라 예수 자신이라는 사실을 전해야 한다. 복음서들 가운데 세 복음서는 예수의 부활에 관한 다양한 증거에 큰 비중을 둔다. 그러나 여기서 교의적-신조적 문제가 중심이 된 적은 한 번도 없었다. 부활 사건은 늘 압도적인 체험으로 묘사되었다. 그러므로 부활 소식을 현대인에게 맞게 전환하려면 부활을 전염성이 강한 기쁨으로, 살아 계신 예수와의 만남으로 알리는 작업에서 출발해야 한다. 부활은 현실 세계를 역행하는 주장이 아니라 예수 안에서 생생하게 살아 계시고 승리하신 하느님 체험이기 때문이다. 부활은 전염성이 강한 체험으로서 다른 사람들에게 전해야 하는 것이다. 부활에 관한 텍스트들은 단순히 자의적 의향(봄, 경제 성장, 평화, 사랑, 욕구)을 드러내는 '희망의 표상'이 아니다. 오히려 이 텍스트들은 예수의 구체적인 육체성과 관련된다. 여기서 그분의 몸이 원상태로 돌아가는 것에만 치중하고, 그분이 변화했다는 점은 좋은 의도에서 숨겨진 적이 많다. 부활한 분의 몸은 선이 그어지는 공간적 제한을 받지 않으며, 무상無常과 죽음으로부터도 해방되었기 때문이다. 따라서 부활한 예수는 당연히 부활 전의 예수보다 덜 육체적인 분이 아니다. 부활 날 새벽녘에 하느님과 만나면서 예수의 몸은 변화하고 결정적으로 변모된다. 우리가 부활을 몸과 연결하지 않는다면 부활은 단순히 "예수의 사건은 지속된다."는 의미에서 형성된 사고의 틀에 그치고 말 것이다. 유다이즘에서는 인간의 몸과 영혼은 분리되지 않는다는 견해를 일찍이 지녔다. 그래서 부활은 육체적인(변화된 몸) 것이다. 그렇지 않으면 부활 자체가 없는 것이다. 인간은 분리될 수 없는 존재이기 때문이다. 몸은 무능, 고통스러운 압박 그리고 내맡겨진 상태를 체험하는 장소이다. 지복至福과 영광도 오직 육체적으로만 생각할 수 있고 희망할 수 있다. 루카 21,28에서 예수가 허리를 펴고 머리를 들라고 한 아름다운 표상도 이런 전체를 지향한다.

 이러한 맥락에서 빈 무덤에 관한 보도는 마치 이차적인 것처럼 취급되기도 했다. 바오로가 '주님께서 ○○에게 나타나셨다.'라고 간결하게 보도한 내용과 대조를 이룬다. 위와 같이 보는 이유는, 복음서가 서간보다 늦게 형성되었고 천사는 존재할 수 없으므로 빈 무덤에 관한 보도들이 순전히 꾸며 낸 이야기에 불과하기 때문이라는 것이다. 이에 대해 다음과 같이 말할 수 있다.

복음서가 코린토 신자들에게 보낸 첫째 서간보다 늦게 기록된 것이 사실이다. 그러나 이것이 가다듬은 전승의 오래된 정도를 말하는 것은 아니다.

나아가 바오로가 빈 무덤에 관해 직접 언급하지는 않았지만, 내용에 의하면 이를 전제로 하고 있다. 1코린 15장에도 나오듯이, 그가 참으로 부활에 대해 말할 때에는 땅에 묻힌 씨앗이 새로운 식물로 자라는 것과 같이 변화될 것, 또는 들어 높여진 존재에 관해 언급하기 때문이다. 변화에 대한 표상은 바로 새롭게 부활한 몸 안에서 옛것의 모든 자취가 들어 높여짐을 의미한다. 여기서 '들어 높여졌다'는 말은 변화되었다는 것과 남김없이 없어졌다는 이중적 의미를 담고 있다. 이와 달리 바오로가 그리스도인들의 죽음과 죽은 이들의 부활의 중간 상태에 대해 말할 때에는 새로운 몸(천상의 집)으로부터 출발한다. 그러나 여기서는 부활에 대해서 말하지 않는다. 옛 뼈들이 아직 땅속에 있기 때문이다. 땅속에 있는 옛 몸은 아직 부활을 기다리고 있다. 부활할 때 옛 뼈들이 일어나 이미 존재하는 천상의 몸 안으로 들어갈 것이다. 부활할 때에 비로소 새로운 몸이 가시적이 되고 땅 전체도 죽음의 노예 상태에서 해방된다. 그때까지 그리스도인들은 아직 부활하지 않은 상태로 있다. 바오로가 부활을 말할 수 있는 대상은 오직 예수뿐이었다. 예수는 원형이다. 그러기에 빈 무덤도 그분에게만 전제된다. 세상을 떠난 그리스도인들은 육체적으로 주님 곁에 있지만, 그것이 우리 눈에는 아직 보이지 않고 아직 부활하지 않은 상태로 있다. 최종 결론은 이렇다.

예수 그리스도의 부활에 대해 반드시 생각할 점은 옛 몸이 변화했다는 것이다. 그러므로 그분의 희생도, 빈 무덤도 생각해야 한다.

이처럼 육체성에 대한 물음에 복음사가들이나 바오로는 명백히 답한 것이다. 그렇기 때문에 이 물음은 결코 하찮은 것이 아니다. 우리의 건강과 아픔, 행복과 불행은 늘 몸과 함께, 몸에서 일어나는 것을 통해서 결정되기 때문이다. 부활 소식을 현대인에 맞게 이식하는 일과 관련해서 다음을 유의해야 한다.

서구 신학과 신심이 예수를 너무 고립시켰다.

이는 물론 네 복음서에 해당하는 말이다. 복음서는 하나같이 예수를 믿는 그리스도인들에게 예수 부활의 의미에 대해서는 아무것도 말하지 않았다. 복음서는 예수의 부활을 오로지 하느님께서 십자가에 못 박힌 분을 복권시키시고 당신의 아드님이라고 인정하시는 것으로만 고찰한다. 치욕스러운 십자가상의 죽음을 반박하는 것이 주축을 이룬다. 이러한 의미에서 루카는 예수를 죽인 자들의 면전에서 그분의 정당함을 인정하는 것이 곧 부활이라고 보았다. 이 견해는 사도행전에서 비롯된다. 사도들이 유다인들에게 설교한 내용을 보면 늘 다음 구조를 지녔다.

여러분이 그분을 십자가에 매달아 죽였습니다. 그러나 하느님께서는 그분을 되살아나게 하셨습니다.

이 말은 다음과 같은 뜻이다.

하느님은 예수를 죽인 이들과 정반대로 활동하신다.

하느님은 당신의 신적 활동으로 인간이 저지른 살인행위를 물리치신다. 그리하여 예수의 부활은 치욕적인 심판을 받고 고통스럽게 처형된

분의 정당함을 하느님을 통해 인정하는 것이다. 하느님은 예수를 당신 오른편에 앉히셨다. 이런 의미에서 1티모 3,16에서는 예수의 옳음을 확신한다(그분께서는 사람으로 나타나시고 그 옳으심이 성령으로 입증되셨으며 천사들에게 당신 모습을 보이셨습니다). 예수를 따르는 사람이 그분의 운명에 동참한다는 점에 대해서 복음서는 간접적으로만 표현하고 있다.

이와 달리 동방교회는 예수의 부활 자체에서 이미 그분이 죽음을 극복했다고 강조한다. 루카 24,5에 있는 "어찌하여 살아 계신 분을 죽은 이들 가운데에서 찾고 있느냐?"는 말씀은 이러한 견해에 다리 역할을 한다. 동방교회의 견해는 다음과 같다.

예수는 죽은 이들의 나라로 내려가셨다. 그분은 참으로 죽으셨고 죽은 이들 곁에 있었다. 그러나 예수는 죽을 짓을 범하지 않은 유일한 분이셨다. 그분은 온전히 의로운 분이셨기 때문이다.

죽음의 지배자(일부는 악마로 소개됨)는 예수가 자신의 나라로 들어온 것을 알아차리지 못했다. 따라서 예수는 자구적 의미나 테러리스트적인 전문용어로는 '잠자는 인물'이었다. 그분은 남모르는 사이에 적대적인 체제 안으로 들어갔다. 그곳에서 얼마 동안(이틀 반) 자고 다시 깨어났다. 죽음의 지배자가 깜짝 놀라도록 이제 그분은 죽음의 나라를 내부로부터 폭파할 수 있다. 외부에서는 할 수 없는 일이기 때문이다. 죽음의 세계를 닫아 건 빗장은 내부에서만 열 수 있다. 예수는 이 빗장을 내부에서 부수었고 그렇게 하여 적대적인 체제도 부수었다. 죽음의 지배자는 굴복했고, 죽은 이들의 세계는 열렸다. 이 말은 다음과 같은 의미다.

이제부터 죽음은 더 이상 전능하지 않다. 죽음의 통치는 단기간만 유지될 뿐이다.

예수의 죽음 이후 세상을 떠난 그리스도인들은(어떻든 최소한 이들만이라도) 예수에게 직행한다. 그분은 모든 그리스도인을 안아 주기 위해 두 팔을 활짝 벌리고 그곳에 서 있다. 그리고 말한다.

너를 기다렸다. 이제 그 어떤 것도 우리를 갈라놓을 수 없다.

예수는 예전의 의미에서 죽음의 지배에 자신을 내맡기고 '돌아올 수 없는 나라'로 들어간 마지막 존재였다. 그러나 그분은 그곳에 속한 분이 아니었기에 잠잔 사람처럼 다시 깨어나서 죽음의 나라를 내부로부터 쳐부술 수 있었다. 동방교회는 예수의 죽음과 부활 이래로 죽음의 완전히 달라진 역할을 기리며 축제로 지내고 있다. 예수는 이러한 의미에서 다음과 같이 호소할 수 있던 마지막 분이기도 했다.

저의 하느님, 저의 하느님, 어찌하여 저를 버리셨습니까?

이후부터 모든 그리스도인에게 죽음은 하느님으로부터 버림받은 상태가 아니라, 부활하시고 들어 올림을 받으신 주님과의 완전한 공동체로 나아가는 과정이 되었다. 그리하여 바오로는 필리 1,23에서 이렇게 말한다.

나의 바람은 이 세상을 떠나 그리스도와 함께 있는 것입니다. 그 편이 훨씬 낫습니다.

동방교회는 이 길을 발견했기 때문에 전체적으로 부활의 교회가 되었다. 동방교회는 부활을 죽음을 쳐부순 명백한 승리와 연결한다. 서방교회도 이러한 희망의 신학을 받아들여 자신의 것으로 삼을 때가 올 것이다. 부활 감사송에서 이렇게 말한다.

그분은 당신의 죽음을 통해서 죽음을 이겨냈나이다.

안티오키아의 이냐시오는 예수가 남모르게 죽음의 나라로 들어간 일을 다음과 같이 표현했다.

마리아가 동정녀로 머무른 것과 예수님을 낳은 것 그리고 우리의 주님께서 돌아가신 것은 이 세상의 지배자인 악마에게 알려지지 않고 비밀에 부쳐졌습니다. 이 세 가지 신비가 하느님에 의해 침묵 속에 들어가자, 이들은 더욱 큰 소리로 외쳤습니다.(에페소인들에게 보낸 편지 19,1)

그러나 세상에 존재하는 수많은 고통과 불의에 직면해 어떻게 부활에 대해 말할 수 있을까? 우리는 3천 년대에 살면서도 기아와 살인을 퇴치하지 못하고 있다. 그런데 어떻게 저 세상의 삶을 보여 줄 수 있겠는가? 고통받는 사람들 앞에서 우리가 죽음을 이긴 이야기를 할 수 있을까? 이것은 당연히 의문스러울 수밖에 없는 일이다. 그리스도인들의 부활 축제는 예전에도 그랬듯이 오늘날에도 여전히 하나의 도전이다. 실제 세계에서는 대량으로 죽음이 진행되는 반면, 부활 축제는 들뜨고 유쾌한 축제, 무덤 위에서 지내는 축제이기 때문이다. 우리가 누리는 부활의 기쁨은 교회가 만든 것이 아니다. 알록달록 그린 부활 달걀도, 부활 토끼 모양의 초콜릿도, 인조 잔디와 둥지 속 어린 새도, 새끼 오리도 교회의 산물이 아니다. 이 모든 것은 사람들이 생각해 낸 것에 지나지 않는다. 부활 축제의 참으로 쾌활한 영성은 사람들이 찾아낸 것이 아니거나 너무 진지하게 만들어 낸 것이거나 둘 중 하나이기 때문이다. 또는 이 영성에 대해서 아무것도 알지 못했기 때문이다.

고통과 불의와 살인은 부활이 답변해야 하는 엄청난 비극이다. 이러한 잔인한 행위들은 숨겨지지 않고 과소평가되지도 않는다. 우리가 지내는 부활 축제는 그렇게 많은 고통과 비참함과 살인 위에서 진행되는 것이다. 부활은 이러한 것에 꼭 맞는 대답이고, 나를 납득시키는 유일한 대답이다. 성금요일에 십자가에 못 박힌 예수는 살해된 분, 학대당하고 고통받은 분, 희생자들 중 한 분이기 때문이다. 참된 하느님이자 참된 인간인 분을 죽인 현장에서도 놀라 물러서지 않은 세상은 어떤 것으로도 변명이 안 되는 실재이며 권력 다툼에 사로잡힌 실재이다. 여기서 우리가 동의할 수 있는 점이 있는데, 나자렛 예수의 사건은 오판으로 죄 없는 자가 당한 참혹한 사형의 극치였다는 것이다. 십자가에 못 박힌 이들은 상상을 초월하는 극심한 고통과 두려움을 몇 시간이나 겪고 질식당하면서 신경조직도 망가진 상태로 죽어 간다.

이 사건에 대한 하느님의 응답 역시 가장 극단적인 것이었다. 우리는 보통 하느님께서 개입하지 않으신다고 불평한다. 이제 여기서 하느님이 개입하셨다. 바로 이 시점에서 하느님은 세상과 피조물 일부를 회복시키셨다. 그리하여 사람들은 다음과 같이 말할 수 있게 되었다.

새로운 창조.

하느님은 세상을 사랑하시기 때문에 개입하셨다. 이런 논리가 성직자들의 세련된 속임수에 불과한 말장난일까? 하지만 이것은 이미 로마 이방인들이 인지한 내용이기도 하다. 이들은 가장 큰 위험이 도사리고 있는 곳에 하느님께서 가장 가까이 계신다는 것을 알고 있었다.

여기서 '하느님'이란 어떤 의미일까? 흰 수염을 길게 늘어뜨린 노인 표상은 널리 알려져 있다. 이는 신의 존재는 인정하지만 그 섭리와 예배는 인정하지 않는 이신론자理神論者들의 하느님에 지나지 않는다. 이들은 처음부터 곤경에서 멀리 벗어나 으스대려고 하지, 난관과 대면할 마음이 전혀 없다. 인간은 서로 전혀 다른 방식으로 다양하게 하느님을 체험한다. 예를 들면 극심한 곤경 속에서 최종적으로 의지할 수 있는 분으로 체험한다. 엄청난 절망과 격앙 속에서 외친 예수처럼.

저의 하느님, 저의 하느님, 어찌하여 저를 버리셨습니까?

어쩌면 우리는 곤궁 한가운데서 하느님을 분수령으로 만나게 될지도 모른다. 우리 안에 깊숙이 들어와 드러내지 않고 소리 없이 모든 것을 바꾸는 분으로 하느님을 만나게 될 수도 있다. 이것이 '새로운 창조', 하느님께서 계획하신 것이다. 신약성경은 이것을 일러 '하느님 나라'라고 한다. 이는 살인과 범죄가 만들어 놓은 폐허 위로 찬란히 빛나는 아침 햇살과 같다. 하느님은 불의에 물들지 않은 세상(동시에 세상을 뛰어넘는)의 구심점으로서 발견될 수 있는 분이기도 하다. 하느님은 모든 희생자의 희망이며, 최후까지 남는 바로 그 희망이다. 하느님은 극변에 계신 분, 마지막 초소에 머무시는 분으로도 발견할 수 있다. 바로 이곳에서 우리는 전체에 관해 다시 한 번 새롭게 숙고할 수 있다. 세상의 신비이신 하느님은 결국 우리를 받아들이는 분이지, 내치는 분이 아니심을 깊이 생각해야 할 것이다. 하느님은 우리가 육체적으로 감지할 수 있는 '저항'이기도 하다. 정의를 청하고 구걸하면 다음과 같이 깨달을 것이다.

> 우리가 원하는 것은 우리에게 허락되지 않는다. 우리는 침묵의 벽을 향해 좀 더 세게 돌진해야 한다.

하느님은 우리가 당신을 참으로 필요로 하는지 알고 싶어 하신다. 그럴 때 가득한 사랑으로 당신을 열어 주신다. 하느님은 주저하면서 열리는 세상의 신비로 당신을 보여 주신다. 이는 마치 이른 봄날 아침 햇살에 꽃들이 아직 찬 기운을 느끼는 상태에 있는 것과 같다. 하느님은 우리가 당신 앞에서 항상 도망쳐야 할 것만 같은 모습으로 자신을 보여 주신다. 그러나 그분은 우리가 지평선처럼 멀리 달아나더라도 사랑스럽게 우리를 꼭 안아 주신다. 하느님은 만물 안에, 만물 위에서 신비스러운 '고집'으로 당신을 드러내신다. 그분은 어떤 것도 있는 그대로 놓아두지 않으신다. 하느님은 아직 평화롭지 않고 아름답지 않은 모든 목표점에 또 하나의 새로운 목표를 세우시는, 더할 나위 없이 탁월한 분이시다. 부활은 다른 어떤 것이 아니라 전적으로 하느님 체험이 핵심이다. 부활은 다름 아닌 바로 성경적 하느님 체험에서 나온 최종 결과인 것이다. 이렇듯 관건은 우선 위력에 대한 물음이다.

> 이 세상의 가장 힘센 지배자, 의심할 여지없이 막강한 지배자인 죽음이 전지전능한 최종적인 주인이란 것인가? 부활은 이러한 세상 지배에 맞서 하느님께서 항의하신 것이 아니란 말인가? 굴복하고 파괴하는 것에 맞서 하

느님께서 항의하신 것이 아니란 말인가? 부활은 지금까지의 체제를 뛰어넘어 마침내 필요한 행보를 한 게 아니란 것인가? 공포와 슬픔, 두려움과 비탄, 덧없는 것과 살해하는 것을 뛰어넘어 행보한 것이 아니란 말인가?

어디에서 그 답을 정확히 알 수 있을까? 이에 대해 나는 개인적으로 대답하고 싶다. 나는 좋은 사회에 위대한 사랑을 실천하는 사람들, 뛰어난 예언자, 훌륭한 시인들이 있음에 긍지를 지닌다. 이들이 모두 잘못 생각했다고는 보기 어렵다. 나는 나 자신이 독일 서북부 엠스 지방에서 살았던 내 조상들과도 소통하고 있음을 느낀다. 내 조상들은 세상을 떠날 때 임종 십자가를 두 손에 쥐고 자신의 생명을 창조주께 돌려 드렸다. 이 모든 것이 터무니없는 일이라고 할지라도(최소한 우리가 부활이라고 부르는 이 대목에서), 하느님께서는 육체적인 요소들과 함께 개입하셨다. 바오로가 지금 여기에 있다면 다음과 같이 말할 것이다.

다른 모든 것, 사랑하는 사람들과 눈먼 환시자들의 모든 예견은 대담하게 꾸며 낸 것일 수도 있습니다. 그러나 사람들이 발현하신 예수님을 본 것, 나 자신이 그분 앞에서 땅에 엎어진 것 그리고 나의 길을 바꾼 것은 전혀 날조된 이야기가 아닙니다. 나는 압도당했습니다. 하느님은 압도하시는 분임을, 사랑으로 압도하시고 변화의 위력으로 압도하시는 분이심을 저는 생생하게 체험했습니다.

바오로는 이 고백이 공상에서 나온 것이 아님을 강조하며 말을 잇는다.

나는 여러분에게 대략 530명이나 되는 증인의 이름까지 제시할 수 있습니다.

목격자가 530명이나 된다면 어떤 판사라도 증거 자료로 충분하게 여기면서 고마워할 것이다. 그때나 지금이나 이런 숫자는 그야말로 압도적이다. 바오로는 우리에게 다음과 같이 말할 것이다.

아무도 알지 못하는 것에 대해 내가 과도하게 알려고 하는 것이 아닙니다. 나는 예수님이 살아 계시고 하느님의 아들이시며 육체적으로 부활하셨고 정령이나 망령이 아니라는 것을 분명히 알고 있습니다. 또 그분이 나를 파견하셨고 하느님처럼 죽음에서 해방되셨다는 것도 알고 있습니다. 그다음에 무엇이 더 있는지는 더듬거리며 대강 설명할 수 있을 뿐입니다. 하느님은 우리와 전혀 다른 분이기 때문입니다. 그래서 나는 우리도 전부 겪게 될 변화에 대해 말하고 있는 것입니다. 이 변화는 부활하신 예수님으로부터 나와 성령과 함께 나를 통해서 다른 사람들에게 전염되고 있습니다. 영광 안에서 변화의 영이 함께하십니다.

바오로는 계속해서 이렇게 말할 것이다.

여러분은 부활에 관한 이러한 기쁜 소식이 내가 늘 선포해 온 것과 조금도 다르지 않고 정확히 일치한다는 것을 인지하지 않습니까? 이것은 영원히 지속될 사랑에 관한 기쁜 소식과도 정확히 일치하지 않습니까? 모든 것이 이전 그대로 머무는 것은 사랑이 아닙니다. 각자 본래대로 그냥 두는 것도 사랑이 아닙니다. 사랑은 다음과 같이 말하는 것입니다. "나오너라! 너희가 칩거하고 있는 동굴에서 나오너라. 너희가 짐짓 옳다는 것을 증명하려고 괴테나 빌헬름 텔Wilhelm Tell[22]을 인용하는 그런 거추장스러운 곳에서 나오너라. 추측이나 하는 어스름한 상태에서 빠져나와 부활의 밝은 빛의 대열에 합류하여라. 이 빛은 부활 성야에 어두운 성당을 밝히는 촛불에서 나온 것이기 때문이다. 부활하신 분을 명백히 상징하는 이 부활초의 빛에 합류하여라."

바오로는 또한 이렇게 말할 것이다.

내가 말하는 사랑은 일반적인 휴머니즘이나 항상 낙관적으로만 생각하는 이들이 던지는 무책임한 말과는 다르다는 것을 여러분은 알지 않습니까? 여기서도 구원은 부활에 관한 하느님 체험에 그 원천이 있으며 결정적으로 연관된다는 것을 알지 않습니까? 그리스도인들이 어떻게 진리에 대한 이러한 청구권을 포기할 수 있겠습니까? 이것은 분명히 세상을 위한 최종적이고 유일한 희망입니다.

여기서 말하는 결론은 무엇인가? 내가 확신하는 점은, 바오로가 지금 올바른 생활에 필요한 것들, 예컨대 우리 모두 착하게 살고 탐욕에 빠지지 않으며 좋은 사람이 되어야 한다는 말을 새삼 되풀이하지 않는다는 것이다. 이런 규정은 수프에 소금을 치지 않는 것과 같다고 볼 수 있다. 소금은 오늘날 이런 뜻일 것이다.

삶을 지나치게 좋아하게 될까, 염려하지 마라.

여기서 말하는 결론은 소금에 해당하는 삶, 모두가 감사하며 이웃에게 전하고 싶은 삶, 커다란 손 안에 보호된 것처럼 안전함을 느끼는 삶,

---

22) 14세기 초반 스위스 우리Uri 주에 살았다고 전해지는 전설의 영웅. —역자 주

새로운 생명을 이 세상에 낳아 줄 수 있는 삶이다. 이러한 삶을 사랑하지 않는 사람은 부활의 의미를 제대로 깨닫지 못하거나 부활을 바랄 수 없다. 부활절에는 생명을 기리고 이 생명이 있음에 감사하는 마음을 지니기 때문이다. "주님께서 부활하셨습니다. 그분은 참으로 부활하셨습니다!"라는 말에 얼마나 새롭고 신기한 내용이 들어 있는가? 이에 대해 열 가지로 말해 보겠다.

1) 하느님은 변화시키신다. 불편한 감정을 유발시키는 사물들이 있다. 그런데 이런 사물들에 늘 관심을 기울이는 사람들이 있다. 이들은 그 뒤에 어떤 것이 숨어 있지 않을까 궁리하고, 삶과 역사 속에서 종종 발생하는 불합리한 일에도 관심을 쏟는다. 죽음이 참으로 죽음이 아니라면, 썩어 없어질 것이 더 이상 썩지 않고 그대로 있다면, 먼지가 최종적인 것이 아니라 변화와 약속, 기쁨과 빛이 최종적인 것이라면 어떠할까? 성경은 다음의 말 이상은 하지 않는다.

주님을 믿는 사람들에게는 생명이 변화된다. 없어지는 것이 아니다.

여기서 요청되는 것은 우리의 상상력이 아니라 기억이다. 변화될 수 없는 것은 무엇인가. 전환에서 관건은 커다란 변화가 지속되는 것이다. 변화는 생명의 법칙이다. 하느님은 생명을 변화시키신다. 거두시는 것이 아니다.

2) 하느님은 우리 몸을 어루만지신다. 희망은 추상적인 것이 아니며 어떤 새로운 의식 능력도 아니다. 여기서 나는 마르크스주의적 희망의

철학자인 에른스트 블로흐Ernst Bloch의 마지막 인터뷰를 떠올려 본다. 죽음을 앞둔 시기에 안락의자에 몸을 의지한 상태에서 그는 해방된 미래 사회의 희망에 대해 말했다. 그의 몸은 희망을 거슬러 말했다. 아니다. 내 몸이 없는 희망은 결코 희망이 아니다. 부활할 때 하느님께서 몸 안으로 들어오신다. 부활해야 비로소 하느님의 통치가 우리의 손가락 끝까지 미치게 된다. 예수는 비유를 들어 통치에 대해 말했다. 이 통치는 밭에 숨겨진 보물과 같다. 그 보물을 발견한 사람은 자신이 가진 것을 모두 기꺼이 처분하여 그것을 산다. 종국에는 하느님의 통치가 우리의 무상함을 꿰뚫고 들어오기 때문이다. 예수는 육체성에 대해서도 설교했다. 예를 들어 산상 설교에서는 여인들에게 무엇을 사든, 친절을 베풀든 눈을 깜박이는 것에 지나지 않는 사소한 것이 관건이라고 했다. 귀머거리에게 "열려라."라고 말하고 죽은 소녀에게 "소녀야, 일어나라."라고 말한 것도 육체성에 대한 것이다. 어떤 집에 들어가며 "오늘 이 집에 구원이 내렸다."고 한 것 또한 마찬가지이다. 더 나아가 예수는 몸에 대해 걱정하지 말고 먹을 것, 입을 것, 머리카락 한 올에 대해서도 걱정하지 말라고 했다. 하느님께서 그 모든 것을 생각하실 것이기 때문이다. 그분은 당신 자녀의 생명을 받아 주고 보호해 주신다. 그렇다면 예수의 설교는 부활만큼이나 터무니없는 것일 수 있다. 부활은 조건 없이 하느님을 믿은 결과이다. 예수는 사람들이 선하신 하느님의 손에 자신을 전적으로 맡겨 드리기를 바란다. 다음과 같은 내용을 생각해 보자.

> 예수와 제자들이 참으로 그리고 진지하게 먹을 것과 입을 것에 대해 걱정하지 말아야 한다면, 순교할 경우라도 목숨에 대해 걱정하지 말아야 한다면, 이는 하느님의 실재를 진지하게 받아들인 것으로 급진적이고 단호한 결과이다.

예수가 지상에서 떠돌이 생활을 한 것은 하느님께서 죽은 예수도 돌보시리라는 것을 암시한 서막에 해당된다. 예수는 하느님의 손 안에서 보호받는다. 그러나 죽은 상태가 아니라 살아 있는 상태에서 보호받는 것이다. 성경의 하느님이 참으로 존재한다면 그분 곁에는 죽은 것은 전혀 없고 오로지 살아 있는 것만 있기 때문이다.

우리는 숨 쉬는 순간순간 우리 몸을 체험한다. 나이가 들수록 점점 더 많이 저항하고 예측하기 어려울 정도로 어둡게 체험한다. 우리 몸은 우리 자신이기도 하다. 우리가 우리 자신에 도달하지 못하고 자신을 소유할 수 없으며 마음대로 할 수 없듯이, 하느님도 신비로 만나는 것이다. 어쩌면 하느님은 특히 신비 속에서 그리고 예측하기 어려운 가운데 우리와 만나시는지도 모르겠다. 그렇기 때문에 부활에 대해 말하는 것이다. 우리가 하느님을 신뢰하면 할수록 계시로서의 부활 안에서 하느님을 만나게 되기 때문이다. 그리스도적으로 죽고 그리스도적으로 희망한다는 것은 다음과 같은 뜻이다.

자신을 온전히 하느님의 손에 내어 드리는 것.

자신을 온전히 하느님의 손에 내어 드리는 사람에게 하느님은 생명[23]을 변화시킬 기회를 주신다. 그러면 우리의 몸도 투명함과 기쁨으로 변화된다. 더 이상 우리를 따라다니는 예측하기 어려운 신비 상태로 머무는 것이 아니다.

---

[23] Leben : 삶·생존·생명·목숨·생계·살림·일생·생애를 의미하는데, 여기서는 삶 또는 생명에 해당하는 의미로 사용되고 있으므로 문맥에 따라 삶 또는 생명으로 번역했다.-역자 주

예수는 육체성의 영역에서 구원하려 하고, 당신 자신도 그렇게 인식되고 인정받기를 원한다. 그분은 몸에 약속한다. 하느님의 통치와 약속은 매 순간 우리의 삶과 행동과 더불어 진행된다. 하느님의 실재는 구름 뒤에 가려져 멀리 있는 현실이 아니다. 예수 안에서 우리 몸으로 들어오신 것이다. 그리하여 그분의 실재는 우리의 구체적인 삶, 예컨대 생생한 감각과 끊임없이 교차한다. 매 순간이 부활이라는 약속의 장소가 된다.

3) 부활은 믿는 것이 아니라 인지하는 것이다! 부활한 분은 그 자체로, 육체적으로 남녀 제자들과 만난다. 흡사 유령처럼 나타나는 영혼은 유다교나 초기 그리스도교에서도 낯선 것이다. 따라서 예수의 제자들이 그분의 상흔을 보고서야 그분을 알아본 것은 논리적 귀결이다. 부활은 우리가 단순히 믿어야 하는 것이 아니다. 부활은 제자들의 체험이었다. 부활 체험은 오늘날 우리가 학교를 다닌 이래로 늘 숫자로 측정하고 파악할 수 있는 것에 제한된 체험과는 물론 다르다. 이 체험은 자신의 꿈을 현실로 바꿀 수 있는 화가와 시인, 작곡가와 건축가와 더 많은 관련이 있다. 부활이라는 주제를 놓고 사람들이 믿음이나 심지어 믿어야 한다는 것에 대해 늘 너무 많이 그리고 성급히 말한다는 생각이 든다. 그러나 이런 현상은 이 주제에, 그리고 무엇보다 우리 자신에게 별로 좋지 않다. 믿음이란 용어에서 우리는 너무 빨리 순종, 특히 맹목적인 순종을 떠올리기 때문이다. 부활하신 분을 체험한다는 것은 현실 세계를 역행하는 것이 아니다. 예수도 본디 이미 믿고 있던 사람들에게만 나타난 것이 아니라 바오로처럼 믿음이 없던 적대자들, 극도의 적대자들에게도 나타났다. 부활은 우리에게서 사라져 버린 수많은 체험의 영역에 속하는 것이다. 지상에서 동물과 식물들만 죽는 것이 아니다. 측정할 수 없고 계산하

기 어려운 것을 인지하는 감각도 죽는다. 눈에 보이지 않는 것을 때로는 환상 가운데 생생하게 바라보는 능력도 죽는 것이다.

4) 부활에는 두 개의 중심축이 있다. 부활 또는 영원한 삶은 단순히 '사후'에만 해당되지 않는다. 부활은 죽음이라는 어두운 구멍을 메우기만 하면 되는 가설이 아니다. 부활 또는 영원한 삶은 '지금 이미'를 말한다. '지금 이미'라는 말에는 가볍게 살기, 걱정거리 없음, 약속이 숨어 있는 하느님의 통치에 진정으로 기뻐하는 마음도 포함된다. 그래서 산상 설교의 참행복 선언은 현재 시제로 나온다.

> 행복하여라, 마음이 가난한 사람들!
> 행복하여라, 온유한 사람들!
> 행복하여라, 평화를 이루는 사람들!

이들은 지금 이미 행복하고 또 행복해도 된다. 이들은 누구도 빼앗아 갈 수 없는 자유를 이미 누리고 있기 때문이다. 하느님의 이름으로 부활의 삶을 산다는 것은 두려움과 죽음에서 벗어나는 것이다. 그러므로 하느님께서 당신 자녀들에게 주신 사랑에는 두 개의 중심축이 있다.

> 여기서 살아가는 가시적인 삶의 지복至福과
> 장차 저곳에서 살아갈 비가시적인 삶의 지복.

5) 부활은 해방이다. 그리스도교 전례인 부활 찬송Exsultet에서 부활 성야에 대해 다음과 같이 노래한다.

이 밤은 당신께서 이스라엘의 아들들인 우리 선조들을 이집트에서 이끌어 내시고 홍해를 발을 적시지 않고 건너도록 하신 밤입니다. 이 밤은 불기둥이 죄의 어둠을 이긴 밤이며, 이집트인들로부터 전리품을 가져다가 히브리인들을 부유하게 만든 참으로 복된 밤입니다. 이 밤은 하늘과 땅, 하느님과 인간을 이어 준 밤입니다.

고대 교회는 이스라엘 백성 앞에서 인도해 간 불기둥을 부활에 대한 세속적인 비유로 보고 이것을 부활초로 표현했다. 이집트에서 이끌고 나온 것은 죽음에서 철저히 벗어났다는 표상이 되고, 이에 따라 죄와 죽음, 악마로부터 구출되었다는 표상이 되었다. 여기서 그리스도교 전례는 파스카 밤에 대한 유다인들의 해석과 연결된다. 탈출 12장에 대한 아람[24] 식 해석인 타르굼Targum에는 이렇게 나온다.

네 개의 밤이 있다. 네 밤은 모두 하나로 일치한다. 빛이 창조된 밤, 하느님께서 아브라함과 계약을 맺으신 밤, 파스카 밤, 메시아가 오시는 밤이 있다.

그리스도인들은 부활 성야 때 이 네 밤을 높이 기림을 본다. 늘 되풀이되는 기적이, 밤으로부터 해방의 빛이 태어나는 기적이 여기 부활에서 최고조에 달한다. 이러한 해석에서 좀 더 인지할 수 있다. 부활은 오늘날 축제를 지내면서, 예를 들어 부활 성야 전례 안에서 사람들에게 알릴 수 있다.

---

24) 아람Aram은 고대 시리아의 헤브루 이름이며, 지금의 시리아를 말한다. 아람어는 샘계系에 속하는 언어이다. -역자 주

6) 부활은 개인적인 사건이 아니다. 현대의 해방신학자들은 탈출기 표상을 거듭 보여 주며 다음과 같은 점을 명확히 했다.

구원은 결코 사적, 개인적 사건이 아니다. 구원은 마치 '하느님과 영혼'만 중요한 양 여기는 것이 아니다. 부활 역시 오직 나에게만, 내 뼈에만, 특별히 내 몸에만 초점을 맞추는 것이 아니다.

부활 신앙으로 나아가는 문이 자신에게는 닫혔다고 여기는 사람들이 많다. 이들은 자신의 육체에 일어날 것만 생각하기 때문에 그런 것이다. 오히려 부활은 되살아나는 것인 사랑과 더 많이 관련되고, 현존을 지속시켜 주는 사랑에 빠진 상태에서 생생히 살아 있는 것을 최고로 체험하는 것과 더 많이 관련된다. 부활은 기쁨과 더 많이 관련된다. 이런 기쁨은 신학자들이 내세우는 빛바랜 도그마로는 얻지 못하는 것이다. 부활은 근본 체험이다. 부활은 모든 것을 포괄하는 새로운 창조의 시작이기 때문이다. 따라서 새로운 삶의 공동체들이 생기는 곳에서 부활 체험을 그토록 압도적으로 하는 것이다. 마더 데레사가 세운 임종하는 이들의 집을 생각해 보라!

7) 부활은 하나의 기적이다. 부활에서는 자연법칙이 파기되었을까? 오히려 내게는 다음과 같은 것으로 보인다.

사람들이 발견한 현실 세계의 모든 영역을 포괄하는 자연법칙은 신화나 꾸민 이야기에 지나지 않을지도 모른다.

예수가 (그리고 다른 사람들이) 일으킨 기적은 이미 창조를 거스르는 것이 아니라 아직 다 퍼내지 못한 다른 많은 가능성을 암시하는 것에 불과하다. 이 기적은 법칙이 지배하는 방과는 전적으로 다른 방에 거주한다. 여기서 관건은 더 멋진 기회들이다. 마치, 무언가 현실이 될 수 있을지 기대하는 것이다.

8) 부활은 현존재의 의미를 새로운 빛으로 조명한다. 나에게는 다음과 같이 보인다.

기쁨이 최종적이고 근본적인 의미이다.

하느님께서 세상을 창조하신 이유는 이에 대해 당신이 기뻐하시고자 함이 아닌가? 우리가 선물로 받은 생명에 감사하고 이렇게 존재하며, 존재 그 이상도 이하도 아니라는 점에 의미가 있는 것이 아닌가? 창조주께 드리는 가장 아름다운 응답은 삶의 기쁨이고, 바로 그것으로 우리가 가장 행복한 것이 아닌가? 부활에 대한 희망이 인간에게서 두려움을 거둬가고 우리를 좀 더 기뻐하게 해 주며 기쁨이 의미라는 원리로 증명하는 것이 아닌가? '기쁨'이라는 낱말을 음미하니 루카 15장에서 세 가지 기쁨으로 드러내는 하느님 표상이 떠오른다. 되찾은 양의 비유와 되찾은 은전의 비유 그리고 되찾은 아들의 비유는 '되찾은 것에 대한 기쁨의 축제'와 연결된다. 성경에서 세 가지 기쁨의 축제가 나란히 나오는 곳은 유일하게 이 대목뿐이다! 기쁨의 축제를 함께 지낼 때 축제에 모인 사람들의 마음이 미래를 향하며 더 이상 과거에 매이지 않게 된다.

하느님은 어떤 사람이 잃어버린 길을 되찾으면 기뻐 어쩔 줄 모르신다.

잃었던 은전을 찾은 여인이 기쁨에 겨워 이웃 여인들을 초대하듯이 하느님은 그렇게 기뻐하신다. 하느님 표상에서 이러한 모습은 전례가 없던 것으로, 예수가 새롭게 도입한 것이다. 하느님께서 당신에게 돌아오는 사람을 보시고 그렇게 기뻐 어쩔 줄 모르신다는 것을 나는 다른 어떤 종교에서도 본 적이 없다. 나중에 카발라[25]에서 이와 유사하게 말한다.

하느님께서는 네가 태어나던 날에 춤을 추셨다.

우리는 한 사람 한 사람의 회개에 대해 기쁨을 감추지 못하시는 한 분이신 하느님을 믿는다. 이 하느님은 우리도 함께 크게 기뻐하기를 기대하실 뿐, 더 이상 아무것도 바라지 않으신다. 이 텍스트는 예수의 특성을 집중적으로 조명하며 그분이 무엇보다 천상의 아버지를 다음과 같이 잘 이해하셨다는 것을 보여 준다.

하느님은 우리가 당신에게 돌아오기를 간절히 바라신다. 하느님은 각 개인이 하늘나라로 직행하는 길로 들어서기보다 더 좋은 것은 알지 못하신다. 하느님은 이렇게 그지없이 기뻐하는 분이시다.

하느님의 기쁨만으로도 이미 사람을 감동시키고 전염시키며 움직이게 한다. 이 대목에서 연로한 선생님 한 분이 떠오른다(누구나 이런 비슷한 추억이 있으리라고 생각한다). 그분은 연세 지긋한 미술 선생님이었는데, 자

---

[25] Kabbala : 신적 사항들에 대한 전승이란 뜻을 지닌 말로, 유다인들의 신비를 담고 있다. 카발라의 대표적인 작품으로는 13세기 말에 저술된 소하르(Sohar, 영광의 책)를 들 수 있다. 좀 더 자세한 사항은 요셉 바이스마이어 외 다수가 저술한 책을 본인이 번역하여 가톨릭출판사에서 출판한 「영적 삶의 샘 제4권: 카발리스트에서 미란돌라까지」에 있다. -역자 주

신의 전공 때문에 큰 대우를 받지는 못했다. 예술가적 감수성이 풍부했던 선생님은 이 사실을 강하게 인지하셨다. 그러나 선생님은 학생들이 올바른 길로 나아가고 각자의 방식대로 그림을 완성해 놓으면 얼마나 기뻐하셨는지 모른다. 선생님의 기쁨은 학생들에게 전염되었으며, 그 모습은 선생님에게 다시 감동을 주었다. 이는 우리에게도 다음과 같이 해당한다.

그저 전능하시거나 무능하시기만 하지 않고 전혀 다를 수 있고 또 그렇게 원하시는 하느님, 올바른 길로 들어선 모든 사람에게 기쁨을 주시고 기쁨이 샘솟도록 하시는 그런 하느님을 우리는 얼마나 오랫동안 그리워했던가!

그렇기 때문에 다음과 같이 말할 수 있다.

하느님께서는 우리를 구원하기로 마음먹으셨다. 그 일이 하느님께는 더없는 기쁨이다. 하느님은 기쁨의 공동체라고 불려야 할 공동체 안으로 들어가는 길을 발견한 사람에게 감동하고 싶어 하신다.

이와 비근한 예는 충실한 종의 비유에서도 볼 수 있다. 그 종은 주인이 올 때 깨어서 맞이한다. 주인은 크게 기뻐하고 예수는 다음과 같이 말한다.

행복하여라, 주인이 와서 볼 때에 깨어 있는 종들! 내가 진실로 너희에게 말한다. 그 주인은 띠를 매고 그들을 식탁에 앉게 한 다음, 그들 곁으로 가서 시중을 들 것이다.(루카 12,37)

이 주인 역시 유별나고 정상 궤도에서 벗어나기 쉬운 인물이다. 주인이 종의 시중을 들다니, 도대체 어디서 한 번이라도 들어본 적이 있는 말인가? 주객이 전도된 세상이다. 하느님께서 감동하여 보이신 행동으로나 설명할 수 있는 내용이다. 하느님은 감동하신 나머지 당신의 숭고함마저 까맣게 잊으신다. 이렇게 기뻐하실 수 있고 종의 일마저도 기꺼이 하실 수 있는 하느님을 사람들은 심약한 분으로 여기며 우습게 생각할 수도 있다. 그러나 그렇게 생각하는 사람은 이 비유가 하느님을 두고 말한 것이란 사실을 망각한 것이다. 하느님은 무엇보다도 우리가 감히 파악할 수 없을 정도로 위대하시고 전지전능한 분이시다. 이런 하느님께서 우리에 대한 기쁨으로 당신 자신을 잊으실 수 있다는 것이 얼마나 감동스러운가.

9) 예수는 부활이다. 요한복음서에서 예수는 다음과 같이 말한다.

나는 부활이다.

대담하기 그지없는 말씀이다. 부활은 현실과 동떨어진 사변적인 것이 아니다. 부활은 예수 안에서 일어났다. 우주 법칙 안에서 일어난 것이 아니다. 예수 안에서 '생명'이라는 주제가 완전히 새롭게 작성되었다. 지금 이 순간이 지나간다면, 모든 순간이 다 지나갔다면 무엇이 남겠는가? 어디서 나 자신을, 나의 정체성을 발견하는가? 나 자신이기도 한 감각과 기분, 감정을 넘어선 저곳에는 무엇이 남겠는가? 예수가 "나는 부활이다."라고 했다면, 이는 스스로를 등대, 어둠 속 저 멀리에서 밝혀 주는 등대와 같은 존재로 표현한 것이다. 많은 요인들이 우리를 빛, 어두운 물길, 건너기 힘든 수렁과 갈라놓는다. 그러나 빛은 이미 이곳에 있다. 우리가 '지금 이 순간과 임종 때에' 눈을 크게 뜨고 이 빛을 주시한다면 이 빛은 그대로 머문다. 예수는 어둠의 물 위를 환히 비추는 빛과 같고, 우리가 물을 건너가야 할 때도 온갖 어둠을 잊게 해 주는 분이기 때문이다.

10) 부활은 순교로 입증된다. 유다교와 그리스도교에서 부활에 대한 기대가 순교와 연관된 것이 우연은 아닐 것이다. 순교자들은 자신들을 단죄하고 이겼다고 여긴 불쌍한 폭군들이 전부가 아니고 다른 어떤 것이 있다는 사실을 생명을 바쳐 증명했다. 순교자들은 자신이 무엇을 위해 증거하는지 잘 알고 있었다. 디트리히 본회퍼는 사형선고를 받은 시간에 이렇게 선언했다.

이것으로 끝이다. 그러나 나에게는 생명의 시작이다.

18.2 새 창조의 시작

세상은 부활 사건을 기점으로 다시 한 번 시작되었다. 이는 신약성경 텍스트들이 크게 일치하는 점이다. 성경은 하나의 거대한 아치를 이루고 있다. 성경은 만물의 시초, 창조의 아침과 연관된다. 이렇게 성경은 파경에 직면하여 신음하고 한숨짓는 사람을 꼭 붙잡고 말을 건넨다.

처음부터 다시 한 번 시작할 수 있어야 한다!

요한 20장의 보도에 따르면 부활은 작은 성령 강림이다.

부활하신 분은 제자들에게 성령을 나누어 주신다.

신약성경에서 성령에 대해 언급하는 곳을 보면 어디나 예표론豫表論이 개입하여 구약성경과 비유적으로 일치하는 내용을 최소한 위와 가깝게 제시한다. 주석가들은 사도행전의 성령 강림에 관한 보도를 접할 때마다 바벨탑 건설을 떠올리고, 승천과 성령을 받은 사건을 접할 때면 엘리야와 엘리사를 생각한다. 엘리야의 영이 유산으로 엘리사에게 넘겨지고, 엘리사는 엘리야의 승천에 대한 증인이기 때문이다(2열왕 2,10). 마태 28장에서 아버지와 아들과 성령의 이름으로 세례를 주라는 사명은, 모세와 모세가 받은 주님의 영을 나누어 받은 일흔 명의 원로들을 생각하게 한다(민수 11장). 요한 20장에는 이중적인 예표론마저 등장한다. 한편 예수는 제자들에게 숨을 불어넣으며 말씀하신다.

성령을 받아라.

마찬가지로 하느님께서는 창조 때에 아담에게 숨을 불어넣으시어 당신의 생명력을 나눠 주셨다. 요한 20장에서는 죄를 사하는 성령을 통해 (가장 진정한 의미에서) 새로운 창조가 이루어진다. 두 번째 예표론은 에제 36,25 이하에 근거한다.

하느님은 당신의 영을 물과 같이 마음 안에 보내시어 깨끗하게 하신다.

여기서 성령은 모든 죄를 깨끗이 씻어 주신다. 이는 제자들이 받은 권한의 내용이기도 하다. 제자들은 예수가 전한 창조 말씀을 통하여 이미 깨끗하게 되었으며(요한 15,3), 이제 권한을 받았다. 이 권한은 죄를 사해 주는 의미에서 막강한 위력을 지닌 말씀으로 계속 전달되어야 한다. 따라서 가르침을 계속 전하라는 위임만이 중요한 것은 아니다. 결정적인 것은 죄를 사해 주는 것, 이는 가르침 이상의 것이다. 숨을 불어넣으심으로써(하느님께서 아담에게 숨을 불어넣으심으로써 생명을 주신 것을 떠올리자) 이제 다음과 같은 사실이 명백해질 것이다.

제자들이 전하는 이러한 권한을 지닌 말씀은 인간을 새롭게 창조하는 데 영향을 미친다.

이런 의미에서 이제 요한 1,1 이하의 '말씀'은 목표에 도달하게 되었다. 이 말씀을 통해서 모든 것이, 온 세상이 창조되었다. 말씀은 먼저 예수 안에 있다(요한 1,14). 예수가 전해 준 권한으로 제자들도 스승의 창조 능력에 참여하게 되었다. 창조의 권능은 이제 인간을 근본적으로 쇄신하는 데 초점을 둔다. 바로 이러한 방법으로 하느님의 어린양은 세상의 죄를 없앤다(요한 1,29). 세례자 요한은 '하느님의 어린양'에 대해 설명하면서 예수의 죽음의 역할 그 이상을 강조한다. 그러나 창조의 말씀에, 새롭게 만드는 이 말씀에 중점을 두어야 한다. 예수가 당신의 유증으로 주는 권한은 제자들의 공동체로 이어진다. 아무것에도 매이지 않고 자유롭게 떠도는 것이 아니다. 마태 26,28에서 말하는 내용과 비슷하게 죄의 사함은 계약과 연계된다. 제자들은 계약을 이행하고 전하는 역할을 하는데, 유독 여기서만 명백하게 예수의 죽음과 연계된다(피!).

성령의 활동이 죄의 사함에 제한된 것은 네 번째 복음서의 논리적 결과에 비추어 볼 때 의미를 지닌다. 복음사가는 예수가 그리스도인들은 물과 성령으로 새롭게 태어난다고 말한 대목으로 돌아가 작업한다(요한 3,5). 이 말은 다음과 같은 뜻이다.

그리스도인들은 물로 세례를 받을 때 성령을 부여받는다.

제자들이 요한 20,23에 따라 실행하는 것은, 요한 3,5에 비추어 사람들이 세례를 받도록 허락할 것인지 거절할 것인지를 말한다. 예컨대 회개할 의지가 약할 경우에는 거절할 수도 있는 것이다. 네 번째 복음서에서 한 가지 더 떠오르는 점이 있다. 예수가 제자들에게 말했다(요한 13,10).

너희는 깨끗하다.

요한 15,3에서 예수는 이렇게 말한다.

너희는 내가 너희에게 한 말로 이미 깨끗하게 되었다.

요한 6,63(내가 너희에게 한 말은 영이며 생명이다)의 의미에서 예수의 이 말은 성령이다. 그리하여 이 표상은 다음과 같이 맺는다.

예수의 말씀은 제자들을 깨끗하게 하는 성령이다.

이 말의 뜻은 네 번째 복음서 서문에서 다음과 같다.

예수의 말씀, 그분의 성령은 제자들을 하느님의 자녀로 새롭게 태어나게 하는 위력이 있다.

예수의 말은 창조의 말씀이다. 새로운 탄생은 새롭게 창조된다는 뜻이다. 이 창조의 말씀이 전하는 '깨끗함'은 바로 쇄신된 피조물의 새로운 시작이다. 이전에는 어디서도 예수가 제자들에게 새로운 창조를 위한 이 힘을 나눠 주지 않았다. 여기서 새로운 창조에 대해 다루는 것은 하느님께서 세상을 창조하실 때 아담에게 숨을 불어넣으신 것을 인지하게 한다. 그래서 이렇게 말할 수 있다.

부활하신 예수께서 숨을 불어넣으신 사건에서 관건은 그 어떤 죄든 모두 용서하는 것이 아니다. 이 성령이 바로 창조주 성령이라는 것이 중요한 것이다.

요한 3,5에서 언급하는 세례를 받도록 허용하는 것과 세례를 주는 권한은 이제 제자들에게 넘겨졌다. 요한 3,5과 20,23을 함께 읽으면 에제 36,25-27이 성취된 것을 알 수 있다.

너희에게 정결한 물을 뿌려, 너희를 정결하게 하겠다. 너희의 모든 부정과 모든 우상에서 너희를 정결하게 하겠다. 너희에게 새 마음을 주고 너희 안에 새 영을 넣어 주겠다. 너희 몸에서 돌로 된 마음을 치우고 살로 된 마음을 넣어 주겠다. 나는 또 너희 안에 내 영을 넣어 주어, 너희가 나의 규정들을 따르고 나의 법규들을 준수하여 지키게 하겠다.

물의 상징은 그리스도교 세례예식에서 충만해진다. 네 번째 복음서에서 불결함과 우상 숭배는 '죄'로 해석된다(요한 15,3 참조). '새 마음'은 새로 태어남을 의미한다. 그리스도인들은 새롭게 창조된 존재로서 사랑의 계명을 실천할 수 있고 또 실천하기를 원한다. 이들이 새롭게 태어났기에 사랑을 실천하는 일 역시 새로운 계명이다. 네 번째 복음서에 의하면 예수의 부활은 제자들에게 다음과 같은 의미를 지닌다.

> 예수는 제자들을 통해서 영원한 삶의 힘 안에 있는 철저한 새로운 시작의 은사를 많게 한다.

1천 년대의 모든 계명은 죄의 사함에서 '깨끗함'을 강조했다. 이는 요한 20장에서 성령이 죄의 사함과 연관된 이유를 묻는 물음에 대답하기 위한 주석학적 열쇠를 다음과 같이 제공한다.

> 성령은 깨끗하게 하는 액체와 같이 이해된다.

성령은 마치 물이나 기름과 같기 때문이다. 성령 강림 때도 이와 비슷한 말을 한다.

> 얼룩진 것을 씻어라, …상처 입은 것을 고쳐라.

여기서 우리가 가장 먼저 인지하는 점은, 어떤 방식으로 성령을 창조주의 영으로 이해할 수 있느냐는 것이다. 새로운 창조나 죄의 사함을 통해 이루어지는 창조는 다음과 같은 것을 의미한다.

부활하신 분은 살아 계시며 예전의 낡은 피조물이 죽음으로 나아가는 것을 없애신다.

'죄'는 부정적인 관점에서 볼 때 무엇보다 하느님을 제대로 인정하지 않는 것, 하느님을 멀리하는 것을 의미한다. 이 죄와 하느님을 멀리하는 것이 예수를 통해서 극복되었다. 이것은 세상에 베푸시는 하느님의 은사, 그분의 창조적 은사이다. 그러므로 예수가 우리 가운데 보인 활동의 결과는 우리 마음 안에 있는 성령이다. 성령은 다른 모든 것과 마찬가지로 아버지에게서 유래한다. 성령은 아드님으로부터도 유래한다. 아드님이 성령을 사람들에게 인도했기 때문이다.

여기서 흥미롭게도 성찬례와 연관된다. 예수가 요한 6장에서 말한 이른바 당신의 살을 먹고 피를 마셔야 한다는 것, 다시 말해 당신을 남김없이 받아들여야 한다는 것은 요한 6장에서 성령의 은사라는 의미로 해석된다. 예수를 자신 안에 온전히 받아들이는 사람은(성찬례에서 실현되는 것) 바로 성령을 받아들이는 것이다. 성찬례의 효과는 (예수가 중재하여) 우리 안에 계시는 성령이다. 그러므로 이 텍스트를 해설한 어느 오래된 기도문에 나오는 다음의 내용은 논리적 결과인 것이다.

당신의 입에서 나오는 숨은 바로 여기, 당신의 제단 위로 흘러드나이다.

이렇게 하여 우리가 지금 다루고 있는 텍스트는 성찬례에서 성령께 거룩한 변화를 청하는 기도가 되었다. 요한 20장은 우리의 믿음에 한계가 없다는 점에 대해서도 말한다. 잠긴 문은 더 이상 어떤 장애가 아니고 갈라놓는 경계선도 아니기 때문이다. 하느님께서는 이제 우리 마음 안에 계시는 성령을 통하여 신적 영역과 인간적 영역을 구분하는 경계선을 걷어 내셨다. 바로 이와 같이 사람들 사이에 가로놓인 경계선도 없어졌는데, 이 일은 먼저 제자들에게서 이루어졌다. 네 번째 복음서에서 거듭 제시하는 예수의 유일한 윤리는 사랑이다. 서로서로 실제적으로 연대하는 태도인 사랑이다. 제자 공동체는 바로 사랑 안에서 하느님의 영광을 눈으로 보여 주고, 그렇게 하여 구원된 피조물의 첫 번째 존재가 된다. 하느님은 이제부터 성령을 통하여 이 지상에 현존하신다. 그러므로 제자 공동체는 결과적으로 예수 안에서 말씀이 사람이 되어 오심의 생생한 연장인 것이다. 이러한 이유로 성령 강림 대축일 전 토요일에 바치는 오래된 기도문에 다음과 같은 내용이 있다.

> 성령님, 저희 잘못을 깨끗하게 하시고 얼룩을 씻어 주시며 당신의 은사를 나누어 주소서.

이제 이것이 공동체의 카리스마가 되었다. 그러나 한 가지 더 생각할 점이 있다.

한계가 없는 믿음은 우리 자신 안에 유보된 면과도 연관된다. 비록 믿음은 한계가 없거나 아예 존재할 수 없는 것이라도 우리가 믿음에서 제외시킨 유보된 면과 연관된 것이다.

이는 이해력 또는 지성의 유보로 보이지만, 결국 마음의 유보인 것이다. 성령 강림에 대해 말하는 사람은 믿음 안에서 우리 행동의 어두운 면과 결점이 있다는 것도 알아야 한다. 다시 말해 단호함을 요청하는 성경적 요구에 한동안 순응하고 믿음이나 성경, 교회를 파괴하는 것으로 응답하는 성벽이 있다는 사실을 알아야 한다. 이는 마치 완벽하게 조직된 세상에서 갑자기 말로 표현할 수 없는 무시무시한 범죄가 발생하는 것과 같다. 철저하게 살기를 원했고 지금도 그렇게 원하는 성직자들이 뜻밖에도 중대한 과오를 범했다면 이것을 무슨 의미로 알아들어야 할까? 이는 우리의 필연적인 불완전함에서 나온 것이 아니다. 바로 사탄에 기인한 것이다. 참으로 기묘하게도 우리가 기도를 거부하는 태도 역시 마귀 소행의 흔적이다. 예수도 광야에서 사탄과 겨뤄야 했기에 40일 동안 밤낮으로 기도하고 자신이 받은 성령을 강화하며 이겨 냈다. 그렇다면 우리 안에 유보된 면도 기쁨을 통해 다시 점령될 수 있다(요한 20,20). 바오로가 말한 배반당한 첫사랑이 다시 시작될 수 있다.

18.3 부활의 기쁨과 부활의 근거들

부활하신 예수님을 본 여인들은 두려워하면서도 크게 기뻐했고(마태 28,8), 이내 그분께 다가가 엎드려 그분의 발을 붙잡고 절했다(28,9). 안개가 햇빛에 서서히 걷히듯 기쁨이 두려움을 거둬 갔다. 부활의 기쁨은 본래 무엇일까? 우리가 사용하는 일상단어에서도 떠올릴 수 있다. 예컨대 "마음에서 무거운 돌이 쑥 빠져나갔다."라고 말하지 않는가? 마음에서 빠져나간 무거운 돌은 무덤에서 굴러나간 돌과 같다. 천사는 그런 정도의 돌은 너끈히 굴릴 수 있기 때문이다. "주님께서 부활하셨습니다, 그분은 참으로 부활하셨습니다." 동방교회 신자들은 촛불을 켜서 무덤가에 올려 둔 다음 이렇게 인사하며 부활 체험을 서로 나눈다. 핵심은 이렇다.

부활의 기쁨은 우리가 그리스도인 한 명 한 명의 기쁨을 모두 모아서 모자이크처럼 구성할 때 싹튼다.

이와 마찬가지로 성령도 성령 강림 대축일 미사 때 신자들에게 나누어진다. 신자들이 평화의 인사를 하며 서로에게 성령을 불어넣는 가운데 나누어진다. 마태오(28,7.10 참조)에 의하면 부활을 맞이한 첫 시기에 이미 다음과 같이 된다.

여인들이 제자들에게 부활 소식을 전하라는 임무를 두 번씩이나 받은 점이 눈에 띈다. 그런 가운데 제자들도 주님을 직접 뵙게 된다.

부활의 기쁨은 다른 사람들에게 전하기 위해 태동한 것이다. 부활의 기쁨은 무엇보다 우주의 전全 역사에서 일어난 가장 큰 혁명에 유일하게 어울리는 반응이다.

예수로 말미암아 죽음은 더 이상 죽음이 아니다. 죽음은 육체적으로 극복되었다.

우리 모두 죽음을 피할 수 없다는 것은 기정사실이다. 죽음(자주 우리를 압박하는)은 확고하고 가장 폭압적인 힘을 지녔지만, 이제 그것이 완전히 전복되었다. 부활은 '바람난 사나이'의 지휘를 의미하는 게 아니다. 부활은 죽음을 쳐부쉈다는 기쁜 소식, 우리가 상상할 수 있는 최고의 기쁜 소식을 의미한다. 부활 대축일부터 기쁨이 흘러넘친다. 이렇듯 예수는 창조의 완전히 새로운 국면의 원형이다.

이 신비는 의미가 깊다. 부활의 '질'은 육체적이지만, 전혀 다른 것이다. 무엇이 다른가? 시 · 공간, 무상의 한계와 연계된 것이 모두 풀렸다. 이는 모든 부활 보도에 나오는 공통된 내용이다. 예수는 육체적으로 부활했지만, 그분과의 만남은 종전과 다른 것이었다. 우리가 아침마다 우체통 옆에서 집배원을 만나는 것과는 다른 것이다. 이 '다름'의 표지로 천사들이 이 감추어진 사건에 함께한다. 교회가 인정한, 정통적이고 영감을 받은 보도를 보면 예수가 자신의 부활에 대해 언급한 곳은 한 군데도 없다. 미사에서 거룩한 변화가 일어나듯, 부활은 하나의 신비이다. 미사에서 예수가 육체적으로 현존하는 일이 어떻게 이루어지는지 아무도 말할 수 없고 상상할 수도 없다. 이와 마찬가지로 부활이 어떻게 진행되었는지 아무도 파악할 수 없다. 그러나 베드로복음서의 옛 텍스트와 '이사야의 순교'에 관해 삽입된 대목, 마르 16,3(베르거/노르트 저, 679쪽 이하, 1370쪽, 제5판)에 관해 가장 오래된 보충 내용에 부활의 과정이 좀 더 상세히 기술되어 있다. 그렇다 해도 이런 텍스트들에는 두 천사가 무덤 위에 내려왔다는 것, 그러나 세 명이 무덤 밖으로 나왔다는 것, 다시 말해 예수가 두 천사 가운데 있었다는 말밖에는 없다. 예수의 부활이 진행된 과정조차 무덤이라는 어두운 공간 안에 감춰진 채로 있다.

부활 과정을 파악할 수 없고 그 결과를 믿을 수 없는 것은 우리가 더는 얻지 못하는 기쁨과도 일치한다. 기쁨을 누리지 못할 경우에 우리는 자기 자신에 대해 화가 나고 마음이 불편해지고 만다. 부활의 기쁨은 우리가 자기 자신에게서 나올 수 있을 때, 자신 안에 갇혀 웅크리고 있지 않을 때 비로소 싹튼다. '자신 안에 갇혀 웅크리고 있다.'는 것은 아우구스티노 성인의 말대로 죄 지은 상태, 죄의 본성을 말한다. 죄를 짓게 되면 움츠러들고 닫히며 두려워하면서 자신 안에 갇히고 만다. 그리스도인이 되려면 이 모든 것을 반드시 믿어야 할까? 이렇게 묻는 사람은 다시 두려움에 사로잡힌다. 온갖 흠잡기와 자신의 믿음에 대한 두려움을 몰아내고 그 자리에 들어와야 할 것은 다음과 같은 점이다.

우리의 삶이 늘 부활이고 이러한 방식으로 제자들의 체험을 이웃에게 전하는 일이다. 말없는 우편물처럼.

여기서 관건은 그 어떤 의무가 아니라 압도적인 체험을 하는 일이다.

18.4 우리의 의심을 풀어 주는 예수

전혀 의심하지 않는 사람은 어리석거나 은총을 받은 사람뿐이다. 토마스 사도는 어리석지 않았고, 부활하신 예수를 뵙기 전에는 특별히 은총을 받지도 않았다. 그런 그가 부활하신 예수를 뵈었다는 것은 은총이었다. 은총이 이렇게도 주어진다는 것은 교회의 모든 이를 위한 간접적인 은총이기도 하다. 토마스는 의심하는 모든 사람을 대신하여 주님을 다시 한 번 더 뵈올 수 있었기 때문이다. 그의 증거는 주님을 실제로 보지 못한 모든 믿는 이에게 든든한 지주 역할을 한다. 이는 결국 우리 자신을 향한 말이다. 이론이 분분한 요한 20,29는 다음과 같이 끝맺는다.

너는 나를 보고서야 믿느냐? 보지 않고도 믿는 사람은 행복하다.

드라마틱한 보도에 따르면 토마스는 조금도 주저하지 않고 재빨리 반응한다. 즉시 굴복하며 엄청난 고백을 한다.

저의 주님, 저의 하느님!

부활하신 예수 앞에서 토마스는 깜짝 놀란 나머지 어떠한 말도 제대로 하지 못했다. 그는 자신의 손을 그분의 옆구리에 대어 볼 엄두조차 내지 못했다. 손을 대어 보라는 예수의 요청 자체가 이미 그에게는 굉장한 하느님 체험이었다. 현실적으로는 다음과 같이 생각해 볼 수 있다.

예수의 부활 소식이 진짜라면 어떠하겠는가? 이는 하느님과의 만남으로, 세상 만물을 무색하게 만드는 것이 아닌가?

예수의 부활은 이러한 의미에서 하느님의 명함이다. 이 세상 지배자들과 달리 예수는 사람들을 삶에서 죽음으로 몰고 가지 않는다. 오히려 반대로 죽음에서 삶으로 인도한다. 이 신비적 체험의 틀에서 예수를 보게 된 것은 예수를 생명과 빵, 목자와 음료로 인지하는 모든 사람을 위한 약속이다. 적어도 부활 사건 이후부터 하느님은 생명에 대해서 절대적이고 한계를 모르시며 관대하시다. 토마스는 자신을 두고 다음과 같이 말했을 수도 있다.

인간은 희망 사항 때문에 얼마나 쉽게 미혹되는 존재인가! 또 인간은 희망의 메시지 자체로 인해 착각도 하고 믿음도 깊어지는 존재가 아닌가!

라이마루스H. S. Reimarus 이래 근대 주석가들의 의심 역시 이와 다르지 않았다. 그는 부활하신 분에 대한 체험을 전한 제자들을 이렇게 비난한다.

조작, 희망 사항, 출세를 꿈꾸는 성직자들의 속임수, 죽은 이데올로기로서의 그리스도교.

토마스의 의심은 오로지 다음과 같은 방향으로 나아갔다.

그는 제자들과 사랑하는 주님과의 공동체적 체험을 '믿을 수 없는 것'으로 처리하기를 감행했다.

그가 제시한 논증의 구조에도 현대적 예수 연구와 유사한 점이 들어 있다. 그는 이렇게 말했던 것이다.

나는 그분의 손에 있는 못 자국을 직접 보고 그 못 자국에 내 손가락을 넣어 보고 또 그분의 옆구리에 내 손을 넣어 보지 않고는 결코 믿지 못하겠소.(요한 20,25)

오늘날의 의미로는 다음과 같이 바꿀 수 있다.

예수만이 권위가 있으며 권위 있는 존재가 될 수 있다. 제자들이 아무리 일치하여 말하더라도 그들의 말은 전혀 믿을 수 없다.

지난 200년 이래 예수 연구가들은 이른바 '진짜' 예수와 그동안 교회가 일궈낸 교의를 놓고 맞섰다. 더구나 잘못된 방향으로 대결을 벌였다. 이들은 예수 자체에 대해서만 알려고 하지, 제자들과 부활 이후의 공동체, 교회에 대해서는 아무 말도 믿지 않는다. 요한 20장에서 이미 이와 비슷한 문제를 다루고 있다는 것을 20,29에 있는 예수의 마지막 말씀을 미루어 알 수 있다.

너는 나를 보고서야 믿느냐? 보지 않고도 믿는 사람은 행복하다.

너(토마스)의 증거와 다른 제자들의 증거에 힘입어 미래에 믿는 사람은 행복하다는 말씀이다. 그러므로 예수가 토마스 앞에 나타난 사건에서 관건은 사람들이 제자들의 증거를 과연 신뢰할 것인지 던지는 근본적인 물음이다. 네 번째 복음서에서 이 물음은 매우 중요하다. 여기서 증거자와 증거에 대해 거듭 언급하기 때문이다. 믿음은 증거에 바탕을 둔다. 그런데 그 믿음이 참되지 않고 조작된 것이라면 모든 것은 사기나 속임수에 지나지 않을 것이다. 주님은 토마스에게 나타나신 사건에서 당신임을 증명하지 않으신다. 오히려 제자들이 증거할 수 있도록 힘을 실어 주신다. 그리하여 20,19-23이 보도하듯이 제자들은 부활 체험을 한다. 따라서 토마스가 부활하신 주님을 만난 사건은 이렇게 결론을 내릴 수 있다.

사실 목격자들의 증거라면 믿을 수 있다. 토마스 역시 이러한 증거자들 중 하나이다. 토마스 이래로 현대의 예수 연구가들이 품은 근본적인 의심은 그 적법성을 잃었다.

토마스는 성령을 받게 되어 깜짝 놀랐으나, 이 체험은 긍정적인 것이다. 그는 자신의 갈망을, 다시 말해 예수의 상처 어디에나 손을 대고 싶은 것을 감히 할 수 없었다. 복음서가 언급한 대로 부활하신 분에 대한 체험이 그에게는 경악할 만한 하느님과의 만남이었다. 어떤 논증이나 치료, 자비로운 인도, 영혼의 위로도 의심을 제거하지 못했다. 오직 예수 안에 친밀하게 현존하시는 하느님을 압도적으로 체험해야만 그렇게 할 수 있었다. 부활하신 분의 상흔이 그분의 운명과 유일성을 증거한다. 부활하여 나타나신 분은 이름 없는 천사나 유령이 아니었다. 틀림없는 나자렛 예수였다. 복음을 전하던 바로 그분이었다.

나를 통하지 않고서는 어떤 길도 아버지께로 나아가지 못한다. 나 자신이(나의 가르침이 아니라) 아버지께로 나아가는 길이다.

바오로 사도로부터 블레즈 파스칼에 이르기까지 교회 역사상 크게 회개한 사람들은 구원에 이르는 압도적인 체험을 했다. 토마스의 내적 체험은 영광과 사랑과 크게 연관된다. 법적 논증과는 관계가 없다. 압도적인 체험에서 관건은 영광이었다. 토마스는 다음과 같이 생각했다.

나는 하느님의 계시에 관심이 있는 것이지, 제자들이나 교회의 속임수 많은 구조에는 아무 관심이 없다.

하느님의 거룩한 현존이 예수 안으로 들어오고 제자들을 압도할 때 모든 의혹은 사라진다. 이렇듯 하느님은 사랑으로 다가오신다. 하느님은 위험한 선동자로 계시하지 않으신다. 의심과 불신을 벌하는 분으로 계시하지도 않으신다. 신비로 가득 찬 하느님은 인간 예수 안에서 우리에게 다가오신다. 예수는 심판자가 아니라 다정한 분으로서 우리 가운데 등장한다. 우리는 그분에 대해 기뻐할 수 있다. 그분은 우리가 새로운 삶을 시작하도록 인도하고 죄를 용서하며 생명의 영을 선사하기 때문이다. 토마스에게 일어난 놀라운 사건은 제자들에게 부활 사건을 제대로 정리하는 데 필요한 전제조건이었다.

여기서 너희는 살아 계신 친밀한 하느님과 볼일이 생겼다.

이러한 보도를 통해 우리는 사건의 참된 윤곽을 인지할 수 있다. 고대 텍스트들의 방식에 따르면 가장 막강한 논증은 끝에 두는데, 이런 형식을 '페로라치오'(peroratio, 본질적인 것을 강렬하게 요약한 것)라고 한다. 다음과 같은 사실을 잊지 말자.

여기서 우리가 다루는 점은 하느님과 사람들 사이에 계시는 그분의 실제 현존이다.

사람들이 기쁜 소식을 조작이라고 간주한다면 하느님에 대해 경악할 수밖에 없을 것이다. 그러나 생명의 영과 죄의 사함을 받아들인다면 하느님은 기쁨의 원인이 될 것이다. 오늘날 의심 많은 사람들이 이러한 것을 오직 그리스도교에서만 발견할 수 있는 것일까? 우리가 숨 쉬려면 공기가 필요하듯이 그들이 필요로 하는 것은 과연 무엇일까? 인간은 자신을 이해해 주는 존재를 찾는다. 그렇기 때문에 구루Guru와 같은 모습을 한 신인新人에게 다가간다. 그러나 하느님은 이미 오래전에 인간이 되셨다. 예수는 우리와 똑같은 인간이고 우리를 이해한다. 우리를 잘 이해하는 분이기에 토마스의 무리한 요구에도 응했던 것이다. 토마스는 근본적으로 그리고 실제로 하느님을 시험했다. 그러나 그것은 해서는 안 되는 일이다! 루카 4,12에서 이미 예수는 악마(!)에게 신명 16,16을 인용한 바 있다.

주 너의 하느님을 시험하지 마라.[26]

그러나 하느님은 당신을 모독하는 우리의 시험을 허락하신다. 사랑으로 그렇게 하신다. 사랑이 아니라면 무엇 때문에 그렇게 하시겠는가? 하느님은 우리의 의혹을 알아차리신다. 우리가 예수에 관해 알고 싶어 한다는 것도 간파하신다. 하느님은 토마스의 의심을 풀어 주는 일에 크게 마음 상하지 않으신 분이다. 이와 비슷한 것을 요한 4,48에서도 알 수 있다.

너희는 표징과 이적을 보지 않으면 믿지 않을 것이다.

우리의 믿음은 이렇게 약하고 도움을 필요로 한다. 그러기에 요한 4장에서도 예수는 자비롭게 사람들에게 다가간다. 이 자비로 그분은 토마스의 무리한 요구도 들어준다. (두 텍스트에 의하면) 예수가 사람들의 유약한 믿음을 기꺼이 받아들일 준비를 하고 관대하게 맞아 주었기에, 비로소 기적이 일어나고 토마스는 자신의 소망이 이루어졌음을 보게 되었다. 그리하여 토마스는 이제 믿지 않을 수 없게 되었고, 불신앙은 더 이상 용서받을 수 없게 되었다.

하느님은 우리를 이해하시는 분이다. 하느님은 인간으로 우리와 만나

---

[26] 신명 16,16과 정확하게 일치하지 않지만 원문대로 번역했다. -역자 주

신다. 그분은 우리의 의혹에 관대하게 반응하시고, 이런 경우에 우리가 필요로 하는 증명도 별도로 해 주신다. 하느님께서는 우리를 새로운 창조의 영광 안으로 인도하고 싶어 하신다. 이제 우리는 하느님만이 하실 수 있는 일에 바싹 다가가게 되었다.

죄 용서하기, 오래된 짐 내려놓기, 그 짐을 창조주의 활력 안에 집어넣기, 오래된 옛 죄들을 성령의 불을 지필 땔감으로 사용하기.

요한 20,20에서는 이렇게 보도한다.

제자들은 주님을 뵙고 기뻐하였다.

여기서 복음사가는 일상적인 모든 기쁨을 넘어서는 하느님의 발현에 관해 언급한다. "기뻐하였다."라는 말은 하느님과 함께하여 구원과 영원한 생명 일부를 얻었다는 의미이다. 이 말은 심리적인 것이거나 심리학적인 것을 뜻하지 않는다. 오히려 삶의 질이 새롭게 향상되었음을 의미한다.

현재에 이미 두려움과 죽음을 물리칠 면역성을 지님.

이것이 바로 기쁨이다. 이 기쁨이 있었기에 모든 시대에 걸쳐 그리스도교 순교자들은 목숨 바치는 일을 그토록 수월하게 해냈던 것이다. 따라서 유다교의 인간상과 히브리 성경의 의미에서 부활하신 분에 관한 언급 역시 부활의 육체성, 특히 예수의 육체성을 포괄한다. 이때 다음과 같은 말은 타당하다.

여기서 부활하신 분의 몸이 체험되듯이, 미래에 있을 모든 사람의 부활한 몸도 그렇게 체험될 것이다.

이러한 의미에서 부활 체험은 우리의 희망과 그 희망의 형태에서 매우 중요하다. 부활하신 분은 문이 굳게 잠겼는데도 당신 제자들 한가운데로 들어와 서 계시기 때문이다. 이 말은 다음과 같은 의미를 지닌다.

그분은 공간적인 벽을 사이에 두고 갈라지실 분이 아니다. 그분은 죽음과 불멸의 경계선도 부활을 통해 뛰어넘으셨다.

다른 한편, 예수는 당신 자신으로 인식될 수 있는 분이었다. 형태는 달라졌지만 아직도 두 손과 옆구리에(발은 아니다) 고통당한 상흔을 지니고 있었다. 다음의 내용도 일반적으로 알려진 것이다.

묵시 5장에 의하면 죽임을 당하고 부활한 어린양은 여전히 자신의 몸에 도살당하던 때의 상흔을 지니고 있다("… 살해된 것처럼 보이는 어린양이 서 계신 것을 보았습니다.").

예수의 몸은 죽음의 온갖 한계와 경계를 벗어났다. 그런데도 그분은 유령이거나 죽은 이의 영이 아니다. 루카가 전하듯이, 예수는 제자들을 만질 수도 있고 음식을 먹을 수 있는 분이었기 때문이다.

천사들이 거짓말을 할 수 있을까? 공관복음서에 의하면 부활 소식은 천사들이 전한 것이다. 빈 무덤이 으뜸가는 요소가 아니다. 오히려 위엄을 갖춘 천사가 전해 준 부활 소식이 가장 중요한 요소이다.

그분께서는 여기에 계시지 않는다. 말씀하신 대로 그분께서는 되살아나셨다.

빈 무덤은 부활 소식을 증명하기 위한 한 가지 논거에 불과하다. 마태오에 의하면 천사는 두 가지 논거를 더 언급했다.

예수 스스로 자신의 부활을 예고했다(마태 28,6). 그리고 갈릴래아로 먼저 갈 것을 예고했다. 이제부터 그곳에서 그분을 볼 수 있다.

여기서 다시 한 번 더 생각해 볼 점이 있다.

빈 무덤 자체로는 부활을 진술할 위력이 없다. 결정적인 것은 "천사들이 거짓말을 할 수 있을까?"라는 물음이다.

마태 28,8-10에 의하면 여인들 앞에 나타난 예수는 천사의 말대로 약속을 지킬 듯이 행동한다. 천사의 말이 옳다는 것을 그분은 제자들에게만이 아니라 여인들에게도 확인해 주었다. 마태 28장에 의하면 천사가 나타났을 때 두려움과 경악이 압도적인 것은 신학적으로 주목할 만한 가치가 있다.

땅에서는 갑자기 큰 지진이 일어났다. 무덤을 경비하던 자들은 천사를 보고 두려워 떨다가 까무러쳤다(그리스어 성경에는 "두려워 떨다"라는 뜻의 'seisthenai'가 두 번 나온다).

천사는 여인들을 안심시킨다.

두려워하지 마라.

하지만 여인들은 여전히 두려워한다고 보도된다(마태 28,8). 그것도 앞부분에서 그렇게 전한다. 이 관찰은 우리가 그리는 하느님상像에서 매우 중요하다. 성경은 공포나 경악을 하느님 앞에서 무조건 들게 되는 두려움과 구분하지 않는다. 이 모든 것이 하나이고 같은 단어로 묘사된다. 따라서 구약성경에서도 하느님은 '야곱이 두려워한 분'으로 불린다. 그분의 영광과 다 헤아릴 수 없는 위대함이 우선 대단하므로 겁나고 두려운 것이다. 이를 체험하지 못한 사람은 성경의 하느님에 관해 아무것도 이해하지 못한다. 이러한 면을 덮어 버리는 사람은 세상과 인간에 대해 현실적이고 새로운 평가를 시도할 수 있는 방법을 그냥 지나쳐 버리며 속임수를 쓰는 것이다. 하느님은 단순히 '사랑'만이 아니시다. 먼저 두려워하게 하시는 분이다. 이는 부활에도 그대로 적용된다. 무덤을 경비하는 자들로 대표되는 적敵에게도 예외가 아니다.

수많은 물고기를 잡은 장면은 부활 체험의 다른 차원을 해명한다. 아침 여명이 요한 21장에 나오는 호숫가 이야기에 비친다. 호수, 산, 사막은 하느님께서 당신 자신을 드러내시는 전형적인 장소이다. 부활하신 분의 발현은 다름 아닌 바로 자기 자신을 보여 주는 것이다. 이 이야기는 이미 잘 알려진 내용을 풍성하게 암시한 것처럼 보인다. 이 이야기는 루카 5,1-11이 전하는 고기잡이 기적을 떠올리게 한다. 여기서도 상황은 비슷하다.

제자들은 호수에서 그물을 던지고 있었다. 예수께서 한 번 일러 주신 뒤에 그들은 그물을 끌어올릴 수 없을 정도로 많은 물고기를 잡았다. 여기서 베드로가 중심에 서 있다.

호수에서 벌어진 이야기는 모든 공동체의 상황도 반영한다. 훗날 생긴 공동체들은 제자 공동체 안에서 자주 재인식되기도 했다. 다른 점으로는 다음과 같은 내용이 속한다.

여기에는 폭풍이 일지 않는다.

이 이야기는 신비로 가득 차 있다. 호수에는 제자 일곱 명이 있었다. 그 가운데 두 명[27]만 이름이 명시되어 있다. 일곱이라는 숫자는 모든 제자를 암시하는 것일까? 제자들의 눈은 아직 열리지 않은 상태였다. 이야기의 중간에 이르러 예수의 사랑을 받던 제자가 '주님'을 알아보았다. 그러자 베드로가 호수로 뛰어들어 주님을 향해 헤엄쳐 간다. 이는 마태 14,28-32에서 보이는 행동과 유사하다. 베드로는 헤엄을 더 잘 지기 위해 겉옷을 두르고 물속에 뛰어들었다. 예수는 호숫가에서 (제자들이 잡은 물고기에는 관심을 보이지 않으신 채) 이미 식사 준비를 끝내고 제자들을 기다리고 있었다. 요한 21,5에서 제자들에게 "무얼 좀 잡았느냐?"라고 물었던 분이 멋진 식사를 준비해 놓은 것이다. 제자들은 그분이 누군지 알고 있었지만, 무언가 물어볼 엄두를 내지 못했다(요한 21,12). 이렇게 제자들은 조심스럽게 거리를 두었다. 이는 요한 20,17에서 예수가 마리아 막

---

27) 두 명이란 숫자가 성경 본문과 일치하지 않지만 원문대로 번역했다. -역자 주

달레나에게 당신을 더 이상 붙들지 말라며 보인 행동과 유사하다. 여기서 제자들 가운데 누구도 감히 질문할 수 없었다. 이것은 지극히 당연한 발현이 아니다. 눈앞에 나타난 분은 바로 '주님'인 것이다. 여기서 예수는 그리스어 성경에 나오는 하느님의 이름을 지녔다. 그리고 이 주님께서 살아 계신다. 그분의 충만함이 드러나는 표징으로 그분을 알아볼 수 있다. 부활 사건에 대한 설문 조사의 결과는 이렇게 나왔다.

많은 사람들에게 예수의 부활은 아무 의미가 없다.

최근에 어떤 사람이 "예수 사건은 계속되고 있다!"는 주장에 강한 인상을 받았다며 내게 말했다. 아니다. 그럴 수 없다. 페스탈로치-사건 역시 계속되고 있다. 필요한 모든 것은 호숫가에, 아침 햇살이 비치는 이 장면에 있다. 예수는 예전처럼 살아 있고, 한 가지 표징으로 당신임을 증명한다. 메시아에게는 넘쳐흐르는 충만함만이 중요시된다. 제자들이 아침 식사(!)를 하기 위해 그렇게 많은 물고기(153마리)가 필요한 것인지 묻는 사람은 아무도 없을 것이다. 배를 채우는 데 그렇게 많이 필요한 것은 분명 아니다. 그러나 믿음에는 숫자가 많을수록 좋다.

물고기가 153마리라는 것은 여전히 수수께끼로 남아 있다. 이 숫자는 묵시 13,18에 나오는 666이라는 숫자와 마찬가지로 상징적인 것으로 볼 수 있다. "현명한 스승은 물고기를 잡기 전에 얼마나 많이 잡을지 그 숫자를 정확히 안다."는 것을 (그리스 철학자 얌블리쿠스Jamblichus에 의하면) 고대인들은 피타고라스의 삶에서 배웠다. 어쩌면 여기서도 피타고라스식 숫자를 다루고 있는지도 모르겠다. 그런가 하면 교부 예로니모는 자신의 에제키엘서 주석서에서 153이라는 숫자는 물고기 종류의 총수라고 밝혔다. 나는 다른 제안을 하고 싶다.

외경인 히브리복음서에 의하면(쿠르트 알란트Kurt Aland, 「네 복음서 대조」 Synopse, 153쪽) 예수가 일으킨 기적은 53가지이다. '100'은 충만함의 숫자이다(양 백 마리, 백 배의 열매 등). 따라서 153은 다음과 같은 의미를 지닌다. 53+100, 절대적 충만. 양 99마리+1마리의 경우에도 하나가 추가된 것이다.

부활은 복잡한 것이 아니다. 부활 사화를 살펴보면 늘 똑같은 점이 있다.

우리는 충만히 받는다.

예수는 제자들을 식사에 초대한다. 예수가 준비한 멋진 식사가 목적이다. 제자들은 그분 둘레에 앉아 대접을 받는다. 게다가 이중으로 받는다.

자신들이 잡은 물고기와 예수가 직접 마련한 것.

예수는 초대하고 충만하게 베푼다. 이것이 그분의 '필적'이다. 비록 현장에 있지 않아도 예수는 보이지 않는 중심이다. 우리가 그 사이에 몹시 그리워한 것은 그분이 한 일이 아니라 바로 그분 자신이다. 신약성경에서도 메시아적 충만함은 이미 뭔가 근본적인 것이 일어났음을 보여 주는 가장 확실한 표징이다. 2코린 8,7에서 바오로는 충만함에 대해 이렇게 말한다.

이제 여러분은 모든 면에서 곧 믿음과 말과 지식과 온갖 열성에서, 또 우리의 사랑을 받는 일에서도 뛰어나므로, 이 은혜로운 일에서도 뛰어나기를 바랍니다.

요한복음서(10,10)도 우리가 은총으로 받은 충만함에 대해 말한다. 오천 명을 먹인 기적이나 카나의 혼인 잔치에서도 충만함이 흘러넘친다. 충만함만이 중요시된다. 최근에 만난 한 젊은 유명 인사는 자기 할머니에 관해 이야기하면서 자신에게 가장 소중한 분이라고 했다. 내게도 그런 할머니가 계셨다. 할머니는 윤리적으로 엄격하셨으며 부유하지는 않았지만 가진 것을 이웃과 풍성하게 나눌 줄 아는 분이셨다. 성탄절이 다가오면 구동독 지역에 30상자나 되는 선물도 보내셨다. 내가 여름에 할머니 집에 가면 정원에서 딴 사과로 손수 만든 과실주를 서늘한 지하 저장실에서 내오셨다. 오로지 나를 위해 준비하신 것이다. 하느님께서도 마찬가지다. 할머니가 손자에게 맛있는 과자를 만들어 주듯, 그분께서는 당신을 찾아온 이를 극진히 대접하신다. 많은 주석가들이 베드로와 예수의 사랑받은 제자의 관계를 놓고 점잖은 척하면서 서로를 미워하는 남자들의 적대적 관계라고 해설했다. 서로 성격이 다른 두 사람의 관계는 드러나지 않는 경쟁심으로 점철되었다는 것이다. 그러나 이 주장은 맞지 않다. 오히려 그 반대이다.

베드로와 예수의 사랑받은 제자가 함께 등장하는 곳에서 사랑받은 제자는 독자적인 증거자 역할을 한다. 그는 베드로의 증거(그리고 요청)와 더불어 자신이 옳다는 것을 증명했다. 사랑받은 제자는 실제 사실을 뒷받침해 주는 증거자이다.

이 말은 요한 20장에 있는 빈 무덤에 관한 보도에도 해당된다. 사랑받은 제자가 먼저 사태를 확인했기(무덤은 비어 있고, 나타난 분은 주님이다) 때문에, 이어서 베드로가 목격한 것이 더욱 명확해졌다. 그 체험은 옳은 것이고 베드로는 착각하지 않았다. 베드로 옆에 두 번째 증인이 있기 때문이다. 이 놀라운 이야기는 베드로가 장차 받을 사명에 대한 기초 공사에 지나지 않는다. 이 두 가지를 따로 떼어 놓는 것은 옳지 않다. 베드로가 예수를 얼마나 사랑했는지는 그분을 맞이하기 위해 재빨리 물속에 뛰어든 모습에서 다시 한 번 증명된다. 결론은 다음과 같다.

예수의 부활, 부활에 대한 생각 자체는 산상 설교와 예수가 일으킨 대부분의 기적들처럼 한 나무에 조각된 것이다. 하나는 우리의 이성을 과도하게 요구하고, 다른 하나는 우리의 행동을 과도하게 요구한다. 부활은 하느님처럼 그리고 사랑처럼 우리의 상상을 뛰어넘는 사건이다.

19장

예수는 오늘날 무엇을 할 수 있을까?

19.1 예수는 그리스도교 교파들을 일치시킬 수 있을까
19.2 예수는 낙태아에 대해 어떤 말씀을 하실까
19.3 예수는 우리의 정치적 상황을 어떻게 보실까

19.1 예수는 그리스도교 교파들을 일치시킬 수 있을까

요한 17,11ㄴ에 의하면 예수가 제자들을 위해 바친 기도는 그리스도인의 일치가 목표였다. 성경 외에 다른 텍스트들에서도 살아남아 있는 이들의 일치와 화합을 염려하는 내용을 많이 볼 수 있는데, 이는 임종하는 이들이 고별인사를 하는 장면을 비롯해, 특히 초기 유다교의 문학 유형인 '유언서'에 잘 나타나 있다. 임종을 앞둔 가장은 자녀와 손자·손녀들에게 서로 일치하고 화합해서 살라고, 서로 사랑하라고 당부했다. 여기서 의무를 상기시키고 당부하는 말이 그들을 위해 바치는 기도가 되었다. 예수가 하느님께 충실했으므로 그분의 모든 빌씀이 빌이들어졌다. 이렇게 하느님께서 예수의 기도를 이미 오래전에 분명히 들어주셨으므로 그 기도에 근거하여 그리스도인들이 오래전에 일치했으며 지금도 항상 일치하고 있다고 여겨서는 안 된다. 이렇게 주장하는 사람은 네 번째 복음서에 따라 제자들도 일치를 위해 제 몫을 해야 한다는 점을 간과한 것이다. 사람들이 예수의 계명(!)을 실천하지 않으려고 한다면(요한 15,12.14), 일치를 위해 기도하지 않는다면(요한 15,16ㄴ.17), 그분 홀로 기도하는 사태가 벌어지고 말 것이다.

예수는 살아생전에 이미 그리스도인들의 일치가 어렵겠다는 것을 간파했다. 요한 17장에는 예수가 제자들을 위해 기도했다고 나오지만, 공관복음서에는 제자들이 누가 더 높은지를 놓고 다툴 때 예수가 개입한 내용이 언급된다. 이 개입에 이어 수난과 고별을 알리는 말씀들이 나온다(예를 들어 마르 9,31-35). 따라서 복음서들에도 유언서 성격이 들어 있다. 떠나가는 예수가 가장 우려한 점이 일치라면 네 번째 복음서의 메시지는 그리스도인의 일치를 위해 우리에게 도움을 주는가? 요한복음서는 지루하리만큼 예수 그리스도에게 집중한다. 제자들이 예수 안에서 하느님을 만난다는 것이 유일한 진술이다. 네 번째 복음서가 기록되었을 때 이 복음서의 과제는 사방으로 흩어지고 고향을 잃은 유다인 출신 그리스도인들을 끌어모아 일치시키는 일이었다. 그러기 위해서 복음사가는 그 어렵고 까다로운 그리스도론을 옹호한다. 요한복음서의 그리스도론이 까다로운 이유는, 예수 안에서 참으로 하느님을 만난다는 것이 의심의 여지가 없기 때문이다. 구체적으로 말하면 이런 뜻이다.

예수를 단순히 호감이 가고 인정 많은 유다인으로 여기는 방식으로는 결코 교회의 일치를 이룰 수 없다.

교회의 일치에 대한 물음은 우리가 예수에게 내리는 평가와 우리가 지닌 예수상과 직결된다. 대학에서 가르치는 주석학의 영향으로 그 사이에 독일에서는 예수가 하느님의 아들이 아니었고 교회를 원하지도 않았다는 것을 논하라는 것이 신학 전공 학생들과 특히 종교 교사 지원자들이 치루는 졸업 시험 항목에 들어 있다. 이 두 가지는 연관성이 있다.

만일 예수가 하느님이 아니었고 지금도 아니라면, 그리스도인의 일치를 위해 과도한 희생을 바치는 일은 바람직하지 않다. 그러면 사람들은 명목상으로만 일치한 느슨한 상태에서 서로 다양한 형태로 만나게 될 것이다.

다시 말해 병에 붙은 상표는 모두 똑같다는 말이다. 상표를 어떤 식으로 배열할 것인지의 문제는 순전히 합목적성을 띤다. 이와 달리 우리가 예수 안에서 한 분이시고 유일한 하느님과 통교한다면 그리스도인의 일치는 거룩한 것이 되고 정치적 권력 투쟁에 희생되는 일이 결코 없어진다. 예수에게 사로잡히지 않는 사람은 그분의 업적이나 신비한 몸을 망가뜨릴지도 모른다.

네가 예수를 어떻게 생각하는지 말해 다오. 그러면 그리스도인의 일치가 너에게 얼마나 소중한지 말해 주겠다.

네 번째 복음서의 관건은 한결같이 예수가 하느님과 무슨 관계이냐는 물음이다. 이 물음에 나의 책 「처음에 요한이 있었다」 302쪽에 인용한 푀겔린 E. Voegelin의 말로 대답해 보겠다.

이 복음서의 유일한 내용은 어떤 가르침에 관한 것이 아니라, 하느님께서 예수 안에 현존하신다는 사실을 말하는 것이다. 이는 하나의 사건이다. 따라서 가르쳐서 될 일이 아니다. 말하자면 여기에 한 사람이 있는데, 그 사람 안에 하느님이 현존하셔서 그 현존이 환히 들여다보이는 것이다. 그는 자신의 삶을 통해 구체적으로 하느님의 현존을 설득력 있게 보여 주었다. 이는 예수가 사도들을 비롯해 당신의 수많은 벗들에게 일상에서, 활동으로, 행동으로 당신 안에 계신 하느님의 현존을 인상 깊게 알려 줄 수 있었던 비결일

지도 모른다. …이는 어떤 가르침이 아니라 인상이고 감명이다. 그렇게 깊은 인상을 받은 사람은 자신의 삶에서 하느님의 현존을 투명하게 볼 수 있다. 이것은 이러한 방식으로 하나의 새로운 사건이다.

좀 더 나아가 보자. 대략 100년 전 아돌프 폰 하르낙이 널리 알린 종교적 개인주의와 독일 제국 의회[28]가 '미래 종교'가 될 것으로 선포한 자유주의적 프로테스탄티즘은 네 번째 복음과는 거리가 멀다. 이 생각은 하르낙이 요한 3,8에서 말하는 '바람'을 자유로운 영으로 잘못 해석한 것에 지나지 않는다. 이 표상의 핵심인 '바람'이라는 수수께끼 같은 용어를 잘못 해석해서 자신이 원하는 대로 활동하는 하느님의 영과 연결시킨 것이다. 하지만 그것이 아니다. 요한 3,8에 있는 '바람'은 글자 그대로 받아들여야 한다. 이 전체는 세례의 표상, 곧 위로부터 태어남에 대한 표상이다. 니코데모와 같은 평범한 인물은 바람이 어디에서 오는지 알지 못한다. 하물며 예수와 세례를 받은 모든 이들이 하늘에서 내려온다는 말이 무슨 의미인지 어떻게 알겠는가! 그러나 요한복음서에 나오는 제자들은 이 말을 잘 이해하고 있다. 요한복음서에서 예수가 말하는 사랑은 부드럽거나 주관적인 느낌이 아니라 실제적인 연대를 말한다. 따라서 '사랑'은 네 번째 복음서에서 결의론決疑論적으로는 채워지지 않는다. 각 개인은 사랑을 자발적으로 날마다 새롭고 구체적으로 실천하도록 불림을 받았기 때문이다. 요한복음서에 나오는 추상적이고 일반적인 언어는 서로 생각이 다른 많은 사람들이 일치하는 데 기여한다. 지나치게 구체적인 확언은 많은 사람들에게 분명 다음과 같은 생각이 들게 할 것이다.

---

[28] 1871년부터 1945년까지(독일 제국 시대부터 바이마르 공화국 시대를 거쳐 나치 시대까지) 이어졌음.-역자 주

내게는 해당되지 않는다.

네 번째 복음서에 의하면 한 분이고 유일하신 하느님에 관해 그리스도인에게 책임 있게 설교하는 일은 공동체의 외형과도 연관된다. 공동체가 갈라지면 그 어떤 말도 소용이 없다. 공동체는 복음 선포의 매체이다. 예수는 오늘날 13만 갈래나 되는 그리스도교를 향해 하느님은 실제 세계의 절반에 해당하는 더 좋은 편에 속하신다고 진지하게 말할 것이다. 예수는 우리가 일치하지 못한 모습을 피상적으로 조정하기보다는 진리를 훨씬 더 가치 있게 여긴다. 그분은 우리에게 철저한 회개를 촉구하고, 그리스도교에 합당한 일치를 위해 기도하고 행동할 것을 요청한다.

19.2 예수는 낙태아에 대해 어떤 말씀을 하실까

독일을 포함한 일부 나라에서는, 낙태 비용은 국가에서 지불하고 출산 비용은 당사자가 부담한다. 예수는 다섯 번째 계명(살인하지 말라)에 민감한 반응을 보였다. 이웃을 '바보'라고 하면서 무시하는 사람은 이미 계명을 어긴 것으로 보았고, 태어나지 않은 생명을 죽이는 행위는 살인이라고 서슴없이 말했다. 예수는 죄 없는 사람을 죽이는 행위는 모두 악마적이라고 말했다. 그 어딘가에서 악마적인 것, 악마의 유혹적인 간계가 도사린 곳에서는 틀림없이 죄 없는 이들이 살해될 것이다. 성경적 안목에 따르면 인간의 몸은 결코 본인의 소유가 아니다. 하느님이 인간의 주인이시다. 그러므로 나의 배조차 내 것이 아니다. 인간은 '성령의 성전'이다. 다시 말해 인간 전체가 거룩한 것이다. 성인에게는 경외심으로 대하게 된다. 거룩함을 훼손하는 사람은 하느님을 훼손하는 것이다. 예수 시대에는 아직 그러한 문제가 없었다고 이의를 제기할 수도 있다. 하지만 2세기에 기록된 베드로 묵시록의 지옥 표상에서 명백한 증거가 드러난다. 이 묵시록 11(26)에 다음과 같이 나온다.

> 아주 가까이서 나는 벌 받은 사람들에게서 고름과 악취가 나는 유출물이 큰 호수로 흘러들어가는 것을 보았습니다. 그곳에는 다른 협곡이 있었는데, 여인들이 목까지 차오른 고름과 유출물 속에 앉아 있었고, 맞은편에는 수많은 태아들이 울부짖고 있었습니다. 태아들에게서 불이 번쩍하더니 빛이 쏟아지면서 여인들의 눈에 떨어졌습니다. 이 여인들은 불륜으로 임신하여 낙태한 것입니다.

여기서 성경 시대에 불륜으로 임신하면 이러한 결말을 맞았음을 미루어 짐작할 수 있다. 그런데 예수는 간음한 여인을 단죄하지 않았다며 이의를 제기할 수도 있다. 물론 예수는 간음한 여인에게 앞으로는 죄를 짓지 말라고 일렀다. 생명이 지속되는 동안에 살아가는 형태를 바꿀 수 있기 때문이다. 이와 달리 태어나지 않은 아이를 살해한 것은 아무것도 바꿀 수 없다. 예수는 어린이들을 무척 사랑했다. 고대 사회에서 이와 같은 일이 있었는지는 찾아볼 일이다. 예수가 복음 한가운데 어린이들을 등장시킨 까닭은 아이들이 죄가 없어서가 아니다. 아무런 힘이 없어서 모든 것을 부모에게 기대하고 의존해 살아야 하기 때문이다. 예수는 이러한 관계가 곧 하느님과의 참된 의존 관계라는 것을 성인成人들이 알도록 요청한다. 태아는 세상 무엇보다 어머니에게 철저히 의존하므로 예수는 태아를 편들며 이렇게 말한다.

하느님을 닮아라! 하느님께서 아이들이 자라도록 두시듯이 너희도 그들이 살아갈 공간을 보호해 주어라.

예수는 여인들의 편도 들어준다. 성경의 여러 대목을 보면 예수는 남자들에게서 여인들을 보호하고 지켜주었으며, 여인들이 피조성에 훨씬 더 가까이 있다는 것을 잘 알았다. 여인들이 마음으로는 전혀 바라지 않는 그 무엇을 하도록 남자들이 얼마나 자주 강요하는지 그분은 아신 것이다. 그분은 문제 해결자의 이중 윤리와 맞서 여인들의 편에 섰다. 문제를 일으켜 놓고 어둠 속에서 아이들과 여인들을 희생시켜 해결하려는, 겉으로만 신사인 척하는 남자들에 맞서 그들 편을 든 것이다. 예수를 이해하지 못하는 사람은 이런 맥락에서 사회적 곤경을 내세운다. 그러면 예수는 이렇게 말할 것이다.

하느님께서는 어린 토끼를 주시면서 연한 풀도 함께 주신다.

예수의 삶의 방식은 당신 자녀들을 확실하게 먹여 주시는 하느님께 대한 무한한 신뢰에 바탕을 둔다. 낙태는 절대로 안 된다며 돌이라도 던질 듯 비난을 퍼붓는 사람들이 어려운 상황을 해결하는 데는 아무런 도움도 주지 않는 점 또한 예수는 못마땅하게 여긴다. 사람들은 사태를 해결할 생각은 하지 않고 당사자를 궁지에 몰아넣기만 한다. 이런 처지에서 위급 상황은 더 이상 파국은 아닐 것이다. 아이의 탄생이 심각한 곤경을 의미하는 사회에서 어떤 말이 먼저 들려오겠는가! 이것이 우리가 알게 된 결과이다. 결론적으로 예수는 이렇게 말할 것이다.

곤경(임신으로 인한)에 처하면 기도를 하라. 기도 안에서 창조주이신 하느님께서 무엇을 원하시는지 물어보라. 자신이 솔직해졌다는 확신이 들 때까지 기도하라. 하느님은 어떤 희생을 치르더라도 생명을 원하시는 창조주이심을 생각하라. 하느님은 아이들을 사랑하셔서 인간을 당신 자녀로 삼고 싶어 하시는 분이다.

예수 이래로 사람들은 얼마나 자주 새로운 인간, 새로운 아담을 찾고 만들어 내려고 했던가. 복음서는 다음과 같은 조건을 이행해야만 그러한 사람이 될 수 있다고 우리에게 전한다.

하느님의 뜻을 실천하고 하느님처럼 자비롭고 완전하기.

새로운 인류의 총괄개념이기도 한 '새로운 인간'은 예술가나 발명가, 세상 통치자를 말하는 게 아니다. 주님의 어머니라는 높은 신분을 감추고 겸손한 자세로 엘리사벳을 찾아간 마리아와 같은 사람, 순명과 겸손으로 십자가를 지고 간 예수와 같은 사람을 말한다. 새로운 인간이란 이른바 고통의 골짜기에 영광의 내일이 온다는 진리를 확신하면서 인내하는 사람을 말한다. 엘리사벳에게 가는 중인 마리아 표상을 다시 한 번 언급하겠다.

임신한 두 여인이 만나다.

중세기에는 마리아가 산을 넘어가는 길을 그리스도인이 걷는 험하고 고통스러운 길로 보았다. 한 기도문을 보면 다음과 같이 말한다.

세례자 요한은 어머니 배 속에 있었을 때 이미 당신을 알아보고 기쁨에 겨워 손발을 움직이며 좋아했나이다. 우리에게도 그런 영적 기쁨을 주소서.

늘 기쁨이 중심이었으며, 백성의 마음이 기쁨에 넘쳐 움직여야 한다는 것에도 초점이 맞춰졌다. 하느님은 여인들을 통해서 역사를 움직이신다. 여기서 임신은 아직 가려져 있는 미래에 대한 하나의 표상이다. 장차 전개될 위대한 일이 아직 그 영광의 모습을 드러내지는 않았지만, 윤곽을 짐작할 수 있다. 이는 구원을 가져오는 어머니들의 시간이며 우리의 현재이기도 하다. 속임수가 없는 희망의 시간이다.

19.3 예수는 우리의 정치적 상황을 어떻게 보실까

사람들이 무신론자가 된다면 각 나라의 정부는 혼란스러워지고, 거짓말이 끝없이 판칠 것이다. 부채는 지불 불능에 빠지고, 협상은 성과 없이 끝나고 말 것이다. 교육은 갈피를 못 잡을 테고, 정치가는 신념을 잃을 것이다. 그리스도인들은 기도하지 않으며, 교회는 힘을 잃을 것이다. 사람들에게는 평화가 없고, 범죄는 난무할 것이다.(앙투안 드 생텍쥐페리)

사람들은 예나 지금이나 이러한 훈계에 대해 질문을 던진다.

그렇다면 우리는 도대체 무엇을 해야 하는가?

예수는 우리에게 하느님의 절대적인 우선권을 알려 준다. 당신이 바로 길이라고 하며, 우리가 당신을 따를 때 은총을 받을 것이라고 말한다. 서구 사회에 만연한 향락주의와 무신론적 극단은 이제 전환점을 맞이하고 있다. 우리는 이러한 삶을 더 이상 지탱할 수 없다. 하느님 없는 세상에서 살아가는 것 역시 더 이상 견딜 수 없다. 세상의 모든 땅이 제멋대로 사용되도록 내던져진 상태이다. 자연은 파괴되고 사람들은 품위를 잃었다. 일터에는 새로운 형태의 노예생활이 자리 잡았고, 정치가와 기업가는 아랫사람들을 꼼짝 못하게 내리누른다. 착취가 세계적인 기업적 전략이 되었다. 게다가 이제 사람들은 아이를 낳지 않는다. 무엇을 위해 아이를 낳겠는가?

지금 우리는 세계사적 기로에 서 있다. 이 길은 단순히 피상적으로 터키나 이라크 같은 나라에만 해당되지 않는다. 우리는 오랫동안 공산주의 동구권과 자유 민주주의 서구권 사이에 생사를 가르는 무시무시한 전쟁이 일어나리라고 믿어 왔다. 결정적 물음은(이미 우리가 충분하고도 명백히 알고 있는) 이슬람 국가의 종교를 통해 제기될 것이다. 이슬람은 전례 없이 단도직입적으로 서구 사회가 걸어온 길을 위협할 것이다. 무슬림들이 경악을 금치 못할 테러를 자행하고 거룩한 전쟁이라고 통고하며 일삼는 행위에 서구 사회가 적절히 대응한다 할지라도 이러한 추세는 지속될 것이다. 이슬람에서는 우리가 전혀 알아듣지 못할 도전들이 행해진다(이는 알카에다[29] 이상이다).

"그래서는 안 된다!"

---

[29] al-Qaeda : 사우디아라비아 출신의 오사마 빈라덴을 지도자로 하는 국제적 무슬림 테러 조직으로, 이슬람 근본주의 계통에 속하며 반미·반유다를 표방한다.—역자 주

그에 대한 대다수의 반응은 두려움 또는 불신이다. 민족의 내적 상태를 알아볼 어떤 척도가 있다면 그것은 아마도 금지, 외면, 불신 등의 메커니즘일 것이다. 우리는 어떤 것도 막을 수 없다. 우리 땅(독일)에 이미 200만 명이 넘는 무슬림들이 살고 있다. 외면은 통하지 않는다. 그런데 우리가 바로 외면하고 있는 것이다. 내가 '성경과 코란. 하나의 해석'이라는 제목으로 세미나를 개설하면 거의 아무도 등록하지 않는다. '시험을 치를 과목이 아니다.'라는 것이다. 우리는 도대체 어떤 사실에 대해 배우고 연구하는 것일까?

당장 (독일 내) 이슬람 문화의 확산과 높은 출산율, 굳건한 믿음에 대한 두려움과 불안이 우리를 엄습하고 있다. 7-8세기 터키와 북아프리카에서 뿌리내리지 못하고 미지근하던 그리스도교가 이슬람에 의해 단숨에 점령을 당했다. 현재 우리의 상태는 그때와 별반 다르지 않다. 1683년 터키 군대가 오스트리아의 수도 빈에 쳐들어왔을 때, 이 소식을 들은 주변국들, 특히 남부 독일 사람들은 시름이 깊었다. 정체성과의 힘든 대결이 눈앞에 놓였기 때문이다. 우리는 다문화 사회를 포함해 지금까지 허용한 관용적 태도를 버리고 세상을 다시 분리하고 우리 자신을 모든 방면으로부터 단단히 지키려고 애쓸 것이다. 또는 우리의 외면하는 모습이나 유약한 태도를 시인하며 금지와 거짓 보호벽 뒤로 달아날 수도 있다. 그러나 그래서는 아무것도 막을 수 없다. 신앙생활을 열심히 해서 살아남거나 역사에서 사라지고 말 것이다. 미지근하고 값싼 신앙생활의 태도를 버리지 못한다면 비통과 고통의 두려움 속에서 벗어나기 어렵다. 17세기 말 이래로 이슬람과의 논쟁은 거의 포기 상태에 있다. 이와 달리 중세에는 토마스 아퀴나스(「대이교도대전」)부터 시작해, 뛰어난 학자이자 수도자인 루도비코 마라치오(Ludovico Marraccio, 파도바, 1698)에 이르기까지 코란에 관한 훌륭한 해설서들이 나왔고, 코란을 반박하는 논쟁도 활발히 진행되었다. 나는 다음과 같은 태도로 이슬람 세력과 개방적이고 진지한 논쟁을 벌이고 싶다.

우리 그리스도인들은 두려움에 휩싸여 뒤로 물러나거나 어머니 품 같은 보호 공간으로 달아나려는, 아무 소득 없는 시도를 할 것이 아니라, 이슬람에 맞서 분명하고 공세적인 위치를 점유해야 한다.

그리스도인들이 아니라면 누가 그들과 논쟁을 벌일 것인가? 흥미진진한 일에 푹 빠져 있는 미숙하고 철없는 아이들이 할 수 있겠는가? 논쟁은 현재 극우파들에 의해서만 진행되고 있다. 이슬람을 악마로 여기는 것으로는 더 이상 문제를 해결할 수 없다. 악마로 낙인찍기와 마음 열기 사이의 중도中道를 찾아내는 일이 현실적인 과제이다. 이 일이 잘 진행된다면 이슬람과의 논쟁은 오히려 그리스도인들 사이에서 활기를 잃은 일치 운동을 촉진하는 원동력이 될 것이다. 8세기에는 구원의 길을 제시하지 못하고 분열된 그리스도교가 이슬람에 큰 기회를 제공했다. 이 세계사적 논쟁을 벌이는 가운데 다음 세 가지 'K'는 구원에 꼭 필요한 요소이다(이 외의 어떤 것도 도움이 될 수 없다).

교리교육Kathechismus
문화Kultur
자녀를 더 낳고 기르기Kinderfreundlichkeit

나는 '교리교육'이라는 용어를 믿음의 특성을 명확하고 알기 쉽게 풀어 주는 이론과 실제라고 이해한다. 삼위일체와 예수의 속죄 죽음이 이에 해당되는 내용이며, 이슬람과 뚜렷이 구별되는 점이기도 하다. 이슬람이 '거리에서 홍보하는 성경적 종교'로 등장하는 것을 더 이상 그대로 내버려 둘 수 없다. 세계 대전 이후 우리가 유지해 온 소박하고 명확한 교리교육은 이제 시대에 뒤떨어진 내용이 되었다. 지금도 나는 1948년에 멋지게 인쇄된 「힐데스하임 교구용 가톨릭교리서」를 가지고 있다. 나는 '문화'라는 말이 냉정하고 침착한 자세로 전통을 의식하는 것이라고 생각한다. 우리가 중세에 꽃피운 이슬람 문화에 대해 많이 감사해야 하는 것은 사실이지만, 모든 것에 감사해야 한다는 뜻은 아니다. 여기에 대해서도 우리가 모르는 내용들이 깜짝 놀랄 정도로 많이 있다. 우리는 숙고해야 하며 잘못된 점은 들춰내야 한다. 문화적 정체성을 공적으로 표현하기를 바라지 않는 사람은 다음과 같은 사실을 알아야 한다.

모든 종교는 필연적으로 어느 특정한 문화와 공생 관계에 있다.

여기에는 장단점이 있다. 그러나 이는 이미 형성된 정체성의 문제이다. 신약성경에 의하면 공적 표현은 늘 신앙고백과 연관된 것이다. 용기·지식·분명한 태도·고통을 견디는 마음의 준비·하느님을 향한 신뢰가 여기에 해당된다. 이 모든 고통과 수고에 대해 냉철하게 보도한 루카복음서의 예수상은 가장 중요한 지침이 된다. 우리가 살고 있는 이곳에 우리 아이들이 지금보다 많아져야 한다는 것은 누구나 알고 있는 당연한 사실이다. 우리 사회가 확립해야 할 점은 순수하고 신심 깊은 가정에 아이들이 있어야 한다는 점이다. 그리하여 돈만 쫓으며 최상의 즐거움만 구가하지 않는, 굳건한 믿음을 지닌 새로운 세대가 성장해야 한다.

이렇게 기술하는 가운데 드러나는 쟁점은 외부적 자극, 세계사적으로 꼭 필요한 자극이며, 우리의 고유한 것을 재발견할 수 있는 기회이다. 이러한 사실을 직시하며 우리가 할 일을 시작해야 한다. 이제 문제는 미사 성제를 심리적 놀이로 이해하거나 종교적 수행을 각자의 필요에 따른 잡다한 심리적 행위로 이해하느냐, 아니면 성경과 영적 전통의 영향을 받아 '영양가 많은 빵'을 다시 우리 것으로 만드느냐 하는 것이다. 다행히 상황은 역동적이다. 그렇게 되도록 예수는 우리 마음을 불러일으킬 것이다.

20장

대단원

20.1 세속적인 삶과 영원한 삶
20.2 묵시록적 미래 예언의 의미
20.3 두려움 한가운데 구원의 주님이 나타나다
20.4 지나간 시간과 새로운 시간
20.5 권력의 재분배
20.6 현재로서의 미래
20.7 세상의 개조
20.8 하느님은 우리를 만나러 오신다

20.1 세속적인 삶과 영원한 삶

어떤 사람이 스승을 찾아와 물었다.

제자 스승님, 영원한 삶이란 도대체 무엇입니까?

스승 자네는 삶이 무엇인지 제대로 알고 있는가?

며칠 후 그가 다시 와서 말했다.

제자 저는 우리가 그저 떠밀려 사는 것인지, 아니면 참으로 살아가고 있는지 불투명할 때가 많아서 삶이 무엇인지 잘 모르겠습니다. 그러나 물고기들이 물살을 거슬러 올라가는 모습을 보면 살아 있다는 것을 알겠습니다.

스승 그것은 한 가지 특징에 불과하다네. 자네가 삶에 대해 깊이 생각한 지 그렇게 많은 시간이 흘렀는데도, 영원한 삶에 대한 말을 마치 보잘것없는 동전처럼 입에 쉽게 담다니 놀랍군.

제자 영원한 삶은 그 자체에 모순이 있지 않습니까? 삶은 시간에 의해서 규정되는 것인데, 시간은 한계가 있기 때문입니다. 영원한 삶은 존재할 수 없습니다. 죽음을 피할 수 없기 때문입니다!

스승 물살을 거슬러 헤엄치며 물살을 막듯이, 영원한 삶 역시 흘러가는 시간을 멈추게 하는 것이네. 무상無常의 정지인 셈이지. 아름다운 여성이 나이를 먹으면서 아름다움을 잃을까 봐 마음을 졸이며 밤마다 일어나 시계추를 꼭 붙들고 있다 한들 무슨 소용이 있겠는가? 삶에서 시간을 멈출 수는 없네. 하지만 영원한 삶이란 모든 시간이 급격히 흘러가는 현상을 막는 것이네. 사람들이 무상이라고 부르는 그런 현상을 말이지.

제자 영원한 삶에 대한 생각이 공상이 아니라면 대단히 모험적인 것 같습니다. 어떻게 시간 속에서 시간을 멈추게 할 수 있습니까? 영원한 삶에 대한 말은 그저 습관적으로 내뱉는, 합당하지 않은 공허한 말이 아닐까요? 순전히 미래적인 것이 아닐까요?

스승 영원한 것은 모두 미래적인 것이고 현재는 덧없다는 것이 참말이겠는가? 그래서 영원한 삶이 미래적인 것이겠는가? 내 생각은 다르네. 지금 존재하지 않는 것은 영원하지도 않네. 영원한 삶은 미래에나 오는 것이라고 생각한다면 결정적 오류를 범하는 것일 수 있네. 이는 문 앞에서 평생을 참을성 있게 기다린 사람에 비유할 수 있네. 죽을 때가 다가오자 그는 이런 말을 들었지. "이것이 바로 자네가 통과했어야 할 문이라네." 우리는 늘 미래를, 더 나은 시간을, 죽음을 극복하기를 기다리네. 그러다가 어느 날 갑자기 죽음을 맞는 것이지.

제자 그렇다면 우리가 문을 열어 두었어야 했단 말씀입니까? 죽음조차 우리에게서 가져가지 못할 무언가를 붙잡으려고요?

스승 문은 날마다 조금씩 더 열어야 하네. 폭력을 동원해서도 안 되고 다른 사람들에게 탐욕을 부려서도 안 되네.

제자 그렇지만 영원한 삶이란 포괄적인 특성, 표징을 말하는 것이 아닌가요?

스승 삶은 포괄적으로 존재하는 것이 아니네. 자네가 통과할 문만이 존재한다네. 자네가 하늘나라에 가면 이런 물음을 받지는 않을 걸세. "어찌하여 당신은 모세가 되지 않았습니까? 어째서 알베르트 슈바이처나 마더 데레사 같은 인물이 되지 않았습니까?" 오히려 다음과 같은 물음을 받을 걸세. "당신은 왜 자기 자신이 되지 않았나요? 많든 적든 이것 또는 저것이 되어 보았으면서 왜 올바른 자기 자신은 한 번도 된 적이 없었나요? 어떻게 늘 형편없는 복사본처럼 목각 인형, 빈약한 미완성품에 머물고 말았나요? 왜 자기 자신이 되어 본 적이 없었나요?"

제자 그렇지만 그것이 영원한 삶에 대한 질문과 무슨 관계가 있습니까?

스승 첫째, 영원한 삶은 지금 이곳에서 누려야 하는 것이네. 둘째, 영원한 삶은 다름 아닌 바로 자네의 것, 자네의 길, 자네의 문이지, 다른 사람의 것이 아니라네. 영원한 삶은 금광이나 신선한 공기 같은 포괄적인 것이 아니네. 영원한 삶은 자네를 그러한 모습으로 만드신 하느님께서 결코 자네가 몰락하기를 바라지 않으신 데서 싹튼다네.

제자 그렇지만 저는 아직도 영원한 삶이 무엇인지 이해할 수 없습니다.

스승 자네가 어여쁜 아가씨와 사랑에 빠져 시간이 무엇인지 잊어버린 적이 있는지 모르겠군. 혹은 높이 솟은 고딕 양식의 창을 따라 해가 사라지는 모습을 떠올려 보게. 작은 부분 하나하나가 아름다움을 이룬다네.

제자 그렇지만 그것이 자신의 삶과 무슨 관계가 있나요?

스승 사람은 자신을 잊을 수 있을 때, 감동하는 법을 배울 때, 자신을 다스릴 능력이 있을 때만이 비로소 자기 자신이 될 수 있다네. 아무도 자기 자신의 문을 스스로 열 수 없기 때문이지. 다른 사람을 바라보든가 감동해야만 문이 열리는 법이지. 그래야만 손이 가벼워지네. 사랑과 감동만이 시간 한가운데서 영원永遠으로 향한 길을 열어 준다네.

20.2 묵시록적 미래 예언의 의미

묵시적 텍스트들은 현대인에게 항상 큰 어려움을 안겨 준다. 거기에는 초현실주의적 퍼즐처럼 보이는 표상 세계가 등장하고, 알브레히트 뒤러 등의 위대한 예술가들에게 세상 종말에 대한 모티브를 제공한 '묵시록의 기사',[30] 공상 과학 소설 작가들의 두뇌에서 튀어나왔을 법한 표상들이 그러한 텍스트들에서 나왔다. 이러한 현상은 고대의 묵시록들(미래의 추이에 관해 언급한 텍스트들) 곳곳에서 볼 수 있으며, 수수께끼 같은 표상을 많이 만나게 된다.

열두 성문을 지닌 천상의 예루살렘, 맷돌을 돌리는 천사, 신부와 어린양, 괴물과 그가 다루는 불, 피, 연기 등의 소품.

그러한 표상들은 묵시적 상징들로 가득 찬 그리스도교적 전례에서 유래된 것으로 볼 수 있다. 예를 들면 다음과 같다.

모든 자비의 하느님, 위력을 다스리시는 주님, 불의 갑옷을 입으시고 얼굴에는 불꽃이 활활 타오르며 불을 내뿜는 칼을 손에 쥐고 불타는 말에 오르신 분….(에티오피아 전례, 베커-윌라인Becker-Ühlein 편찬, 전례 II, 1997, 1000쪽)

세상 종말에 대해 다룬 성경 텍스트들을 해석할 때는 새로운 표상을 필요로 한다는 주장이 자주 제기된다. 성경 텍스트들이 늘 새로운 표상

---

[30] die apokalyptischen Reiter : 페스트 · 전쟁 · 기아 · 죽음을 상징함.-역자 주

을 간절히 필요로 한다는 것은 옳은 말이다. 한 몽상가의 고립된 판타지에서 나온 두려움과 희망으로부터 벗어나야만 그 텍스트가 전하는 메시지를 제대로 이해하고 새로운 표상으로 재구성하여 말할 수도 있다. 이때 그 표상들이 지닌 수사학적 의도를 놓치지 않아야 한다. 요한 묵시록을 비롯한 묵시록들에 나타나는 초–현실주의Hyper-Realismus는 특정한 진술을 의도하여 사용한 수단이다. 예를 들어 피바다에 거대한 그물이 쳐진 묘사는 폭정에 시달리는 사람들의 위태로운 삶을 그려 경고하기 위함이다.

표상은 두려움을 없애고 잔혹한 행위가 일어나지 않도록 막아야 한다. 표상은 사건 전체가 어떻게 종결될지 미리 알려 주면서 악에도 나름의 영광과 광채가 있음을 냉철하게 환기시킨다. 악은 세계사적인 큰 유혹으로 등장한다. 모든 표상들이 다루는 점은 위력에 대한 질문이다. 누가 세상을 통치하는가? 누가 최종적으로 승리하는가? 표상은 천 마디 말보다 더 많은 것을 말해 준다. 현대의 광고를 보면 확실히 알 수 있다. 성경 안팎의 묵시록 저자들도 이 점을 잘 알고 있었다. 표상은 위력을 행사한다.

종말 표상들의 퍼즐은 초현실주의를 떠올리게 한다. 이 표상들은 서로 꼭 들어맞기를 원하지 않는다. 초현실주의적인 방법으로 서로 경계선을 그으며 글자 그대로 이해하려는 모든 시도를 헛되게 만든다. 표상들은 우리가 침묵만 지키는 것을 결코 허용하지 않는다. 이러한 표상들을 근본주의적으로 이해하려는 시도를 해서는 안 된다. 그렇지만 요한 묵시록의 표상들은 진실하다. 그것이 예언이기 때문이 아니다. 의미를 제시하기 때문에, 곧 의미와 무의미를 명백히 구분해 주기 때문에 진실한 것이다.

우리를 깜짝 놀라게 하는 표상들이 있다. '공포'라는 표제와 딱 어울리는 이 표상들은 종종 우리 마음을 불편하게 한다. 특히 불 · 피 · 괴물 ·

고통·벌 같은 모티브가 여기에 속하는데, 이들은 몰락과 파괴를 의미한다. 세상 심판에 대한 표현들도 '공포'를 유발한다. 이 공포를 목격한 사람은 자신의 두려움(더불어 양심의 가책도)을 다시 인식하게 된다. 두려움은 불안하고 경악스러운 것 주위를 맴돈다. 일반적으로 한 인간 안에 감추어져 있던 실체가 다시 인식되면서 열리고 거의 드러나게 된다. 이것을 우리는 영국의 공포 영화감독 히치콕(Hitchcock, 1899-1980)을 통해 볼 수 있다. 그의 영화 '싸이코'Psycho를 본 사람이면 그 여운으로 자기 자신, 내적 위협, 자신의 영혼 안에 깃든 두려움에 대해 놀라게 될 것이다. 갑자기 종말이 온다면 어떻게 될까? 희생된 사람이나 벌을 받는 사람을 볼 때 혹은 그런 소식을 들을 때면 당사자와 함께 고통을 느끼고, 절망에 빠진 사람과 함께 울며, 자기 죄의 크기에 짓눌린 사람과 함께 놀랄 것이다. '함께 고통을 받는 것'compassio은 고대 그리스 연극에서 이미 카타르시스 효과를 냈다. 십자가의 공포를 바라보면서 예수와 함께 고통을 받을 때 비로소 참된 관계를 이룰 수 있다. 가장 견디기 힘든 공포인 혼자라는 외로움의 체험으로 십자가에 못 박히게 된다. 십자가에 못 박힌 분과 소통하면서 외로움이 극복되었기 때문이다. 이렇듯 함께 고통을 받음으로써 두려움이라는 닫힌 공간이 열릴 수 있다. 그리고 당사자가 말할 수 없었지만 이미 오래전에 말하고 싶었던 내용을 소리 없이 외칠 수 있다. 언어적 또는 비유적 표지는 내면세계를 표현하는 데 일조한다. 그러므로 세상 심판에 대한 표현들을 이성적 잣대로만, 계몽된 이성과 합리적 인간 정신으로만 판단한다면, 이는 올바른 방법이 아니다. 이러한 장면들은 과열된 판타지의 산물이거나 잔혹한 보복의 구상물 또는 증명할 수 없는 현실 세계와 일치하는 부조리극으로 보아야 한다. 여기서는 인간 영혼의 다른 영역을 다룬다. 이 영역은 '정서'라고 명명할 수 있으며,

성경에서는 '마음'이라고 한다. 이러한 진술을 현대 공포 영화 방식을 따르거나 모방하는 식으로 이해해서는 결코 안 된다. 유다-그리스도교적 종교 안의 어떤 요소가 자신의 원천을 갖고 있는 경우도 종종 있기 때문이다. 이는 외부에서 다시 세속적인(세속화된) 형태로 이 종교로 돌아온다. 이 체험을 그리스도교는 다음과 같이 자주 한다.

가장 고유한 요소들이 간과되고 등한시되고 '이탈한다.' 그리하여 외부에서 신적 요소들을 벗겨 내고(외부에서 위대하게 되어) 대안으로 보이는 것을 갑자기 형성한다.

이에 대한 전문지식이 없는 사람들에게 이 '대안'은 충분히 강한 유혹일 수 있다. 그리스도교의 구원-드라마에서 공포를 빼는 사람은 공포 자체를 목적이 되게 하려는 것이다. 그러나 유다-그리스도교적 견해에 따르면 죄 · 십자가 · 심판은 결코 경악할 공포를 표현하는 것이 아니다. 여기서 이러한 경악할 만한 것이 언급된 이유는 극복되기 위해서이다. 구원은 세상에 숨어 있는 경악할 만한 것을 인지하고 그것을 철저히 진단하는 것을 전제한다. 그리스도교와 유다교에 존재하는 공포는 실제를 폭로한 것에 지나지 않는다. 여기에 어떤 작업도 가할 필요가 없고, 조작할 필요가 없다. 이는 단지 하느님이 아닌 다른 모든 광채의 뒷면이 어떤지 인지하는 것이다. 이에 대해 침묵한다면 진실하지 못한 태도일 것이다. 이에 상응하는 경우로, 상투적인 말(예를 들어 '하느님은 사랑이시다')만 앞세운 심리치료가 나중에 일종의 속임수로 드러날 때가 종종 있다. 삶의 체험과 세상 체험은 상투적인 표현과 다르기 때문이다. 세상에는 공포가 존재한다. 그리고 이 공포는 신비스럽고 매혹적인 면도 있다. 우리가 이 유혹의 재물이 되지 않을 자신이 있을까? 공포가 우리에게 실력 행사를 하지 않을까? 아니면 우리는 몰락과 생명을 위협하는 상황의 한가운데서 이미 구원된 존재일까? 이것이 문제이다. 따라서 관건은 통속적인 공포를 모방하는 일이 아니다. 오히려 신앙의 빛으로 잘 인식할 수 있는 것, 어두운 면, 악에 대해 침묵하지 않고 밀어내지 않는 것이 관건이다. 그리스도교에 공포가 존재하는 이유는 조건 없는 진실의 배경을 이해하려는 것이다. 모든 종교 가운데 유다교와 그리스도교만이 이러한 진실을 파악할 의무가 있다. 공포를 억압하는 사람은 종교는 사기라는 까닭 없는 의혹만 키운다. 일반적으로 다음과 같은 말은 타당하다.

공포를 더 이상 표현할 수 없는 사람은 지복至福에 대한 동경도 불러일으키기 어렵다.

이것은 두 가지 체험 모두 하느님과 연계되기 때문이다. 이스라엘 백성의 하느님 체험 가운데 하나는 하느님께서 다음과 같이 말씀하신 데서 일어났다.

나는 야곱이 두려워한 하느님이다.

환호와 사랑처럼 어두운 면도 하느님과 연계되어 있다. 십자가에서도 어두운 면을 볼 수 있다. 그리스도교에서 새로운 것은 교화敎化가 아니라 십자가와 연결하는 일이다. 우리가 묵시적 텍스트를 읽는다 해도 보다 현명해지지 않고 미래에 대한 정보도 얻지 못하며 어떤 예언도 받지 못한다. 그러므로 묵시록에 종종 등장하는 신비로 가득 찬 숫자들로부터 세상 종말에 대한 정보를 캐내려는 통상적인 시도는 모두 헛된 일이다. 무엇인가 철저히 보기는 하지만, 이는 만화경을 들여다보는 것과 같을 뿐이다. 만화경이 어떤 요소로 구성되었는지는 잘 알듯이, 묵시록을 구성하는 요소들 또한 늘 같은 옛 표상들로서, 창조와 이집트로부터의 탈출, 부르심과 선택, 천사와 예루살렘이다. 새로운 것이라면 표상들의 배열이고, 빛이 선사된 점 등을 꼽을 수 있다. 만화경의 의미는 다음과 같다.

> 형형색색의 돌을 하나하나 바라보면 하느님께서 주로 어떻게 행동하시는지 그리고 앞으로도 어떻게 행동하실지 떠오른다. 새로운 배열은 예전에 하느님께서 위력을 보이신 방식처럼 멋질 것이다. 게다가 하느님께서 빛을 주신 것은 당신이 생생히 살아 계심을 알려 주신 것이다.[31]

만화경을 들여다보는 일은 마치 온갖 두려움과 걱정을 빨아내는 것 같은 의미를 지닌다. 우리가 걸어갈 정도正道를 가로막는 두려움과 걱정이 흡수된다. 화려한 색깔의 돌을 바라보며 맛보는 기쁨은 하느님께서 예전에 하신 일들을 떠올리는 것이기도 하다. 시편에서 하느님의 행적을 거듭 찬미하듯이. 묵시적 텍스트들은 출구를 잘못 안내할 표지판 역할은 하지 않으려 한다. 조정漕艇 보트에 앉아 노를 젓는 사람이 자꾸 뒤를 돌아보아서는 목표점에 제대로 도달할 수 없다. 노를 젓는 사람은 앞을 똑바로 보고 자신이 나아갈 거리에 집중하면서 전력을 기울여야 한다.

---

[31] 여기서 언급하는 만화경은 우리가 보통 알고 있는 만화경과는 다른 듯하다. -역자 주

20.3 두려움 한가운데 구원의 주님이 나타나다

세상 종말에 대해 물을 때 그리스도교적 대답은 다른 분야들의 답과는 확연히 구별된다. 그리스도교에서 다루는 것은 그 어떤 미래가 아니고, 세상은 이미 항상(눈에 보이지 않게), 그러나 그 종말과 관계되어 하느님의 신비와 마주하고 있다고 알려 주기 때문이다. 하느님은 온갖 공포와 몰락 가운데 오시는 분이다. 하느님의 모습은 종국에 당신을 둘러싸고 있는 모든 공포-시나리오의 베일이 벗어지면서 드러날 것이다. 이 말은 지금 존재하는 것이 내뿜는 광채로 인해 가려진 것이 그 무상함 때문에 어쩔 수 없이 종말을 맞더라도 그 불멸성에 있어서는 좀 더 선명한 빛을 발하리라는 의미를 지닌다. 무상한 것은 모두 지나가 버리므로 영원한 것은 경험이 쌓이고 지혜가 깊어져 점점 더 강하게 모습을 드러낸다. 묵시적 관점에서 보더라도 하느님은 고정될 수 없고 파악될 수 없으며 기록될 수 없는 분이다. 이러한 방식으로는 하느님을 붙잡을 수 없다. 따라서 우리가 기대할 것은 일상적 의미에서 일어나는 사건이나 사실이 아니라 새로운 공동체를 건설하는 일이다. 역사는 더 이상 무한히 진행되지 않는다. 끝을 알 수 없을 정도로 뻗어나간 고속도로처럼 직선 형태로 나아가지 않는다. '종말' 역시 어떤 정해진 지점이 아니다. 예수가 이 세상에 온 이래로 역사는 우리에게 다가오시는 하느님 맞은편에서 진행되고 있다. 여기서 다음과 같은 말은 타당하다.

하느님께서는 우리와 지극히 친밀한 만남을 이루신다.

다시 오시는 주님 안에서 역사가 결정하는 것은 특히 종교 비판이다.

이는 어마어마하고 지금도 남아 있는 것으로, 미래로부터 신과 종교를 빼앗는 것이다. "미래가 무엇을 가져올지 누가 알겠는가." 이 말은 우리가 미래에 얽매여 있음을 알려 준다. 한 해를 보내는 마지막 밤, 사방에서 요란하게 울려 대는 폭죽 소리는 미래에 대한 두려움을 몰아낸다. 하지만 우리에게는 여전히 미래에 대한 두려움이 남아 있다. 그것은 어느새 우상화되었다. 사람들은 점을 쳐 보고 행운을 빌면서 두려움에 맞서려고 해본다. 미래를 간파하지 못하는 일 역시 하느님의 뜻을 전혀 알 수 없는 것과 같다. 하느님의 뜻은 수수께끼를 푸는 일만큼이나 어렵다. 독일의 프로테스탄트 신학자 게르하르트 에벨링Gerhard Ebeling은 이렇게 말했다.

> 인간이 하느님을 주님으로 인정할 수 있다면 미래의 주님으로도 인정할 것이다. 그렇다면 다른 요소들과 함께 미래에 대해서도 두려워하지 말아야 한다. 미래가 마치 자신이 불확실하게 의존하는 신이라도 되는 듯 두려워해서는 안 된다.

이렇게 할 때 인간은 이러한 의존에서, 매인 것처럼 보이는 상태에서 벗어날 수 있다. 오직 한 분이신 하느님만이 계시기 때문이다. 행운의 여신도 하느님의 경쟁 상대가 될 수 없다. 미래와 관련해서도 하느님께서 주님이심을 인정한다면, 곧 그분 마음에 들기만 하면 된다. 그러면 우리의 미래를 위해 모든 것을 다할 수 있다.

오 죽음아, 자만하지 마라. 승리는 너의 것이 아니다. 너는 저승 문지기로 고용되었으니 보고해야 한다. 하느님의 생생한 음성이 너의 세력을 걷어 내어 빼앗을 것이다. 죽은 이들이 너를 발로 짓밟고 조롱하며 무시할 것이다.

죽은 이들은 너의 어리석은 짓을, 힘과 더불어 엎어지고 사라지고 만 사마리아 거인의 어리석은 짓처럼 여길 것이다. 인류를 너의 손아귀에서 벗어나게 하신 분께 감사와 찬미가 있을지어다.(베커–일라인, 전례 I, 731쪽)

초기 그리스도교 신학자이자 은수자인 시리아의 에프렘까지 거슬러 올라가는 이 시리아식 전례 찬가는 세상의 가장 큰 지배자로 알려진 죽음을 조롱한다. 이 찬가는 묵시 사상에 깃든 그리스도교의 위력에 대해 무언가를 보여 준다.

20.4 지나간 시간과 새로운 시간

무한에서 나와 무한을 향해 달려가는 고속도로, 지평선 너머로 사라지는 운하… 이런 현대의 은행 광고는 우리에게 시간을 상상하도록 촉구한다. 만일 시간이 시작도 없고 끝도 없다면 개인뿐 아니라 사회도 그 안에서 아무 위치를 찾지 못할 것이다. 이 '설 곳 없음'이 사람들의 시야를 인위적으로 내일에 제한하고 기껏해야 모레로 한정하게 한다. 그 뒤에 무엇이 오는지는 알 길이 없다. 그리하여 미래를 연다는 것은 역설적이게도 미래 전체가 서서히 없어지는 결과를 낳았다. 여기서 '연다는 것'은 통상적으로 성가신 심판 표상에서 벗어난다는 뜻으로 이해된다. 이에 따라 약속과 모든 긍정적인 미래상도 없어진다는 것이 우리가 감수할 일이 되었다. 사적으로 준비하는 것을 뛰어넘는 일은 모두 '너무 힘든 일'로 여겨지고 말았다. 그러나 묵시적 시간은 이와 전혀 다르게 이해된다. 이것을 발터 벤야민이 폴 클레Paul Klee가 그린, 정면에서 관찰자와 마주 서 있는 천사의 그림을 바라보는 관점에서 새롭게 표현했다. 벤야민이 암시하는 점은 이렇다.

역사는 천사와 우리 사이에서 진행된다. 낙원에서 온 천사가 우리를 향해 날아온다.

달리 표현하면 이런 말이다.

역사는 우리에게 오시는 하느님과 대결하는 가운데 진행된다.

미래는 이름이 없는 것이 아니다. 이것이 그리스도교 역사관이다. 미래에 오는 것은 결정적인 것이 아니지만, 우리가 행하는 모든 것이 하느님께서 오신다는 관점에서 이루어지고 그분 앞에서 책임을 져야 함이 곧 결정적인 것이다. 역사는 무한에서 나와 무한을 향해 달려가는 것이 아니다. 역사는 양쪽에 초콜릿이 발린, 작은 활 모양의 빵[32]과 같은 형태와 속성을 지닌다. 이른바 '굽은 시간'이다. 초콜릿이 발린 양쪽 끝부분은 선재先在와 하늘나라를 가리킨다. 이 둘은 마주보고 있지만 동일하지 않다. 이 둘은 교환될 수도 없다. 둘 사이에 구원의 모든 역사가 놓여 있기 때문이다. 활 모양은 역사의 어떤 지점에서도 양쪽 끝부분을 어느 정도 바라볼 수 있게 해 준다. 이는 무엇보다 성경을 통해서도 가능한 일이다. 초콜릿이 발린 두 끝부분이 그 외의 시간 진행에 비해 뛰어난 비유가 되므로 이렇게 말할 수도 있다.

---

32) Mandelhörnchen : 작은 활 모양 또는 작은 아치 형태의 빵으로 양쪽 끝에 초콜릿이 발려 있으며, 파이처럼 맛이 부드럽다. -역자 주

신비스러운 시간.

여기에 다가가는 일은 지금까지의 역사가 계속 이어진다고 해서 되는 것이 아니라 궤도 변경이 필요하다고 이미 앞에서 제시했다. 이는 우리의 인지 작업에도 해당된다. 로마네스크 예술은 이러한 견해를 그리스어 알파벳 첫 글자와 마지막 글자이자 시작과 끝의 상징인 알파와 오메가를 그리스도와 긴밀히 연결하고 종합하여 표현했다.

그분은 시작이고 마침이다. 그분을 통하여 (신약성경의 몇몇 문헌에 의하면) 모든 것이 창조되었고, 그분은 종말에 심판자로 그리고 자신의 왕국을 하느님께 넘겨 드리는 존재로 계시기 때문이다.

선재와 새롭고 영원한 세상에 대한 유다교와 초기 그리스도교의 견해도 초콜릿이 발린, 작은 활 모양 빵의 양쪽 끝부분과 일치한다. 선재란 현재의 창조물 이전에 존재했던 것을 의미하고, '새롭고 영원한 세상'이란 이 창조물 이후에 존재할 그 무엇을 가리킨다. 유다교에서 선재는 토라와 메시아라는 이름처럼 매우 중요하다. 비로소 의인들은 앞으로 올 새롭고 영원한 세상에서 하느님의 영광을 입어 해방되고 구원될 것이다. 그러나 지금 우리의 시간은 앞서 암시했듯이 이 세상과 함께만 존재하고 있다. 이전이나 이후에 무엇이 있는지 전혀 상상할 수 없다. 그래서 우리가 사용하는 '이전'과 '이후'라는 단어는 우리가 상상할 수 없는 것을 대변하는 보조 표현일 뿐이다. 그렇지만 유다인들과 초기 그리스도인들은 '이전'에 있었던 것과 '이후'에 있을 것이야말로 가장 막강한 것이라고 여겼다. 즉 아무것이나 선재할 수 없으며, 아무나 앞으로 다가올 새롭고 영원한 세상의 통치자가 될 수 없는 것이다. 현재의 세상과는 완전히 다른 차원의 서열과 가치를 지닌 사물이나 인간이 '선재하고' 또는 '새로운'(새로운 세상의 의미에서) 것이다. 이는 일반적인 허약함과 무상함과는 관계가 없다. 초콜릿이 발린 작은 활 모양의 빵의 두 끝부분과 같이, 현존하는 세상과 시간을 양쪽에서 제한하며 둘러싸고 있다. 우리가 사는 세상과 상상할 수 있는 것의 '이전'과 '이후'에는 실로 막강한 실체가 있다. 지금 지배하는 모든 것과는 다르다는 점과 일치하여, 하느님 앞에서 막강한 이 실체는 역사가 진행 중인 현재에는 힘이 세지도 않고 눈에 보이지도 않는다. 양쪽 끝부분은 성경 또는 믿음에 근거해야만 파악할 수 있다.

지금 성경을 손에 들고 읽으며 굳게 믿는 사람은 세상이 자신을 적대시한다는 것을 강하게 느낀다. 유다적 묵시록은 표현이 강경하여 순교자 시대(기원전 200년 이래)를 빼놓고는 도저히 생각할 수 없다. 세상의 통치자들이 미래의 전달자들을 공격하는 곳이면 어디나 순교자가 나오기 때문이다. 여기서 두 새로운 세상이 그때그때의 현재에 이미 시작되었다. 죄인과 성인을 구분하는 다음과 같은 유명한 말은 묵시 사상의 근본적인 측면을 설명할 수 있을 것이다.

죄인은 과거를 안고 있으며, 성인은 미래를 안고 있다.

지위와 가치가 있는 것은 존재하지, 파괴될 수 없다. 지위도 없고 가치도 없는 것은 사라지고 만다. 바로 이것이 시간의 한가운데서, 모든 시간과 무상을 향해 던지는 메시지이다. 묵시적 텍스트들에서 미래로 등장하는 내용의 관건은 그 어떤 미래 자체가 아니다. 사람들의 미래가, 다시 말해 성인은 안고 있지만 죄인은 그렇지 못한 미래가 관건인 것이다. 그러므로 위의 문장은 묵시 사상의 전형적인 잔재이다. 여기서 미래는 그 질質과 결코 무관하지 않다. 묵시 사상을 지닌 사람들에게 시간은 고통, 유혹, 시험을 견디는 현재의 시간과 기쁨과 보상이 따르는 미래의 시간이라는 순서를 바꾸지 못한다. 여기서 고통의 시간은 악이 하느님과 겨루는 마지막 반란으로 여겨진다. 동시에 그 무엇도 능가할 수 없을 정도로 하느님께서 당신 자신을 알려 주시는 시간으로도 이해된다. 마찬가지로 새로운 시간에는 하느님이 누구이신지 밝혀진다. 하느님의 '오심' 자체가 경악할 만한 일은 아니다. 경악과 전율은 하느님의 오심에 선행한다.

두 가지 시간, 곧 지금 악의 세력이 지배하는 시간과 앞으로 올 새로운 시간이 화해하지 못하고 대립하기 때문에 둘 사이에는 연속성이 없으며 부드럽고 조화롭게 이행移行하지도 않는다. 여기서는 회개만이 남아 있다. 회개는 가치와 품위가 있다. 이에 따라 여기서도(이미 개인의 죽음과 세상의 죽음과 관련하여) 미시세계와 거시세계가 일치하고 있음을 발견할 수 있다. 하느님과 새롭게 만나면서 각 개인은 회개/회심하기 때문이다. 이는 종말에 있을 세상의 회개와 일치한다. 그리고 다음과 같은 말이 중요시된다.

> 지금 회개하는 사람은 '종말에' 있을 세상의 회개를 강압적으로 실행하는 일은 없을 것이다.

시간이 진행될수록 시간과 실제 사실이 진리 안에서 확정한 것이 더욱 두드러진다. 바로 하느님이냐 죽음이냐는 것이다. 묵시적 과정은 이 두 세계를 가르는 과정으로도 볼 수 있다. 보이지 않는 세상은 드러나고 그리하여 해방된다. 반면 눈에 보이는 세상은 외관상 보이는 한도에서만 간파할 수 있다. 따라서 새로운 것은 미래에 비로소 존재하는 것이 아니다. 새로운 것은 실제 사실이 절반 감춰진 것이라고 말할 수 있다. 이 실제 사실은 미래에 비로소 완전히 드러나 막강한 힘을 발휘할 것이다.

성경의 세계관에 따르면 과거에 낙원 같은 황금시대는 존재하지 않았다. 오히려 성경은 단호히 미래를 지향한다. 성경은 악·죄·고통·악마가 어디서 유래한 것인지, 왜 존재하는지 묻지 않는다. 결정적인 것은 역사의 주인이신 하느님께서 이러한 걸림돌로 무엇을 하시느냐는 것이다. 이것이 가장 중요한 것이며, 하느님의 '자기 증명'이 될 것이다. 달리 표현하면 다음과 같다.

가장 중요한 것은 아직 오지 않았으므로 앞으로 분명히 온다.

20.5 권력의 재분배

성경 안팎에서 종말에 대한 기다림은 그 발단 때부터 이미 정치적 성격을 지녔다. 이러한 관점에서 각 시대마다 통치하는 권력자의 종말이 내다보이기 때문이다. 하느님께서 권력자들을 권좌에서 끌어내리신다는 것은 구약성경에 이미 나오는 내용이다. 하느님께서 오시면 이는 무엇보다 권력이 철저히 재분배된다는 것을 의미한다. 그리하여 하느님 오심을 기다린다는 것은 통치자들의 오만한 요구를, 영원 혹은 현세적 권능을 지향하는 요구를 깨뜨리는 것이다. 세속적 권세의 후광은 소멸되고 만다. 지배적인 권력은 영원히 지속될 수 없으며 혼자서 현실 세계를 해석할 권한도 없다는 사실이 드러난다.

묵시 사상을 지닌 사람과 모든 세속적 권세가 사이에 맴도는 긴장 관계는 첫 번째 계명에서 유래한 것이다. 또 다른 측면에서는 통치자 자신의 영광을 추구하는 경향에서 기인했다고도 볼 수 있다. 하느님께서 참으로 흠숭을 받으시고 영광을 받으실 유일한 분이라면 이러한 사실에서 다른 모든 사람은 본디 어떤 권세도, 영광도 자기 자신 안에 그리고 자기 자신으로부터 가질 수 없으며, 우리 모두 서로 형제자매라는 결과가 나온다. 그 누구도 다른 사람 위에 군림하는 주인이 아니기 때문이다. 이러한 점으로부터 낙관주의를 설명할 수 있다. 이 낙관주의가 있기에 유다-그리스도교적 종교에서는 평화의 약속이 여전히 진지하게 받아들여지고 사람들이 믿고 있는 것이다. 첫 번째 계명을 진지하게 여길 때 평화는 당연히 따르기 마련이다.

이에 따라 교회는 (여기서 우리는 요한 묵시록에 대한 에릭 피터슨Erik Peterson의 견해도 따른다) 의혹이 들 경우에 모든 국가에 대해 거리를 유지하며 조심스럽게 살펴보는 대응 매체[33]로 등장한다. 이러한 관점에서 종교개혁이 얼마나 불운한 결과를 낳았는지 떠올릴 수 있을 것이다. 많은 지역에서 종교가 국가로 넘어가 국교가 된 사실을 기억에서 지울 수 없다. 러시아 정교회에서 국가와 교회가 통합된 일도 불운한 결과를 낳기는 마찬가지였다. 가톨릭교회 역사에서 로마와 연결된 점은 교회가 국가에 예속되지 않도록 막는 보호막이 되었다. 이렇듯 교회가 대응 매체 역할을 수행하며 그 고유한 위력의 기반을 주님께 둘 때, 그 결과로 교회는 비로소 신뢰받을 수 있다. 묵시적 전망에 따르면 하느님 나라는 현세에서 통치하는

---

[33] Gegen-Öffentlichkeit : 대중 매체가 보도하지 않는 소식, 방법, 정보를 공적으로 나누기 위해 생긴 매체를 가리킨다. 1968년 이후 새로운 사회적 운동을 추구하는 가운데 이러한 매체들이 많이 등장했다. -역자 주

권력가의 참된 경쟁 대상이다. 좀 더 예리하게 말하면 다음과 같다.

하느님의 통치가 아닌 권력이라면 모두 그분의 통치에 맞춰야 한다.

이러한 이유로 예수는 정치적 권력 행사(지배와 착취)와 제자들이 수행해야 할 봉사의 차이를 거듭 강조했다. 앞서 서술한 세상과 새로운 창조와의 관계의 의미에서 이는 다음과 같은 뜻이다.

권력과 부는 빠른 속도로 노화하고 몰락한다.

그러나 새로운 것은 이와 전혀 다르다. 새로운 것은 사랑과 봉사가 실천되는 곳에서 이미 마주칠 수 있다. 묵시적 지혜가 싹트는 곳은 요청된 사랑(이 요청에 대해서는 우리 모두 이미 알고 있다)이 구체적인 장소도 없이 적당히 실천되는 곳이 아니다. 사라지고 마는 이 세상에서, 모든 이의 눈앞에서 전개되는 이 역사 안에서 그 사랑이 구체적으로 실천될 때 비로소 묵시적 지혜가 움튼다.

교회는 대응 매체의 역할을 수행하므로 자신의 찬가로 모든 국가國歌와 전쟁을 예찬하는 군가와 맞설 수 있다. 때로는 교회의 찬가가 지배자들에게 보내는 환호와 갈채 속으로 파고들어가 어깨를 나란히 할 수도 있다. 국제적 현상으로서의 묵시 사상은 세계 지배의 야망을 품은 강대국들의 문화와 종교에 대항하여 약소국가들의 문화와 종교의 반발로 태동된 것이다. 이 운동의 구성원들은 모든 평준화에 맞선 타고난 반항아들이다. 이들은 보통 사람들과의 소통을 포기하려 한다. 문화적·제식적 타협도 결코 허용하지 않는다. 요한 묵시록에서 그 희생은 다음과 같다.

다문화 사회에 살면서 손님 접대의 포기(이교도적 신들에게 바친 고기를 먹지 말라는 새 규정을 지키느라).

사업상 관계(사고팔기)의 포기.

혼인 포기(불륜을 금한 규정을 지키느라).

결국 순교하기.

다음과 같은 점을 관찰할 수 있다.

그리스도인들이 이방인들의 문화에 흡수될 위험에 처했을 때는 유다교에 관심을 갖고 살펴보면 도움이 된다.

이에 따라 요한 묵시록은 신약성경 가운데 유다교에 가장 많이 치우친 문헌이다. 이 말은 풍자문학을 비롯해 유다교에, 특히 묵시문학에 뿌리내린 것에도 해당한다. 유다교 역사는 동화同化와 이화異化를 지속적으로 오르내린 것을 보여 준다. 유다인들에게 내린 재앙과 그들이 저지른 죄는 참된 동화를 가로막았다. 평준화에 맞선 저항의 영적 핵심으로는 불안, 깨어 있음, 의혹, 거리 두기를 비롯하여 대단히 부러워할 만한 자유를 꼽는다. 사람들은 다음과 같은 질문을 던진다.

교회와 국가의 관계에 걸맞은 텍스트로 로마 13장(사람은 누구나 위에서 다스리는 권위에 복종해야 합니다. 하느님에게서 나오지 않는 권위란 있을 수 없고, 현재의 권위들도 하느님께서 세우신 것입니다)을 택하지 않고 묵시록 13장(악마는 국가에 권력을 대여하고, 자신은 그 뒤에 서 있습니다)[34]을 택했다면 교회의 역사는 어떻게 진행되었을까?

대답은 이렇다.

교회는 결코 민중의 교회가 되지 않았을 것이다. 국가 권력을 절반이나 지닌 상급기관이 되지도 않았을 것이다. 교회는 더 작고 힘없으며 가난한 상태로 머물렀겠지만, 더 자유로웠을 것이다.

묵시(계시)의 의미는 여기서 정치적인 면을 뛰어넘는다. 왜냐하면 인간적인 조직은 늘 자신이 절대적이고 완벽하다고 선언하기 때문이다. 묵시적 희망은 완벽한 것처럼 보이려는 온갖 세속적인 현실 세계를 새롭게 열어 준다. 이 희망은 모든 조직이 내세우는 절대적 요구를 없애며, 모든 권력에 반기를 든다. 그러므로 묵시 사상의 틀에서는 다음과 같은 요소들이 타당하다.

◆ 하느님은 첫 번째 계명에 맞서 제멋대로인 권력 집중을 모두 해체하시는 분이다. 인간을 지배하는 모든 권력은 하느님의 고유한 요구와 상충하기 때문이다. 묵시 사상은 비단 표상에 그치는 게 아니라 무엇보다 특정한 태도이다.

◆ 묵시 사상을 지닌 사람은 제도화나 흡수화에 특정한 반기를 든다. 그리하여 흡수되어 없어지는 위험을 막는 데 효과적인 역할을 수행한다.

◆ 시간과 역사에 대한 이러한 관점에서 본디 경악할 만한 것과 참으로 두려워해야 할 것은 죽음이 아니라 문화적·제식적 정체성의 상실이다. 이 말은 평준화, 일치주의, '아니요'라고 말할 수 없는 것, 수많은 작은 허용을 의

---

34) 비유적인 표현을 저자가 재구성한 대로 번역했다. -역자 주

미한다. 여기서 나오는 결과는 기회주의, 모든 정황을 그대로 인정하는 것, 무능력이다.

◆ 이러한 관점에서 '종말'은 옳지 않고 오래가지 못하는 모든 권력의 몰락과 같다. 종말은 희생자의 권리를 박탈하여 얻은 종말과도 같다. 다음에는 희생자들의 가치가 인정되는 시간이 온다.

이러한 의미에서 성인 공경은 (특히 순교자들) 곧 이들의 최후의 복권을 선취하는 것이다. 성인들은 교회 수호자로서 독재자들에게 하찮은 인물로 취급되었다. 공경한다는 것은 다음과 같은 의미를 지닌다.

그리스도인인 그러한 인물을 교회 수호자로 존중한다.

다른 모든 권력, 모든 인간적인 자만심은 하느님 앞에서 꺾이고 만다. 하느님은 모든 세속적이고 인간적인 권력은 한계가 있으며 그것이 오래 지속될수록 더 부패한다는 것을 총체적으로 알려 주신다. 하느님의 거룩함은 모든 부패의 반대 개념이다. 어떤 권력자도 이 사실 앞에서 예외일 수 없다. 이는 성경적 원석原石의 일부이다. 권력은 하느님께서 특별히 회의적으로 바라보시는 특별 음료이다. 하느님은 통치자들을 왕좌에서 끌어내리시고 비천한 이들을 들어 높이시기 때문이다.

'사랑의 하느님'께서 권력과 정치에 어느 정도 개입하신다는 사실을 파악하지 못한 사람들이 많다. 이들에게는 하느님께서 자신들이 권력을 어떻게 사용하든 상관하지 않으시고 권력 행사를 할 때 부수적으로 발생하는 불의의 희생자들을 돌봐주시는 정도로 그치는 편이 훨씬 더 좋을 것이다. 그렇게 하신다면 하느님께서는 이들을 충만한 사랑으로 치유하시는 셈이다. "하느님은 사랑이시다."는 말은 저의가 깃든 압축된 표현임이 바로 이 대목에서 명료해진다. 하느님께서는 불의의 희생자를 치유하는 데에만 관심을 두실 뿐, 권력과 경제적 경쟁의 규칙에 대해서 거리낌 없이 처리하신다는 것은 도저히 있을 수 없는 일이기 때문이다. 하느님께서 권력과 돈 사용에 어느 정도 관여하신다면, 이는 다음과 같은 의미에서 그런 것이다.

누가 하느님의 통치를 인정하는지 않는지는 치유의 영역에서 결정되지 않는다.

권력과 돈에 탓이 없다는 것은 아니다. 권력과 돈을 증대하는 일 자체가 하느님을 거슬러 경쟁을 보여 주는 확실한 증거이다. 정의와 사랑 안에서 정점을 이루지 못하는 모든 권력은 중립적으로 머물지 않는다. 정치적·경제적 권력이 있는 사람이 겸손한 자세로 첫 번째 계명을 고백하지 않고 하느님의 계명을 충실히 지키지 않는다면, 이원론적 법칙에 넘어갈 수밖에 없을 것이다. 권력은 완충 지대에 머무르지 않고 극단에 빠질 위험이 항상 있기 때문이다. 권력을 쥔 사람이 단호한 자세로 하느님께 순종하지 않는다면 권력은 유지될 수 없다. 따라서 첫 번째 계명이 무엇보다 다른 종교들에 맞서 제정되었다는 견해는 더 이상 의미를 지니지 못한다. 이러한 견해를 목청 높여 외친 사람들이 바로 자신들의 요구가 침해 받지 않을 안전한 곳에서 업무에 전념하려 들 것이다. 이 말은 물론 다음과 같은 의미도 지닌다.

정치적 행위가 반드시 '구원'을 이뤄야 하는 것은 아니다. 그렇게 해서도 안

되고 그렇게 할 필요도 없다.

정치 목표에 대한 표상은 회의적인 현실주의로 평가해야 한다. 묵시적 사고를 지닌 유다인들과 그리스도인들은 '낯선 텍스트'(성경)에 귀를 기울인다. 그러기에 이들은 성경 안에서 자기 자신에 대해 그리고 모든 통치 권력에 대해 올바르게 비판할 능력을 지닌다. 권력을 행사하는 모든 형태가 하느님의 통치방식에 합당한지 살펴보아야 하기 때문이다.

주변 민족들도 그랬듯이 유다인들의 묵시 사상은 순교자 없이는 거의 생각하기 어렵다. 마찬가지로 그리스도교도 기원후 4세기 초까지 항상 순교자의 희생에 힘입어 지속되었다. 이 말은 오늘날 세계 교회에도 그대로 적용된다. 묵시적 텍스트들은 교회는 거의 언제나 박해를 받음으로써 신뢰를 얻었고, 그 저항으로 사람들의 피난처가 될 수 있었다는 사실을 떠올리게 한다. 평화와 풍요가 오래 지속되는 것보다 교회에 더 나쁜 것은 없다. 교회를 존중하지 않고 무시하는 태도가 어쩌면 피 흘리는 박해보다 훨씬 더 지독하고 위험한 박해가 될 수 있다는 점도 명심해야 한다.

예수는 항상 승리자이고 굳건하게 머물며 하늘나라를 약속하는 분으로 등장하는 요한 묵시록에서 승리에 관한 말은 산상 설교의 참행복 선언과 일치한다. 둘 다 미래에 올 구원의 내용을 지금 이미 적용하기 때문이다. 참행복 선언에서 "그들은 행복하게 될 것이다."라고 하지 않고 "행복하여라"라고 하기 때문이다. 요한 묵시록의 승리에 관한 말에서도 "어떤 사람이 승리할 것이다."라고 하지 않고 "증거자는 항상 지금 여기에서 현존하는 실재로 승리한다."라고 한다. 예수님을 찬미하는 사람들은 복되다. 아무도, 그 무엇도 그 사람들을 그들에게 약속된 것에서 떼어 놓을 수 없기 때문이다. 승리자들은 지금 이미 변함없이 충실하다. 승리자들은 자신들에게서 영혼과 믿음을 빼앗아 가려는 독재자의 권력 남용에 맞서 고통을 겪고 피 흘리며 저항했기 때문이다.

둘 다 '드러남'apocalypsis에 해당된다. 순교자는 신앙고백으로 자신의 정체성을 드러내고, 독재자는 의인을 박해하고 죽임으로써 본성을 드러낸다. 이런 의미에서 둘 다 같은 범주에 속하고 드러남의 이원론적 상황을 낳는다. 둘 다 정체가 드러난 지금, 상황은 실전實戰과 같다. 애매하지 않은 명백한 드러남은 흑백이라는 극단적인 대비를 낳는다. 다음과 같이 마주보고 서 있기 때문이다.

하느님의 실재와 순교자를 낳는 실재.

요한 묵시록의 찬가들은 지상에서 고통스럽게 박해받는 이들의 증거와 하느님의 영광 사이에 서 있다. 공동체와 하느님의 실재를 연결하는 것이 사랑인 반면, 여기서는 영가靈歌가 그 역할을 수행한다. 이 둘은 등급이 똑같다.

20.6 현재로서의 미래

하느님의 종말 행위가 이미 시작되었음을 알려 주는 자료들이 여러 개 있다.

◆ 예수는 기적을 일으키며 이미 이사야에 의해 종말의 기적으로 계시된 '하느님 사업'을 완수했다.

◆ 예수는 하느님께서 비천한 이들을 들어 높이신다는 것을 당신의 운명으로 체험했다. 예수의 부활은 죽은 이들의 부활을 알리는 시작이다.

◆ 성령이 중재한 사랑 안에서 하느님께서 인간과 더불어 살아가신다는 것이 명료해진다.

◆ 특히 요한 묵시록에 따르면, 예를 들어 공동체의 노래에서 로마의 폭정을 쳐부순 하느님의 승리를 기리고 있다.

◆ 예수가 영광스러운 모습으로 변모한 사건(마르 9,2-11)에서부터 요한 묵시록의 어좌 환시에 이르기까지 여러 환시에서 각 그리스도인에게 하느님의 감춰진 세상이 활짝 열린다. 이 세상은 미래에도 그대로 유효하다.

◆ 순교자들의 승리로 무신론적 권력이 철저히 부수어진다.

독재자는 순교자를 내면서 하느님 대신에 자신이 숭배의 대상이 되려고 했다. 그러나 순교자는 그의 바람을 거절했다. 인류의 나이가 많아짐에 따라 하느님으로 대접받으려는 통치자들의 욕구가 강해졌기 때문에 여기서 종말과의 연관성이 생겼다. 순교자는 오로지 하느님만 흠숭하며 자신을 지켰다. 그리고 죽음을 택해 권력자들이 자신에게서 빼앗아 가려는 가장 소중한 것을 지켰다. 권력자는 순교자가 나오게 한다. 권력자는 흠숭할 자유야말로 최종적으로 값지고 본래의 가치를 지닌 것으로서, 모든 사람에게 그 자유가 있으며 이는 우상 숭배의 사랑으로까지 나아갈 자유란 사실을 잘 알고 있었다. 폭군의 분노는 사람들에게서 이러한 사랑과 존중을 받지 못한 데서 기인한다. 순교자는 이러한 자유를 세속적인 모든 요청 앞에서 지켜 내고 하느님께만 드림으로써 승리한다. 순교는 (어찌되었든) 믿는 이에게 죽음보다 강한 정체성을 지키게 하는 계기 가운데 하나이다. 이러한 정체성이 펼쳐지고 또 그렇게 될 수 있는 공간은 하느님의 비가시적인 영역이다. 목격자들은 순교하는 이들을 똑똑히 바라보며 다음과 같은 결론을 내릴 수밖에 없었다.

여기서 승리하는 사람은 결코 소멸될 수 없다.

비록 육체적으로는 죽음을 당했을지라도 순교자는 없어지지 않고 존립해야 할 그 무엇을 부당한 공격 앞에서 지켜 냈다. 유혹을 꿋꿋하게 견뎠기에 할 수 있는 일이었다. '부활'과 '새로운 세상'은 순교자가 정의를 근본적이고 탁월하게 체험한 것과 깊이 연관된다. 순교자 시대 이래로 명확해진 점이 있다.

저항과 일깨움은 서로 밀접한 관계에 있다.

'묵시(계시)'라는 주제는 두려움을 갖게 하는 것이 아니라 두려움을 벗어 버리게 해 준다. 보물을 발견한 사람은 그것에 의지하고 그것을 위해 살아간다. 그 어떤 것도 그의 정체성으로부터 보물을 빼앗아 갈 수 없다. 순교자 시대 이래로 분명해진 사실이 또 하나 있다.

인간은 생사의 사투를 벌이고 있다.

실재實在는 우리의 일상처럼 진부하지 않다. 각 개인의 보이지 않는 자아 전체를 얻느냐 잃느냐를 놓고 전투가 진행되고 있다. 이 전투는 혼돈과 사랑의 부재와 벌이는 하느님의 전투와 뒤엉켜 있다. 이 모든 요소가 의미하는 것은 다음과 같다.

메시아 예수와 함께 무언가가 움직이고 있다. 그러므로 어떤 것도 예전 형태로 머물지 않는다. 특정한 의미에서는 메시아 예수가 이미 로마제국의 종말이었다.

20.7 세상의 개조

구약성경은 하느님께서 세상의 창조주요 보존자이심을 무수히 증거한다. 인간은 하느님의 축복을 청할 수 있고 하느님의 도움으로 적을 물리칠 수도 있다. 몇몇 증거에 의하면 하느님은 천사들의 협력으로 세상을 통치하신다. 세상의 근본적인 개조나 일반적인 개조는 예정되어 있지 않다. 이것은 이사야 예언서 후반부에서 '새로운 창조'에 관해 말한 대목에서도 드러난다. 새로운 창조의 도래는 하느님의 계명을 철저히 받아들이고 실천해야 비로소 기대할 수 있기 때문이다. 따라서 여기서 관건은 사회 체계를 새롭게 형성하는 일이다. 이것은 사람들이 어떻게 실천하느냐에 달려 있다. 이른바 묵시록 진술에 따르면 세상이 근본적으로 개조된다고 한다. 그런데 개조는 실제로 가능한 일일까? 우리의 이해 지평으로는 하느님께서 이러한 개조를 할 수 없거나 원하지 않는 분이라고 여길 수 없다. 우리가 하느님을 믿는 첫 번째 동기는 하느님께서 새로운 질서를 만들어 주시거나 불의를 조정해 주시기를, 말하자면 '심판'을 바라기 때문이 아니다. 그렇지만 이러한 것은 지난 세월 동안 다른 방향으로 진행되었다. 교회가 무엇보다 순교자들의 교회였던 시기에는, 더 이상 견딜 수 없는 상태가 드디어 끝나고 변화가 오기를 간절히 기다렸던 때에는 달리 진행되었다. 묵시록 6,10에서 이미 다음과 같은 외침을 들을 수 있다.

…언제까지 미루시렵니까?

그런데 하느님 표상에서 드러나는 이러한 변화의 원인들은 훨씬 더 깊숙이 자리 잡고 있다. 우리는 기적을 거의 생각하지 않으며, 하느님께서 세상 만물을 제 위치로 옮겨 놓으시기를 기대하지도 않는다. 오늘날 우리는 세상 전체에 걸쳐 포괄적으로 인과 관계를 너무나 잘 알고 있다. 해명을 위해 도입된 자연과학적 방식이 인간의 영적 삶에도 적용된 이래, 하느님께서 이 세상에서 활동하신다는 것은 거의 믿을 수 없는 일이 되어 버렸다. 고대에는, 최소한 신약성경 시대를 보더라도 이와는 정반대였다. 우리는 사건 진행과 일의 경과를 명백히 알 수 있으며, 원인과 결과도 예측할 수 있다. 오늘날 인과율은 그 어느 때보다 훨씬 강하게 인지되고 있다. 그러므로 세상을 개조하는 일은 우리가 그 안에서, 그 덕분에 살고 있는 체제를 파괴하는 것을 말한다. 신약성경 시대인 고대에는 새 날을 기대하지 않았다. 우주의 체계가 대부분의 사람들에게는 (이론에 치중한 자연과학과는 달리) 단단히 고정된 것으로 비춰졌으므로 기적이 일어날 가능성도 없고 전체를 개조하는 일도 기대(상상)할 수 없었다.

고정된 것으로 추정되는 우주 체계를 공격적으로 방어하면 할수록 바오로의 관건이기도 한 '변화'와 같은 선언이 설 자리는 더욱 좁아진다. 자연과학과 믿음의 관계에서 드러난 해묵은 문제는 그동안 창조의 물음으로 간주되어 어느 정도 해결된 것으로 여겨졌는데, 여기서 새롭고 더욱 예리해진 형태로 다시 등장한다. 앞으로도 계속 존속해야 할 피조물의 쇄신에 대한 물음으로 간주되어 등장한 것이다. 죽음이 없다는 것은 참으로 중대한 사건이 아닐 수 없다. 무지라는 곤궁한 처지에서는 덕행을 쌓는 일 말고는 달리 선택할 여지가 없다. 출발점은 바오로가 말한 '영'과 '육'의 대립이 될 수 있다. 육의 의미는 다음과 같다.

존재하는 세상은 사멸하고 유약하며 욕망으로 위태로운 지경에 이르렀다. 죽음이 이 체계에 속한다.

예수도 앞으로 올 하느님의 통치를 선포하며 변화를 생각했다. 그리스도인의 변화는 육체적으로 하느님의 자녀가 되는 것이다. 그렇게 원할 때 이는 영광스러운 모습으로 변모한 예수에게서 볼 수 있었던 것을 비롯해 로마 8장에서 '하느님의 자녀로 계시되는 것'으로 기록된 것의 연장延長일 수 있다. 여기서 관건은 '하늘나라의 인물들을 닮은 모습'으로 바뀌는 것이 아니라, 그리스도인들이 하느님과 함께 공동체 안에서 살아갈 능력을 갖추는 일이다. 이는 바로 의화義化가 목표이다. 의화 상태에서 하느님은 믿는 이를 인정하신다. 그가 공동체 안에서 살아갈 능력이 있다는 사실을 아시기 때문이다. 그는 같은 마룻바닥에서 뒹굴어도 되는 사람으로 하느님께 받아들여진다. 하느님은 그를 당신 자신이 계신 상태로 들어 높이신다. 이러한 상태 변화는 몸이 변화하면서 본래의 목표에 도달한다. 곧 낙원설화에 나오는 인간의 소망을 이루는 것이다.

너희는 하느님처럼 될 것이다.

인간이 '그때에' (그리고 나중에도 거듭) 하느님의 뜻을 거슬러 자신이 원한 것, 바로 그것을 하느님께서 이제 자발적으로 주려고 하신다. 변화는 비록 '어떤 형태로든' 같은 사람으로 머물지만, 다른 존재가 된다는 것을 의미한다. 변화란 동일하지 않은 다른 것을 향해 경계선에서 외길 타기를 하는 것이다. 제자들이 부활한 예수를 만난, 신비에 가득 찬 보도에 따르면 그들은 예수의 참모습을 알아볼 수 있었다고 했다. 따라서 변화된 그분은 예전과 같은 인물이다. 비록 그분의 새로운 몸은 전보다 '훨씬 가벼워졌지만' (죽지 않으며, 중력의 법칙도 받지 않는 존재로서) 말이다.

변화는 필요한 것이다. 그러나 여기에는 거리, 차이 그리고 상상할 만한 커다란 대조가 (이 경우에는 하느님과 인간 세상 사이에) 전제된다. 만일 인간이 '있는 그대로' 하느님께 받아들여질 수 있다면 그의 몸에서 근본적인 (대부분 죽음에 임박한 영향으로) 변화가 일어날 필요가 없다. 여기서 말하는 변화는 단순히 법적 요소(의화)나 개인적 요소(신뢰)와는 연관되지 않은 것을 전제한다. 오히려 변화는 법적 요소나 개인적 요소를 훨씬 뛰어넘는 더 단호하고 강경한 것과 연관된다. 변화는 그토록 단호하고 강경한 것이어서 평범한 일상의 범주로는 파악될 수 없을 뿐만 아니라 현재로서는 신비적 체험을 해야만 접근할 수 있다 하느님과 인간 사이에 벌어진 간격은 우리가 생각한 것보다 훨씬 더 크다. 그렇기 때문에 그리스도교는 단순히 '철저히 이성적인 일'만은 아닌 것이다.

부활 환시들은 기쁨에 대해 보도하지 않는다. 그렇다면 피상적으로만 예수와 '기쁜 재회'를 할 것이기 때문이다. 오히려 기쁨은 새로운 인간의 정신적 측면이다. 기쁨은 (다른 관점에서는 '영원한 삶'과 같은) 그리스도인이라는 점과 영원한 복락 사이에 있는 실제 연속체이다. 기쁨은 교의신학과는 상관없는 것이다. 여기서 인간이 하느님과 하느님의 자녀 됨에 구체적 형태로 동참한다고 말해도 될 것이다. 하느님께서 무엇을 위해 세상과 사람을 창조하셨는지 묻는다면, 다음 대답 외에는 아무 말도 할 수 없을 것이다.

하느님 당신의 기쁨을 위해서.

기쁨은 무아적으로 자기 자신으로부터 벗어나는 것이다. 그러므로 기쁨은 사랑의 파트너이며, 모든 것 가운데 최후의 마지막 의미인 것이다.

20.8 하느님은 우리를 만나러 오신다

해와 달과 별들이 빛을 잃고 하늘의 세력들이 흔들린다는 것은 우리가 상상할 수 있는 모든 것의 종말을 의미한다. 사방이 온통 깜깜해지고 창공이 더 이상 저 위에 존재하지 않는다면, 방향을 정할 가능성이 모두 사라지고 말기 때문이다. 질서의 붕괴는 시간과 공간의 종말이며, 따라서 우리가 상상할 수 있는 것의 종말이다. 성경은 마르 13,24-32에서 질서를 완전히 상실한다는 메시지를 간결하게 표현했다. 그러나 우리가 상상할 수 있는 것이 종말을 맞이하면 이제 상상할 수 없는 것으로 등장한다. 사람의 아들이, 복음서의 독자가 십자가에 못 박히셨다가 부활하신 메시아로 알고 있는 분이 하늘의 구름을 타고 오신다. 우주의 권세가 흔들린 반면, 본래의 권세가 (그리고 영광이) 그분 편에 있다. 물질적인 세상은 지나갔다. 이제 중요한 것은 오직 인격적인 존재, 사람의 아들, 그분의 천사와 선택된 이들뿐이다. 예수가 여기서 묘사한 장면은 다니엘 7,13에 있는 사람의 아들의 환시의 특징들로 표현한 것이다. 종말 사건들의 실제 모습은 이 세상에서 유래한 것이 아니라, 우리가 상상할 수 있는 모든 것의 종말에 따르는 거대한 환시Mega-Vision이다. 다른 텍스트들에서는 앞으로 오실 예수 그리스도의 '계시'를 비롯하여 하느님의 모든 자녀의 계시에 대해서도 말한다. 바오로 사도의 소명 환시처럼 이것도 하느님 아들의 '계시'라고 불린다. 이 말은 다음과 같은 뜻이다.

지금 하느님 아들의 계시로 간주되는 내용은 하늘이 열리며 틈이 생긴다는 것이다. 그러면 사람의 아들 환시가 전숲 세계의 눈앞에 보일 것이다.

세례 환시와 거룩한 변모 환시는 하느님 아들의 부활 계시를 통해 지속되고, 결국 세계 역사의 종말 환시에서 우주적으로 될 것이다. 마르 13,26에서 사람의 아들로 불리는 분이 다른 대목에서는 주님 또는 메시아, 계시되는 분이기 때문이다. 신학적으로는 다음과 같은 뜻이다.

환시라는 문학 유형은 미래를 바라본다.

구원 역사를 잠시 들여다보는 일은 종말에 맞이할 엄청난 빛을 미리 맛보는 작업이다. 빛은 구원 역사에서 중요한 주제이다. 사실 여기서 심판에 대한 말은 나오지 않는데, 특이하게도 많은 주석가들이 이 대목을 심판의 장면으로 해설한다. 여기서 사람의 아들은 세상의 심판자로 언급되지 않으며(마태 25,31이하에서 그렇게 언급된다), 자신이 선택한 이들만 모아들인다. 오직 이들만이 그분의 관심 대상이다. 1테살 4장의 바오로 사도가 '마지막 사건', 즉 종말에 관해 묘사한 가장 오래된 내용도 이와 유사하다.

여기서 그리스도를 믿은 사람들과 지금 믿는 사람들 모두 그리스도와 일치하게 될 것이라는 사실이 중요합니다. 이들은 모두 주님과 함께 있을 것입니다.

바오로는 그 이상도 그 이하도 예시하지 않았으며, 마르 13장 역시 그렇다. 천사들이 불러 모음으로써 믿는 이들(선택된 자들)과 예수와의 공동체가 원상 복구될 것이다. 이 일만이 중요하다. 나머지 다른 사람들과 피조물에게 일어나는 일은 중요하지 않다. 따라서 마르 13장은 이 '제자들'—복음서의 맥락에서 읽어야지, 모든 질문에 답할 수 있는 교의신학으로 읽을 일이 아니다. 마르코 13장은 예수를 사랑한 공동체의 증언이다. 이 공동체는 예수와 함께하는 것을 절대적인 최고 가치로 여겼다. 그분은 부활했고 다시 올 것이며, 죄와 죽음을 물리친 승리자이기 때문이다. 구원된 제자들이 선택된 이들이라면 하느님의 백성이라는 영예로운 칭호도 당연히 받을 것이다.

마르 13,28 이하의 무화과나무의 비유는 그 앞에 나온, 일어난 일들의 질서에 관한 내용과는 다른 방향으로 전개된다. 재난의 시작을 알리는 말씀은 종말을 점점 뒤로 미루는 경향을 띤다. "아직 끝은 아니다."(마르 13,7)라는 말이 자주 나오고, "시작일 따름이다."(마르 13,8) 또는 "먼저 복음이 모든 민족들에게 선포되어야 한다."(마르 13,10)라는 말도 있다. 이런 순서로 배열된 까닭은 '임박 기대'를 약하게 하려는 것이다. 이와 달리 30절에서는 "이 세대가 지나기 전에 이 모든 일이 일어날 것이다."라고 선언한다. 29절에서 예수는 사람의 아들이 문 가까이 왔다고 말한다.[35] 진

---

35) 성경 내용과 다르지만 원문대로 번역했다. -역자 주

술한 내용을 이와 같이 끝내는 방식을 수사학에서는 '페로라치오'peroratio 라고 한다. 진술한 내용에서 솔직한 결론과 응용할 점을 끌어내는 것이다. 여기서 예수는 임박 기대를 약하게 하는 것이 아니다. 오히려 종말이 가까이 왔음을 상기시키고, 깨어 있으라고 호소하며 종말에 대한 말씀을 끝맺는다. 마르 13,31(…내 말은 결코 사라지지 않을 것이다)에서 말씀하신 분의 진실이 더욱 강화된다. 게다가 긍정적인 내용이 담겨 있다. 결정적인 것은 하늘과 땅이 사라지는 것이 아니다(13,24 이하 참조). 예수의 약속은 이 차원을 넘어 훨씬 멀리까지 나아간다. 다시 말해 사람의 아들인 그분과 함께하는 공동체의 완성으로까지 나아간다. 이러한 의미에서 31절은 목표를 시야에서 잃지 않도록 경각심을 불러일으킨다.

그리스도교적 묵시(계시) 역사에서 이 텍스트가 미친 영향은 지대했다. 29절에 있는 "이와 같이 너희도 이러한 일들이 일어나는 것을 보거든…"이라는 진술에 사람들이 별반 주의를 기울이지 않으므로 '열다섯 표징'을 언급하기에 이르렀다. 열다섯 징후는 반드시 일어날 것이라고 언급함으로써 종말이 결정적으로 가까이 왔다고 사람들에게 명확히 말할 수 있었다. 이렇게 많은 표징을 인정하게 하여 사람들을 진정시킬 수 있었는데, 열다섯 징후가 모두 한꺼번에 일어나는 일은 결코 없기 때문이다.

오늘날까지도 종말에 관해 들으면 무엇보다 먼저 두려움에 휩싸인다. 이러한 이유로 사람들은 대부분 이 주제를 멀리하려고 애쓴다. 여기서 늘 간과하는 점이 있다. 신약성경의 모든 묵시적 텍스트는 결국 예수와 이룬 새롭고 친밀한 공동체에 관해 진술하고 있다는 점이다. 요한 묵시록에 나오는 혼인 잔치 표상을 그 예로 들 수 있다. 세상은 영원하지 않다는 것, 세상은 유한한 것이므로 전체적으로도 무상하다는 것, 심지어 불타 없어질 것이라는 생각이 예수 시대에 널리 퍼져 있었다. 그러나 사후는 불명료하기 그지없다. 세상의 종말 이후에 어떤 일이 일어날 것인지 그 누가 좀 더 정확히 말할 수 있었겠는가?

이 시점에서 사람들에게 확신을 심어 주는 일이 그리스도교만의 고유한 역할이었다. 그러한 일이 언제 일어날지에 대해서도 아무것도 알 수 없기 때문에 그 누군가에 관한 정보도 더 확실하게 줄 수 있었다. 오셔서 멋지게 승리할 분이 누구인지 그리스도인들은 이미 잘 알고 있었기 때문이다. 그렇게 승리할 분은 복음의 말씀을 굳게 지키리라는 것도 그리스도인들은 확신했다. 예수는 부활했고 다시 올 것이기 때문이다. 그러므로 역사의 끝은 '열린' 것이 아니라 예수가 열두 제자와 함께했던 그때와 같이 될 것이다. 그래서 종말에 대한 전망도 예수의 가르침의 끝에 그리고 수난 역사의 시작에 놓여 있을 것이다. 이는 특히 세 공관복음서를 비롯하여 「열두 사도의 가르침(디다케)」과 1코린 15장도 해당된다. 이러한 전망이 맨 끝부분에 놓여 있는 이유는 제자들의 현존이 일시적으로 이에 연결되어서가 아니다. 무엇보다 여기 종지부에 예수 복음 선포의 핵심이 놓여 있기 때문이다. 사람이 희망이 없다면 다른 모든 것이 무슨 소용이 있겠는가? 우리가 복음서에서 잘 알 수 있는 분, 당신께 속하기 위한 조건들을 명확히 알려 주신 분, 그분과 함께하는 공동체에서 영원한 삶을 살 수 있다는 사실이 온갖 두려움을 떨치게 하고 위로를 준다.

마치는 말

그러나 가장 큰 것은 사랑이다.
예수 사랑

이 책 앞부분에 나 개인에 관해 전하면서 한 가지 사실을 제대로 언급하지 않았다. 여기서 나는 내가 행복한 결혼생활을 하고 있다고 고백하고 싶다. 내가 걸어가는 길과 예수님과의 관계에서 나의 아내는 어떤 영향을 주고 있을까? 이 책을 쓰는 방식에 있어서 아내의 영향이 미쳤을까? 삼위일체 하느님께 대한 나의 믿음에도 영향을 주었을까? 믿음은 한 사람을 사랑하는 일과 어떤 연관성이 있을까? 하느님을 사랑하고 이웃을 사랑하는 것이 다음과 같은 의미도 있을까?

그리스도와 배우자를 함께 사랑하다.

믿음과 사랑은 분명 서로 닮은 점이 있다. 나는 사랑으로부터 믿음에 대해서 많이 배우고, 믿음으로부터 사랑에 대해 여러 가지를 배운다고 생각한다. 결혼 전에 나와 아내는 무려 10년 동안이나 편지를 주고받았다. 그렇게 교류하는 가운데 나는 나 자신에 대해 말하는 법을 배웠다. 더구나 나에게 호감을 가진 비판자를 상대로 그렇게 했다. 사랑은 내 마음을 활짝 열어 주었고 혀가 풀리게 했다. 결혼하고 몇 해가 지난 뒤 나는 시토회 영성을 접하게 되었다. 그리스도교의 그 삶의 방식을 접하면서 아가서의 해석이 나에게 처음부터 지대한 역할을 했다. 아가서가 부부로서의 남자와 여자의 관계를 다룬 것임은 누구나 알고 있다. 시토회 소속의 뛰어난 신학자인 생티에리의 윌리엄의 사상을 한마디로 요약한다면 다음과 같다.

오직 사랑뿐 Solus amor.

또는 다음과 같이 요약할 수도 있다.

그리움을 통한 의화.

나의 삶은 하늘나라 찾기와 배우자 찾기 사이를, 신학자로서의 삶과 사랑하는 사람으로서의 삶 사이를 오고간 지그재그 길의 여정이었다. 이쪽에 있으면 저쪽을, 저쪽에 있으면 이쪽을 바라보면서 살아왔다. 지상에서의 행복과 하늘나라에 대한 약속을 미리 맛보는 것, 이 두 가지가 내게 낯설지 않음에 감사할 따름이다. 예수를 사랑한다? 베드로와 관련된 내용을 보면, 요한 21장에서 예수가 베드로에게 던진 질문에서 이와 상응하는 점을 읽을 수 있다.

베드로, 너는 나를 사랑하느냐?

이 말 자체가 이미 독특하다. 목자는 분명 양들을 위해 존재하건만, 여기서 결정적인 것은 그가 주님을 사랑하느냐는 것이다. 내가 영적 지도를 받는 수도원장이 최근에 "나를 사랑하느냐?"라고 번역하지 말고 "나를 참으로 사랑하느냐?"라고 번역하도록 제안했다. "예, 주님! 제가 주님을 참으로 사랑하는 줄을 주님께서 아십니다." 독일어 'lieb haben'(참으로 사랑하다)은 사전적 의미로 'lieben'(사랑하다) 그 이상이다. 이 표현으로 단 한 번에 지극히 개인적인 영역에 이른다. 이 표현은 늘 일회적인 것이고 진심과 애정이 담겨 있으며 사랑하는 사람과 공감하는 것이고 그를 진정으로 염려하는 것이다. 친구이자 구세주로서, 나의 삶 전체를 감사드리는 분으로서 나는 주님을 참으로 사랑한다. 참으로 사랑한다는 것은 내가 어느 한 친구에게 말할 수 있는 것 이상이다. 이는 곰 인형을 정말로 사랑하는 아이들을 보면 잘 알 수 있다. 아이들은 곰 인형을 어디에나 가지고 다니며 이야기를 나눈다. 그러다가 아이가 자라 성인이 되면 배우자가 될 사람 또는 배우자와 이야기를 주고받는다.

유다교, 그리스도교, 이슬람교는 (아가서의 해석에 근거해, 나아가 하느님과 당신 백성과의 관계에 근거해) 믿음을 신랑과 신부의 관계와 일치한다고 본다. 하느님께서 먼저 우리를 참으로 사랑하신다는 것을 우리는 침묵이 감도는 고독 가운데 느낀다. 그리고 어렵고 힘든 처지에 놓일 때면 마그데부르크의 성녀 멕틸드가 십자가에 못 박히신 분에게서 들었다고 하는 고백을 떠올린다.

네가 어려움 없이 잘 지낼 때 나는 오른팔을 너의 어깨 위에 얹는다. 네가 어려움에 처할 때에는 내 왼팔을 너의 어깨 위에 얹어 네가 나의 심장에 더 가까이 있게 한다.

참으로 사랑한다는 것은 육체성을 포함한 전체성과 연관된다. 참으로 사랑하는 일에는 이따금 문제가 따르고 위기도 온다. 베드로는 드라마틱한 삶을 살며 주님을 참으로 사랑했다. 그는 예수를 부인했고, 의혹에 휩싸여 물속에 빠졌으며, 말코스의 귀를 잘라버리기까지 했다. 갈라 2장에 의하면 베드로는 (평소 성급하고 흥분하는 그답게) 의도가 좋더라도 나중에 잘못된 방향으로 나아간 적이 있다. 이처럼 베드로는 아무 흠 없는 성인의 길을 걸은 것이 아니라 평범한 우리처럼 잘못된 길을 걷기도 했다. 이러한 이유로 고대 교회는 주님께서 엘리야 예언자와 같이 거룩하고 순수한 열정에 사로잡힌 인물이 아닌, 실패가 무엇인지 아는 사람을 목자로 부르신 것은 좋은 일이었다고 여겼다. 참으로 사랑하는 일은 위기와 실패의 배후에서 제 색깔을 드러낸다. 유리처럼 밝고 투명한 관계를 유지하기란 참 어렵다. 혼란을 겪다가 늘 제자리로 돌아온다. 이런 과정을 겪은 베드로가 말한다.

> 주님, 당신은 여전히 저의 주님이시고, 저는 이 모든 부족에도 불구하고 항상 당신의 제자입니다. 주님께서는 저를 아십니다. 제 약점을 아시고 제 마음도 아십니다. 제가 비록 온갖 어두운 일을 허용했지만, 저는 어느 누구도 따르지 못할 정도로 주님을 참으로 사랑합니다. 당신은 저의 구세주이자 하느님이십니다. 이 사실이 제게는 최상이고 가장 값진 것입니다.

우리는 베드로 사도가 지닌 믿음의 외적 형태를 알고 있다. 바로 그의 신앙고백이다.

> 당신은 살아 계신 하느님의 아들, 그리스도이십니다.

이러한 믿음의 내적 측면에 대해 질문하는 것은 의미 있는 일이다. '베드로의 하느님'이라는 논문을 보면, 그러한 하느님은 없으며 이에 대해 생각해 본 사람은 아무도 없다고 주장한다. "주님, 저에게서 떠나 주십시오. 저는 죄 많은 사람입니다."(루카 5,8)라는 말이 그렇게 주장한 사람의 출발점이었을 것이다. 베드로에게 예수는 거룩한 하느님과의 만남을 의미한다. 베드로가 결코 완벽한 인물이 아니었기 때문에 그는 예수와 하느님을 하나로 볼 수 있었다. 베드로에게 예수는 하느님 현존의 기적이다. 베드로가 여기서 먼저 만난 분은 자신을 낮춘 하느님이 아니다. 그에게 놀라움을 금치 못하게 했던 하느님을 만난 것이다. 베드로의 길은 그에게 놀라움을 금치 못하게 했던 분께로, 그가 참으로 사랑하는 분께로 나아간다. 놀라움을 불러일으킨 분과의 거리가 원칙적으로 유지되기는 했지만, 실패와 구제라는 어둡고 밝은 시간을 거치면서 신뢰의 관계로 나아갔다. 요한 21,17에 나오는 예수의 말도 이러한 역동적인 이야기에 속한다. "베드로는 주님께서 세 번이나 물으시므로 슬펐다."라는 표현보다 더 훌륭한 주석을 나는 아직 발견하지 못했다. 여기서 슬픔은 다음과 같은 뜻이다.

주님께서는 제 마음이 어떤지 이미 잘 알고 계십니다. 주님이 저의 유일한 분이자 모든 것이란 사실을 아십니다. 주님께서는 제가 언제나 호언장담을 하지만 그것을 제대로 지키지는 못한다는 것도 아십니다. 그렇지만 호언장담도 저는 오직 사랑으로 하는 것입니다. 저에 대한 의혹을 버리시고 저를 포기하지 마십시오. 제가 영웅은 아니지만 주님 곁에 있게 해 주십시오. 저 자신은 유약하지만 저의 사랑은 흔들림 없이 확고합니다. 주님과 저 사이에는 종이 한 장도 비집고 들어올 틈이 없습니다.

이것이 내 믿음의 내면이다. 사제는 미사 중에 다음과 같이 기도한다.

저희 죄를 헤아리지 마시고 교회의 믿음을 보시어….

우리가 거절하면 믿음의 기적은(하느님의 은총으로 가능하다) 일어나지 않는다. 평범한 그리스도인 내면에도 자신이 거절하는 것보다 강한 그 무엇이 있다. 부분적으로는 자신의 행위와는 관계없이 독립적인 그 어떤 것도 있다. 그 실체는 그가 선한 행위나 나쁜 행위를 한다고 해서 형성할 수도 없거니와 변화시킬 수도 없는 것이기 때문이다. 이는 중세에 성령을 통해 부어진 '성덕'(능력·힘·소질)으로 이해된 바로 그것이다. 독일어로는 다음과 같은 뜻이다.

타락으로 말미암아 우리는 자신이 믿고 사랑하고 희망하는 것을 위태롭게 하고 참으로 위협한다.

그러나 결국 모든 치유는 하느님 섭리의 자취로부터 출발한다. 베드로는 자신이 참으로 사랑하는 분께로 돌아오고 주님 사랑에 감사하면서 자신이 더 이상 의혹을 품을 필요가 없는, 자신과 주님을 더 이상 떼어 놓을 수 없게 하는 무엇과 연결된다. 그래서 아내는 내게 다음과 같은 말을 자주 한다.

사랑은 나뉠 수 없는 것이에요.

이 말은 사랑은 둘 사이에 있는 세 번째 요소로, 이 둘에 관여한다는 뜻이다. 이 세 번째 요소는 결혼생활에도, 믿음에도 다 들어 있다. 그래서 결속력이 강해지고 놀랄 만큼 강한 사랑을 체험하며 사랑할 능력을 거듭 지니게 되는 것이다. 처음에는 수줍어하기도 하고 매혹당하기도 한다. 물론 이런 태도는 아주 다른 영역에서 보이게 된다. "우리 마음은 하느님 안에서 편히 쉬기까지 안정을 찾지 못하나이다." 아우구스티노의 이 고백에는 사람들이 반드시 사랑하거나 사랑할 수 있어야만 완벽한 행복을 맛보는 것은 아니라는 뜻도 들어 있다. 바오로 사도는 말한다.

아내가 있는 사람들은 아내를 사랑하되, 아내가 최고의 보물은 아닌 것처럼 사랑해야 합니다.

그렇지만 사랑 체험이 있어야만 무엇이 보물인지 알 수 있다. 필요한 경우에는 믿음도 위로를 줄 수 있다. 사람들의 사랑을 관찰할 때 비로소 믿음이 무엇인지 제대로 알 수 있다. 아우구스티노 성인이 자기 아들의 어머니에 대한 사랑을 일부러 언급하지는 않았지만, 그가 열정적인 사랑의 소유자였음은 쉽게 짐작할 수 있다. 그가 열정적인 신학자가 되었듯이! 헬프타 수녀원 원장이 아순타 쉔클 수녀는 시토회석 '신부-신비'의 전통을 이어 갔으며 이에 관해 책도 썼다. 그 책에 머리말을 쓸 기회가 생겨서 나는 다음과 같이 썼다.

수녀님의 글은 우리가 멀리했기에 낯설어 보이는 한 세상에 관해 보도합니다. 모든 사물의 핵심에 대해 주의를 환기시키자면 때로는 다소 감상적인 멜로 영화도 필요합니다. 마리아 아숨타 수녀님은 사물의 핵심에 매우 가까이 있습니다. 그래서 그것을 하느님, 곧 우리를 사랑하시고 당신도 사랑받기를 바라시는 하느님으로 발견합니다. 수녀님이 표현한 사랑은 감상적이지 않고 유치하지도 않습니다. 그 사랑은 프로이트 추종자들의 대상도 아닙니다. 이는 인간학자들이 주는 정보들로는 본디 더 이상 존재할 수 없는 사랑입니다. 천상적이고 볼이 붉어지게 하는, 단순하고 제어하기 힘든 삶의 기쁨입니다.

그리고 빙엔의 힐데가르트의 시도 덧붙였다.

저의 하느님,
당신께서 창조하신 만물을
열린 눈으로 바라보면서
저는 이미 여기서 하늘나라를 누립니다.
제가 당신이 만드신 작품을 노래하는 동안
장미와 백합 그리고 모든 초록의 품 안에
고요히 제 마음을 모아들입니다.
당신께 저의 작품들을 바칩니다.
슬픔에서 기쁨이 솟구치고
기쁨은 행복하게 합니다.
(「삶의 공덕 Liber Vitae Meritorum」, 11)

몇 해 전 다음 텍스트가 내 손에 들어왔다.

언젠가는 청구서 한 장이 우리 앞에 디밀어질 것이다. 햇빛과 살랑대는 나뭇잎들, 눈과 바람, 하늘을 나는 새와 풀, 숨 쉬게 해 주는 공기, 별빛, 저녁, 밤이 그 청구서 항목이다. 우리가 멈추어서 값을 치러야 할 시간이 올 것이다. 계산해 주십시오. 그러나 우리의 예상은 빗나갔다. "내가 너희들을 초대했다. 땅 끝에 이르기까지. 이것이 나의 기쁨이다!"라고 말씀하시면서 그분이 웃고 계신다.

*

영광의 왕이신 그리스도님, 오시어 저희에게 평화를 주소서!
O rex gloriae Christe, veni nobis cum pace!

*

역자가 참고한 그리스도론 관련 문헌 목록

1. Matthew Fox, vision vom Kosmischen Christus, Kreuz Verlag.
2. Jürgen Moltmann, Der Weg Jesu Christi, Kaiserverlag.
3. Traugott Koch, Jesus von Nazareth, der Mensch Gottes, Mohr Siebeck.
4. Joseph Ratzinger Benedikt XVI, Jesus von Nazareth I, Herder.
5. Joseph Ratzinger Benedikt XVI, Jesus von Nazareth II, Herder.
6. Martin Ebner, Jesus von Nazaret, bibelwerk.
7. Walter Kasper, Jesus der Christus, Matthias-Grünewald-Verlag.
8. Walter Kasper, Der Gott Jesu Christi, Herder.
9. Karl-Heinz Menke, Jesus ist Gott der Sohn, Verlag Friedrich Pustet.
10. Edward Schillebeeckx, Jesus, Herder.
11. Edward Schillebeeckx, Christus und die Christen, Herder.
12. Jörg Zink, Jesus, Herder.
13. 이제민, 우리가 예수를 사는 이유는?, 바오로딸.
14. 이제민, 우리가 예수를 찾는 이유는?, 바오로딸.
15. 이제민, 예수는 정말 부활했을까?, 바오로딸.
16. 이영헌, 예수 그리스도와 함께, 바오로딸.
17. 성심여자대학교 종교교육연구소 편, 예수 그리스도와 함께 걷는 길, 성심여자대학교 출판부.
18. 이종성, 그리스도론, 대한기독교출판사.
19. 안병무, 민중사건 속의 그리스도, 한국신학연구소.
20. 조철수, 예수 평전, 김영사.
21. 발터 카스퍼 저, 박상래 역, 예수 그리스도, 분도출판사.
22. 교황 베네딕토 16세 저, 최호영·김하락 역, 나자렛 예수, 김영사.
23. 매튜 폭스 저, 송형만 역, 우주 그리스도의 도래, 분도출판사.

24. R. E. 브라운 저, 이재수 역, 오시는 그리스도, 성바오로.
25. 자크 드라포르트 저, 이창영 역, 예수의 마음, 가톨릭출판사.
26. 에버하르트 융겔 저, 허혁 역, 바울과 예수, 이화여자대학교 출판부.
27. 게르하르트 로핑크 저, 이경우 역, 예수의 마지막 날, 분도출판사.
28. 프랑코 제피렐리 저, 이형우 역, 나의 예수, 분도출판사.
29. M. 마코비취 저, 안병무 역, 무신론자가 본 예수, 한국신학연구소.
30. 레이먼드 E. 브라운 저, 김광식 역, 신약성서 그리스도론 입문, 분도출판사.
31. 레오나르도 보프 저, 황종렬 역, 해방자 예수 그리스도, 분도출판사.
32. 자크 뢰브 저, 이성배 역, 그리스도라 부르는 예수, 분도출판사.
33. 토마스 잔지그 저, 이석은·최정오 역, 역사의 예수, 믿음의 그리스도, 도서출판 계성.
34. J. 몰트만 저, 김균진 역, 십자가에 달리신 하나님, 한국신학연구소.
35. 조셉 돈더즈 저, 김영무 역, 예수, 그 낯선 분, 분도출판사.
36. 앨버트 놀런 저, 유정원 역, 오늘의 예수, 분도출판사.
37. 앨버트 놀런 저, 정한교 역, 그리스도교 이전의 예수, 분도출판사.
38. 루돌프 슈낙켄부르크 저, 김병학 역, 복음서의 예수 그리스도, 분도출판사.
39. 카를로 크레모나 저, 오영민 역, 그리스도의 생애, 바오로딸.
40. 인만희 저, 김영미 역, 예수 우리의 동반자, 한국천주교여자수도회 장상연합회·양성장교육원.
41. 루이사 피카레타 저, 요한 실비아 역, 우리 주 예수 그리스도의 수난의 시간들, 가톨릭출판사.
42. 엔도 슈사쿠 저, 이평아 역, 예수의 생애, 가톨릭출판사.
43. 엔도 슈사쿠 저, 이평아 역, 그리스도의 탄생, 가톨릭출판사.

클라우스 베르거

1940년 11월 25일 독일 힐데스하임에서 태어났다. 뮌헨대학교와 함부르크대학교에서 수학했으며, 신학박사 학위를 받았다. 1970년부터 1974년까지 라이덴에 있는 대학교에서 강의했으며, 1974년부터 하이델베르크대학교에서 신약학 교수로 재직하고 있다.

주요 저서로 「Exegese des Neuen Testaments」(1988), 「Exegese des Neuen Testaments」(1991), 「Ist Gott Person?」(2004), 「Bilder des Himmels」(2006), 「Die Briefe des heiligen Apostels Paulus」(2008) 등이 있다.

전헌호 실베스텔 신부

서울 가톨릭대학교를 졸업하고, 오스트리아 빈대학교에서 석·박사 학위를 받았다. 1985년 서품을 받고, 대구대교구 하양성당·진량성당·성바울로성당 등에서 사목했다. 현재 대구가톨릭대학교 신학대학 학장, 신학대학원 원장, 가톨릭사상연구소 소장이다.

주요 저서로 「인간에의 연민」, 「자연환경, 인간환경」, 「거룩한 갈망」, 「상대성 이론과 예수의 부활」, 「인간, 그 전모」, 「가능성과 한계」 등이 있고, 역서로 「교의와 교의신학」, 「다시 찾은 기쁨」, 「다시 찾은 마음의 평안」, 「참 소중한 나」, 「영적 삶의 샘」, 「예수 1」 등이 있다.

예수 2

발행일 2013. 11. 15

글쓴이 클라우스 베르거 **옮긴이** 전헌호
펴낸이 서영주 **펴낸곳** 성바오로
총편집인 한기철 **기획** 유성식, 황인수
편집 김정희 **디자인** 박지현, 강은경
제작 김안순 **마케팅** 김용석 **인쇄** (주)현문자현
출판등록 7-93호 1992. 10. 6
주소 서울특별시 강북구 오현로7길 20(미아동)
교회인가 2013. 7. 23 SSP 977

취급처 성바오로보급소 **전화** 9448-300, 986-1361
팩스 986-1365 **통신판매** 945-2972
E-mail bookclub@paolo.net
http://www.paolo.net

값 30,000원
ISBN 978-89-8015-825-6
ISBN 978-89-8015-808-9(전 2권)